Faszination
Archäologie

Faszination
Archäologie

Die hundert bedeutendsten Funde der Welt

Paul G. Bahn

KNESEBECK

Titel der Originalausgabe
The Story of Archaeology
Copyright © 1996 für die Zusammenstellung Paul G. Bahn

Erstveröffentlichung
George Weidenfeld & Nicholson Ltd.
The Orion Publishing Group

Die Deutsche Bibliothek – CIP-Einheitsaufnahme
Ein Titeldatensatz für diese Publikation ist bei
Der Deutschen Bibliothek erhältlich

Deutsche Erstausgabe
Copyright © 1997 von dem Knesebeck GmbH & Co. Verlags KG, München
2. Auflage 2001

Aus dem Englischen von Martin Rometsch
Fotorecherche: Joanne King
Gestaltung: Bradbury and Williams
Designer: Bob Borroughs
Karten: ML Design
Redaktion: Gerhard Theato
Satz: satz & repro Grieb, München
Printed in Italy
ISBN 3-89660-106-7

www.knesebeck-verlag.de

Titelfoto: Skulptur am Tempel der Gefiederten Schlange, Teotihuacán
Fotograf: Richard Atkinson
Vorsatzblätter: Angriff auf eine Stadt, Nimrod, 8. Jahrhundert v. Chr.
Ancient Art and Architecture Collection

Verzeichnis der Autoren

Dr. Paul Bahn, Herausgeber und Mitverfasser, Hull, England (Frühe Epochen, Westeuropa)

Dr. Gina Barnes, Professorin für Japanisch, Fachbereich für ostasiatische Studien, Universität Durham, England (Ferner Osten, Südostasien)

Dr. Caroline Bird, Archäologische Fakultät der Universität La Trobe, Melbourne, Victoria, Australien (Australien und Pazifik)

Dr. Peter Bogucki, Fachbereich für Ingenieurtechnik und angewandte Wissenschaft der Universität Princeton, USA (spätere Epochen, Mittel- und Osteuropa, frühere Sowjetunion)

Dr. Philip Duke, Abteilung Archäologie des Fort-Lewis-College in Durango, Colorado, USA (Nordamerika)

Dr. Christopher Edens, Peabody Museum, Harvard-Universität, Cambridge, Massachusetts, USA (Naher Osten, Zentralasien, Indien)

Dr. David Gill, Abteilung für klassische und alte Archäologie, Universitätscollege Swansea, Wales (klassische Archäologie)

Dr. John Hoffecker, staatliches Laboratorium in Argonne, Illinois, USA (frühe Epochen, Mittel- und Osteuropa, frühere Sowjetunion)

Dr. Christopher Mee, Fachbereich für Archäologie, Klassik und Orientalistik, Universität Liverpool, England (Griechenland und Ägäis)

Dr. Katharina Schreiber, Fachbereich Anthropologie der Universität von Kalifornien, Santa Barbara, USA (Südamerika)

Dr. Steven Snape, Fachbereich Klassik und Orientalistik der Universität Liverpool, England (Ägypten und Levante)

Dr. Andrea Stone, Fachbereich Kunstgeschichte der Universität Wisconsin, Milwaukee, USA

Dr. Sarah Tarlow, Fachbereich Archäologie der Universität Wales, Lampeter (spätere Epochen, Westeuropa)

Dr. Anne Thackeray, Fachbereich Archäologie der Universität des Witwatersrand, Südafrika (Afrika)

Inhalt

Vorwort

Archäologie ist Welten von Indiana Jones entfernt. Sie befaßt sich nicht nur mit Schätzen und nicht nur mit den Gräbern der Reichen – aber deshalb ist sie nicht weniger aufregend. Einst, es ist Jahrzehnte her, war sie in der Tat eine Disziplin, die sich auf spektakuläre Entdeckungen und exotische Funde konzentrierte. Doch mit der Zeit wurde sie ernsthafter, strebte nach Wissenschaftlichkeit und erforschte immer häufiger die alltäglichen Aspekte der Vergangenheit: nicht das Leben der Kaiser und Könige, sondern das der gewöhnlichen Menschen. Die Archäologie wollte nicht mehr Dinge finden, sondern Tatsachen herausfinden und erklären, wann, wo, wie und warum sich in der Vergangenheit etwas ereignete oder veränderte. Seit einigen Jahren beschäftigen sich Archäologen intensiv mit theoretischen Erwägungen und rütteln sogar an den Fundamenten ihres Fachgebietes. Gibt es überhaupt »Tatsachen«? Können wir wirklich sinnvolle und objektive Aussagen über die Vergangenheit machen, indem wir die (äußerst unvollständigen) Anhaltspunkte studieren, die bis in die Gegenwart erhalten geblieben sind? Erst vor kurzem haben die Archäologen erkannt, daß nicht nur sie an den materiellen Spuren der Vergangenheit interessiert sind, sondern daß vielerorts auch Eingeborene (z. B. in Nordamerika, Australien und Neuseeland) oder religiöse Gruppen (vor allem in Israel) ernsthafte und lautstark vertretene Anliegen haben, die jegliche Ausgrabungen oder das Ausstellen von Funden in Museen erschweren oder gar verhindern. Früher hat man sie gar nicht erst nach ihrer Meinung oder Erlaubnis gefragt.

Dennoch – in dieser finanziell angespannten Zeit ist die Archäologie vom Interesse der Öffentlichkeit abhängig, wenn sie überleben will, und es ist überaus schwierig, wenn nicht unmöglich, dem Publikum einen archäologischen Bericht zu präsentieren, der sein Interesse wachhält und ihn zugleich mit der Langeweile der alltäglichen praktischen Arbeit und Analyse, aber auch mit der Nabelschau und den Selbstzweifeln der Theoretiker vertraut macht. Wer im Elfenbeinturm wohnt, mag darüber spotten – aber in einer Zeit des Kabelfernsehens und der CD-ROM ist die Aufmerksamkeit bei den meisten Erwachsenen und vor allem bei Kindern begrenzt, und nur das Dramatische und Spektakuläre, das Romantische und Phantastische kann sie veranlassen, ein wenig weiter in die Welt der Archäologie einzutauchen. Ein Buch, das die »Geschichte der Archäologie« erzählen möchte, muß sich daher auf die »größten Hits« dieser Wissenschaft beschränken, auf Funde, die Schlagzeilen machten und die man in der *National Geographic* oder in Dokumentarfilmen erwartet. Wie die Arbeit der Fotomodelle oder Schauspieler besteht selbstverständlich auch die Archäologie zu 99 Prozent aus Stumpfsinn, Mühsal und wenig Glanz: lesen, ausgraben, vermessen, registrieren, analysieren, klassifizieren, interpretieren. Dennoch ist die Archäologie, wie der verstorbene Glyn Daniel bemerkte, eine Quelle großen Vergnügens, und dieses Vergnügen erwächst, zumindest für die Öffentlichkeit, aus aufsehenerregenden oder schönen Entdeckungen.

Weil das so ist, erkannten wir sehr schnell, daß hundert Themen für das weite Feld der Archäologie überaus wenig sind, und allen Autoren wurden schwierige Entscheidungen abverlangt. Es wäre gewiß einfach, aus jeder Region und Epoche hundert Leckerbissen auszuwählen, zum Beispiel aus Ägypten, der Antike oder dem Reich der Mayas. Bei der Frage, wie ausführlich wir ein Thema behandeln, gehen wir eher rational als politisch korrekt vor, und es gibt offensichtliche geographische und chronologische Ungleichgewichte. Schließlich begann die seriöse Archäologie in Australien, Asien und großen Teilen Afrikas erst vor kurzem, während Europa zufällig seit viel längerer Zeit Schauplatz intensiver Arbeit ist. Andererseits widmen wir der Altsteinzeit – obwohl sie 99 Prozent der archäologischen Daten liefert – weniger als 20 Prozent des Buches, vergleichsweise kurzlebigen Kulturen oder Epochen dagegen mehr Raum, als die jeweilige Zeitspanne allein es rechtfertigen würde.

Zudem mußten wir von Anfang an entscheiden, was wir unter »archäologischen Entdeckungen« verstehen. Damit sind nicht wissenschaftlich-technische Fortschritte wie die C^{14}-Methode, die Pollenanalyse oder die Luftfotografie gemeint, da wir sie Wissenschaftlern anderer Disziplinen verdanken und sie sich für die Archäologie lediglich als brauchbar (und unersetzlich) erwiesen haben. Das gleiche gilt für Verfahren, die zeigen, was unter der Erde verborgen ist, die die Herkunft von Rohstoffen bestimmen oder Leichen röntgen helfen. Viele wichtige Orte – zum Beispiel

Stonehenge, Tikal oder Angkor – konnten wir nicht aufnehmen, weil sie im Grunde nie »entdeckt« wurden, sondern immer ein bekannter Teil der Landschaft waren. Wir räumen jedoch ein, daß unsere Kriterien nicht ganz einheitlich sind, weil auch die Felsenbilder (sofern sie sich nicht in vergessenen Höhlen befinden) den Einheimischen längst bekannt waren, als westliche Wissenschaftler sie »entdeckten«. Was ins Mittelalter und zur Industriearchäologie gehört, konnten wir ebenfalls nur in Einzelfällen als »Entdeckung« werten.

Trotz der unvermeidlichen Anzahl von Gräbern und eindrucksvollen Objekten haben wir versucht, eine Vorstellung von der erstaunlichen Vielfalt des Materials zu vermitteln, das Archäologen studieren – Häuser, Minen, Schiffsladungen, Dokumente. Allerdings konnten wir auch hier nicht erschöpfend sein.

Ein Motiv für die Veröffentlichung dieses Buches war die Renaissance von Spekulationen à la Däniken (»Gott ist ein Raumfahrer«). Wir hatten gehofft, daß Bücher, die alles Eindrucksvolle oder Bizarre außerirdischen Besuchern zuschreiben – solche wurden millionenfach verkauft –, lediglich ein kurioses Phänomen der siebziger Jahre seien. Nun aber beweist der Erfolg des Filmes *Stargate* (eine Science-Fiction-Geschichte über einen Außerirdischen, der die altägyptische Kultur hervorbringt) und des Buches *Fingerabdrücke der Götter* (dieser Bestseller behauptet, Überwesen hätten vor 15 000 Jahren die Monumente der Alten Welt errichtet und ihre Zivilisation sei in der Antarktis verschollen), daß das Ungeheuer nur schlummert – es kann jederzeit aufwachen und eine Schar leichtgläubiger Leser verschlingen. Darum hoffen wir, daß ein Buch, das die »wahre Vergangenheit«, die erstaunliche Vielfalt der menschlichen Errungenschaften, die Ergebnisse des Schweißes und der Genialität unserer Ahnen beschreibt, nicht nur verstehen hilft, was Archäologen tun und warum sie es tun, sondern auch ein wenig der neuen Besessenheit entgegenwirkt, die unser Erbe bar jeden ernstzunehmenden Grundes auf erdachte Superhelden zurückführt.

Die Vergangenheit ist menschlich, und nur die Archäologie kann ihre Wunder erschließen. Sie ist jedoch immer noch eine sehr junge Wissenschaft, und da dieses Buch nur einen winzigen Bruchteil dessen erwähnt, was wir in einigen Jahrhunderten wiederentdeckt und erfahren haben, können wir uns vorstellen, was diese Wissenschaft, so sie ihre Methoden ständig verfeinert, im nächsten Jahrhundert über unsere Vergangenheit enthüllen wird.

Die Zukunft sieht demnach aufregend aus. Der wahre Reiz der Archäologie liegt darin, daß eine endlose Flut neuer Entdeckungen sie ständig verändert, und jeder dieser Funde kann unsere Vorstellung von der Vergangenheit umstoßen. Es kann sich um ein Stück eines fossilen Menschen handeln, um die Vordatierung eines Phänomens (zum Beispiel Einäscherungen oder kunstvolle Keramik) oder eines Ereignisses (etwa die Besiedlung der Neuen Welt oder Australasiens durch den Menschen) – oder um etwas völlig Unerwartetes wie die Grotte Chauvet oder den »Gletschermann«. Solche Entdeckungen machen sofort Schlagzeilen in der ganzen Welt.

Die Archäologie war nie populärer als heute (obwohl sie aus den Fernsehprogrammen nahezu verschwunden ist), und der archäologische Tourismus ist für viele Länder von großer Bedeutung, vor allem für Ägypten, Peru und China. Doch gerade deshalb besteht die Gefahr, daß die Menschen die Archäologie zu Tode lieben, weil sie in zu großer Zahl baufällige Stätten und Denkmäler besuchen. In den nächsten Jahren werden wir uns gewaltig anstrengen müssen, um das zu erhalten, was wir bereits gefunden haben. Eines der heikelsten Probleme der Archäologie besteht darin, das Welterbe zu schützen (vor Vandalismus, Luftverschmutzung oder einfach Abnutzung) und zugleich dem Recht der Öffentlichkeit Rechnung zu tragen, die Überreste der Vergangenheit zu sehen und zu würdigen. Es gibt Plätze, zum Beispiel viele bemalte Höhlen, die für die Öffentlichkeit unzugänglich sind, und in den nächsten Jahren werden immer mehr Menschen die Möglichkeit haben, sie dank exakter Nachbildungen und virtueller Realität kennenzulernen. Die neue Technik wird also nicht nur den Archäologen helfen, die Vergangenheit zu rekonstruieren, sondern sie wird auch die empfindlichsten Reste dieser Vergangenheit vom touristischen Druck befreien helfen und dadurch zu ihrer Erhaltung für künftige Generationen beitragen.

Paul G. Bahn

Die Entdeckung der Urzeit

Eine der grundlegenden Entwicklungen in der Geschichte der Archäologie war die allmähliche Erkenntnis, daß der Mensch eine sehr lange Geschichte hat, die weit vor jener in der Bibel genannten Flut beginnt.

———

Obwohl schon Griechen, Ägypter, Assyrer, Babylonier und die alten Völker Mittelamerikas auf den Gedanken gekommen waren, daß die Menschheit Zehntausende von Jahren alt ist, waren geschriebene Dokumente und vor allem die Bibel die einzigen Zeugnisse menschlichen Wirkens und des Ursprungs der Welt. In der modernen Zeit wurde oft über die Behauptung James Usshers, des Erzbischofs von Armagh, gespottet, die Welt sei mittags am 23. Oktober 4004 v. Chr. geschaffen worden. Solche Versuche, eine Chronologie der gesamten Menschheitsgeschichte aufzustellen, waren jedoch im 17. Jahrhundert ein Schwerpunkt der Wissenschaft, und Ussher war keineswegs der erste, der ein solches Datum errechnete. Der jüdische Kalender legt die Schöpfung der Welt heute noch auf 3761 v. Chr. fest, und ein englischer Theologe des 18. Jahrhunderts verlegte sie ins Jahr 3952 v. Chr. Damals galt die Bibel als Gottes unfehlbares Wort.

Immer wieder fand man altsteinzeitliche Werkzeuge aus Feuerstein, aber niemand erkannte ihre Bedeutung. Um 1690 beispielsweise fand John Conyers in einer Kiesgrube bei London eine große Spitze aus schwarzem Feuerstein. Heute wissen wir, daß es eine

Eine der Handäxte, die John Frere 1797 in einem Steinbruch fand. Sie waren ein Indiz dafür, daß es schon in ferner Vergangenheit Menschen gab.

mehrere hunderttausend Jahre alte Handaxt war, mit der jemand Knochen von »Elefanten« (vielleicht Mammuts) bearbeitet hatte. Als sie gefunden wurde, hielt man sie jedoch für eine Waffe, mit der ein Brite einen Elefanten getötet hatte, den die Römer unter Claudius auf die Insel gebracht hatten. Die Vorstellung von einer Urzeit reichte nicht über die Epoche schriftlicher Zeugnisse hinaus. Megalithische Bauwerke schrieb man beispielsweise den Kelten, den vorrömischen Galliern oder anderen Völkern der Region zu.

Bald profitierte die Archäologie jedoch von den Beobachtungen Niels Stensens (Steno genannt), eines dänischen Gelehrten, der 1669 das erste geologische Profil zeichnete. Er führte die Begriffe »Sedimentierung« und »stratigraphische Superimposition« ein und stellte fest, daß jüngere Schichten über älteren liegen. Diese schlichte Erkenntnis wurde 1797 in Westeuropa zum erstenmal angewandt, als John Frere, ein adliger Bauer und späteres Parlamentsmitglied, in einem Steinbruch bei Hoxne bearbeitete steinerne Artefakte fand, darunter altsteinzeitliche Handäxte. Sie lagen in vier Meter Tiefe in einer unberührten Ablagerung, die auch Knochen der großen, ausgestorbenen Mammuts enthielt. Freres erkannte sie nicht nur als Artefakte, sondern schrieb sie auch einer sehr fernen Epoche zu. Er legte den Fund der Londoner Gesellschaft der Antiquitätensammler vor, und in der Zeitschrift *Archaelogia* erschien ein Bericht darüber. Doch wie die »uralte britische Axt«, die Conyers 1690 gefunden hatte, blieb Freres Fund außerhalb Englands unbekannt, und selbst die Briten ignorierten ihn jahrzehntelang.

1771 fand der Pastor Johann Friedrich Esper in Gailenreuth im Fränkischen Jura Menschenknochen und Überreste eines Höhlenbären und anderer ausgestorbener Tiere. Er beschrieb die Funde 1774 und überlegte, ob sie einem Druiden oder einem Menschen gehört haben mochten, der vor oder nach der Sintflut gelebt hatte. Er kam jedoch zu dem Schluß, daß die Menschenknochen zufällig zu den Ablagerungen mit den fossilen Tierresten geraten waren. Dennoch fingen manche Gelehrte an, die Beschreibung des

T.R.Underwood, del. 1797.

Flint Weapon found at Hoxne in Suffolk.
Archaelgia Vol. XIII. p.204.

OBEN: *Grabungen in Felsnischen (hier bei Les Eyzies in der Dordogne) lieferten wichtige Informationen über die europäische Frühgeschichte.*

UNTEN: *Diese eingeritzten Bilder auf Mammutelfenbein bestätigten, daß Menschen und ausgestorbene Tiere zur gleichen Zeit gelebt haben.*

Buches Genesis der Bibel über die Entstehung der Welt anzuzweifeln. In Frankreich stellte Georges Cuvier, der Vater der vergleichenden Anatomie, Unterschiede zwischen fossilen Tieren und ihren modernen Vettern fest, und zwar um so mehr, je älter die Schichten waren. Die Geschichte der Menschheit blieb jedoch von diesen Entwicklungen unbeeinflußt. Um das zu ändern, mußte man erst einen fossilen Menschen finden; doch Cuvier bezweifelte, daß Menschen zusammen mit jenen Tieren gelebt hatten, deren Überreste man in »vorsintflutlichen« Ablagerungen gefunden hatte. Er hielt sich an die Bibel und glaubte, der Mensch sei nach den Tieren erschaffen worden – und zu jenem Zeitpunkt schienen dies alle geologischen Funde zu bestätigen. Im Gegensatz zu seinen Schülern und Jüngern bestritt Cuvier jedoch nicht die Möglichkeit, daß vorzeitliche Menschen existiert hatten; er bestritt nur, daß man sie jemals gefunden habe.

Diese ersten Hinweise aus dem späten 18. Jahrhundert wurden im 19. Jahrhundert zur Gewißheit. Einer der Pioniere dieser Entwicklung war Paul Tournal, ein Apotheker aus Narbonne in Südfrankreich, der 1834 in der Höhle von Bize grub und Überreste von Menschen und ausgestorbenen Tieren sowie Steinwerkzeuge fand. 1834 wuchs sein Vertrauen zu den Funden, nachdem er auf Knochen »verlorener Arten« Spuren von Schneidwerkzeugen entdeckt hatte, die von Menschen stammen mußten. Auch Forscher in anderen Ländern, zum Beispiel der österreichische Geologe Ami Boué und der englische Kaplan John MacEnery fanden Werkzeug aus Feuerstein zusammen mit Knochen ausgestorbener Tiere.

In dieser Zeit stellten Geologen – der berühmteste war Charles Lyell – die Theorie des »Uniformitarismus« auf: Sie nahmen an, daß alle vergangenen geologischen Vorgänge identisch mit denen der Gegenwart waren und sich über gewaltige Zeiträume erstreckten. Es erübrigte sich demnach, an übernatürliche Katastrophen wie die Sintflut zu glauben, um Fossilien zu erklären. Die neuen Flut- und Eiszeittheorien (wonach die langsame Sedimentation durch Flüsse und die Erosion durch Gletscher Landschaften schufen) hatten großen Einfluß auf britische Biologen wie Charles Darwin, Alfred Wallace und Thomas Huxley – und damit auf die Evolutionslehre. Auch die Biologen wandten sich von der biblischen Schöpfung mit ihren sieben Tagen ab und sprachen nun von einer extrem langen Vergangenheit.

Die Nachfolger Cuviers bestritten immer noch, daß Menschen zur selben Zeit gelebt hatten wie ausgestorbene Tiere. Sie wiesen geologische Beweise aus Höhlengrabungen – zum Beispiel durch Tournal und MacEnery – zurück, weil die Ablagerungen oft komplex und die Schichten nicht rein waren. Man mußte also Überreste von Menschen und ausgestorbenen Tieren im Freien und in derselben Schicht finden – wie es dem vergessenen Frere bereits gelungen war –, und der Mann, dem dieser Durchbruch schließlich vor allem zu verdanken war, hieß Jacques Boucher de Perthes (1788–1868) und war ein französischer Amateurarchäologe, Zollbeamter und Universalgelehrter.

Die schlüssigen Beweise wurden in der Gegend von Abbeville in Nordfrankreich gefunden. Boucher de Perthes entdeckte 1842 ein abgeblättertes Steinwerkzeug neben einem Mammutknochen, und bald folgten ähnliche Funde. Er illustrierte seine Bücher mit Zeichnungen von Schnitten durch Fundstellen. Er beschrieb die Lage und den Inhalt jeder Schicht wie ein Geologe, um seine Ansichten zu untermauern. 1858 und 1859 besuchten bedeutende britische Geologen (darunter Lyell) und Archäologen das Gelände und bestätigten Perthes' Befunde, und als Darwin 1859 *Die Entstehung der Arten* veröffentlichte, war aus einer alten, aber immer noch bestrittenen Idee wissenschaftliches Allgemeingut geworden.

Den endgültigen Beweis für die lange Geschichte des Menschen lieferte 1864 Edouard Lartet, ein französischer Paläontologe, der eigentlich Anwalt war. Er begann 1863 in einigen der zahllosen Felsnischen bei Les Eyzies in der Dordogne zu graben. Sie waren in der letzten Eiszeit bewohnt gewesen, und die Felsen ragten in der europäischen Urzeit hoch empor. Lartets Freund Henry Christy, ein englischer Bankier, Ethnologe und Philanthrop, half ihm und finanzierte ihn. Der Marquis Paul de Vibraye, ein Agronom, fing 1863 ebenfalls bei Les Eyzies zu graben an und suchte nach einem Beweis dafür, daß Menschen und ausgestorbene Tiere Zeitgenossen waren. Er und Lartet fanden den Beweis gleichzeitig. De Vibraye entdeckte die »schamlose Venus«, die Figur einer schlanken, nackten Frau, in Mammutelfenbein geritzt, während Lartet und Christy im Mai 1964 bei La Madelaine das Abbild eines Mammuts, ebenfalls auf Mammutelfenbein, fanden. Damit war bewiesen, daß in der fernen Vergangenheit nicht nur ausgestorbene Tiere, sondern auch Menschen gelebt hatten.

AFRIKA

Das Taung-Kind – der erste Australopithecus

Raymond Arthur Dart, ein junger, in Australien geborener Anatom, den die Universität Witwatersrand in Johannesburg soeben zum Professor ernannt hatte, überraschte im Jahre 1925 die Welt mit der Nachricht, er habe das Fossil eines Geschöpfes entdeckt, das seiner Überzeugung nach teils Affe, teils Mensch gewesen sei. Charles Darwin hatte in seinem Buch *Die Abstammung des Menschen* (1871) vorausgesagt: »Wahrscheinlich war Afrika einst von nun ausgestorbenen Affen bewohnt, die eng mit dem Gorilla und dem Schimpansen verwandt waren … und da diese beiden Arten heute dem Menschen am nächsten stehen, ist es etwas wahrscheinlicher, daß unsere Urahnen auf dem afrikanischen Kontinent lebten und nicht anderswo.« Darwins Theorie, man werde Beweise für den Ursprung des Menschen in Afrika finden, wurde jedoch Ende des 19. und Anfang des 20. Jahrhunderts abgelehnt, weil man damals spektakuläre Funde alter menschlicher Fos-

Die Australopithecinen waren affenähnliche Wesen mit kleinem Gehirn, die vor einer Million bis vier Millionen Jahren lebten und bereits auf zwei Beinen gingen. Das erste anerkannte Fossil waren Gesicht und Hirnschädel eines Kindes, die 1924 bei dem Dorf Taung in Südafrika gefunden wurden.

———

silien in Indonesien und China machte. Das Fossil, das die Suche nach dem Urmenschen hauptsächlich nach Afrika verlagerte, wurde Dart Ende 1924 auf die Türschwelle gelegt – in einem kunterbunten Haufen von Gegenständen, die Arbeiter einer Kalkmine bei Taung (das Wort bedeutet »Wohnung des Löwen«) am Westrand der Wüste Kalahari in Südafrika aus Gestein herausgesprengt hatten. Obwohl er seinen besten Anzug trug – er stand kurz vor der Hochzeit – konnte er der Versuchung nicht widerstehen und öffnete die Kisten sofort. Augenblicklich fand er einen Kalkblock, der den fossilen Schädel samt Gesicht und Unterkiefer eines Kindes enthielt (heute glaubt man, es sei etwa sechs Jahre alt gewesen). Dazu paßte ein weiterer Block, der den Abguß eines Gehirns enthielt – er hatte sich aus Sand gebildet, welcher das Innere des Schädels nach dem Tod jenes Menschen gefüllt und sich in der Folgezeit allmählich verhärtet hatte.

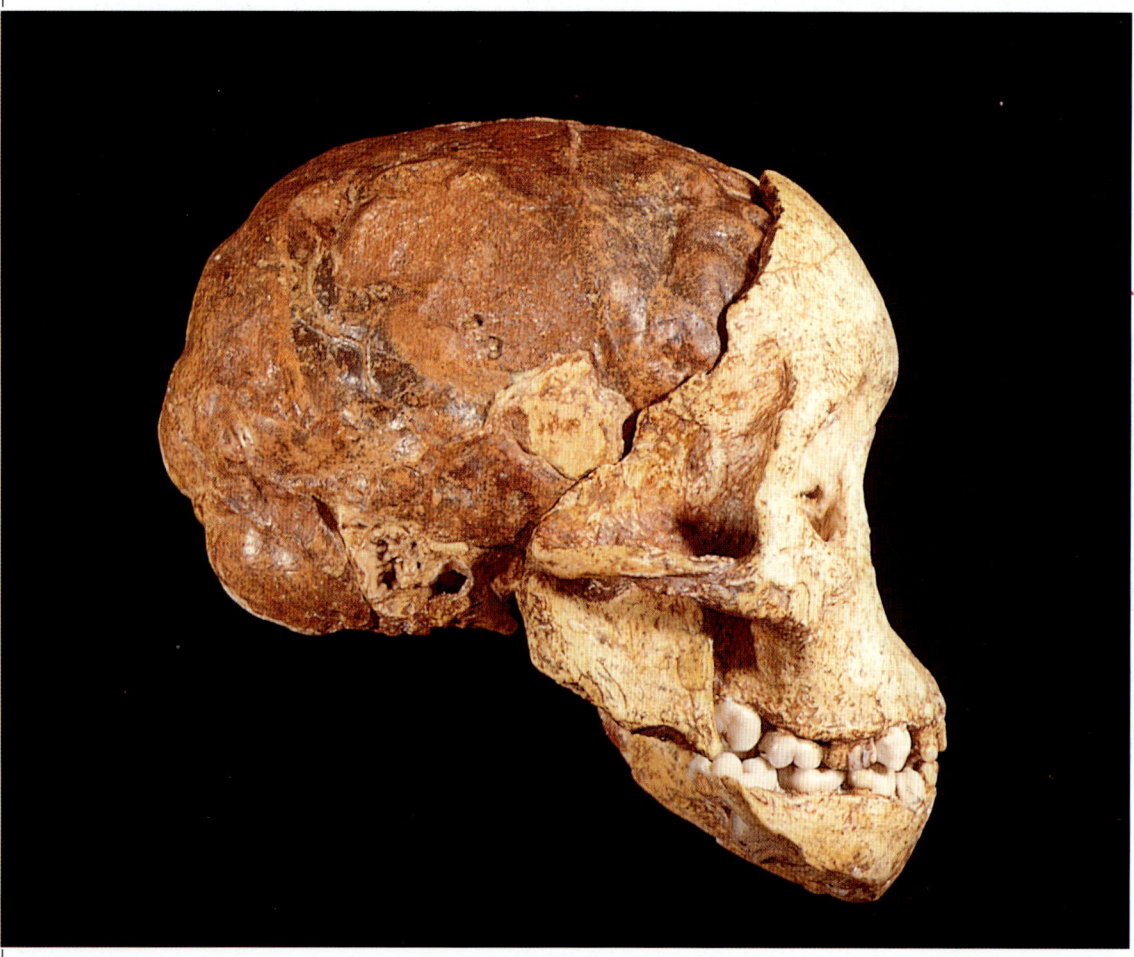

Abdruck des Schädels und Gehirns des »Taung-Kindes«, des ersten entdeckten Australopithecinen (Australopithecus africanus), gefunden 1924 in Südafrika und von Dart 1925 beschrieben. Nicht weit davon gefundene Tierknochen legen den Schluß nahe, daß die Überreste etwa zwei Millionen Jahre alt sind. Die Position des Loches an der Schädelbasis (Foramen magnum) beweist, daß das Kind (es entspricht ungefähr einem heutigen Sechsjährigen) auf zwei Beinen ging. Obwohl Gesicht und Gehirn affenähnlich sind, sind Kiefer und Zähne klein, wie beim Menschen. Darts Annahme, es handle sich um ein Geschöpf das zwischen Affen und Menschen anzusiedeln sei, wurde erst Jahrzehnte später allgemein akzeptiert.

»Ich war sicher«, schrieb Dart später, »daß dies einer der wichtigsten Funde in der Geschichte der Archäologie war.« Nach wochenlangem, behutsamem Meißeln hatte er den Schädel am 23. Dezember von seiner felsigen Hülle befreit und konnte mit seinem »Taung-Baby« Weihnachten feiern.

Seine Beschreibung des Fossils wurden am 7. Februar 1925 in der Zeitschrift *Nature* veröffentlicht. Obwohl Dart das Fossil *Australopithecus africanus* nannte (wörtlich »südlicher Affe aus Afrika«) und damit den bekannten Ausdruck »Australopithecus« prägte, den wir heute für die ältesten bekannten Mitglieder der Menschenfamilie benutzen, stufte er es zwischen Menschen und Affen ein. Die Entdeckung erregte enormes Aufsehen, und Schlagzeilen in den Zeitungen verkündeten: »Fehlendes Glied fehlt nicht mehr.« Die Wissenschaftler waren jedoch geteilter Meinung.

1925 herrschte unter Gelehr-

Die Fossilienfundstätte Swartkrans

Swartkrans ist eine alte Höhle, rund einen Kilometer von Sterkfontein in Südafrika entfernt. Sie birgt zahlreiche Fossilien von stämmig gebauten Australopithecinen und Urmenschen, aber sie ist auch ein erstaunliches Archiv der Tierwelt und der verschiedenen Umweltbedingungen im Grasland Südafrikas während der letzten 1,8 Millionen Jahre.

Verbrannte Knochen, die über eine Million Jahre alt sind, könnten ein Indiz für den frühen Gebrauch des Feuers sein. Chemische Untersuchungen deuten darauf hin, daß sie eher in einem Lagerfeuer als in einem Buschfeuer verbrannten. Wir wissen auch nicht, ob sie mit dem Feuer kochten, sich daran wärmten oder damit Raubtiere verscheuchten.

Viele Australopithecinen waren vermutlich von großen

Katzen, zum Beispiel Leoparden, Säbelzahntigern und wohl auch Hyänen, getötet worden. Dieser Schädel eines jungen Australopithecus hat Löcher, in die der Reißzahn eines Leoparden paßt, den man in derselben Schicht fand. Um ihre Beute vor aasfressenden Hyänen zu schützen, zerrten Leoparden wahrscheinlich manche Lei-

chen auf Bäume hinauf, die typischerweise vor Höhlenzugängen wuchsen, und später fielen Knochen in die Höhle.

In Swartkrans entdeckte man außerdem Steinwerkzeug sowie Knochen- und Hornstücke, die vom Gebrauch abgewetzt waren – vermutlich wurden sie damals zum Graben nach Wurzeln und Knollen benutzt.

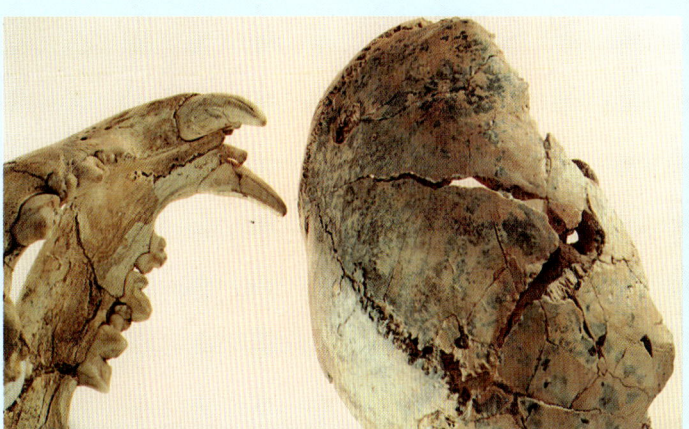

ten die Meinung vor, daß das »fehlende Glied« zwischen Affen und Menschen ein großes Gehirn und affenähnliche Kiefer und Zähne gehabt haben müsse. Man berief sich dabei auf Knochen eines angeblichen Urmenschen, die man zwischen 1912 und 1915 in

Einer der am besten erhaltenen und bekanntesten Schädel eines zierlichen Australopithecus africanus mit dem Spitznamen Mrs. Ples (mit der wissenschaftlichen Bezeichnung Plesianthropus transvaalensis, »Beinahe-Mensch von Transvaal«) fanden Robert Broom und John Robinson 1947 in Sterkfontein. Nur die Zähne fehlen. Neuere Untersuchungen lassen vermuten, daß es sich um einen Mann handelte.

Piltdown in England gefunden hatte (sie erwiesen sich erst 1953 als Fälschung). Das Taung-Fossil jedoch hatte ein kleines Gehirn, wie ein Affe, sowie Kiefer und Zähne, die an Menschenknochen erinnerten. Zu Darts großer Enttäuschung dauerte die Auseinandersetzung in den wissenschaftlichen Zeitschriften Jahrzehnte, während Zeitungen zur gleichen Zeit über den Prozeß gegen John Scope berichteten, der an einer Schule in Dayton, Tennessee, im Unterricht die Evolution behandelt hatte.

Eines der Probleme bestand darin, daß das Taung-Fossil auf ein Kind zurückging. Es war schwierig zu bestimmen, wie es als Erwachsener ausgesehen hätte. Zwölf Jahre sollten vergehen, ehe Robert Broom, einer der wenigen Anhänger Darts, 1938 in Sterkfontein bei Krugersdorp in Südafrika den ersten erwachsenen Australopithecus entdeckte. Weitere fossile Australopithecinen fanden Broom 1938 bei Kromdraai (1,6 km von Sterkfontein entfernt), Broom und John Robinson 1948 in Swartkrans (1 km von Sterkfontein entfernt), sowie schließlich die Brüder Kitching und Alan Hughes 1947 in Makapansgat in der südafrikanischen Nordprovinz.

Die noch andauernden Arbeiten an dieser und neueren südafrikanischen Fundstellen (Gladysvale, Drimolen und die Copper-Fundstelle nicht weit von Sterkfontein) führten zur Entdeckung von mehr als 1000 Knochen unserer afrikanischen Urahnen. Die Funde belegen, daß vor etwa einer bis drei Millionen Jahren im südlichen Afrika mindestens zwei verschiedene Arten von Australopithecinen lebten; der zierliche *Australopithecus africanus* und der stämmigere *Australopithecus* oder *Paranthropus robustus*. Daneben gab es mehrere Arten von Urmenschen.

Australopithecinen in Ostafrika

Ein Nußknackermann

1959, genau 100 Jahre nach der Veröffentlichung von Darwins Über den Ursprung der Arten, entdeckte Mary Leakey in Olduwai in Tansania das erste Fossil eines ostafrikanischen Australopithecinen. Seither hat sich Ostafrika zu einer Schlüsselregion entwickelt, was die Suche nach dem Ursprung des Menschen betrifft.

Als der Morgen des 17. Juli 1959 dämmerte, ahnte niemand, daß er für die Archäologen, die nach den Ursprüngen des Menschen suchten, eine neue Ära einleiten sollte. Louis Leakey und seine Frau suchten in Olduwai, einer 40 Kilometer langen und bis zu 100 Meter tiefen Schlucht in der nördlichen Ebene Tansanias nach alten Steinwerkzeugen und menschlichen Fossilien, wie sie es zu diesem Zeitpunkt schon seit fast dreißig Jahren getan hatten. Louis war in Kenia als Sohn eines englischen Missionars geboren worden. Nach einem Studium der Ur-

Australopithecus oder Paranthropus boisei, bekannter als »Nußknackermann« (wegen seiner riesigen Backenzähne).

geschichte an der Universität Cambridge beschloß er, in Ostafrika nach Fossilien des Urmenschen zu suchen, obwohl Kollegen sich über ihn lustig machten und ihm rieten, lieber nach Asien zu gehen, wo es Ende des 19. und Anfang des 20. Jahrhunderts spektakuläre Funde gegeben hatte. Die Leakeys hatten zwar in Olduwai im Laufe der Zeit Tausende von Tierknochen und Hunderte von uralten Steinwerkzeugen gefunden, nicht aber Knochen von Urmenschen.

Am Morgen dieses schicksalhaften Tages blieb der grippekranke Louis im Lager, während Mary mit ihren beiden Dalmatinern zur Schlucht aufbrach. An einer Fundstelle, die sie FLK (nach Louis' erster Frau Frida Leakey Korongo) genannt hatten, erspähte Mary Zähne und Teile eines Schädels, die der Regen offenbar einige Zeit davor aus der Wand der Schlucht herausgewaschen hatte. Sie eilte ins Lager zurück, um ihren Mann zu informieren. Louis vergaß seine Krankheit, sprang aus dem Bett und fuhr zur Fundstelle. Da die beiden einigen Freunden versprochen hatten, daß sie eine Ausgrabung von Anfang an filmen dürften, deckten sie die Knochen zunächst ab und warteten ungeduldig auf das Kamerateam.

Nachdem sie sorgfältig mehr als 400 Knochenteile freigelegt hatte, konnte Mary den Schädel eines stämmigen erwachsenen Australopithecinen rekonstruieren, den Louis *Zinjanthropus boisei* nannte (der Gattungsname bedeutet »ostafrikanischer Mensch«, der Artenname ehrt Charles Boise, der die Grabungen finanzierte). Heute nennt man ihn *Australopithecus* oder *Paranthropus boisei* oder, vertrauter, »Zinj« oder »Nußknackermann« (wegen seiner riesigen Backenzähne). Die damals noch neue Kalium-Argon-Methode ergab, daß das Fossil erstaunliche 1,79 Millionen Jahre alt war. Man

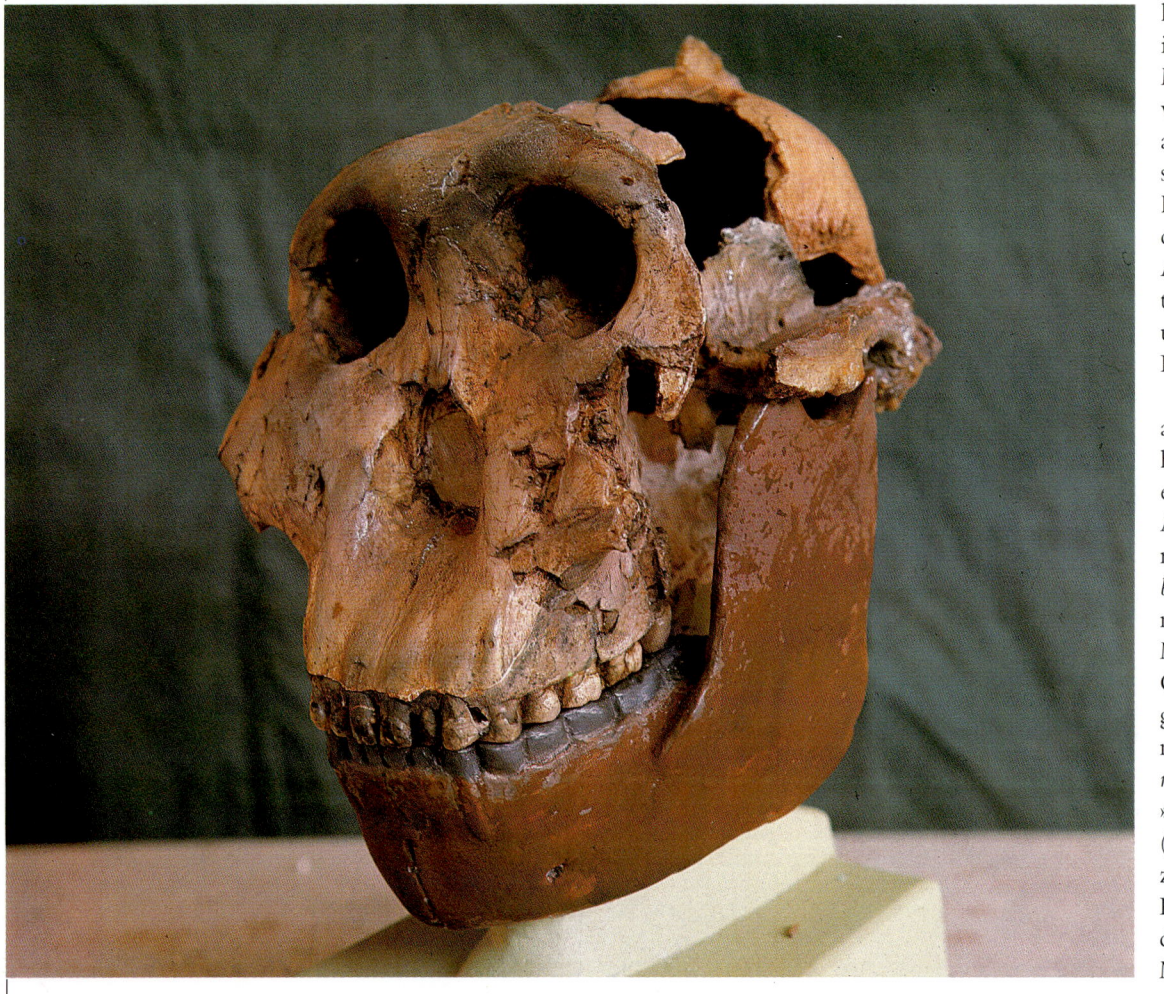

sagt, Louis Leakey sei darüber
enttäuscht gewesen, daß dieses
Fossil, das sich fast dreißig Jahre
vor ihm und Mary versteckt
hatte, ein *Australopithecus* und
kein Urmensch war. Aber die
Enttäuschung verwandelte sich
dann doch in Freude, als man
1961 in Olduwai das erste
Homo-Fossil fand.

Zinj veränderte den Lauf der
Forschung. Rein zufällig wurde
die Ausgrabung für die Welt auf
Film festgehalten. Zinj wurde
zum Fernsehstar, und das Aufsehen, das er in der Öffentlichkeit
erregte, führte dazu, daß mehr
Geld denn je in die Forschung
nach den Ursprüngen des Menschen in Ostafrika strömte. Tausende von Fossilien wurden in
der Folge entdeckt, und die
Menge der gesammelten Daten
vergrößerte sich sprunghaft.
Heute gilt Ostafrika als Zentrum dieses Forschungszweiges.
Mary Leakey schreibt in ihrer
Autobiographie *Disclosing the
Past*: »Es ist durchaus nicht weit
hergeholt, wenn ich behaupte,
daß alles begann, weil ich an
einem Morgen im Juli 1959
diesen Schädelteil entdeckte.
Hätten wir nicht Freunden
versprochen gehabt, daß sie
einen Film drehen durften,
hätte ich an einer ganz anderen
Stelle mit einer Probegrabung
begonnen.«

Lucy

So wie Zinj des Leben der Leakeys veränderte, beeinflußte einige Jahre später ein anderer ostafrikanischer Australopithecus
die Zukunft eines noch unbekannten jungen Amerikaners
namens Donald C. Johanson,
damals Kustos für physikalische
Anthropologie im Cleveland
Museum für Naturgeschichte
und heute Direktor des Instituts
für die Ursprünge des Menschen in Berkeley, Kalifornien.

Am 30. November 1974 suchten Johanson und der Jungakade-
miker Tom Gray nach menschlichen Fossilien, und zwar in Hadar,
einem Ödland im Zentrum der Wüste Afar im nordöstlichen
Äthiopien, wo sie ein Jahr zuvor das Kniegelenk eines Australopithecus gefunden hatten. Sie wollten eben ins Lager zurückfahren,

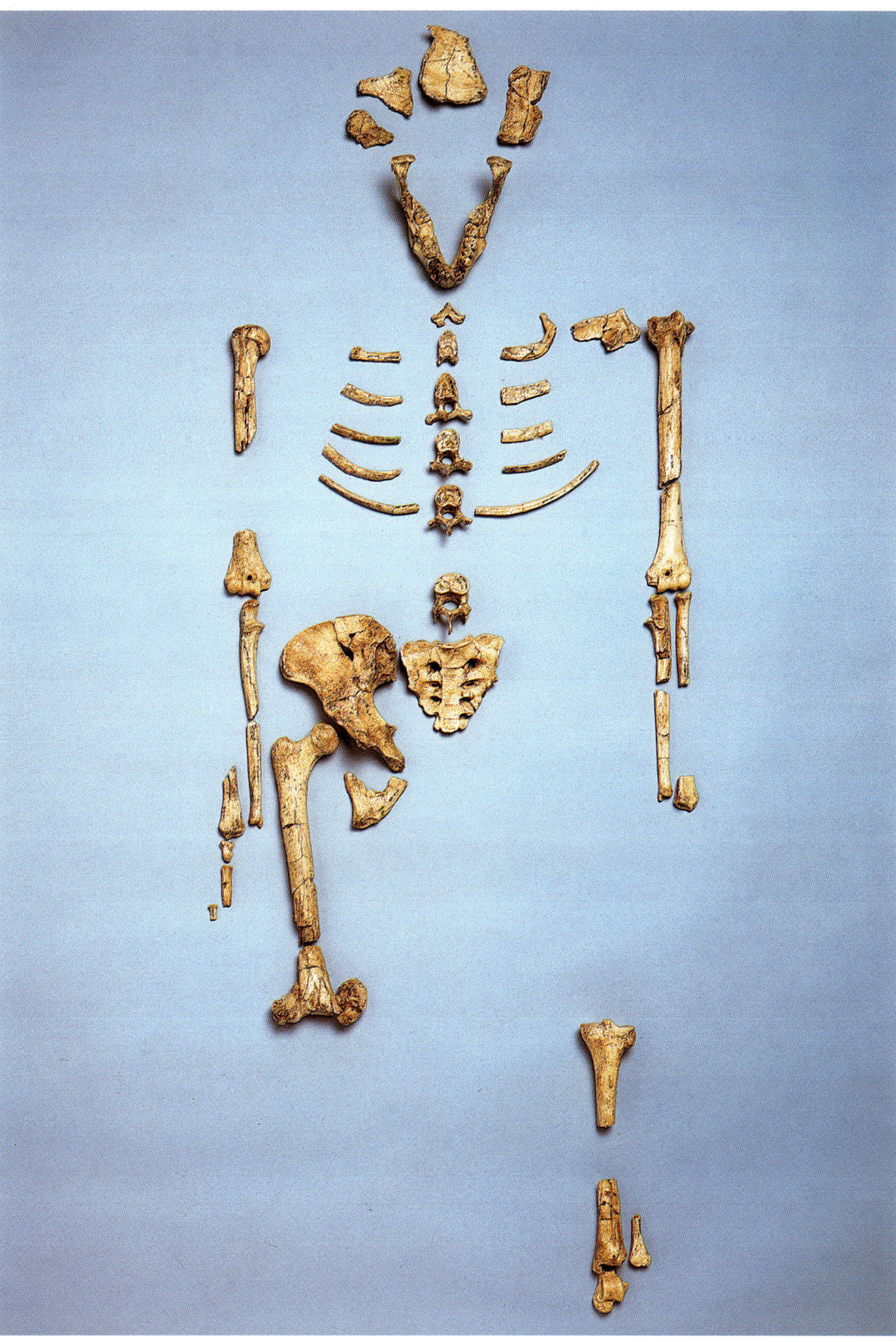

*Lucy, unsere berühmteste Ahnin, ist eines der vollständigsten Exemplare
eines Australopithecus, die je gefunden wurden. Etwa 40 Prozent des Skeletts
sind erhalten. Die Person war etwa 1,10 Meter groß (wie eine heutige
Sechsjährige), ungefähr zwanzig Jahre alt (der Weisheitszahn war durchge-
brochen) und wahrscheinlich eine Frau (Indizien dafür sind die Form des
Hüftbeins und der Geburtskanal).*

Die Fußabdrücke bei Laetoli ähneln denen des heutigen Menschen so sehr, daß ihr Alter fast unheimlich anmutet: Sie stammen von einem Australopithecus, der vor beinahe 3,7 Millionen Jahren lebte. Andere Geschöpfe dieser Zeit können sie nicht hinterlassen haben. Die Gewichtsverteilung ist nahezu identisch mit der eines modernen Menschen, der barfuß in nassem Sand geht. Die große Zehe liegt neben den anderen Zehen; sie ist weder abgespreizt noch erheblich länger, wie bei Affen.

als Johanson auf einem felsigen Abhang ein Stück eines Armknochens liegen sah. Nach intensiven Grabungen hatte er mit seinem Team mehrere hundert Knochenteile zusammengetragen, die etwa 40 Prozent des Skeletts eines 1,10 Meter großen, aufrecht gehenden weiblichen Australopithecus ergaben. Der Fund erhielt den wissenschaftlichen Namen *Australopithecus afarensis*, aber in der ganzen Welt ist er als Lucy bekannt. Ihren klangvollen Namen verdankt Lucy dem Lied *Lucy in the Sky with Diamonds* der Beatles, das der Plattenspieler des Lagers in der Nacht der Entdeckung in voller Lautstärke von sich gab. Johanson erinnert sich: »Wir schweb-

ten im siebten Himmel, nachdem wir sie gefunden hatten.«

Die Überreste eines Urmenschen bestehen meist aus winzigen Knochenteilen. Darum war
das Teilskelett Lucys einer der
bemerkenswertesten Funde aller
Zeiten. Lucy, deren Alter auf
etwa 3,2 Millionen Jahre bestimmt wurde, war zudem die
älteste bekannte Hominidin, also
ein Mitglied jener biologischen
Gruppe, zu der damals auch die
Menschen gehörten.

1975 fanden Johanson und
seine Kollegen ebenfalls in Hadar Knochen von mindestens
13 menschlichen Lebewesen –
Männern und Frauen, Erwachsenen und Kindern –, die mindestens einige tausend Jahre älter
als Lucy waren. Sie erhielten den
Spitznamen »die erste Familie«,
obwohl niemand wirklich weiß,
warum die Knochen am gleichen Ort zu finden waren.

Vor den siebziger Jahren unseres Jahrhunderts glaubte man,
der aufrechte Gang habe sich
etwa zur gleichen Zeit entwik-
kelt wie das größere Gehirn und

Steinwerkzeuge. Die Australopithecinen von Hadar waren jedoch
der Beweis dafür, daß Geschöpfe mit einem kleinen Affenhirn
schon vor 3,5 Millionen Jahren auf zwei Beinen gingen, mindestens eine Million Jahr bevor es die ersten steinernen Werkzeuge
gab. Letztere fand man ebenfalls in Äthiopien, im Awash-Tal, und
ihr Alter wurde auf etwa 2,5 Millionen Jahre bestimmt.

Laetoli – ein Juwel unter den Knochen

Informationen über das Aussehen und das Verhalten des Urmenschen können wir fast nur indirekt anhand nackter Knochen gewinnen. Zu den seltenen Ausnahmen zählen die Fußabdrücke, die
Australopithecinen bei Laetoli im Norden Tansanias in feuchter,
später erhärtender Vulkanasche zurückließen.

Am 15. September 1976 amüsierte sich eine Gruppe junger
Wissenschaftler, die Mary Leakeys Grabungen bei Laetoli besuchte,
indem sie sich mit getrocknetem Elefantenmist bewarf. Dabei
stürzte einer der Wissenschaftler und fand sich mit dem Gesicht
über hartem Boden mit seltsamen Abdrücken wieder. Wie sich
herausstellte, handelte es sich um etwa 2,5 Millionen Jahre alte fossile Tierspuren in einst feuchter Vulkanasche.

Noch aufregender war die Entdeckung von Fußspuren zweier
Australopithecinen im Jahr 1978. Sie waren fast 3,7 Millionen Jahre
alt. Mindestens zwei Lebewesen, das größere ungefähr 1,40 Meter,
das kleinere etwa 1,36 Meter groß, gingen nebeneinander. An
manchen Stellen sieht es so aus, als sei jemand absichtlich in den
Fußstapfen des größeren Hominiden gegangen, so wie Kinder es
heute noch am Strand tun.

*Der »Schwarze Schädel«, entdeckt in Sediment westlich des Turkana-
sees in Kenia, gehörte einem stämmigen Australopithecus, der vor etwa
2,6 Millionen Jahren lebte.*

Die Gewichtsverteilung sowie die Anordnung und relative
Größe der Zehen sprechen für einen schreitenden Gang auf zwei
Beinen (wie bei uns) und nicht für den schwankenden Gang von
Affen, beispielsweise Schimpansen, die selten aufrecht gehen. Die
Fußstapfen bei Laetoli beweisen, daß Hominiden vor 3,6 Millio-
nen Jahren auf zwei Beinen gegangen sind und daß dies – nicht das
größere Gehirn oder die Herstellung von Steinwerkzeugen – der
erste Schritt auf dem Weg zum Menschtum war.

Ardipithecus ramidus – unser Urahne?

1994 fand man in Aramis, Äthiopien, einige 4,4 Millionen Jahre
alte Teile eines fossilen Schädels und Zähne, die zu siebzehn Lebewesen gehörten. Die amerikanischen und äthiopischen Entdecker
behaupten, es handle sich um das älteste fossile Bindeglied zwischen Großaffen und Menschen. Die Teile erinnern sehr an Affen-
knochen; doch einige Merkmale, vor allem die Zähne, weisen sie
als Teile eines menschlichen Skeletts aus. Diese Urmenschen erhielten einen neuen Namen: *Ardipithecus ramidus* (*ardi* bedeutet in
der Afar-Sprache »Boden«, *rami* heißt »Wurzel«). Ende 1994 wurden ein Kieferknochen und ein Teilskelett gefunden, die uns vielleicht sagen werden, ob dieses Geschöpf auf vier Beinen oder (wie
der kürzlich in Kenia entdeckte, vier Millionen Jahre alte große
Australopithecus anamensis) auf zwei Beinen ging.

Olduwai – der Grand Canyon der Vorgeschichte

Die Schlucht entdeckte der deutsche Entomologe Dr. Kattwinkel 1911 durch Zufall. Er sammelte damals auf der Serengeti-Ebene im damaligen Deutsch-Ostafrika Schmetterlinge. Seine Sammlung fossiler Tierknochen erregte großes Aufsehen, als sie in Berlin ausgestellt wurde, und sie veranlaßte den deutschen Geologen Hans Reck im Jahre 1913 zu einer Jagd nach Fossilien. Angeregt von Recks Funden, begann auch Louis Leakey, ein Prähistoriker, der in Cambridge studiert hatte, 1931 Expeditionen nach Olduwai auszurüsten. Später begleitete ihn dabei seine zweite Frau Mary, die ebenfalls Archäologin war.

Obwohl die Leakeys wenig Zeit und Geld hatten, zögerten sie nicht, die lange und beschwerliche Reise zu jener Schlucht zu unternehmen, um nach Überbleibseln von Urmenschen zu suchen. Aus Jahren wurden Jahrzehnte, und der Lohn ihrer Mühe war gering, abgesehen von einigen primitiven Steinwerkzeugen – zu Ehren der Schlucht Oldowan-Werkzeuge genannt –, die damals die ältesten bekannten Werkzeuge waren (schon in den siebziger Jahren wurden in Äthiopien steinerne Werkzeuge gefunden, die 2,5 Millionen Jahre alt sind). Ihr Leben nahm eine glückliche Wendung, als Mary 1959 den Australopithecus »Zinj« entdeckte. Obwohl diese Geschöpfe als »Sackgasse« der Evolution gelten, löste

Olduwai in der Serengeti-Ebene Tansanias. Hier wurden 1962 die Überreste des Homo habilis, einer bis dahin unbekannten Menschenart, gefunden.

Was Überreste von Urmenschen, ihre Tätigkeit und ihre Umwelt anbelangt, ist Olduwai wohl das bekannteste und längste Archiv der Welt. Es ist eine imposante, 40 Kilometer lange und bis zu 100 Meter tiefe Schlucht, die ein gelegentlich fließender Wasserlauf in die Serengeti-Ebene von Nordtansania gegraben hat. Dabei legte er einen Schichtkuchen mit archäologisch ergiebigen Sedimenten frei, die fast zwei Millionen Jahre alt sind.

Zinj eine Flut finanzieller Unterstützung aus. Größter Geldgeber war die Nationale Geographische Gesellschaft. Der Einsatz lohnte sich, denn 1961 wurden zum erstenmal Überreste des ältesten bekannten Mitglieds unserer Gattung *Homo* entdeckt.

Am 4. April 1964 gaben Louis Leakey, Phillip Tobias von der Universität des Witwatersrand in Südafrika und John Napier von der Londoner Universität bekannt, diese Knochen gehörten zu einer bis dahin unbekannten Menschenart, die vor rund 1,7 Millionen Jahren gelebt und ein etwas größeres Gehirn als ihre Zeitgenossen, die Australopithecinen, gehabt habe. Auf Vorschlag von Raymond Dart, der den ersten Autralopithecus entdeckt hatte, nannten sie diesen Menschen *Homo habilis*, »geschickter Mensch«. Leakey glaubte, er habe endlich den Hersteller der Werkzeuge von Oldowan gefunden. Der glückliche Forscher gab weiteren Fossilien des *Homo habilis*, die er in Olduwai entdeckte, Spitznamen wie »Aschenputtel«, »George« und – nach dem bekannten flachbrüstigen britischen Fotomodell – »Twiggy«. Heute gelten allerdings nur wenige Fossilien aus Ost- und Südafrika als Überreste des *Homo habilis*, und der Streit darüber, ob dieses Lebewesen wirklich zu unserer Gattung gehört, dauert an.

»1470« – ein kurzlebiger Ruhm

Die magere, in den sechziger Jahren bestehende Sammlung von Fossilien des *Homo habilis* verzögerte dessen allgemeine Anerkennung als ältester Vertreter unserer Gattung. Viele Wissenschaftler meinten, er unterscheide sich nicht genügend vom Australopithecus. Ein Fossil, das Leakeys Auffassung zu widerlegen schien, fand Bernard Ngeneo, der in der Forschungsgruppe von Leakeys Sohn Richard an der Ostseite des Turkanasees (früher Rudolfsee) in Nordkenia arbeitete. Das Fossil erhielt die Katalognummer KNM-ER-1470 (Kenia National Museum East Rudolf, No. 1470) und wurde weltweit als »1470« bekannt.

Besonders interessant war sein vergleichsweise großes Gehirn – es übertraf das geschätzte Gehirnvolumen des *Homo habilis* um mehr als 100 Milliliter. Zunächst hielt man ihn für fast drei Millionen Jahre alt und verlieh ihm daher den Titel »ältester Mensch der Welt«. Später wurde sein Alter jedoch auf 1,9 Millionen Jahre berichtigt, und das beraubte ihn seines Ruhmes. Außerdem wies »1470«, abgesehen vom Gehirnvolumen, Merkmale auf, die denen des Australopithecus sehr ähnlich waren. Heute zählt man ihn zu einer weiteren Art, zum *Homo rudolfensis*.

Ein strammer Bursche aus Nariokotome

Bevor 1964 der *Homo habilis* beschrieben wurde, war der *Homo erectus*, Ende des 19. Jahrhunderts in Asien entdeckt, das erste uns

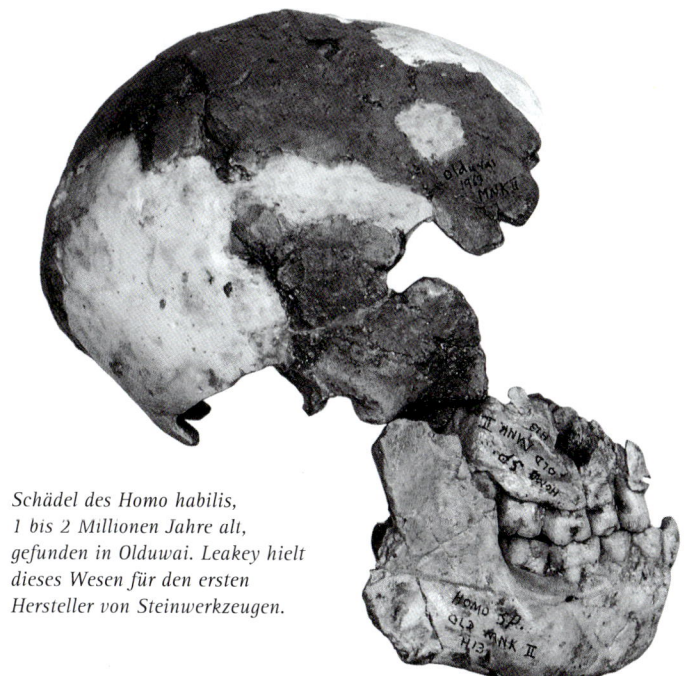

Schädel des Homo habilis, 1 bis 2 Millionen Jahre alt, gefunden in Olduwai. Leakey hielt dieses Wesen für den ersten Hersteller von Steinwerkzeugen.

Zu den faszinierendsten Funden in Olduwai gehören zahlreiche Steinwerkzeuge, die vor 1,9 Millionen Jahren angefertigt wurden – sie lockten Leakey an diesen Ort. Zeugnisse dieser Technik, die man Oldowan nennt, wurden in der Zwischenzeit auch in 2,5 Millionen Jahre alten Schichten Ablagerungen im Flußtal des Awash bei Hadar (Äthiopien) gefunden.

Der Oldowan-Werkzeugkasten bestand aus kleinen, scharfkantigen Steinsplittern – man nennt sie auch »grobe Schaber« oder »Chopper«-, die von verschiedenen Kanten eines Kernsteins abgeschlagen wurden. Viele grobe Schaber sind abgenutzt und waren wahrscheinlich Gelegenheitswerkzeuge, doch ihr Hauptzweck war offenbar die Herstellung kleiner, scharfer Splitter zum Schneiden und Schaben. Mikroskopische Untersuchungen von Schäden lassen darauf schließen, daß die Werkzeuge für viele verschiedene Materialien benutzt wurden, zum Beispiel für Fleisch, Knochen, Haut, Holz und Pflanzen. Experimente mit modernen Nachbildungen alter steinerner Werkzeuge beweisen, daß man damit sogar dicke Elefantenhaut leicht schneiden kann. Jagdwaffen wie Speere und Pfeile finden sich unter diesen alten Steinwerkzeugen nicht. Spuren an Tierknochen zeigen vielmehr, daß die damaligen Menschen nicht jagten, sondern Fleisch aßen, das Raubtiere übrig ließen.

Faustkeile und Schaber, 1,7 Millionen, 1 Million und 350 000 Jahre alt (von links nach rechts). Obwohl man zahlreiche Handkeile gefunden hat, ist ihr Verwendungszweck noch unklar.

bekannte Mitglied unserer Gattung. Selbst nach der Entdeckung des Australopithecus in Afrika im Jahre 1925 und der Anerkennung Afrikas als Kontinent mit den ältesten Menschen, galt Asien weiter als Heimat jener Menschen, die etwa wie wir aussahen. Überbleibsel des *Homo erectus* waren nämlich in den siebziger Jahren in Asien noch nicht gefunden worden.

Einer der bemerkenswertesten Funde gelang 1984 dem namhaften kenianischen Fossiliensucher Kamoya Kimeu. Es handelte sich um einen Jungen, der vor 1,6 Millionen Jahren in einem Sumpf bei Nariokotome am Westufer des Turkanasees gestorben war. Sein Körper wurde damals so schnell vom Schlamm bedeckt, daß Aasfresser keine Chance hatten, ihn zu zerreißen oder an den Knochen zu nagen. So ist das Skelett erstaunlich vollständig – nur die Füße fehlen. Wahrscheinlich wäre der Knabe über 1,80 Meter groß geworden, und seine Körperproportionen sind denen eines modernen Menschen sehr ähnlich, wenn man von einigen Unterschieden an Wirbelsäule, Hüften und Beinen absieht. Im Gegensatz zum *Homo habilis*, der 200 000 Jahre früher lebte und erheblich kleiner war als ein Europäer von heute, belegt der Turkana-Junge, daß vor 1,6 Millionen Jahren in Afrika Menschen umherliefen, die fast so aussahen wie wir. Daher nimmt die Forschung heute an, daß zu dieser Zeit, nicht erst später, entscheidende anatomische Veränderungen eintraten, die zum modernen Menschen führten.

Die Anfänge der Technik

Viele Tiere benutzen Werkzeug und stellen es sogar her, doch das Wahrzeichen der modernen Menschheit ist die komplexe Art ihrer Technik. Wilde Schimpansen machen sich Werkzeug zum sofortigen Gebrauch, sie reißen zum Beispiel Äste von Bäumen und stochern damit nach Termiten. Urmenschen und wahrscheinlich auch Australopithecinen (die möglicherweise Hände wie Menschen hatten) benutzten wohl zunächst solche Werkzeuge, bevor sie sie regelrecht aus Steinen herstellten. Experimente deuten darauf hin, daß vor fast 2 Millionen Jahren polierte Steine und Hörner aus Swartkrans in Südafrika zum Ausgraben von Wurzeln und Knollen verwendet wurden.

Vor etwa 1,5 Millionen Jahren fingen der *Homo erectus* und später der frühe *Homo sapiens* damit an, komplexere Werkzeuge herzustellen. Stücke dieser Art wurden zuerst um 1830 in St. Acheul in Frankreich gefunden. Dazu gehören auch Steine, die in der Hand gehalten wurden und an beiden Seiten geschärft waren (»Zweiseiter«). Zugespitzte, birnenförmige Zweiseiter mit einer Schneidkante, die um den ganzen Stein herumlief, nennt man Faustkeile, Steine mit einer breiten, axtähnlichen Schneidfläche heißen Abschläge.

Die Acheul-Technik wurde bis vor fast 100 000 Jahren benutzt, keine andere Technik hatte so lange Bestand. An manchen Orten fand man Acheul-Werkzeuge in außergewöhnlich großer Zahl. Bei Olorgesailie in Mittelkenia ist der Boden mit 800 000 Jahre alten Faustkeilen und anderen Acheul-Werkzeugen schier übersät.

Aus Afrika
immer etwas Neues

Ex Africa semper aliquid novi
(Plinius d. Ä., etwa 23–79 v. Chr.)

Noch in den siebziger Jahren glaubte man, der Homo sapiens sei in Europa und Afrika etwa zur gleichen Zeit – vor rund 35 000 Jahren – aufgetaucht. Dann lieferten neue Datierungsmethoden und neue Fossilien Hinweise darauf, daß es schon vor 100 000 Jahren moderne oder »fast moderne« Menschen in Afrika und im Nahen Osten gab. Afrika könnte sich durchaus als Wiege der gesamten modernen Menschheit herausstellen, so wie es die Wiege unserer Gattung war.

Die Grabungen von Ronald Singer und John Wymer (1966–1968) sowie von H. J. Deacon von der Universität Stellenbosch (seit 1984) in den Höhlen an der Mündung des Klasies an der Südküste Südafrikas förderten einige der ältesten bekannten Überreste des modernen oder zumindest »fast modernen« Menschen zutage. Sie sind nahezu mit Gewißheit über 100 000, vielleicht sogar 120 000 Jahre alt und mit Steinwerkzeugen aus der mittleren Steinzeit vermischt. Zu den Funden gehören ein Teil eines modern aussehenden Gesichts und ein annähernd vollständiger Unterkiefer sowie andere Bruchstücke, die darauf hindeuten, daß sich der moderne Mensch in Afrika entwickelte, als in Eurasien noch Vormenschen hausten.

Obwohl die Klasies-Menschen uns körperlich ähnlich gewesen sein mögen, verhielten sie sich nicht wie Menschen aus der jüngeren Steinzeit. Ihre Versuche, große wilde Tiere wie Büffel und Wildschweine zu erlegen, waren anscheinend wenig erfolgreich, und sie zogen offenbar sanftere Tiere, zum Beispiel Elenantilopen, vor. Ihre Technik machte wenig Fortschritte, und Kunstwerke, Symbole und Totenbestattungen kannten sie kaum oder gar nicht. Zudem deuten manche Forscher die zerkratzten, verkohlten und zerbrochenen Menschenknochen als Hinweise auf Kannibalismus. Möglicherweise bedingte die Fähigkeit, mit Hilfe geistiger Überlegenheit unter bestimmten Umweltbedingungen und gesellschaftlichen Gegebenheiten zu überleben, weitere anatomische Veränderungen, vor allem am Gehirn. Das ist anhand fossiler Knochen allerdings schwer nachzuweisen.

Modern aussehende Überreste von Menschen wurden zusammen mit Werkzeugen aus der mittleren Steinzeit auch in der Bor-

der Cave, einer nahezu unzugänglichen Höhle auf einem hohen Felsen in Südafrika an der Grenze zu Swasiland ausgegraben. Als man in den vierziger Jahren unseres Jahrhunderts Geröll aus der Höhle entfernte, entdeckte man das unvollständige Schädeldach und den Unterkiefer eines Erwachsenen. Bei systematischen Grabungen wurden 1941 ein Kinderskelett und 1974 ein Unterkiefer gefunden, später auch Bruchstücke aus eingefallenen Teilen der Höhle. Diese Überreste könnten 100 000 Jahre alt sein, doch die Knochen sind überwiegend besser erhalten als die angeblich gleich

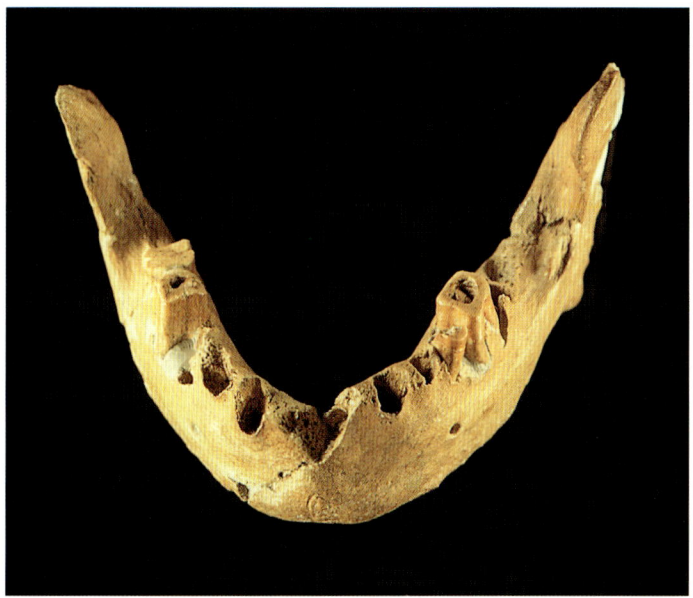

alten Tierknochen, und ihr Alter bleibt umstritten, weil keine modernen Grabungsmethoden angewandt wurden. Vielleicht stammen sie aus später entstandenen Gräbern, die in älteren Schichten lagen. Das Kindergrab ist die einzige Grabstätte in Südafrika, die aus der mittleren Steinzeit stammen könnte. Es enthält eine durchlöcherte Muschelschale (vielleicht ein Anhänger), der von der mindestens 80 Kilometer entfernten Küste stammen muß.

Viel Streit um eine Frau

Die ausgegrabenen Indizien für einen afrikanischen Ursprung des modernen Menschen wurden Ende der achtziger Jahre scheinbar durch genetische Untersuchungen gestützt. Die DNS der Mitochondrien (die nur von der Mutter weitergegeben wird) sollte beweisen, daß alle modernen Menschen Abkömmlinge einer einzigen Frau waren (sie wurde natürlich »Eva« getauft), die vor etwa 200 000–150 000 Jahren in einem afrikanischen »Garten Eden« lebte. 1992 wurden diese Studien jedoch als statistisch fehlerhaft entlarvt. Dennoch sprechen Fossilien und genetische Untersuchungen dafür, daß der moderne Mensch aus Afrika stammt, obwohl diese Auffassung von Vertretern der »multiregionalen Hypothese« heftig bestritten wird – sie meinen, daß sich der heutige Mensch allmählich in verschiedenen Teilen der Welt entwickelte.

LINKS: Ein etwa 100 000 Jahre alter, modern aussehender Kieferknochen vom Klasies ist ein Indiz dafür, daß sich in Afrika zumindest »beinahe moderne« Menschen entwickelten, als in Eurasien noch Vormenschen hausten.

UNTEN: Dieses Schädelbruchstück eines Erwachsenen aus der Border Cave könnte rund 100 000 Jahre alt sein.

LINKS: Schichten an der Mündung des Klasies. Die außergewöhnliche, 20 Meter hohe Ansammlung von archäologischem Material, das an die Schichten einer Torte erinnert, ist ein Indiz dafür, daß hier vor 100 000 Jahren oder früher moderne oder »fast moderne« Menschen lebten. Die Napfschnecken- und Muschelschalen in vielen Schichten lassen vermuten, daß diese Menschen zu den ersten gehörten, die Meeresfrüchte aßen, obwohl sie weder Fischhaken noch Netze besaßen. Wie bei älteren Menschen und jüngeren Jägern und Sammlern bestand ihre Nahrung wahrscheinlich aus Pflanzen und Kleintieren. Sie waren unbeholfene Jäger, die lieber sanftere Tiere wie Elenantilopen statt wilde Büffel und Wildschweine jagten.

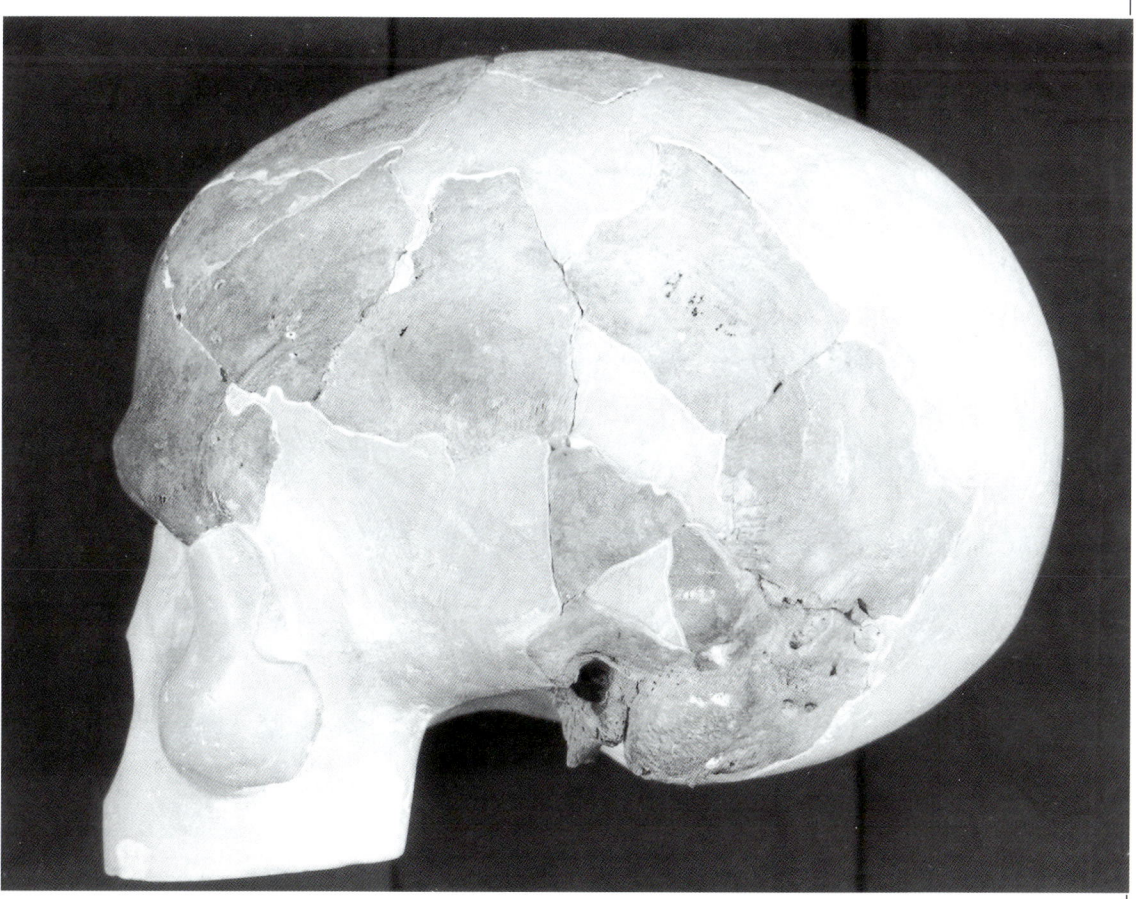

Südafrikanische Felskunst –
»Bilder der Macht«

In Felsnischen, vor allem im Gebirge, wurden viele tausend Gemälde entdeckt, und in Felsen auf der inneren Hochebene im südlichen Afrika sind Tausende von Bildern eingeritzt. Es gibt auch kleine bemalte Steine in archäologisch interessanten Schichten im Inneren von Höhlen und einige erstaunlich kunstfertig ausgeführte Gravierungen.

Felsmalereien können einfarbig, zweifarbig, vielfarbig oder getönt sein. Gravierungen bestehen entweder aus eingeritzten Linien, oder sie wurden eingemeißelt. Dargestellt sind häufig wilde Tiere (besonders Antilopen), domestizierte Tiere (z. B. Schafe und Rinder seit der Zeitenwende und Pferde seit dem 19. Jahrhundert v. Chr.), Szenen mit Menschen (manchmal mit Tieren), Handabdrücke, Muster wie Tupfen, Gitter und Zickzacklinien sowie historische Szenen wie Ochsenwagen und Soldaten auf Pferden. Die meisten Kunstwerke schreibt man den Buschmännern zu, den Jägern und Sammlern im südlichen Afrika. Einige Kunstwerke in der Kapprovinz könnten von Hirten der Khoin-Khoin stammen, doch die Richtigkeit dieser Annahme ist naturgemäß schwer nachzuweisen.

Erst seit wenigen Jahren wird die fast 30 000 Jahre alte südafrikanische Felskunst als eine der größten Errungenschaften der Menschheit anerkannt. Zunächst galt sie als kuriose Darstellung des Alltags, doch seit den siebziger Jahren behaupten Forscher, es handle sich um religiöse Kunst, die teilweise die Erfahrungen von Schamanen widerspiegle, um Bilder der Macht, die man benutzt habe, um zu heilen, Regen herbeizuzaubern und Wild anzulocken.

Die ältesten afrikanischen Felskunstwerke sind sieben zerbrochene bemalte Platten aus der Apollo-11-Höhle in Südnamibia. Den Namen verlieh ihr der Archäologe Eric Wendt, der 1969 am Kofferradio die Mondlandung mitverfolgte, während er arbeitete. Erstaunlicherweise paßten zwei Platten zusammen, obwohl sie bei verschiedenen Grabungen 1969 und 1972 gefunden worden waren. Holzkohle aus derselben Schicht war der C^{14}-Methode zufolge zwischen 27 000 und 19 000 Jahre alt. Die Gemälde gehörten somit noch in die mittlere Steinzeit oder schon in die beginnende Spätsteinzeit; sie sind also in etwa ebenso alt wie die älteste bekannte Felskunst in Europa (s. S. 61). Die Malereien, die Wendt in Südafrika entdeckte, stellen ein katzenartiges Tier mit menschlichen Hinterbeinen dar, außerdem ein weißes Tier mit schwarzen Streifen, die Umrisse eines schwarzen Nashorns, eine von einer roten Linie eingefaßte Antilope und schwarze Striche mit einem rotem Tupfer.

Das Alter von Felsgravierungen in der Wonderwerk-Höhle in der Kapprovinz wurde mit 10 000 Jahren bestimmt. Die jüngsten Werke können anhand ihrer Motive datiert werden. Sie zeigen domestizierte Tiere (die es in diesem Teil der Welt freilich erst seit 2000 Jahren gibt) und britische Soldaten in Uniformen, die eindeutig auf das Jahr 1860 zu datieren sind.

Die Buschmänner glaubten, Schamanen hätten übernatürliche Kräfte und könnten sich in Trance mit der Geisterwelt in Verbindung setzen. Beim rituellen Tanz um ein Lagerfeuer, verbunden mit Klatschen, Singen und Musik, versetzten sich die Schamanen durch rasches Atmen und Konzentration in einen Trancezustand. Sie beugten sich vornüber, schwitzten, zitterten und bluteten aus der Nase, wie es die Felsenbilder anscheinend zeigen. Man glaubte, daß die Schamanen in Trance »starben«, weil eine sterbende Antilope

sich ähnlich benimmt. Einige Forscher sehen auf bestimmten Bildern einen klaren Zusammenhang zwischen einer sterbenden Antilope und einem »sterbenden« Schamanen. Die Menschen jener Zeit glaubten, die große und spirituell mächtige Elenantilope gebe beim Tod ihre Kräfte frei, so daß der Schamane damit Kranke heilen, Regen herbeirufen oder Glück bei der Jagd bescheren konnte.

In Trance erlebt der Schamane Halluzinationen, die offenbar in vielfältiger Form als Teil der Felskunst dargestellt sind. Diese Bilder produziert das Gehirn, und Menschen auf der ganzen Welt sehen sie in Trance, aber auch, wenn sie Migräne haben. Im zweiten Stadium der Trance versuchen Menschen gemeinhin, die Bilder zu deuten. Für die Buschmänner im südlichen Afrika war kaum etwas wichtiger als Tiere, und die Elenantilopen waren am allerwichtigsten. Im letzten und tiefsten Stadium sieht man sich selbst als Teil der Halluzination. Schamanen der Buschmänner, die glaubten, sie hätten sich in Tiere verwandelt gehabt, haben dieses Erlebnis vielleicht in Form von teils tierischen, teils menschlichen Gestalten verewigt.

Felskunst in der Sahara

Die größten Erfolge bei der Deutung afrikanischer Felskunst wurden zwar im südlichen Afrika erzielt, es gibt aber auf dem ganzen Kontinent noch viele andere Kunstwerke aus Steinzeit und Eisenzeit. Einige atemberaubende Beispiele sind in Massiven in der zentralen und westlichen Sahara (beispielsweise an verschiedenen Felsoberflächen in Adrar des Iforas, Air, Hoggar, Tassili-n-Ajjer und Tibesti) zu sehen. Man glaubt, daß manche Kunstwerke der Sahara – sie zeigen wilde Tiere – älter als 8000 Jahre sind und daß ihrer Periode rund 8000 bis 7000 Jahre alte Bilder von Menschen folgten, die teils klein, teils riesig sind und oft runde, gesichtslose Köpfe haben. Zur folgenden Periode zählt man zahlreiche vielfarbige Bilder und Gravierungen, die domestiziertes Vieh darstellen. Sie dürften nach allgemeiner Auffassung etwa 7500 bis 3200 Jahre alt sein. Noch später entstandene Werke zeigen Kamele, Pferde und Pferdewagen.

GANZ OBEN: *Gravierung aus Twyfelfontein, Namibia, einem Tal mit Felsgruppen, auf denen etwa 2500 Bilder zu sehen sind. Die meisten zeigen Fußabdrücke und Tiere, vor allem Giraffen. Dieser Teil der »Carstens-Tafel« mit etwa 70 Gravierungen ist ein typisches Beispiel.*

OBEN: *Giraffe und Zebra aus Nswatugi, Simbabwe. Wilde Tiere hatten eine spirituelle Bedeutung.*

LINKS: *Abbildungen von Menschen waren von jeher Bestandteil der Felskunst in aller Welt.*

GEGENÜBER: *Felsbilder aus der Jungsteinzeit, die vermutlich einen schamanistischen Trance-Tanz zeigen. Felskunst ist überall in Afrika zu finden.*

Abydos

enschen mit eher ein-
geschränkten Mitteln
bauten kleine Ziegel-
schreine. Sie enthielten Kalk-
steinstelen (Pfeiler oder aufrechte Tafeln), die mit Bildern und
Angaben über den Toten, seine
Familie und seine Freunde verse-
hen waren. Diese kleinen Kapellen bedeckten anscheinend den
Abhang des Plateaus, den man »Nordfriedhof« nennt. Sie lagen
nicht weit oberhalb des Osiristempels und des Weges, den Prozessionen zu Ehren des Osiris einschlugen. Anfang des 19. Jahrhunderts freilich stahlen Plünderer aus Abylos eine Menge kleinerer
und daher entsprechend leicht verkäuflicher Stelen.

Spektakulärer waren – was freilich wenig überraschend ist – die
Zenotaphen der Könige. Der Zenotaphtempel des Königs Seti I.
(1306–1290) ist der größte und der am üppigsten geschmückte. Er
enthält bemalte Reliefgravierungen von höchster Qualität und
sollte Setis Beziehung zu Osiris unterstreichen. Doch der Tempel

*Im Neuen Reich (um 1550-1069 v. Chr.) war
Abydos als Grab des Gottes Osiris, des ägyptischen Toten-
gottes, berühmt. Viele Ägypter, auch Könige,
wollten dort begraben oder abgebildet sein. So wurde
der Ort zum wichtigsten Friedhof außerhalb
einer Königsstadt.*

Schöpfung der ägyptischen
Überlieferung symbolisieren –
sie steigt aus dem Wasser des
Chaos empor und ist das Sinn-
bild der Wiedergeburt.

Zuvor hatte Petrie in einer
viel älteren Schicht gegraben.
Die Osirisprozession führte vom
Tempel zu einem Hügel in der Wüste, den man Umm el-Qa'ab,
»Mutter der Töpfe«, nennt. Viele derartige Töpfe, heute meist nur
Tonscherben, sind Überbleibsel von Gefäßen, die im angeblichen
Grab des Osiris, des göttlichen, aber toten ägyptischen Königs,
geopfert wurden. Tatsächlich ist der Hügel eine Grabstätte echter
Könige, die zu Beginn der ägyptischen Geschichte regierten.
Allerdings zerstörte der französische Gelehrte Emile-Clément
Amélineau in den Jahren 1895–1896 durch Unachtsamkeit Teile
dieses Grabes, doch Petrie konnte 1900–1901 einiges retten. Er
erkannte, daß der Ort der Friedhof aller Könige der ersten Dynastie und zweier Könige der zweiten Dynastie war. Die oberen Teile

*OBEN: Opferkapelle aus Lehmziegeln mit Kalksteintafel zum Gedenken an
eine Familie aus dem Mittleren Reich. Aus den Grabungen von John Garstang
in Abydos, 1906–1909.*

*RECHTS: König Seti I., der Vater Ramses II., huldigt dem Gott Osiris.
Wandzeichnung in Setis Zenotaph zu Abylos.*

stellt nur die Hälfte der Bauten dar, die Seti in Abydos errichtete.
In den Jahren 1901 und 1902 entdeckte der britische Archäologe
Sir Flinders Petrie, der über längere Zeit hinweg hinter dem Seti-
Tempel grub, ein einzigartiges unterirdisches Bauwerk. Es war
nach dem Plan eines typischen Grabes im Tal der Könige des Neu-
en Reiches errichtet worden, aber die zentrale Halle mit ihren
massiven Granitsäulen, die das Granitdach stützten, bestand aus
einer »Insel«, die von einem teilweise mit Wasser gefüllten Graben
umgeben war. Dieses Bauwerk sollte vermutlich die Insel der

der Grabstätte waren längst zerstört, wahrscheinlich handelte es sich um niedrige, rechteckige Bauten aus Schlammziegeln, die man *mastabas* (arabisch »Bänke«) nennt. Die Grabstätten sind recht bescheidene Gruben mit Ziegelwänden. Später errichtete Gräber bestehen aus mehreren Räumen, in denen auch Bedienstete ruhen. Wir wissen nicht, ob diese Höflinge mit ihren Herren begraben wurden. Immerhin sind in diesen mehrfach geplünderten Gräbern so viele Gegenstande zurückgeblieben, daß wir sie als Gräber von Königen (möglicherweise auch der Königin Mer-Neith) aus der Frühzeit Ägyptens und ihrer Vorgänger, der in der Nähe begrabenen Stadtfürsten aus der späten vordynastischen Periode, identifizieren können.

Miniatur-Elfenbeinstatue eines altägyptischen Königs aus Abydos. Er trägt das »Jubiläumsgewand«.

Das Hauptlager in Hierakonpolis

Wie Abydos zeugt auch die südägyptische Stadt Hierakonpolis von der Frühgeschichte des Landes. Sie scheint zur Zeit der Vereinigung Ägyptens (um 3050 v. Chr.) ein politisches Zentrum gewesen zu sein. Zwischen 1897 und 1899 entdeckten J. E. Quibell und F. W. Green bei Grabungen einen alten Ziegeltempel und darin einige Weihgaben, die auf dem Tempelgelände vergraben worden waren. Dazu gehörte unter anderem das »Hauptlager«, das einige der für Geschichte, Archäologie und Kunstgeschichte wichtigsten Objekte aus der Epoche der Vereinigung enthielt. Unter diesen Funden sind der Amtsstab des Königs »Skorpion« und, als wohl berühmtestes Stück, die zeremonielle Schieferpalette von König Narmer, die seinen Sieg über Nordägypten darstellt.

Die zeremonielle Palette König Narmers zeigt den siegreichen Monarchen zu Beginn der ägyptischen Geschichte.

Die Pyramiden von Gise

Die Pyramide ist nur ein Teil eines ausgeklügelten Komplexes von mehreren Bauten, die das Grab des Königs bildeten. Dazu gehören Bauwerke, die man während des Begräbnisses benutzte, und Tempel, in denen man dem Toten später Opfergaben brachte. In der Nähe der Pyramide wurden auch Adlige und Mitglieder der Königsfamilie begraben, und in den Nebenanlagen der Cheopspyramide finden wir Belege dafür, daß die Hochebene von Gise archäologisch bis in unsere Tage bei weitem nicht ausgeschöpft ist.

Seit ihrem Bau durch die Könige der 4. Dynastie (2575–2465 v. Chr.) beherrschen die Pyramiden von Gise die Silhouette der Wüste im Westen von Kairo. Sie sind das eindrucksvollste Beispiel für die Genialität der alten Völker, deren Bauten uns noch heute mit Ehrfurcht erfüllen. Sie wurden schon in der Antike geplündert, dennoch haben sie, wenn auch unwillig, einige ihrer Geheimnisse preisgegeben.

Das größte erhaltene Objekt, das mit der Beerdigung des Königs in Zusammenhang steht, entdeckte der ägyptische Archäologe Kamal el-Mallak im Mai 1954. Arbeiter, die an der Südseite der Großen Pyramide aufräumten, stießen dabei auf eine rechteckige Grube, die mit 41 Kalksteinblöcken zugedeckt war, von denen einige mehr als 15 Tonnen wogen. Die Grube war 31 Meter lang und 5 Meter tief, hatten aber einen bemerkenswerten Inhalt: ein Schiff aus Zedernholz, in über tausend Teile zerlegt. Nachdem man es sehr sorgfältig zusammengebaut hatte, war es 43 Meter lang. Offenbar war es mindestens einmal benutzt worden, vielleicht, um die Teilnehmer am Begräbnis auf dem Fluß oder auf einem Kanal zur Pyramide zu bringen. Es könnte auch sein, daß dieses Schiff (wie jene, die einst die drei jetzt leeren Gruben in der Nähe füllten, und möglicherweise jenes, das noch in der letzten, ungeöffneten Grube liegt) es dem König ermöglichen sollte, mit Re, dem Sonnengott, jeden Tag über den Himmel zu fahren.

*Die drei Pyramiden der Gisegruppe.
VON RECHTS NACH LINKS: Chufu (Cheops), Chefren und Menkaure (Mykerinos) mit den drei Pyramiden der Königinnen.*

Das Begräbnisschiff des Königs Cheops. Möglicherweise wurde es zu seinen Lebzeiten auch für zeremonielle Reisen bei religiösen Festen benutzt.

UNTEN: Grauwacke-Statue von König Menkaure aus dem Tempel seines Pyramidenkomplexes zu Gise. Zur Rechten des Königs steht die Göttin Hathor, zu seiner Linken eine Göttin, die den siebten Nome (Verwaltungsbezirk) Oberägyptens symbolisiert.

Zwar wurde Cheops' Pyramide ebenso wie die seines Vaters Snefru im Laufe der Jahrhunderte gründlich – und vermutlich wiederholt – geplündert, die Pyramide seiner Mutter ist jedoch erhalten. Im Jahre 1925 arbeitete der amerikanische Ägyptologe George Reisner an der Basis der Großen Pyramide und entdeckte eher zufällig einen senkrechten, 30 Meter tiefen Schacht. An seinem unteren Ende befand sich eine Grabkammer mit den Grabbeigaben der Königin Hetepheres. Der Alabastersarkophag war leer, und Reisner vermutete, daß das ursprüngliche Grab (vielleicht in der Nähe Snefrus) bereits zu Cheops' Lebzeiten geplündert worden war und daß man in diesem jüngeren Grab Hetepheres' persönlichen Besitz erneut bestattet hatte, zumal ihr Leichnam fehlte.

Die beiden kleineren Pyramiden zu Gise haben ebenfalls eine reiche Ausbeute an archäologischen Daten erbracht und enthalten Objekte von hohem ästhetischen Wert. Diese stammen – wie vergleichende Untersuchungen der Archäologen belegten – vor allem von den Talbauten des Chephren (aus massiven roten Granitblöcken errichtet) und des Menkaures (nach dem Tod des Königs hastig aus Lehmziegeln erbaut). Chephrens Talbauwerk entdeckte 1853 der französische Ägyptologe Auguste Mariette. Dazu gehörte eine Grube, die eine lebensgroße Dioritstatue des Königs enthielt, eine von mehreren, die einst in der T-förmigen Halle des Baus standen und Kultobjekte waren. Reisner übertraf diesen Fund, als er bei Arbeiten an Menkaures viel weniger eindrucksvollem Talbauwerk auf eine Gruppe von Statuen stieß, die den König mit Königin Chamerernebti und einigen Gottheiten zeigten. Die Skulpturen von Chephren und Menkaure gehören zu den bedeutendsten Meisterwerken aus dem Alten Reich (ca. 2649–2152 v. Chr.).

Amarna

Amarna ist die einzige altägyptische Stadt, deren Aufbau wir bis in die Einzelheiten kennen. Glücklicherweise enthält diese Hauptstadt einzigartige Gebäude und Objekte, die zu den berühmtesten der Antike gehörten.

Heute ist in der alten Stadt Achet-Aton, die von König Echnaton (früher Amenhotep IV.) bald nach seiner Thronbesteigung 1353 v. Chr. erbaut wurde, nicht mehr viel zu sehen. Echnaton ersetzte den Amunkult durch den Kult Atons (der göttlichen Sonnenscheibe) und gab die Hauptstadt Thebens samt ihrem großartigen Amuntempel zu Karnak auf, um in seine völlig neue Hauptstadt namens Achet-Aton (»Horizont des Aton«) auf unbebautem Land in Mittelägypten einzuziehen. Die Stadt enthielt alles, was die Hauptstadt des damals mächtigsten Reiches der alten Welt benötigte: eine Innenstadt mit dem Königspalast, Verwaltungsgebäude und einen großen Atontempel. Südlich und nördlich dieses zentralen Bereichs befanden sich Vorstädte mit den Häusern der weniger Begüterten, nicht weit von den Villen der reichen Adligen und den Palästen der Königsfamilie. Obwohl diese Bauten erst durch hundertjährige archäologische Arbeit ausgegraben wurden, kannten Reisende und Antiquare den Ort schon früh. In den Felsen, die die Stadt umgeben, befinden sich nämlich vierzehn eingemeißelte Stelen, die die Stadtgrenzen markieren, und im Osten stehen die Grabkapellen der Großen und Guten Amarnas, darunter auch das Grab Echnatons. Die auf seltsame Weise verzerrten Bilder des Königs und seiner Familie an den Wänden dieser Gräber verblüff-

ten von jeher die Besucher – sie waren an Darstellungen jugendlicher und körperlich vollkommener ägyptischer Könige gewöhnt.

1887 grub eine Bäuerin im Zentrum der alten Stadt nach sebach, verfallenen Lehmziegeln, die man oft als natürlichen Dünger benutzte. Dabei stolperte sie über ein Depot mit 300 Lehmtafeln, die Keilschriftzeichen trugen – sie hatte das »Korrespondenzhaus des Pharaos« entdeckt, das diplomatische Staatsarchiv. Die Tafeln, heute als »Amarnabriefe« bekannt, waren in akkadischer Sprache beschriftet, der Diplomatensprache im Nahen Osten der späten Bronzezeit. Die Briefe dokumentieren Ägyptens Beziehungen zu seinen Vasallen in der Levante und zu anderen Königreichen im Nahen Osten, die sich als ebenbürtig betrachteten. 1891–1892 begann Flinders Petrie in der zentralen Stadt zu arbeiten. Er grub Überreste des Großen Atontempels, des Großen Königspalastes, des Königshauses, des

OBEN: Ein »Amarnabrief«. Diese kleinen Tontafeln mit akkadischer Keilschrift dokumentieren die Beziehungen zwischen Ägypten und anderen Großmächten des Nahen Ostens.

LINKS: Steinstelen aus Privathäusern in Amarna – vielleicht Objekte der Verehrung – zeigen die Königsfamilie, unter Aton sitzend. Bilder des Königspaares und seiner Kinder in derart zwanglosen Szenen gibt es nur aus der Amarnaperiode.

RECHTS: Die bemalte Kalksteinbüste der Königin Nofretete, ausgegraben 1912, war wohl das Werk des Meisterbildhauers Thutmosis. Sie ist eine der schönsten ägyptischen Skulpturen.

Staatsarchivs (mit den Amarnabriefen) und einige Privathäuser aus. Die öffentlichen Gebäude der Stadt waren rasch, mit ungewöhnlich kleinen Steinblöcken (*talatat*) gebaut worden, die man später entlang dem Nil in Hermopolis Magna erneut verbaute, weil Achet-Aton nach Echnatons Tod aufgegeben wurde. Die archäologische Arbeit in der Stadt dauert bis heute an; sie wurde hauptsächlich von der ägyptischen Forschungsgesellschaft geleistet, überwiegend zwischen 1921 und 1926. Einige der berühmtesten und wissenschaftlich interessantesten Einzelobjekte verdanken wir jedoch Ludwig Borchardt. Er grub im Zeitraum zwischen 1908 und 1914 vor allem in großen Privathäusern im Süden der Stadt, auch im Haus des königlichen Bildhauers Thutmosis, wo er unvollendete Stücke fand, darunter die prachtvolle und weltberühmte Kalksteinbüste der Königin Nofretete.

Archäologen versuchen, die verworrene Geschichte und die nahezu unüberschaubaren persönlichen Beziehungen jener Periode hauptsächlich mit Funden aus Amarna selbst zu erforschen und darüber hinaus auch das Rätsel der Herkunft von Tutenchamun zu lösen, der in jungen Jahren (als Tutenchaton) (s. S. 32) und zu Beginn seiner kurzen Regentschaft (als Echnaton) in Achet-Aton lebte. Vorerst aber bleibt diese Frage eine der vielen unbeantworteten in der Archäologie.

Die Herstellung kunstvoller Glasgefäße in Ägypten ist eine überraschende Entwicklung im Neuen Reich. Dieser bunte Fisch aus Amarna ist ein besonders schönes Beispiel.

Tutenchamun

Als Howard Carter und Lord Carnarvon 1922 das Grab des Pharaos Tutenchamun öffneten, glückte ihnen der spektakulärste archäologische Fund dieses Jahrhunderts und vielleicht aller Zeiten.

Im Jahre 1907 begann eine fruchtbare Partnerschaft zwischen Howard Carter, einem englischen Archäologen und ehemaligen Inspektor des ägyptischen Amtes für Antiquitäten, und Lord Carnarvon, einem englischen Aristokraten und Amateurägyptologen. Carter war beruflich an Ägypten interessiert – er hatte sich bei der ägyptischen Forschungsgesellschaft mit antiken Inschriften befaßt –, während Carnarvons Interesse erwacht war, als er wegen einer Krankheit in Ägypten überwintert hatte. Carnarvon stellte Carter ein, weil er dringend einen Fachmann bei seinen Grabungen am Westufer in Theben brauchte. Bis zum Ersten Weltkrieg waren die beiden recht erfolgreich: Sie entdeckten am thebanischen Berg eine Reihe von Gräbern, die Adeligen gehört hatten. Aber 1917 konnte Carter endlich dort arbeiten, wohin es ihn offensichtlich schon immer gezogen hatte – im Tal der Könige, wo er das verlorene Grab Tutenchamuns finden wollte. Dieser König hatte in der Zeit nach der Amarnaperiode weniger als zehn Jahre lang regiert und war um 1323 noch vor seinem neunzehnten Geburtstag gestorben.

1921 und 1922 war die Begeisterung, mit der Carnarvon scheinbar einem Phantom nachjagte, verebbt, und er beschloß, die Grabungen im Tal einzustellen. Carter überredete ihn, noch die Arbeit einer Saison in einem kleinen Dreieck genau vor dem Grab Ramses VI. zu finanzieren. Er glaubte, dies sei der einzige noch unerforschte Ort, an dem das Grab des Knabenkönigs liegen könne.

Die nächsten Ausgrabungen begannen am 1. November 1922, und drei Tage später entdeckten Arbeiter eine Reihe von Stufen, die in einen Felsen eingehauen waren. Sie führten zu einem vergipsten Tor, das mit Siegeln von Beamten der Totenstadt bedeckt war. Carter zwang sich, die Arbeit bis zu Carnarvons Ankunft in Luxor am 23. November einzustellen.

Eine erneute Untersuchung des Tores ergab, daß die Siegel den Eigentümer des Grabes – Tutenchamun – nannten, und obwohl

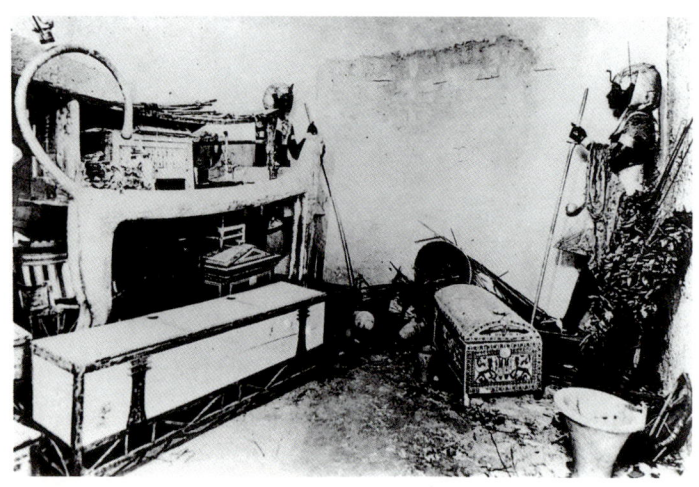

OBEN: Der Anbau des Grabes. Zwei vergoldete Statuen bewachen den Eingang zur Grabkammer.

LINKS: Die Grabkammer Tutenchamuns. Sie ist mittelgroß und enthält heute den Sarkophag und den Körper des Königs.

RECHTE SEITE: Der vergoldete Schrein, der die Kanope des Königs enthält. Die Göttinnen Isis und Selket breiten die Arme aus, um die Eingeweide des Königs zu schützen.

eine zweite Versiegelung in der alten Zeit ein Indiz dafür war, daß jemand kurz nach der ursprünglichen Versiegelung eingedrungen war, ließen die unversehrten zweiten Siegel auf eine weitgehend unangetastete Kammer hoffen. Das Tor führte zu einem kurzen, abfallenden Gang, der mit Geröll gefüllt war, und an dessen Ende befand sich eine weitere versiegelte Tür, in die Carter ein Guckloch bohrte. Das Bild, das sich ihm und Carnarvon darbot, glich einem überquellenden orientalischen Trödelladen. Der Raum, in den sie schauten – der Annex – war mit einer Menge vergoldeter Möbelstücke gefüllt: Betten, Truhen, Hocker und zwei lebensgro-

ße Statuen des Königs an den beiden Seiten des Eingangs zur eigentlichen Grabkammer. Als man auch diese Tür geöffnet hatte, erlebte Carter eine weitere Überraschung. Ein riesiger, vergoldeter Schrein füllte die Kammer nahezu aus. Er war der äußere von vieren, die den Sarkophag umgaben. Und als der Granitdeckel des Sarkophags am 12. Februar 1924 endlich gehoben wurde, wußte Carter, daß er das unversehrte Grab des Königs entdeckt hatte. Der Sarkophag enthielt seinerseits weitere, kleinere Steinsärge, und ganz innen starrte eine menschenförmige Hülle aus Zypressenholz, mit Goldfolie bedeckt, blicklos ins Leere.

Bildnisse, die Tutenchamuns Freizeitbeschäftigungen mit Königin Enchesenamun darstellten, sind ein beliebtes Motiv auf den Grabgegenständen, zum Beispiel auf dieser Einlegearbeit auf einer Sargwandung.

GEGENÜBER: Die Goldmaske Tutenchamuns – wahrscheinlich das berühmteste Gesicht der alten Welt.

UNTEN: Obwohl heute die Federn fehlen, zeigt das Bild auf diesem Fächer vielleicht, wie die Federn beschafft wurden.

Da man zuerst die anderen Gegenstände aus dem Grab entfernte, wurde der Deckel dieses Sarges erst im Februar 1925 gehoben, und zwar mit Hilfe der silbernen Griffe, die über 3000 Jahre zuvor benutzt worden waren, um den Deckel zu senken. Man fand einen zweiten Sarg, ebenfalls aus vergoldetem Holz und mit Details in Fayence, Obsidian und Lapislazuli verziert. Der dritte innere Sarg war noch prächtiger: über 1,8 Meter lang und aus solidem Gold, 25–30 Millimeter dick und 110,4 Kilogramm schwer. Doch als man den Deckel dieses Sarges hob, um den Leib des Königs zu enthüllen, überraschte das Grab seine Entdecker erneut: Die Mumie trug das heute berühmteste Objekt im Grab, eine herrliche Maske, die Kopf und Schultern bedeckte und aus Gold, Lapislazuli und blauem Glas bestand.

Leider durfte Carnarvon nie einen Blick auf das Antlitz Tutenchamuns werfen, denn er starb bereits am 5. April 1923 in Kairo an einer Lungenentzündung als Folge eines Moskitostichs. Sein Schicksal diente Abergläubischen als »Beweis« dafür, daß das Grab verflucht sei. Carter litt unter einem anderen Fluch, denn die Formalien, die seiner großen Entdeckung folgten – Katalogisieren, Konservieren, der Umgang mit den Behörden und der Presse – waren ihm zunehmend lästig. 1928 hatte er alle Objekte aus dem Grab geschafft, und in den nächsten vier Jahren leitete er die Konservierung des Materials und schrieb Abhandlungen über einen Teil seiner Funde. Doch das Grab selbst ist in vieler Hinsicht so reichhaltig, daß es heute noch das Ziel wissenschaftlicher Studien und eines öffentlichen Interesses ohnegleichen ist.

Deir el-Medine

Versteckt in einer Falte des öden thebanischen Berges liegt in der Nähe des Tals der Könige ein Dorf, das heute wohl die bekannteste Siedlung des alten Nahen Ostens ist.

D as Dorf besteht aus etwa 70 gut erhaltenen Häusern an terrassenförmig angelegten Straßen und ist von einer Mauer umgeben. Erstaunlicherweise liegt es fern vom Nil, so daß die Bewohner alles Lebensnotwendige, einschließlich des Wassers, vom Fluß ins Dorf befördern mußten. Dennoch war es fast 500 Jahre lang ununterbrochen bewohnt. Nachdem es verlassen wurde, bedeckte der Wind es rasch mit Sand. Heute ist es für Archäologen von besonderem Interesse, denn 1929 studierte der tschechische Ägyptologe Jaroslaw Cerny die vielen Dokumente, die man im Dorf gefunden hatte, und wies nach, daß in Deir el-Medine die Arbeiter wohnten, die im Neuen Reich (etwa 1550–1069 v. Chr.) die Gräber im Tal der Könige gebaut hatten. Wahrscheinlich gründete Thutmosis I. zu Beginn der 18. Dynastie (etwa 1550–1307 v. Chr.) das Dorf, und die Einwohner arbeiteten in der Folgezeit an den Grabmalen der meisten Könige dieser und der beiden folgenden Dynastien.

Den ersten systematischen Versuch, Deir el-Medine zu erforschen, unternahm eine Expedition des Turiner Museums im Jahre 1905 unter der Leitung von Ernesto Schiaparelli. Aus Deir el-Medine stammten die meisten Stelen und kleinen Antiquitäten, die im 19. Jahrhundert auf den Markt gekommen waren, und Turin hatte einen Teil der Sammlung erhalten, die der französische Konsul in Ägypten angelegt und der König von Sardinien erworben hatte. Die Grabungen dauerten bis 1909, und das aufregendste Ergebnis war die Entdeckung des noch unversehrten Grabes des Vorarbeiters Kha. Der Friedhof von Deir el-Medine liegt auf einem kleinen Hügel unmittelbar oberhalb des Dorfes. Die Gräber sind mittelgroß, dem Status der Bewohner entsprechend, aber sie enthalten einige prachtvolle Wandmalereien. Die Arbeiter und Künstler, die ihre imponierenden Fähigkeiten wieder und wieder in den Königsgräbern bewiesen, sorgten nämlich in ähnlicher Weise auch für ihr eigenes Leben nach dem Tod vor, indem sie in ihrer Freizeit Gräber für sich selbst errichteten.

Der bedeutendste Forscher, der in Deir el-Medine arbeitete, war Bernard Bruyère (1879–1971), dessen Grabungen zwischen 1922 und 1951 viele Erkenntnisse über die Ansiedlung lieferten.

Er konzentrierte sich nicht – was unter den gegebenen Umständen nahegelegen hätte – auf den Friedhof und die Gräber, sondern ganz im Gegenteil gerade auf das Dorf, und fand auf diese Weise die Überreste eines der wenigen Dörfer oder Städte des alten Ägyptens, die im wesentlichen erhalten sind. Seine wichtigste Ent-

Deir el-Medine – Stele des Neferhotep.

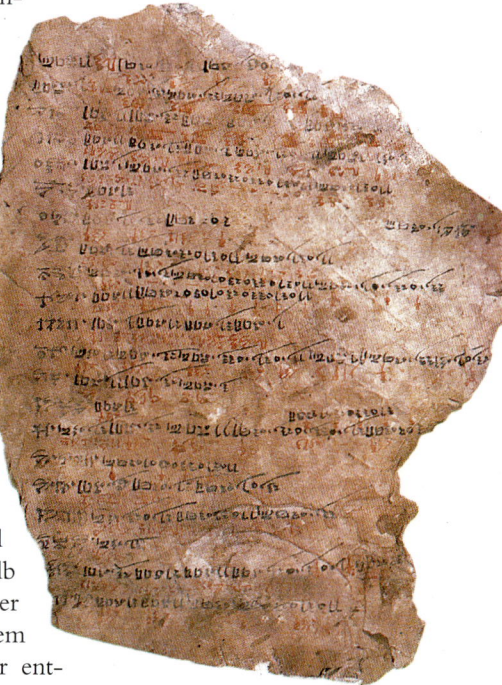

Eine Anwesenheitsliste für Arbeiter am Königsgrab im Tal der Könige.

Wandgemälde im Grab eines königlichen Grabbauarbeiters.

deckung war eine große Abfallgrube, die Tausende von *Ostraka* enthielt, Kalkstein- oder Tonscherben, die in jener fernen Epoche als billiges Schreibmaterial gedient hatten.

Das Niedergeschriebene wirft ein bezeichnendes Licht auf den Alltag der Dorfbewohner, unter denen es offenbar ungewöhnlich viele Schreibkundige gab. Die Siedlung, die Gräber und die Dokumentation des täglichen Lebens machen Deir el-Medine zu einer einzigartigen Stätte, an der wir die Lebensart der einfachen Menschen studieren können.

Tanis

Etwa 130 Kilometer nordöstlich von Kairo liegt San el-Hagar, die alte ägyptische Stadt Tanis, gewiß der größte und wohl der wichtigste Grabungsort des Deltas. Dort gibt es mehr unversehrte Königsgräber als im Tal der Könige.

Tanis wurde sehr wahrscheinlich von einem der Könige der 21. oder 22. Dynastie (um 1069–712 v. Chr.) gegründet, die nach dem Zusammenbruch des Neuen Reiches Teile Nordägyptens regierten. Um die neue Hauptstadt zu verschönern, ließen die Pharaonen alte Statuen und zerlegte Gebäude, vor allem Tempel, aus älteren Städten nach Tanis schaffen, hauptsächlich aus Ramsesstadt (nur 20 Kilometer flußaufwärts), der Hauptstadt, die Ramses II. (1290–1224 v. Chr.), ein König der 19. Dynastie, im Ostdelta erbaut hatte. Seine Tempel, Statuen und Obelisken wurden in großen Mengen nach Tanis gebracht.

Tanis war schon früh Ziel der archäologischen Forschung in Ägypten. Der Name der Stadt war aus der Bibel bekannt (als Zoan, z. B. 4. Moses 13, 22), und die gewaltige Hügelaufschüttung der Stadt (*Tell*) bei San el-Hagar war sehr auffällig. Beide wurden schon 1722 miteinander in Verbindung gebracht. Zwischen 1860 und 1864 grub der französische Archäologe Auguste Mariette innerhalb der Tempelanlage (Überreste der Mauer aus massiven Lehmziegeln waren erhalten) und fand eine Reihe von Statuen, vor allem aus der Frühzeit der ägyptischen Geschichte. Auch der englische Ägypto-

loge Flinders Petrie arbeitete dort 1884 und erstellte einen detaillierten Plan des Tempelbereichs. Allerdings begründete erst die Arbeit des französischen Archäologen Pierre Montet den Ruhm der Stadt als eine der größten Entdeckungen der Ägyptologie.

In der dritten Zwischenperiode (21.–25. Dynastie, um 1069–664 v. Chr.) galten Pyramiden (Altes und Mittleres Reich) und versteckte Felsgräber (vor allem im Tal der Könige zu Theben) nicht mehr als geeignet, den Leichnam eines Königs zu schützen. Statt dessen und vor allem im Delta (wo das Fehlen festen Bodens für massive Fundamente oder unterirdische Gänge beides ohnehin unpraktikabel machte) baute man Königsgräber innerhalb der schützenden Mauern des Haupttempels. Offenbar entschieden sich dafür die Stadtfürsten und ihre Familien in Sais, Mendes, Bubastis, Leontopolis und Tanis.

Im Februar 1939, nach zehnjähriger Arbeit in Tanis, grub Montet in der Tempelumfriedung, als Arbeiter eine unterirdische Kammer mit einem steinernen Eingangstor entdeckten. Es war ein Grab mit vier geschmückten Räumen aus Kalkstein, und es enthielt die Sarkophage von Osorkon III. und Prinz Hornacht sowie die Über-

OBEN: *Silberschale mit Goldgriff und eingelegter Lotusschmuck aus dem Grab von Psusennes. Vielleicht der Weinbecher des Königs.*

LINKS: *Goldener lotusförmiger Kelch mit den eingeritzten Namen des thebanischen Hohenpriesters Pinodjem und der Prinzessin Henut-Tawi. Möglicherweise ein Geschenk für den König.*

reste von Takelot II. und Osorkon I. Unmittelbar daneben befand sich ein anderes Grab, das aus fünf Räumen bestand – dort ruhte Psusennes I. In der Vorhalle lag ein Sarg mit silbernem Falkenkopf auf einem Steinsockel, welcher die Überreste von Schoschenk II barg. Die Arbeiten in diesem Grab wurden zu Beginn der folgenden Saison nur noch für kurze Zeit fortgesetzt, da im Frühjahr des Jahres 1939 der Zweite Weltkrieg ausbrach.

Dennoch grub Montet in Tanis weiter und öffnete das geplünderte Grab von Schoschenk III. nördlich des Psusennes-Grabs. Im letzteren stellte er fest, daß die westliche Wand der Vorhalle zwei Eingänge verbarg, die zu den Grabkammern des Psusennes und des Amenemophis führten. Das Grab von Psusennes I. ist unversehrt und reich ausgestattet, es läßt sich nur mit dem Tutenchamuns vergleichen. Um die Kammer zu öffnen, bewegte man den Torblock aus Granit auf seinen ursprünglichen Rollen und stieß auf einen langen, schmalen Raum, groß genug, um einen rosafarbenen Granitsarg zu bergen, auf dessen Deckel sich eine Skulptur befand: Psusennes in Gestalt des Osiris. Zu Füßen des Sarges standen Kanopen mit den Eingeweiden des Königs sowie goldene und silberne Gefäße. Innerhalb des äußeren Sarkophags befand sich ein mumienförmiger Sarkophag aus schwarzem Granit und darin ein silberner Sarg und – wie bei Tutenchamun – eine goldene Gesichtsmaske. Großartige Amulette aus kostbaren Metallen und Halbedelsteinen schützten den Leib des Königs.

Amenemophis' Gruft barg einen ähnlichen, wenn auch weniger imposanten Schatz. Möglicherweise war diese Kammer ursprünglich für die Königin bestimmt gewesen, wurde dann aber für Psusennes' Nachfolger verwendet. Dieses Grab gab seine letzte Überraschung erst nach Ende des Zweiten Weltkriegs, im Jahre 1946 preis, als die Gruppe französischer Wissenschaftler Pläne zeichnete und dabei feststellte, daß sich im Bauwerk ein weiterer Raum befinden mußte. Man entdeckte eine weitere Grabkammer,

Goldmaske des Königs Psusennes. Sie ist weniger kunstvoll als die Tutenchamuns. Einlagen betonen die Augen und den Kinnbehälter für den falschen Bart.

die sich in der Folgezeit als die eines Generals und Zeitgenossen des Psusennes erwies. Obwohl die Königsgräber zu Tanis heute wohl die meisten ihrer Geheimnisse enthüllt haben, ist der Rest des Geländes doch so beeindruckend groß, daß die dort arbeitenden Archäologen es buchstäblich erst ankratzen konnten.

Der Stein von Rosette

Nachdem die Welt das alte Ägypten jahrhundertelang vergessen hatte, weckte Napoleon Bonaparte neues Interesse daran. Seine Invasion in Ägypten im Jahre 1798 lieferte zufällig auch den Schlüssel zum Verständnis der alten Texte und der Hieroglyphen.

Nachdem Napoleons Armee Ägypten erobert hatte, bereitete sie sich darauf vor, es gegen die Briten zu verteidigen, vor allem gegen die königliche Marine unter Nelson, die eine stete Bedrohung in der Flanke der Franzosen im Mittelmeerraum war. Die Befestigung von Häfen an der Küste war der erste Schritt. Einer dieser Häfen war Raschid oder Rosette am westlichen Hauptarm des Nils in seinem Delta. Während der Errichtung von Fort Rosette bemerkte der französische Offizier Bouchard, daß die Arbeiter eine beschriftete Tafel aus schwarzem Basalt freigelegt hatten. Das war an sich keine Überraschung, denn Rosette stand wie viele andere wichtige Deltastädte auf den Ruinen einer alten Stadt, und man fand beim Bauen ziemlich oft Antiquitäten. Doch die Basalttafel war insofern ungewöhnlich, als sie in drei verschiedenen Sprachen beschriftet war, von denen man eine, die griechische, lesen konnte. Heute wissen wir, daß alle drei Texte den gleichen Inhalt haben, und darum war der Stein von Rosette der Schlüssel zur Entzifferung der beiden anderen Schriften, der Hieroglyphen und der demotischen Kursivschrift.

Die Niederlage der französischen Flotte bei Abukir und die darauffolgende Kapitulation der Garnison von Alexandria machte die Briten zu den Herren Ägyptens. Der Rosettestein und viele andere Antiquitäten, die Gelehrte während des französischen Kriegszuges gesammelt hatten, fielen den Briten in die Hände. Die Beute

traf im Februar 1802 in Portsmouth ein und wurde dann ins Britische Museum gebracht, wo sie heute noch mit Stolz vorgezeigt wird.

Allerdings liegt die wahre Bedeutung des Rosettesteins in seiner entscheidenden Rolle bei der Entzifferung der rätselhaften Hieroglyphenschrift, die auf den Gräbern und Tempeln Ägyptens zu finden war. Versuche, die Hieroglyphen zu deuten, hatte es schon früher gegeben. »Gelehrte« wie Athanasius Kircher (1602 bis 1680) hatten sich die Zeichen, die kleinen Menschen, Tieren, Vögeln und Dingen der materiellen Welt glichen, angesehen und waren zu der Überzeugung gelangt, es handle sich um eine Symbolsprache, die das esoterische Wissen der alten Welt übermitteln solle. Darin liegt ein Körnchen Wahrheit. Denn es gibt zwei Grundtypen von Hieroglyphen: phonetische Zeichen und Ideogramme. Erstere symbolisieren Laute, und mehrere solcher Laute bilden ein Wort – wie bei einzelnen Buchstaben unseres Alphabets –, wenn man sie kombiniert. Die häufigsten Hieroglyphen sind entweder einfache Zeichen, die eine Art »ägyptisches Alphabet« darstellen, in dem das Zeichen weitgehend einem einzigen Laut oder Buchstaben entspricht. Andere Zeichen symbolisieren einen Laut, den zwei oder drei Buchstaben erzeugen. Ideogramme drücken dagegen keinen Laut, sondern eine Idee aus: Sie sind meist Determinative, das heißt, sie erscheinen am Ende eines phonetisch geschriebenen Wortes, um dessen Bedeutung festzulegen. So steht beispielsweise die Hieroglyphe, die ein Auge symbolisiert, grundsätzlich am Ende von Wörtern, die mit dem Sehen zu tun haben; das Zeichen für zwei Beine erscheint ganz entsprechend am Ende vieler Wörter, bei denen es in dem einen oder anderen Sinne um Bewegung geht; und abstrakten Wörtern wie *mn* (»ausdauernd sein«) folgt häufig eine Papyrusrolle als Determinativ.

Europäische Gelehrte, vor allem so namhafte wie Akerblad und Young, wagten die ersten Schritte. Sie erkannten, daß die ovalen Ringe oder »Kartuschen« in ägyptischen Inschriften – auch diejenigen auf dem Rosettestein – stets Königsnamen enthielten. Dennoch blieb ihnen die Schrift in ihrer Gesamtheit ein Rätsel und die endgültige Entzifferung war schließlich im wesentlichen das Werk des französischen Wunderkindes Jean François Champollion (1790 bis 1832). Die Königsnamen Ptolemäus und Kleopatra erschienen

Ägyptische Bauten tragen oft ein Datum. Diese Inschrift nennt den »6. Tag im 3. Sommermonat des 1. Jahres« eines unbekannten Königs.

Der Stein von Rosette mit einem Text in drei Schriftarten. Er war der Schlüssel zum Verständnis der altägyptischen Sprache.

auf dem Stein von Rosette in ihren Kartuschen. Das wußte Champollion vom griechischen Text, und darum konnte er jedem Zeichen der anderen Namen einen Lautwert zuordnen. Auf diese vergleichsweise simple, zugleich aber fast geniale Art erhielt er nach einigem Probieren eine erste Liste von Zeichen mit bekanntem Lautwert, die er auf andere Königsnamen anwenden konnte. Wenn er auf neue Zeichen stieß, bestimmte er deren Lautwerte durch Deduktion. Sobald er und seine Nachfolger die Lautwerte der Zeichen kannten, waren sie imstande, ägyptische Texte wirklich zu übersetzen. Oft verglichen sie die unbekannte Sprache der alten Ägypter mit ihrem modernen Nachkommen, dem Koptischen, das Champollion verstand. Unseren Einblick in die Kultur der alten Ägypter verdanken wir somit ebensosehr den Texten, die sie hinterlassen haben, wie ihren Bauwerken.

Diese Kartusche enthält einen der am häufigsten vorkommenden Königsnamen: den Ramses' II. aus der 19. Dynastie.

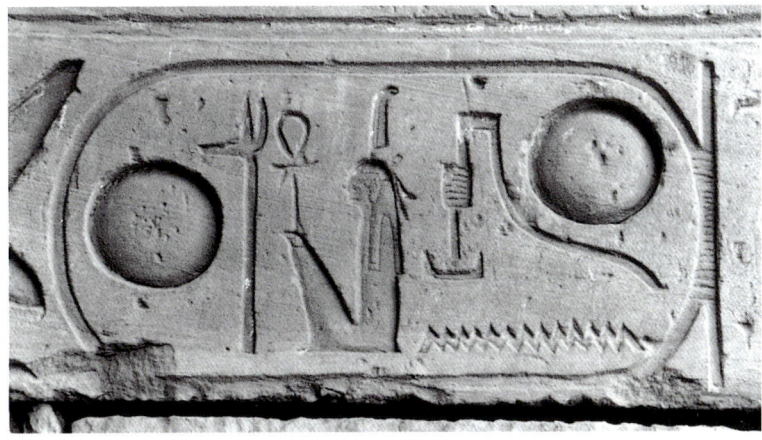

Die Römer
in Nordafrika

In der Stadt Lepcis (oder Lep-
tis) Magna in der Provinz
Tripolitanien steht ein gut
erhaltenes Theater, das um das
Jahr 1 von einem reichen Bürger
namens Annobal Rufus gestiftet
wurde. Nicht nur sein Name ist
punisch, auch die Widmung ist in Latein und Punisch geschrieben.
Ein weiteres wichtiges Bauwerk aus der Zeit des Augustus war der
Markt, erbaut im Jahre 8 v. Chr. und zwischen 31 und 37 n. Chr.
durch Portikos vergrößert. In seinem offenen Hof standen zwei
achteckige Pavillons. Zu den am besten erhaltenen Bauten zählen
die »Jagdbäder«, deren ursprüngliche Gewölbe weitgehend unversehrt sind. Sie dürften nach derzeitigem Erkenntnisstand Ende des
2. oder Anfang des 3. Jahrhunderts entstanden sein.

Kaiser Septimus Servus (193–211) wurde in Lepcis geboren, und
er ließ in der Stadt einige monumentale Bauten errichten. Neben
einem neuen Forum und einer Basilika erbaute man ihm zu Ehren

*Einige der am besten erhaltenen römischen
Bauwerke stehen in Nordafrika. Dies liegt zum Teil daran,
daß die dortigen Städte nicht im selben Umfang
als Baumaterial verwertet wurden wie in anderen
Teilen des Orients.*

einen Triumphbogen, vielleicht
aus Anlaß seines Besuches im
Jahr 207. Eine Reihe von Reliefs
zeigt den Kaiser in prunkvollem
Gewand in einem Wagen an der
Seite seiner beiden Söhne Cara-
calla und Geta. Analysen des
verwendeten Marmors, die der Feststellung seiner Herkunft dienten, belegen, daß der Herrscher der Stadt gestattete, sich mit Schätzen des ganzen Reiches zu schmücken: Die Bildhauer arbeiteten
offenkundig vor allem mit Marmor aus Kleinasien.

Im Hinterland der Stadt fand man Beweise für den intensiven
Anbau von Oliven, deren Öl als Nahrung, Leuchtstoff und Reini-
gungsmittel benutzt wurde. Das verdeutlicht auch die beträchtliche

*Diese Bäder aus dem späten 2. Jahrhundert n. Chr. sind nach
Wandmalereien benannt, die eine Leopardenjagd darstellen. Sand hat das aus
festem Material bestehende Dach geschützt.*

Das wiederaufgebaute Bühnengebäude im Theater von Sabratha.

Buße von 3 Millionen römischen Pfund Öl, die Julius Cäsar der Stadt auferlegte. Man hat wahre »Fabriken« mit mehreren Olivenpressen gefunden. Es ist unwahrscheinlich, daß eine Produktion dieser Größenordnung allein für die Stadt bestimmt war: Offenbar wurde das Öl unter anderem nach Rom verfrachtet. Gönner ließen den Reichtum, den sie durch diesen Handel erwarben, wieder der Stadt zugute kommen.

Lepcis ist nicht die einzige Stadt, die so gut erhalten ist. An der libyschen Küste fanden Italiener und nach dem Zweiten Weltkrieg die britische Archäologin Dame Kathleen Kenyon bei Grabungen in Sabratha Überbleibsel der ältesten punischen Siedlung und der späteren römischen Stadt. Zu den bemerkenswerten Funden gehören das Forum aus dem 1. und das Theater aus dem späten 2. Jahrhundert n. Chr. Daß für neue Gebäude und Renovierungen damals immer mehr Marmor verwendet wurde, spiegelt den zunehmenden Wohlstand der Stadt wider.

In Nordafrika gab es auch Garnisonen, und mehrere große Festungen sind erforscht worden. In Numidia baute die dritte Legion, im nahen Lambaesis stationiert, die Kolonie Timgad – eine sorgfältig geplante Stadt mit Straßen, die exakt gitterförmig angeordnet waren. Unter Septimus Severus wurde in der Stadt auf der Straße nach Lambaesis ein monumentaler Triumphbogen errichtet. Die Festung der Legionäre enthält eines der wichtigsten Dokumente des römischen Heeres: den Sockel einer monumentalen Säule, die der Nachwelt den Besuch des Kaisers Hadrian im Jahr 128 überliefert. Die Inschrift gibt eine Ansprache an die Truppe ausführlich wieder und enthält ein Lob für die Kavalleristen der sechsten Kohorte: »Euer Eifer hat uns hellwach gehalten. Ihr habt getan, was zu tun war.«

Das Theater in Sabratha aus dem späten 2. Jahrhundert n. Chr. war eines der größten im römischen Afrika.

Nigerianische Kunst – »virtuos wie Fabergé«

Die Kunst entstand Mitte des 1. Jahrtausends v. Chr. bis Anfang des 2. Jahrtausends n. Chr. In dieser Zeit entwickelten sich die westafrikanischen Völker von steinzeitlichen Jägern und Sammlern zu gut organisierten, eisenverarbeitenden Staaten mit mächtigen und reichen, gottähnlichen Königen.

Ende des 19. Jahrhunderts wurden die Museen und Kunstmärkte der Welt mit zahlreichen »Bronze«-Abgüssen und Elfenbeinschnitzereien überflutet, die die königliche Marine Großbritanniens während der Strafexpedition in Westafrika im Jahr 1897 beschlagnahmt hatte. Die folgende Plünderung des großen nigerianischen Kunsterbes hatte zur Folge, daß wir Herkunft und Geschichte der meisten Stücke kaum oder gar nicht kennen.

Wir brauchen weitere archäologische Information, ehe wir diesen Vorgang und die erstaunlichen Kunstwerke verstehen können.

Der erste bekannte Menschenkopf aus Terrakotta (gebrannter, noch poröser Ton) wurde 1928 bei Arbeiten in einer Zinnmine auf dem Jos-Plateau in Zentralnigeria im Flußkies gefunden. Später schrieb man ihn der ersten identifizierbaren eisenverarbeitenden Gesellschaft in Westafrika zu: der Nok - Kultur, deren Siedlungen nach der C14-Datierung zwischen dem 6. und 2. Jahrhundert v. Chr. entstanden und wohl bis in die erste Hälfte des 1. Jahrtausends n. Chr. hinein bestanden.

Nok-Terrakottas stellen sowohl Menschen sowie Tiere dar, und manche von ihnen sind lebensgroß. Typisch für die Menschenköpfe sind kunstvolle Frisuren, dreieckige, von Rillen umrissene Augenfelder mit runden Löchern für die Pupillen sowie eindeutig ne-

Ein Terrakotta-Kopf aus Nok.

groide Züge. Körpermerkmale und Mißbildungen wurden sorgfältig wiedergegeben. Einige Figuren liefern Informationen über die Nok-Kultur: Sie halten Werkzeuge wie Äxte in der Hand, sie sitzen auf Stühlen, oder sie tragen Perlen. Vielleicht waren die Köpfe Teile komplexerer Figuren, denn Bruchstücke von Gliedmaßen und Rümpfen wurden ebenfalls gefunden. Möglicherweise waren die Nok-Terrakottas Altarfiguren, die zum Fruchtbarkeitskult von Ackerbauern gehörten.

Ein interessantes Archiv der wirtschaftlichen und politischen Veränderungen in den Wäldern Südnigerias gegen Ende des 1. Jahrtausends n. Chr. grub der britische Archäologe Thurstan Shaw in Igbo Ukwu aus, wo man 1938 ein Depot mit Bronzearbeiten gefunden hatte. Shaws Grabungen von 1959 bis 1960 erbrachten den Beweis dafür, daß hier im 9. Jahrhundert eine Minderheit über die religiöse und wahrscheinlich auch die politische Macht sowie über den größten Reichtum verfügte.

In Igbo Ukwu war auch das Grab eines wichtigen Mannes, der auf einem Stuhl in einer tiefen, mit Holz getäfelten und überdachten Grabkammer saß, in der sich außerdem drei Elfenbeinstoßzähne befanden. Eine obere Kammer enthielt die Überreste von mindestens fünf Dienern. Zu den Grabbeigaben gehörten ein Stab und ein Wedel aus Bronze, ein kupferner Truhenschmuck, eine Krone und mehr als 100 000 Glas- und Karneolperlen, die wahrscheinlich aus Indien stammen. In der Nähe fand man zwei weitere Horte mit einer großen Anzahl Artefakten.

Die Bronzeobjekte, im *Cire-perdue*-Verfahren gegossen, sowie die fein geschmiedeten und ziselierten Kupferobjekte belegen, daß es in Westafrika außerordentlich begabte Kunsthandwerker gegeben hat. Wir wissen zwar nicht genau, woher das Kupfer und das Zinn stammten, aber die angewandten Methoden und die genaue chemische Zusammensetzung deuten darauf hin, daß sie nicht arabischer oder europäischer Herkunft waren.

Zu den bedeutendsten Funden an Grabungsorten aus dem frühen 2. Jahrtausend in Südnigeria gehören jene von Ife. Darunter befindet sich eine bemerkenswerte Sammlung fast lebensgroßer Terrakotta- oder »Bronze«-Köpfe (tatsächlich sind diese aus Messing) im naturalistischen Stil. Vermutlich wurden sie für Riten geschaffen, da man sie anscheinend auf Altäre oder in Schreine stellte. Manche Forscher glauben, daß der Ife-Stil auf die Jahrhunderte ältere Nok-Kultur zurückgeht.

Cire-perdue-Bronzen – fast lebensgroße Menschenköpfe, Figuren und Plaketten – wurden vom 15. bis zum 19. Jahrhundert in großem Umfang in der südnigerianischen Stadt Benin hergestellt, und zwar für den Herrscher, den *Oba*. Eine etwaige stilistische Verbindung mit Ife ist umstritten.

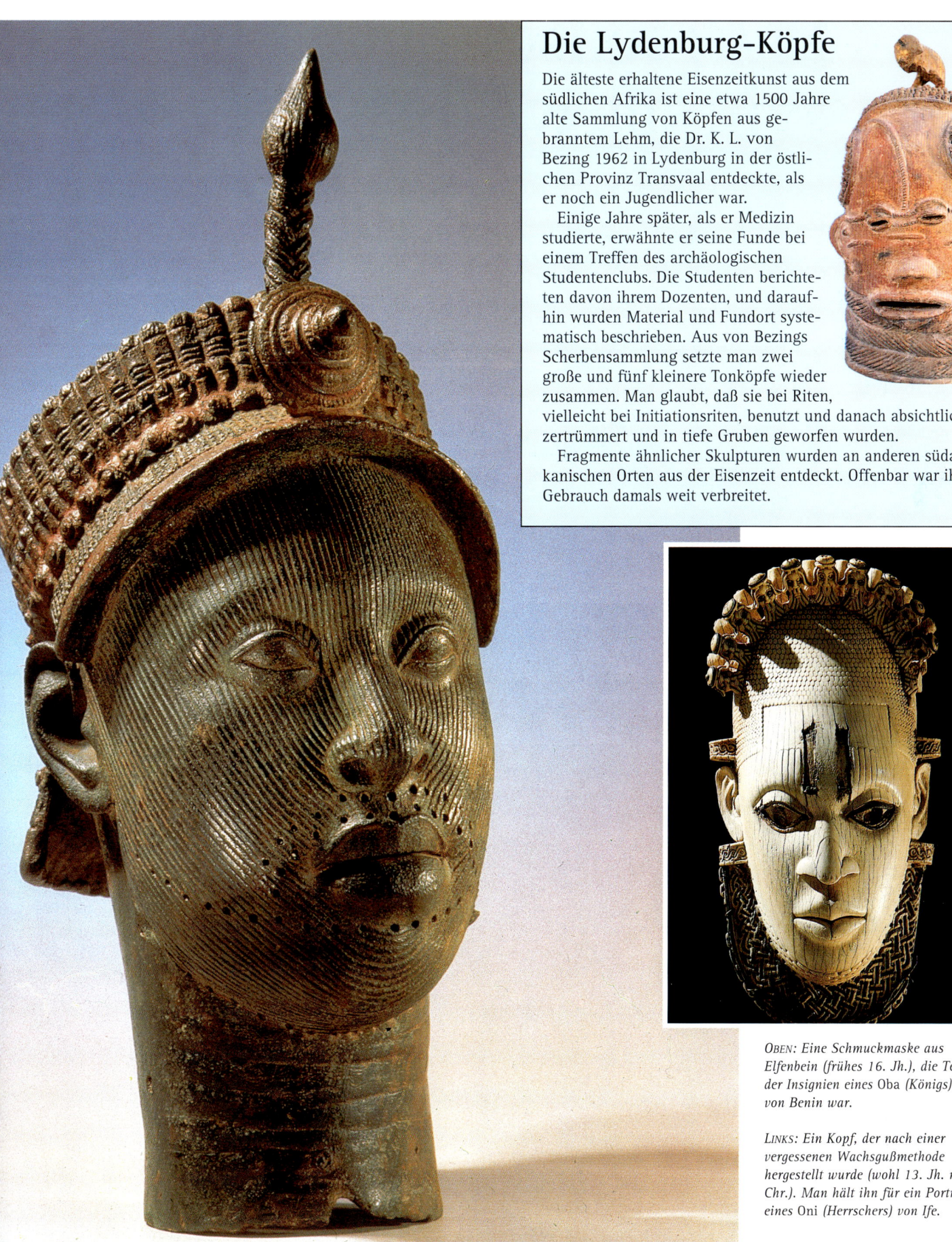

Die Lydenburg-Köpfe

Die älteste erhaltene Eisenzeitkunst aus dem südlichen Afrika ist eine etwa 1500 Jahre alte Sammlung von Köpfen aus gebranntem Lehm, die Dr. K. L. von Bezing 1962 in Lydenburg in der östlichen Provinz Transvaal entdeckte, als er noch ein Jugendlicher war.

Einige Jahre später, als er Medizin studierte, erwähnte er seine Funde bei einem Treffen des archäologischen Studentenclubs. Die Studenten berichteten davon ihrem Dozenten, und daraufhin wurden Material und Fundort systematisch beschrieben. Aus von Bezings Scherbensammlung setzte man zwei große und fünf kleinere Tonköpfe wieder zusammen. Man glaubt, daß sie bei Riten, vielleicht bei Initiationsriten, benutzt und danach absichtlich zertrümmert und in tiefe Gruben geworfen wurden.

Fragmente ähnlicher Skulpturen wurden an anderen südafrikanischen Orten aus der Eisenzeit entdeckt. Offenbar war ihr Gebrauch damals weit verbreitet.

OBEN: *Eine Schmuckmaske aus Elfenbein (frühes 16. Jh.), die Teil der Insignien eines* Oba *(Königs) von Benin war.*

LINKS: *Ein Kopf, der nach einer vergessenen Wachsgußmethode hergestellt wurde (wohl 13. Jh. n. Chr.). Man hält ihn für ein Porträt eines* Oni *(Herrschers) von Ife.*

Das größte Simbabwe aller Zeiten

Simbabwe ist das Wort der *schona* sprechenden Einwohner Simbabwes für den Hof oder das Haus eines Häuptlings. Bei diesen Bauten handelte es sich um Umfriedungen auf einem Hügel. Wir kennen mehr als 150 dieser Bauwerke, und die meisten stehen in der zentralen Hochebene. Groß-Simbabwe ist das größte und eindrucksvollste.

Die ersten Bewohner der Gegend waren Menschen der frühen Eisenzeit (etwa 500–900 n. Chr.), die nicht mit Steinen bauten. Erst nach 900 kamen die Schona und errichteten die ersten steinernen Bauwerke. Etwa zwischen 1270 und 1450 war Groß-Simbabwe die Hauptstadt eines großen südlichen Schona-Reiches, das sich vom Sambesi bis zur Nordprovinz Südafrikas und bis Ostbotswana erstreckte und etwa 18 000 Einwohner hatte.

Damals bestand der Ort aus drei Teilen: aus steinernen Umfriedungen auf einem nackten Granithügel und an dessen Fuß (ein-

Wohl kein anderer Ausgrabungsort auf der Welt hat die Entstehung von Mythen, Rätseln, Geschichten und patriotischem Eifer so inspiriert wie Groß-Simbabwe, eine Stadt vom Ende der Eisenzeit im südafrikanischen Land Simbabwe.

schließlich der Residenz des Königs, seiner Familie und seiner Beamten sowie religiöser Bauwerke); aus einem zentralen Gebiet im Tal, das den Komplex der Königsfrauen, Getreidesilos und die Große Umfriedung (das »elliptische Bauwerk«) umfaßte; und aus der eigentlichen Stadt, in der das einfache Volk lebte. Im Gegensatz zu den meisten anderen südafrikanischen Gemeinschaften jener Zeit basierte die gesellschaftliche Struktur Groß-Simbabwes auf dem Unterschied zwischen dem Herrscher und den Gemeinen. Die Könige waren sehr reich und beherrschten den Elfenbein- und Goldhandel mit der

Die Große Umfriedung, das eindrucksvollste Bauwerk in Groß-Simbabwe, gilt neuerdings als Schule für Heiratskandidaten. Sie wurde in mehreren Abschnitten gebaut, und ihre massive äußere Mauer – ein Teil ist mit einem doppelten Zickzackband geschmückt (vermutlich das Symbol für »junger Mann«) – enthält etwa 900 000 Steinblöcke.

Im Inneren der Großen Umfriedung steht ein riesiger, kegelförmiger Turm, ein solides Bauwerk, das wohl einen Getreidesilo und damit eine der wichtigsten Pflichten des Königs symbolisiert.

ostafrikanischen Küste ebenso wie den örtlichen Handel mit Zinn, Eisenbechern, Kupfer, Salz, Speckstein, Vieh und Getreide.

Die 18 000 Menschen, die in Groß-Simbabwe lebten, haben die Schätze der Natur, zum Beispiel Brennholz und den fruchtbaren Boden, offenbar rücksichtslos ausgebeutet. Um 1450 verließen sie die Stadt, wahrscheinlich aus gesellschaftlichen Gründen und weil ihre Umwelt geplündert war, und Khami in Westsimbabwe wurde die neue Hauptstadt. Aufzeichnungen portugiesischer Missionare und Händler, aber auch die mündliche Überlieferung der Schona belegen, daß die Simbabwe-Kultur in manchen Gebieten überlebte und daß bis ins 19. Jahrhundert weitergebaut wurde, wenn auch nicht so prachtvoll wie in Groß-Simbabwe.

Der erste Ausländer, der Groß-Simbabwe besuchte und die westliche Welt auf die Ruinen aufmerksam machte, war Carl Mauch, ein junger, abenteuerlustiger deutscher Geologe. Er brach im Mai 1871 auf, um »den wertvollsten, wichtigsten und bislang rätselhaftesten Teil Afrikas« zu erkunden. Inspiriert hatten ihn die alten portugiesischen Geschichten von König Salomons Ophir, die ihm ein deutscher Missionar in Südafrika erzählt hatte. Mauch erreichte die Ruinen im September 1871 und suchte sie in den folgenden neun Monaten noch dreimal auf. Sein romantischer Bericht über die eindrucksvolle Architektur der Ruinen und die jahrhundertealte Geschichte, wonach die Königin von Saba die Stadt erbaut habe, weckten das Interesse der Öffentlichkeit.

Unter jenen, deren Phantasie sich von Mauchs Bericht beflügeln ließ, befand sich auch Cecil John Rhodes, ein in England geborener südafrikanischer Politiker und Finanzier, der den Ehrgeiz hatte, den britischen Einfluß im südlichen Afrika auszudehnen. Er war davon überzeugt, daß die Ruinen eine längst vergessene phönizi-

sche Stadt waren, die als Denkmal der Zivilisation im »dunkelsten Afrika« stand und die Pflicht einer überlegenen Kolonialmacht symbolisierte, »zurückgebliebenen« Afrikanern zu helfen.

Rhodes' Britische Südafrika-Gesellschaft besetzte 1890 das Gebiet, in dem Groß-Simbabwe lag. Unterstützt von der britischen Vereinigung für wissenschaftlichen Fortschritt und der königlichen geographischen Gesellschaft finanzierte Rhodes' Unternehmen die ersten Grabungen in Groß-Simbabwe, die J. Theodore Bent leitete. Bent hielt seine Funde zwar für das Werk von »Eingeborenen«, meinte aber, kein bekanntes afrikanisches Volk könne die Bauwerke errichtet haben.

Von 1902 bis 1904 verwüstete Richard Nicklin Hall, ein Journalist, der Rhodes' geschäftliche Interessen vertrat, die Ruinen, während er sie angeblich für den Tourismus vorbereitete. Daraufhin finanzierte die Vereinigung für wissenschaftlichen Fortschritt zwei weitere Expeditionen. Die erste, unter der Leitung des Archäologen David Randall MacIver, brachte 1906 keine schlüssigen Beweise. Erst die Archäologin Gertrude Caton Thompson konnte 1929 mit datierbaren Artefakten nachweisen, daß die Ruinen aus dem Mittelalter stammten und afrikanischer Herkunft waren.

Trotz dieser Entdeckung, die in den folgenden Jahren immer wieder bestätigt wurde, war Groß-Simbabwe nie eine rein wissenschaftliche Angelegenheit – es ist ein politisches Thema geblieben. Einerseits stellen Kolonialisten und Siedler immer noch exotische Theorien auf, um zu beweisen, daß Afrikaner nie zu großen architektonischen und kulturellen Leistungen fähig waren. Andererseits sind die Ruinen für Afrikaner ein Denkmal vergangenen Ruhmes und ein Symbol der Freiheit. Manche Afrikaner weisen heute jede Deutung der Funde zurück, die sich nicht schwarze Einwohner Simbabwes bezieht. Wohl keine andere Ausgrabungsstelle hat derart unterschiedliche und gefühlsbetonte Reaktionen ausgelöst wie diese Ruinen.

Der Berg der Schakale

Der erste Ort, an dem man viele Spuren der Kultur Groß-Simbabwes fand, war Mapungubwe (»der Berg der Schakale«), ein Berg mit flachem Gipfel, der sich unvermittelt in einem Tal in der Nordprovinz Südafrikas nahe der Grenze zu Simbabwe und Botswana erhebt. Er ist eine natürliche Festung mit nahezu senkrechten Seitenwänden, und man erreicht ihn nur durch eine einzige enge Schlucht. Zwischen 1220 und 1270 war der Berg bewohnt.

In den dreißiger Jahren fanden ortsansässige Bauern Steinmauern, Tonwaren, eiserne Werkzeuge, Kupferdraht, Glasperlen, Goldschmuck und Skelette. Bei Nachforschungen entdeckte man auf dem Gipfel des Berges kostbare Gräber und im Tal eine alte Ansiedlung. In tiefergelegenen Schichten fanden sich Hinweise darauf, daß hier jahrzehntelang Häuser gebaut und umgebaut wurden. Unter dem eindrucksvollen Goldschmuck in den Gräbern der Reichen befanden sich eine Nashornfigur und geschnitzte Holzgegenstände, bedeckt mit Goldplättchen, die mit goldenen Nägeln befestigt waren.

Mapungubwe scheint die Hauptstadt eines Schona-Staates gewesen zu sein und hat wohl zunächst den Elfenbein-, später den Goldhandel mit islamischen Staaten an der Ostküste beherrscht und dafür Glasperlen und chinesische Keramik eingehandelt. In der Stadt bestand eine Klassengesellschaft mit Herrschern, die großen Reichtum und hohes Ansehen genossen und sich sehr von den Völkern der Eisenzeit im damaligen südlichen Afrika abhoben.

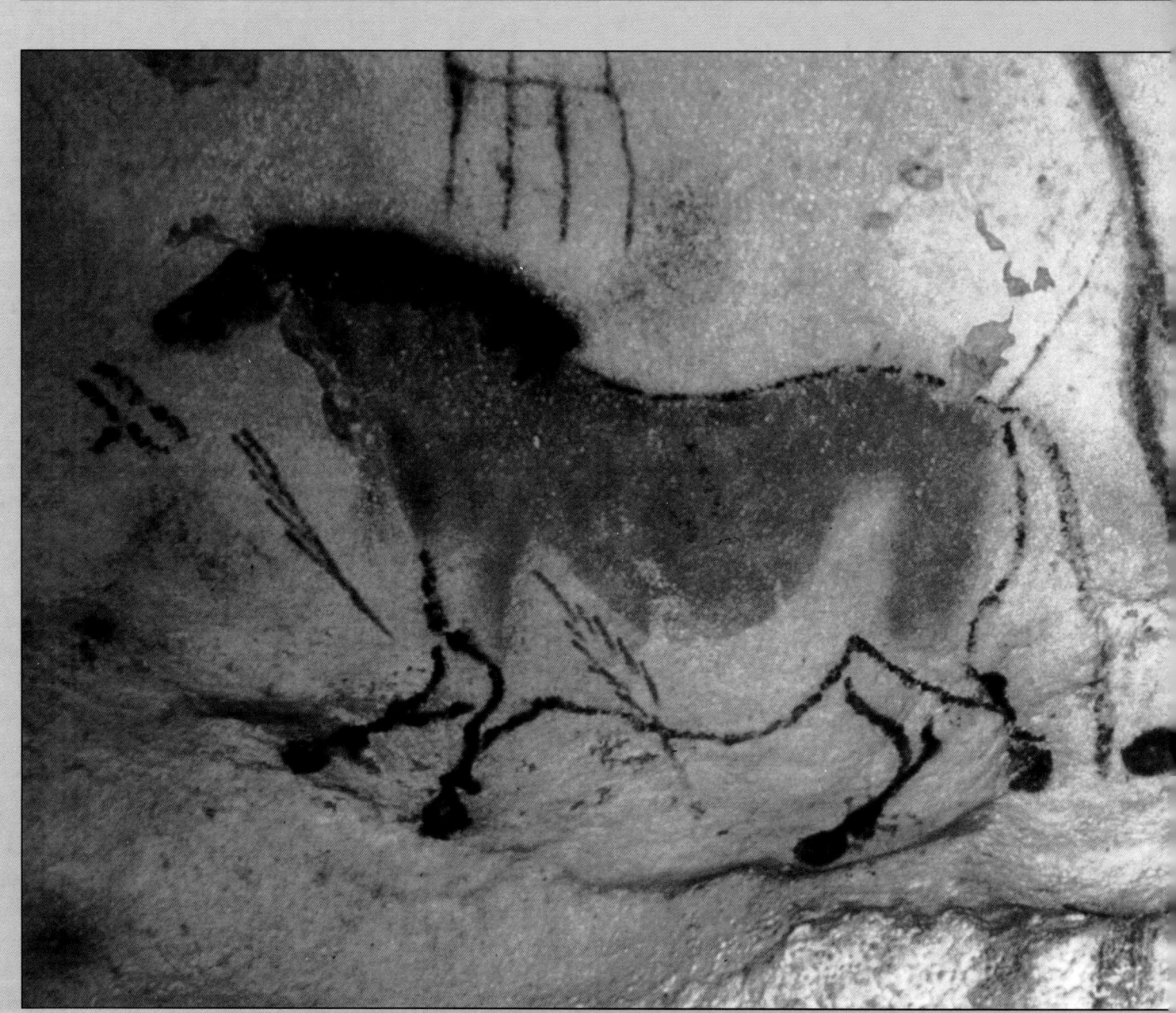

EUROPA

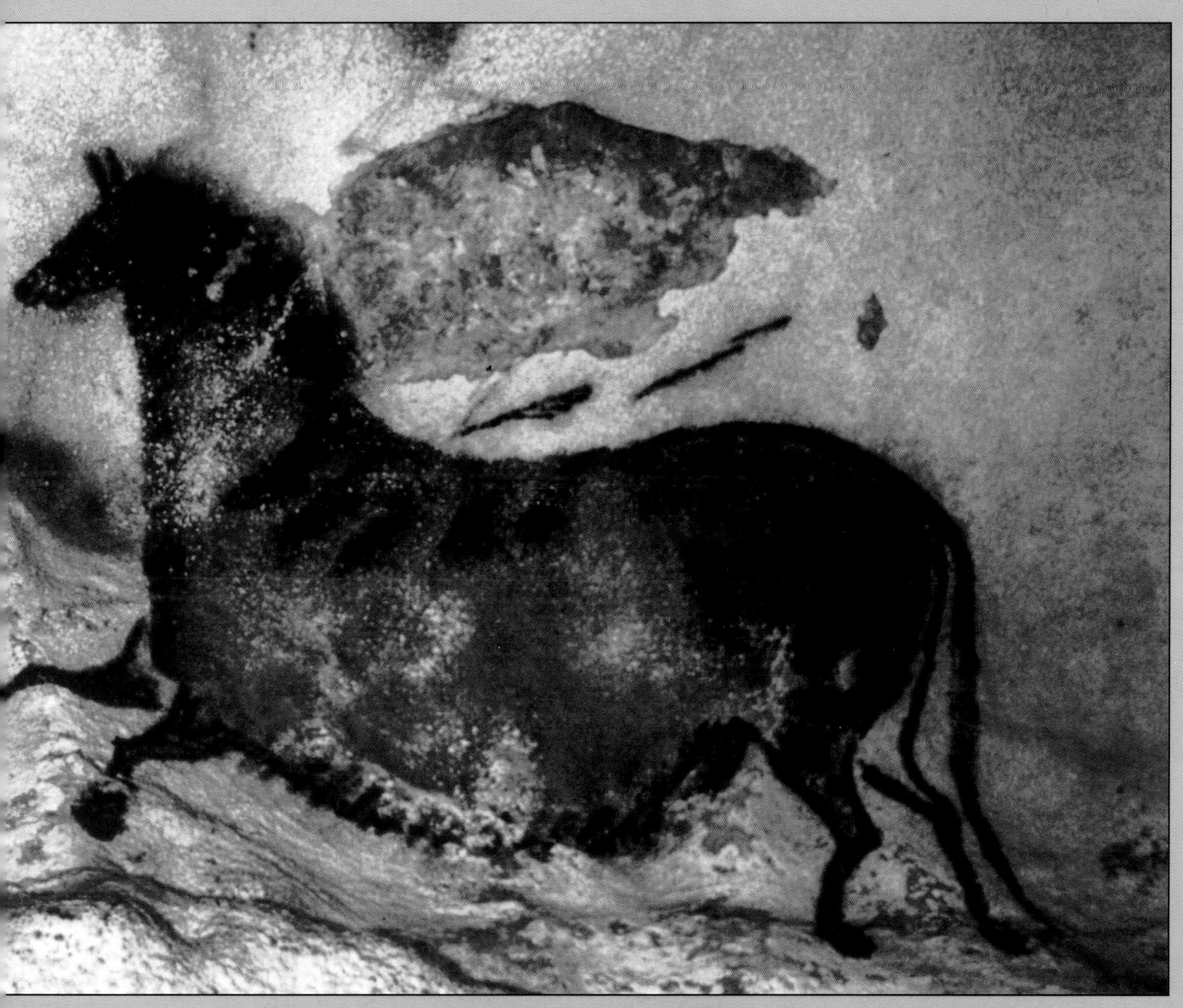

Frühmenschen in Westeuropa

Die im 18. und frühen 19. Jahrhundert zusammen mit Steinwerkzeugen und den Überbleibseln ausgestorbener Tiere gefundenen Menschenknochen, wahrscheinlich aus der Eiszeit, wurden nie ausreichend untersucht. Einen ersten Durchbruch gab es dann in Belgien, wo Philippe-Charles Schmerling, ein holländischer Arzt österreichischer Herkunft, über seine Arbeit in Höhlen bei Liège berichtete. Er hatte in tiefliegenden Schichten Menschenknochen mit archaischen Zügen entdeckt (vermutlich handelte es sich um Gräber von Neandertalern), zusammen mit Werkzeug und Überbleibseln ausgestorbener Tiere. Als erster Gelehrter untersuchte er das mögliche Alter der Knochen. 1848 fand man in Forbes' Quarry, Gibraltar, einen nahezu vollständigen Schädel, der jedoch vergessen und erst 1862 in einem Karton »wiederentdeckt« wurde. Inzwischen war der »Neandertaler« aufgetaucht: Im August 1856 stieß man beim Abbau von Kalkstein in einer Höhle des Neandertals bei Düsseldorf auf eine Schädeldecke und andere Bruchstücke eines Skeletts. Die Schädeldecke hatte ausgeprägte Leisten über den Augen. Der Schullehrer Carl Fuhlrott erkannte, daß es sich nicht um einen modernen Menschen handelte, und schickte einen Abguß an Hermann Schaaffhausen, einen Anatomen an der Universität Bonn. In einem Artikel behaupteten beide, die Knochen gehörten zu einer unbekannten Menschenart, die vor den Kelten gelebt habe. Skeptische Akademiker sahen in den Knochen jedoch

Die Entdeckung der Urgeschichte des Menschen (s. S. 10), vor allem in Westeuropa, brachte die zunächst nur unwillig akzeptierte Erkenntnis mit sich, daß sich diese Menschen von uns körperlich unterschieden. Doch die Beweise waren bald erdrückend.

einen Kelten, einen alten Holländer, einen Einsiedler, einen wilden Kannibalen, einen Idioten oder einen Kosaken vom Jahr 1814. Die Welt war noch nicht bereit, das Aussehen der fossilen Menschen zu akzeptieren.

Etwas mehr Glück hatten die modern anmutenden Skelette von drei Männern, einer Frau und einem Kind, die man 1868 bei Les Eyzies in der Dordogne fand. Sie lagen in Schichten aus der späten Eiszeit in der Cro-Magnon-Höhle, die später der gesamten modernen Menschheit ihren Namen geben sollte.

Der nächste wichtige Fund gelang drei Geistlichen: Sie gruben 1908 in La-Chapelle-aux-Saints das Skelett eines Neandertalers aus und schickten es dem Anatomen Marcellin Boule. Boule, der die Neandertaler nicht für die Ahnen des modernen Menschen hielt, nahm an, die Züge dieses alten, an Arthritis leidenden Mannes seien typisch für seine Art, und dieser Irrtum galt jahrzehntelang als Tatsache. Die erste nach Boules Maßgabe angefertigte Zeichnung stellte den Neandertaler als brutal, zottelig und äußerst primitiv dar. Andere Bilder zeigten ihn dagegen sehr menschenähnlich, ziemlich kultiviert und keineswegs zottelig, wenn auch stämmiger und robuster als moderne Menschen.

Die Dominanz Belgiens, Frankreichs und Deutschlands, was Funde fossiler Menschen in Europa betraf – untermauert durch die Entdeckung des Kieferknochens eines möglicherweise 500 000 Jahre alten Heidelberger Menschen – führte in den Jahren 1912

Diesen Schädel eines Neandertalers fanden Arbeiter 1856 im Neandertal bei Düsseldorf.

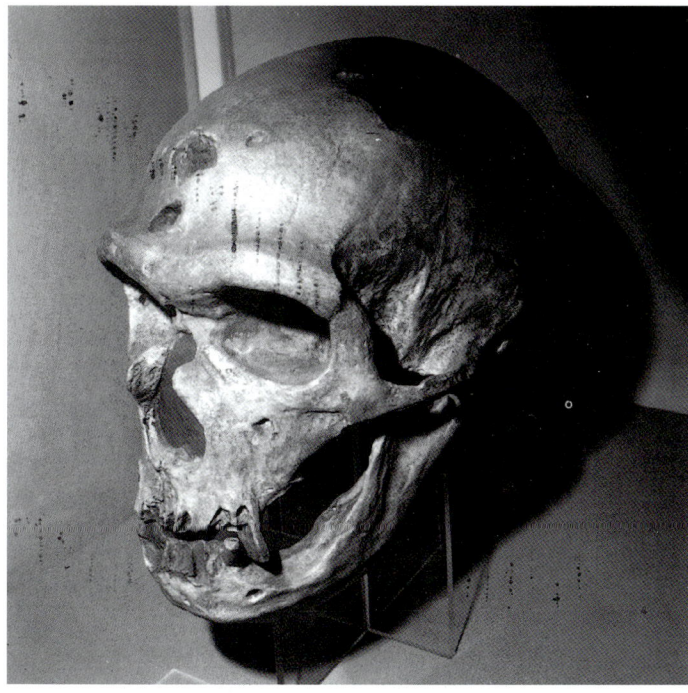

Schädel eines arthritischen alten Neandertalers, gefunden 1908 in La-Chapelle-aux-Saints.

sen Auftauchen zwischen 200 000 und 130 000 Jahren zurückliegt). Nach einer ersten Schätzung ist das Skelett 400 000 Jahre alt.

Noch bemerkenswerter sind die Ausgrabungen von Atapuerca in Nordspanien, wo kürzlich mehr als 1600 Knochen von wenigstens 32, vielleicht sogar 50 Personen entdeckt wurden. Auch sie stehen offensichtlich zwischen dem *Homo erectus* und dem Neandertaler und sind mindestens 200 000 Jahre alt. Die Knochen liegen alle in einem 12 Meter tiefen Schacht, der *Sina de los Huesos* (Knochengrube). Überwiegend handelt es sich um Heranwachsende und junge Erwachsene beiderlei Geschlechts.

Die Knochen von Atapuerca stellen 90 Prozent aller Knochen von Präneandertalern dar, die jemals in Europa gefunden wurden. Jene Menschen waren robust gebaut, die Männer waren bis zu zwei Meter groß und wogen etwa 65 Kilogramm. Unter den Überresten sind drei sehr gut erhaltene Schädel mit großen Augenbrauenleisten und vorstehenden Gesichtern. Einer hat ein Hirnvolumen von 1390 Kubikzentimetern – mehr als der *Homo erectus* und innerhalb der Bandbreite, die wir vom modernen Menschen kennen.

Wenige hundert Meter entfernt fanden Forscher an einem Ort namens Gran Dolina 1994 und 1995 einige sehr primitive Menschenzähne sowie Schädel- und Kieferfragmente von zwei Kindern, die etwa fünfzehn und vier Jahre alt waren. Man glaubt, daß sie vor 800 000 bis 1 000 000 Jahren lebten, so daß sie die ältesten menschlichen Überreste aus Europa wären, die wir kennen.

bis 1915 zur »Piltdown-Fälschung«. In einer Kiesgrube in Sussex wurde ein vermeintlich perfektes »fehlendes Glied« gefunden, das sich erst 1953 durch eine chemische Analyse als Fälschung erwies – es war nicht der »älteste Engländer«, sondern der Schädel eines modernen Menschen, kombiniert mit einem Affenkiefer, dessen Zähne man abgefeilt hatte, so daß sie menschlich aussahen.

Es gab aber auch immer wieder echte Funde, vor allem in den dreißiger Jahren unseres Jahrhunderts, etwa eine ganze Reihe von Gräbern mit Neandertalern bei La Ferrassie in der Dordogne, davon eines unter einer Steinplatte, die mit Becherabdrücken verziert war. Der Schädel eines Neandertalers, 1939 in einer Höhle im italienischen Monte Cicero entdeckt, galt jahrzehntelang irrtümlich als Beweis für Kannibalismus, während man heute annimmt, daß in der Höhle Hyänen hausten, die den Schädel abnagten.

Das Schicksal der Neandertaler in Westeuropa – wurden sie durch eine Krankheit oder durch den modernen Menschen ausgerottet, oder haben sie sich mit unseren Vorfahren vermischt? – ist nach neueren Funden ungewisser geworden. In Spanien entdeckte man Überreste von Neandertalern, die vor weniger als 30 000 Jahren lebten (damals gab es den modernen Menschen bereits seit Jahrtausenden), und in Saint-Césaire in Frankreich fand man Knochen eines Neandertalers zusammen mit ziemlich modernen Werkzeugen, deren Alter mit 36 300 Jahren ermittelt wurde.

Aufsehen erregte vor kurzem ein Fund in einer Höhle bei Altamura im Südosten Italiens. Es handelte sich um ein vollständiges menschliches Skelett, bedeckt von blumenkohlartigen Stalagmiten, von denen manche auf ihm wuchsen. Das Skelett, das als ältestes intaktes Menschenskelett Europas gilt, liegt auf dem Rücken, und der Schädel deutet nach Auffassung von Spezialisten darauf hin, daß es sich um einen Vorläufer des *Homo sapiens* handelt, um eine Übergangsform zwischen dem *Homo erectus* (der vor mindestens 500 000 Jahren in Europa lebte) und dem Neandertaler (des-

Schädel des Skeletts aus der Höhle von Saint-Césaire, 36 300 Jahre alt. Dies war vermutlich einer der letzten Neandertaler in Europa, nur in Zafarraya (Südspanien) fand man noch jüngere Exemplare.

Eiszeitsiedlungen
im Norden

Nachdem die ersten Menschen sich in Afrika entwickelt hatten, breiteten sich Frühmenschen wie der *Homo erectus* vor rund zwei Millionen Jahren nach Osten in die tropischen Gebiete Asiens aus. Vor rund einer Million Jahren hatten sie auch die gemäßigte Zone Eurasiens erreicht. Bei Ubeidia in Israel lagerten Menschen am Ufer eines Sees, wovon Überreste von steinernen Schneidwerkzeugen und groben Äxten zeugen. Vor kurzem wurde bei Dmanisi am Südabfall des Kaukasus in Georgien der Kieferknochen eines *Homo erectus* zusammen mit einfachen Steinwerkzeugen entdeckt. Beide Funde könnten bis zu 1,5 Millionen Jahre alt sein. Wahrscheinlich machte unter anderem der zunehmende Fleischverzehr diese Ausbreitung nach Norden möglich.

Es gibt auch in Europa Fundstellen, deren Alter eine Million Jahre oder mehr beträgt, ihre Bedeutung ist aber umstritten. An diesen Orten finden sich meist zerbrochene Kiesel und Felsbrocken, die man als große Schneid- und Schabwerkzeuge deutet,

Eines der aufregendsten und umstrittensten Themen in der Archäologie ist die Besiedlung des Nordens in der Urzeit. Die ältesten Fundorte in Europa und im südlichen Sibirien dürften mindestens einige hunderttausend Jahre alt sein, aber es gibt Hinweise auf ältere Siedlungen. Das wirft die Frage auf, wann der Mensch den Norden eroberte, wie es ihm gelang, mit der feindlichen Umwelt fertig zu werden und ob diese Anpassung die Evolution des Menschen beeinflußte.

sowie Überreste von ausgestorbenen Tierarten. Der bekannteste Fundort ist die Höhle von Le Vallonnet an der Südküste Frankreichs. Überzeugendere Belege wurden an mehreren etwas jüngeren Fundstätten ausgegraben, unter anderem in Prezletice bei Prag im Freien und bei Treugol'naya im Nordkaukasus in einer Höhle. Die wohl erstaunlichste neuere Fundstelle ist Diring am Ufer der Lena (61 Grad nördlicher Breite) in Sibirien. Manche halten sie für eine Million Jahre alt. Diring ist ein ausgezeichnetes Beispiel für die Debatten, die solche Funde gewöhnlich auslösen. Obwohl die meisten Archäologen die steinernen Artefakte als Werkzeuge von Menschen anerkennen, wird über das Alter der Funde heiß gestritten, und viele Fachleute halten sie in der Tat für viel jünger.

Unabhängig vom Ausgang der Auseinandersetzung um Diring ist es offensichtlich, daß Menschen schon vor mindestens 700 000 Jahren die kühleren Gegenden nördlich des 45. Breitengrads besiedelten. Wir wissen noch nicht, ob es sich um *Homo erectus* oder um sehr primitive Vertreter des *Homo sapiens*, unserer eigenen großhirnigen Art, handelte. Doch das älteste bekannte menschliche Fossil aus Europa – ein Kieferknochen, der 1907 bei Heidelberg entdeckt wurde – scheint von einem *Homo sapiens* zu stammen. Wie paßten sich die Menschen an die für sie neuen Gebiete mit ihrem kühleren Klima, ihren größeren jahreszeitlichen Schwankungen und ihrem geringeren Pflanzenwuchs an? Vermutlich spielten der Gebrauch des Feuers und bessere Kleider dabei eine große Rolle. Haben diese Errungenschaften

LINKS: Höhle bei Treugol'naya im Nordkaukasus. Hier fand man Überreste von Urmenschen.

auch den Übergang zum *Homo sapiens* bewirkt? Diese Frage können wir heute noch nicht schlüssig beantworten, weil die Datierung menschlicher Fossilien aus dieser Zeit noch zu unsicher ist.

Während einige gemäßigte Zonen Europas bereits vor über 500 000 Jahren besiedelt wurden, blieben viele Teile des nördlichen Eurasiens noch einige hunderttausend Jahre unerschlossen. Erst vor rund 150 000 Jahren wurden beispielsweise die zentralrussische Ebene und Südsibirien besiedelt. Beweise dafür finden sich unter anderem in Kotilewo an der Desna und in der Altairegion. Die Menschen, die in diese Gebiete vorstießen, waren Zeitgenossen und vielleicht Verwandte des europäischen Neandertalers. Zwar gibt es von ihnen nur wenige Fossilien, aber ihre Werkzeuge wurden in größerer Zahl gefunden, und diese Werkzeuge gleichen denen der Neandertaler in Bauweise und Beschaffenheit sehr. Die Gründe für diese Wanderung liegen ebenfalls im Dunkeln. Zentralrußland und Südsibirien waren selbst in den wärmsten Zwischeneiszeiten viel rauhere Gegenden als das gemäßigte Europa, und als vor rund 70 000 Jahren die letzte große Kälteperiode begann, mußten gewiß viele Siedlungen wieder aufgegeben werden. Später, als die Eiszeit zu Ende ging und das Klima wieder wärmer wurde, drangen moderne Menschen erneut in diese Regionen ein. Manche Archäologen glauben, der moderne Mensch habe seinen Vorgänger, den Neandertaler, nicht zuletzt deshalb übertrumpft, weil er sich an die rauheren Bedingungen in Nordeuropa anpassen mußte.

Trotz ihrer Fähigkeit, mit Gletschern zurechtzukommen, stießen Menschen erst nach dem Ende der letzten Eiszeit, vor 12 000 bis 10 000 Jahren, in die heutige Arktis vor. Russische Archäologen entdeckten vor einigen Jahren im Nordosten Sibiriens am Arktischen Ozean (71. Breitengrad) einen Lagerplatz aus dieser Zeit. Dieser Ort – man nennt ihn Berelek – ist die nördlichste Eiszeitsiedlung der Welt. Die erfolgreiche Besiedlung solcher Gebiete öffnete das Tor zur Neuen Welt, weil sie es dem Menschen ermöglichte, die damals bestehende Landbrücke zwischen Nordostasien und Alaska zu überqueren, die dem besonders niedrigen Meeresspiegel der Eiszeit zu verdanken war.

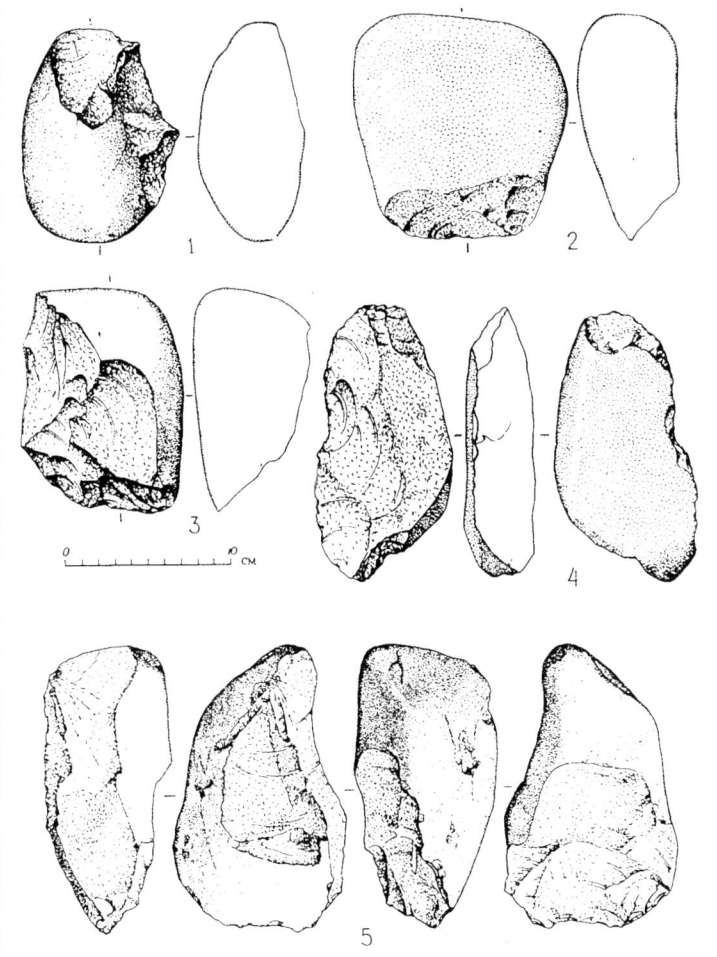

Mammutknochenhäuser
in Osteuropa

Die Überreste mehrerer Häuser aus Mammut-knochen wurden bereits um die letzte Jahrhundertwende in Kiew entdeckt. Da die Forscher jedoch in eiszeitlichen Ablagerungen nicht mit »Ruinen« rechneten, erkannten sie die Bedeutung der vielen großen Knochen nicht. In den Jahren nach der Oktoberrevolution übernahmen die Archäologen in Rußland und in der Ukraine die marxistische Theorie und legten großen Wert auf die gesellschaftlichen und wirtschaftlichen Aspekte ihrer Funde. Dies trug offenbar dazu bei, daß sie unter anderem auch die noch nicht gedeuteten Reste verschiedener Wohnbauten aus der Steinzeit mit neuen Augen betrachteten. Das erste Haus dieser Art entdeckte der junge russische Archäologe Sergej Samjatnin 1927 in einem eiszeitlichen Lager am Don. Es handelte sich wahrscheinlich um ein Haus aus Mammutknochen, obwohl die meisten Knochen offenbar weggespült worden waren, nachdem die Bewohner den Lagerplatz aufgegeben hatten. In den Jahren nach dem Zweiten Weltkrieg fanden Archäologen in Osteuropa Mammutknochenhäuser an verschiedenen Orten in Rußland, in der Ukraine, in Weißrußland und in Polen. Mit Hilfe der C^{14}-Methode stellten sie fest, daß die Häuser in der letzten großen Kälteperiode der Eiszeit – vor 25 000 bis 14 000 Jahren – gebaut worden waren. Damals war Osteuropa eine weitgehend baumlose arktische Steppe.

Die am besten untersuchten Mammutknochenhäuser sind jene am Ufer eines Baches unweit von Mesirich bei Kiew. Diese Häu-

Neben den Höhlenmalereien Europas sind die Überbleibsel von Häusern aus Knochen und Stoßzähnen von Mammuts gewiß die aufregendste archäologische Entdeckung, handelt es sich doch um die ältesten Bauwerke der Erde. Einige sind mindestens 20 000 Jahre alt.

———————

ser sind besonders gut erhalten und anscheinend typische Beispiele für Mammutknochenhäuser in der osteuropäischen Ebene. Die Grabungen an diesem Ort, die 1966 unter Leitung des

Grube mit Mammutstoßzähnen bei Kostenki am Don.

inzwischen verstorbenen ukrainischen Archäologen und Paläontologen Iwan Pidoplichko begannen, dauern noch an. Bisher entdeckte man vier zusammengebrochene Bauwerke aus mehreren hundert Knochen und Stoßzähnen, die in einem nicht sonderlich genau gezogenen Kreis mit einem Durchmesser zwischen 6 und 10 Metern angeordnet sind. Eine Art Herd steht meist nahe der Mitte des gesamten Gebildes, und Steinwerkzeuge sowie andere Abfälle sind im Haus und draußen verstreut. In der Nähe fand man große Gruben mit steinernen Werkzeugen, Knochenteilen und Asche.

Es muß ohne jede Frage enorm anstrengend gewesen sein, diese Häuser zusammenzubauen. Selbst in getrocknetem Zustand

wiegen Mammutknochen einige hundert Pfund. Möglicherweise sind die Knochen ursprünglich die Beute von Jagdzügen gewesen, bei denen ganze Herden von Mammuts getötet wurden. Wahrscheinlich stammen sie jedoch aus natürlichen Ansammlungen, zum Beispiel von Flußmündungen und Schluchten in der Nähe der Fundorte. Diese Mammutknochenhäuser, die vermutlich mit Tierfellen bedeckt waren, solange sie benutzt wurden, sollten wohl vor allem vor der extremen Kälte und dem starken Wind jener Gebiete schützen. Manche Archäologen sind so beeindruckt von der Größe und dem Aussehen der Bauwerke, daß sie ihnen auch eine religiöse und gesellschaftliche Bedeutung beimessen. Man hat sie als »monumentale Architektur« und als Beweis für die gesellschaftliche Komplexität und die zunehmenden Statusunterschiede gegen Ende der Eiszeit gewertet.

Rekonstruiertes Mammutknochenhaus bei Mesirich in der Ukraine.

Tragbare Kunst der Altsteinzeit

Die Entdeckung der nicht ortsgebundenen Kunst der Altsteinzeit – sie ist zwischen 30 000 und 10 000 Jahre alt – fiel in jene Zeit, als die Existenz von Urmenschen gerade nachgewiesen und als Tatsache hingenommen war. Endlich erfuhr die Welt von der erstaunlichen Kunstfertigkeit und den vielfältigen Techniken der »ersten Künstler«.

Erste tragbare Kunstwerke aus der Eiszeit wurden 1833 in Veyrier in Hochsavoyen gefunden. Es handelte sich um eine verzierte Harpune und ein grobes, eingemeißeltes Bild, vielleicht das eines Vogels. 1852 registrierte ein Museum das eingeritzte Bild von Hirschkühen auf einem Renknochen als »keltisch« – die Kelten standen damals für die älteste Periode, die man sich vorstellen konnte –, bis Edouard Lartet es einige Jahre später als altsteinzeitliche Kunst erkannte.

1860 grub Lartet in einer Höhle bei Massat in den Pyrenäen und fand Werkzeuge und Pflanzen aus der Eiszeit, zusammen mit einem Knochen, auf dem ein Bärenkopf eingeritzt war. Es war das erste Mal, daß ein Kenner geologischer Schichten und der menschlichen Frühgeschichte ein Kunstwerk aus der Altsteinzeit gefunden hatte. Weitere Grabungen in der Dordogne führten zur Entdeckung der Mammutzeichnung von La Madelaine (s. S. 11) und der »Venus« von De Vibraye, aber auch zahlreicher anderer Kunstgegenstände, darunter verzierte Werkzeuge, Schnitzereien,

Gravuren auf Steinen und Knochen. Diese Funde lösten einen planlosen »Goldrausch« aus, und die Leute suchten in Höhlen mit Pickeln nach Stein- und Knochenwerkzeugen, vor allem aber nach tragbarer Eiszeitkunst. Sie dachten nicht daran, die Lage und Umgebung der Funde zu vermerken – hübsche Dinge, die man wie Kartoffeln ausgrub, waren am wichtigsten. Unwissende und geldgierige Arbeiter an den Fundstellen stahlen und fälschten, so daß durchaus einige jener Kunstwerke Fälschungen sein könnten. 1867 wurde auf der Pariser Weltausstellung zum ersten Mal Eiszeitkunst gezeigt.

Die erste vergleichbare Entdeckung in Mitteleuropa machte ein junger Lehrer namens Konrad Merk im Jahre 1874. Er fand in einer Höhle bei Kesslerloch in der Schweiz die seither berühmtgewordene Gravur eines Rens. Große Sammlungen wurden in Westeuropa angehäuft, vor allem von dem französischen Pionier Edouard Piette, einem Stadtrat und Geologen, dessen große Ausgrabungen in den Pyrenäen (bei Brassempouy, Le Mas d'Azil usw.)

Dieses 10 Zentimeter lange Schnitzbild auf einer Geweihstange wurde in einer Felsnische bei La Madelaine in Frankreich gefunden. Es stellt einen Wisent dar, der sich umdreht, um eine Wunde oder einen Schmarotzer an seiner Flanke abzulecken, und ist ein Beleg für die scharfe Beobachtungsgabe des Eiszeitkünstlers.

RECHTS: Eine von 400 Schiefer-
plaketten aus dem Grabungsort bei
Gönnerdorf, deren Alter mit
ungefähr 12 600 Jahren bestimmt
wurde. Diese Figuren gelten als
stark stilisierte Frauen mit üppigen
Hinterteilen.

UNTEN: Speerschleuder aus
einer Geweihstange, gefunden in
Bruniquel, Frankreich. In die
Hakenenden dieser Objekte sind
Tierfiguren geschnitzt, und die
ursprüngliche Form der Geweih-
stange bestimmte offenbar weit-
gehend Haltung und Größe der
Figur – hier eines springenden
Pferdes.

tragbare Kunstwerke in einer bis dahin unerreichten Fülle zutage förderten. Er schenkte alles dem Musée d'Antiquités Nationales, obwohl seine Forschungen ihn ruiniert hatten. Piette führte auch Henri Breuil (s. S. 59) an die altsteinzeitliche Kunst heran, indem er ihn beauftragte, seine Kunstwerke zu zeichnen.

Im Gegensatz zur Höhlenkunst (s. S. 58) sah diese Kunst keineswegs mysteriös aus. Daher galt sie lange als einfacher Schmuck, obwohl der französische Prähistoriker Gustave Chauvet 1887 die Ansicht äußerte, sie habe magischen Zwecken gedient – eine Verletzung des Bildes habe das wirkliche Tier schwächen sollen.

Wichtige Funde altsteinzeitlicher Kunst gibt es heute noch. Zu den ergiebigsten Fundorten gehören die Höhlen von Isturitz und Le Mas d'Azil in den französischen Pyrenäen mit Hunderten von schönen Exemplaren; die Pyrenäenhöhle bei Enlène, die über 1100 steinerne Ritzbilder sowie viele Knochen- und Geweihschnitzarbeiten enthielt; die Höhle bei Parpalló, Spanien, mit mehr als 5000 gravierten oder bemalten Steinplaketten; einige Höhlen in Südwestdeutschland, in denen Elfenbeinschnitzereien von Tieren und Menschen gefunden wurden, die über 30 000 Jahre alt sind; und der Lagerplatz bei Gönnerdorf in Deutschland mit 400 gravierten Plaketten, darunter eine bemerkenswerte Sammlung stark stilisierter Frauenfiguren. Am spektakulärsten sind vielleicht die Steinplatten in der Felsnische von La Marche, Frankreich, in die herrliche Bilder verschiedener Tiere eingeritzt sind, aber auch 115 Menschenporträts, die 14 280 Jahre alt sind und wie Karikaturen aussehen.

Höhlenmalerei der Altsteinzeit

Obwohl die Höhlenbilder Europas keineswegs die älteste Kunst oder die einzige Eiszeitkunst der Welt sind, nehmen sie in der Archäologie doch seit langem einen besonderen Platz ein, vor allem, weil sie früh entdeckt und datiert wurden und weil viele Bilder überaus reizvoll sind.

Don Marcelino Sanz de Sautuola (1831–1888) war ein adliger Grundbesitzer in der Provinz Santander in Nordspanien und ein bekannter Antiquitätensammler. 1878 besuchte er die Pariser Weltausstellung und war tief beeindruckt von den dort gezeigten tragbaren Steinzeitkunstwerken. 1879 kehrte er zur Höhle von Altamira zurück, wo ihm einige Jahre davor gemalte schwarze Zeichen aufgefallen waren. Im November jenes Jahres, während er im Boden der Höhle grub und nach prähistorischen Gegenständen suchte, spielte seine kleine Tochter in der Grotte. Plötzlich erblickte sie die großartigen Wisentbilder an der Decke.

Ihr zunächst ungläubiger Vater wurde aufgeschlossener, als er feststellte, daß die Figuren anscheinend mit einer fettigen Substanz gemalt worden waren, und ihm fiel die große stilistische Ähnlichkeit zwischen diesen riesigen Figuren und den kleinen auf Kunstwerken der Pariser Ausstellung auf. Daher vermutete er, daß die

Höhlenkunst etwa aus derselben Zeit stammte. Doch als er versuchte, seine Entdeckung und seine Ansichten einzelnen Gelehrten mitzuteilen, stieß er auf Ablehnung und wurde sogar als Fälscher verleumdet. Auf dem internationalen Kongreß für Anthropologie und prähistorische Archäologie im Jahre 1880 in Lissabon wies Emile Cartailhac, ein führender französischer Prähistoriker, de Sautuolas Behauptungen scharf zurück. Der Prähistoriker Gabriel de Mortillet, ein überzeugter Kirchengegner, hatte ihn gewarnt: Einige jesuitische Gegner der Evolutionslehre wollten die Prähistoriker lächerlich machen. De Sautuola starb 1888 vorzeitig und verbittert.

In den sechziger und siebziger Jahren hatte man auch an den Wänden einiger französischer Höhlen Bilder entdeckt, aber ihr

Einer der bunten Wisente, die um 12 000 v. Chr. an die niedrige Decke der Höhle von Altamira gemalt wurden.

Alter und somit ihre Bedeutung verkannt. Der Durchbruch kam 1895 in der Höhle bei La Mouthe, Dordogne, wo nach der Entfernung von Ablagerungen, die vorgeschichtliches Material enthielten, eine vorher unbekannte Galerie zum Vorschein kam. An ihren Wänden befanden sich Gravuren, die offenbar sehr alt waren. Es folgten Entdeckungen in anderen französischen Höhlen, deren Höhepunkt Les Combarelles und – 1901 – Font de Gaume waren. 1902 akzeptierten die Prähistoriker die Existenz und die Echtheit der altsteinzeitlichen Höhlenkunst, und Carthailhac veröffentlichte seinen heute berühmten Artikel »Mea culpa d'un sceptique«, in dem er offen (wenn auch etwas unwillig) seinen Irrtum eingestand. De Sautuolas guter Ruf war wiederhergestellt.

Cartailhac wurde auf Henri Breuils aufmerksam, der die Funde Piettes so gekonnt gezeichnet hatte, und beide begannen, die neu entdeckte Höhlenkunst von La Mouthe, Altamira und ähnlichen Orten zu untersuchen. Breuil verbrachte über 700 Tage unter der Erde und kopierte Höhlenmalereien. Bis zum Ende seines langen Lebens war er der führende Kopf nicht nur der altsteinzeitlichen Kunst, sondern der gesamten Kunst der Vorgeschichte.

Während die nicht ortsgebundene Kunst der Altsteinzeit als simple Verzierung galt, bewogen die Anerkennung der Höhlenkunst um die Jahrhundertwende und die ersten völkerkundlichen

Die »chinesischen Pferde« in der Höhle von Lascaux in Frankreich wurden 1940 entdeckt. Die Höhle enthält etwa 600 Wandbilder und fast 1500 Gravuren. Man beachte, daß der Künstler die Beine auf der dem Betrachter abgewandten Seite nicht mit dem Körper verband und dadurch einen perspektivischen Eindruck hervorrief.

Berichte aus Australien Salomon Reinach, den Direktor des Musée des Antiquités Nationales, dazu, in der Höhlenkunst nicht mehr »art pour l'art«, also Kunst um der Kunst willen, sondern einen Jagdzauber zu sehen. Diese Theorie dominierte unter dem Einfluß Breuils jahrzehntelang, bis der französische Ethnologe André Leroi-Gourhan erklärte, es handle sich um sexuelle Symbolik, und die Höhlen seien nach einheitlichen Mustern bemalt.

Sobald die Echtheit der Höhlenkunst bewiesen war, wurden immer mehr Höhlen und Felsnischen mit Gravuren, Gemälden, Basrelief-Skulpturen und sogar Kunstwerken aus Lehm entdeckt. In Südfrankreich fand man eine ganze Reihe von bemalten Höhlen mit bedeutenden Kunstwerken, zum Beispiel Niaux (1906), Le Tuc d'Audoubert (1912) mit seinen Lehmwisenten, Les Trois Frères (1914), Pech Merle (1922) mit den berühmten »gefleckten Pferden« und Montespan (1923) mit seinen Lehmstatuen, unter denen sich ein großer, sphinxähnlicher Bär befindet.

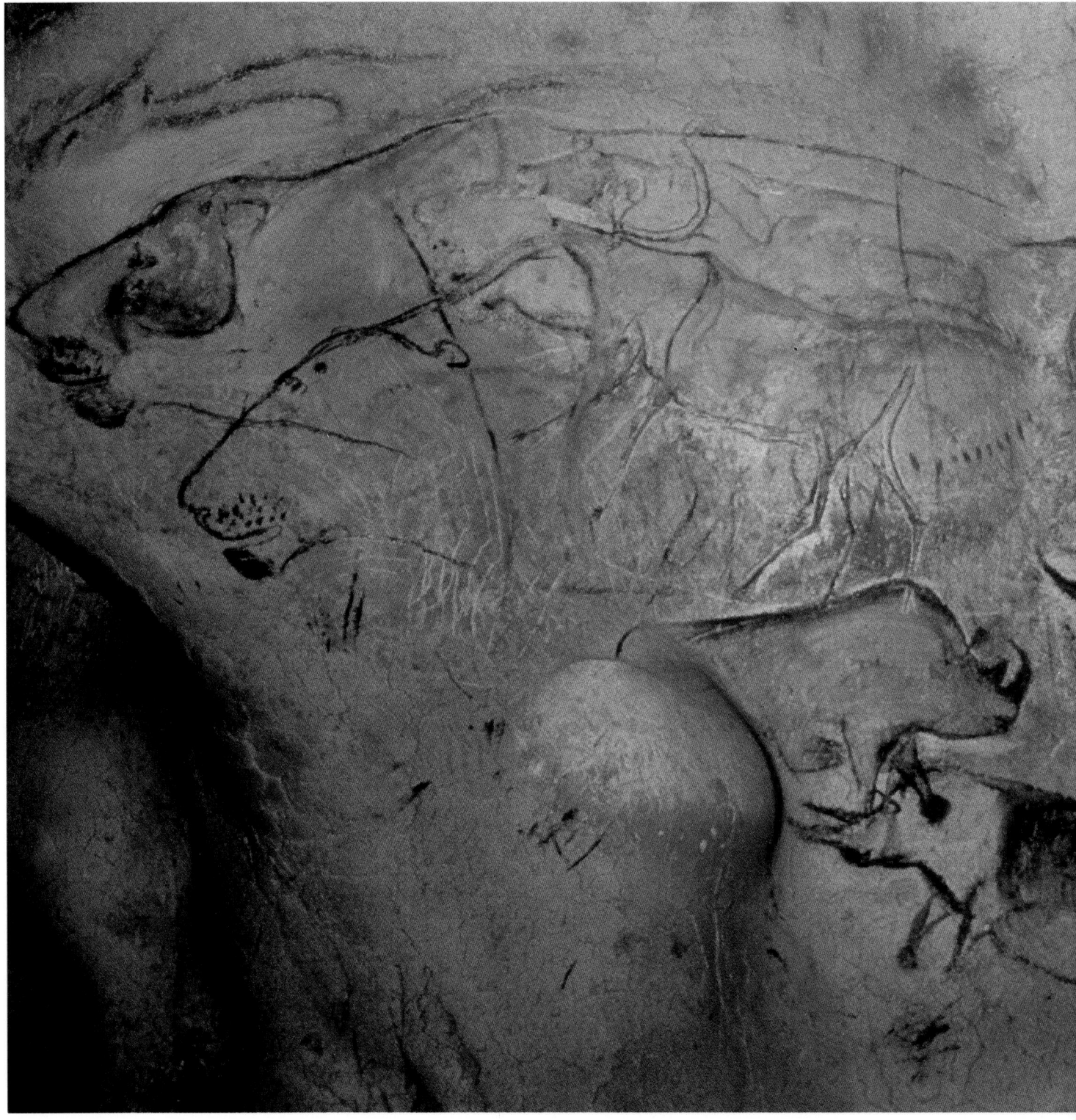

In Nordspanien entdeckte der Berufsschullehrer Hermilio Alcalde del Rio, der mit Cartailhac und Breuil in Altamira zusammengearbeitet hatte, ebenfalls Kunstwerke in mehreren Höhlen, zum Beispiel in El Castillo, Covalanas und Pindal.

Am bekanntesten wurde die Höhle von Lascaux bei Montignac in der Dordogne. Sie ist heute noch die spektakulärste Galerie der Eiszeit. Vier Jugendliche, die ein Loch untersuchten, das sie im Wald gefunden hatten, entdeckten die Höhle 1940. Tief drinnen zündeten sie eine Lampe an und sahen Farbe an den Wänden – sie

waren in eine unglaubliche Sammlung von 600 Gemälden und nahezu 1500 Gravuren hineingestolpert. Man hält die Bilder für etwa 17 000 Jahre alt, vermutlich stammen sie aus vielen Kunstepochen jener Zeit. Die große »Halle der Stiere« wird von vier riesigen schwarzen Stieren beherrscht, die bis zu 5 Meter lang sind – die größten bekannten Kunstwerke der Altsteinzeit. In der Höhle sind auch viele Bilder von Pferden und Hirschen zu sehen, und in einem schmalen Gang mit Gemälden an den hohen Wänden und an der Decke befinden sich noch Fassungen für Gerüstbalken.

RECHTS: *Auerochskopf, in einen Felsen im Côa-Tal, Portugal, gemeißelt. Nirgendwo sonst gibt es so viele altsteinzeitliche Kunstwerke im Freien.*

LINKS: *Die Grotte Chauvet in der Ardèche, Frankreich (1994 entdeckt) enthält Hunderte von Figuren und eine einzigartige Fülle von Nashorn- und Großkatzenbildern. Die C^{14}-Analyse der verwendeten Holzkohle ergab, daß die Bilder über 30 000 Jahre alt sind – wenn das zutrifft, sind sie die ältesten Gemälde der Welt.*

– Lascaux II – eröffnet, die jährlich Hunderttausende von Besuchern begeistert.

Immer noch werden neue Funde gemeldet, allein in Frankreich und Spanien durchschnittlich eine Höhle pro Jahr. In Italien sind ebenfalls Höhlen mit Malereien bekannt, zwei auch im russischen Ural. Erst vor kurzem entdeckte ein Taucher bei Marseille die faszinierende Cosquer-Grotte. Ihr Eingang lag auf trockenem Land, als die Kunstwerke vor 27 000 bis 18 000 Jahren geschaffen wurden; gegen Ende der Eiszeit überschwemmte ihn das steigende Meer. Und Weihnachten 1994 bescherte uns die Grotte Chauvet in der Ardèche, deren alte Bilder – 47 Nashörner und 36 Großkatzen – einen radikalen Wandel der Theorien über Höhlenkunst erzwangen. Bis dahin hatte man geglaubt, Pferde und Wisente seien die wichtigsten Motive gewesen. Chauvet belegt aber, daß eine weniger simple Bedeutung hat, möglicherweise religiöser oder mythologischer Art.

In den letzten Jahren haben Analysen der verwendeten Farben den Nachweis erbracht, daß die Künstler oft organische Substanzen wie Holzkohle benutzten, und diese sind mit Hilfe der C^{14}-Methode gut datierbar. Die Ergebnisse, die bisher in acht Höhlen erzielt wurden, sprechen für eine viel größere Komplexität, als man früher glaubte. Die Höhlen enthalten nicht willkürliche Sammlungen einzelner Bilder, und dennoch ist keine von ihnen als homogenes Gesamtkunstwerke anzusehen. Vielmehr scheinen die Höhlen Werke aus verschiedenen Epochen der Eiszeit zu enthalten. Manche Bilder sind regelrecht retuschiert, andere in neuere Werke einbezogen.

In den achtziger und neunziger Jahren belegten neue Funde, daß »Höhlenkunst« auch im Freien geschaffen wurde, wahrscheinlich sogar besonders oft. Doch die weitaus meisten Werke fielen Wind und Wetter zum Opfer, so daß nur die Bilder an geschützten Plätzen erhalten blieben. Bisher kennen wir lediglich sechs Fundstellen in Spanien, Portugal und Frankreich, diese aber enthalten Hunderte von Bildern, meist in Felsen gemeißelt, die aus der Eiszeit stammen dürften.

Die Höhle wurde 1948 für die Öffentlichkeit zugänglich gemacht, doch zehn Jahre später zeigte sich, daß die 100 000 Besucher pro Jahr die Kunstwerke mit ihrem Atem, ihrer Körperwärme und vor allem durch die Algen und Pollen an ihren Schuhen beschädigten: Grüne Flecken wuchsen, und an den Wänden bildeten sich weiße Kristalle. 1963 wurde Lascaux geschlossen, man beseitigte die Algen und bekam die Kristalle unter Kontrolle – aber der Massentourismus blieb ausgesperrt. Statt dessen wurde 1983 in der Nähe eine prächtige Nachbildung

Kunst und Grabstätten der Eiszeit in Mitteleuropa

Die Vorläufer des modernen Menschen in Europa, die Neandertaler, waren anscheinend ein unkultiviertes Volk, das kaum Kunstwerke hinterlassen hat. Möglicherweise haben sie aber am Ende ihrer Epoche einfachen Schmuck hergestellt, und offenbar haben sie ihre Toten bestattet, wenn auch der Zweck der Beerdigungen umstritten ist. Die modernen Menschen schufen dagegen schon zu Beginn ihres Auftretens in Europa überaus kunstvolle Menschen- und Tierskulpturen. Eines der erstaunlichsten Beispiele dieser frühen Kunst ist die Statuette einer Frau aus grünem Serpentin, die 1988 am Galgenberg an der Donau im Nordosten Österreichs gefunden wurde. Sie ist fast 32 000 Jahre alt. Aus derselben Zeit wie sie stammen

Obwohl man in Mitteleuropa nie Eiszeitkunst gefunden hat – abgesehen von Gravurspuren an Höhlenwänden in Südwestdeutschland –, ist dieses Gebiet reich an Kunstgegenständen, die ebenso alt ist wie die älteste Felskunst Westeuropas. Es gibt verzierte Steine und Knochen und eine Vielfalt von Figurinen aus Stein, Elfenbein und gebrannter Erde.

eine menschenähnliche Figurine aus Elfenbein mit Katzenkopf aus Hohlenstein-Stadel in Deutschland Elfenbeinskulpturen aus der Vogelherdhöhle bei Stetten (Kreis Heidenheim), die Wollmammuts, ein Pferd und andere Tiere darstellen. Die damalige Blüte der Kunst spiegelt wahrscheinlich ein neues Bedürfnis nach Symbolen wider, das unseren Vorfahren vielleicht organisatorische Vorteile gegenüber den zum Untergang verurteilten Neandertalern verschaffte.

Zwar geben die Gräber der Neandertaler noch Rätsel auf; doch die modernen Menschen begruben ihre Toten gewiß mit klaren Absichten und mitunter mit beträchtlichem Aufwand. Das eindrucksvollste frühe Grab ist das Massengrab, das Karel Maska, ein europäischer Pionier in der Archäologie der Steinzeit, 1894 bei Predmostí in Mähren ausgrub. Die Überreste von 18 Menschen –

Die Galgenberg-»Venus«, ausgegraben 1988 in einem eiszeitlichen Lager an der Donau in Nordostösterreich. Der C^{14}-Methode zufolge ist sie fast 32 000 Jahre alt.

Ein Halsband aus Muscheln, gefunden in Dolní Věstonice.

Die reichhaltigste Sammlung von Eiszeitskulpturen und -gravuren wurde in Mähren und im angrenzenden Niederösterreich gefunden. Dort hat man Hunderte von Tier- und Menschenfigurinen gefunden, viele von ihnen aus Löß modelliert und gebrannt. Die Tiere sind oft mit großem Geschick und sehr wirklichkeitsnah gefertigt und stellen Arten dar, die vor Tausenden von Jahren ausgestorben sind, zum Beispiel Mammuts, Wollnashörner und Höhlenlöwen. Unter den Menschenfigurinen sind die »Venus«-Statuetten am bekanntesten, deren Fundorte fast über den ganzen Kontinent verstreut sind. Die berühmtesten Exemplare stammen aus Willendorf in Österreich, wo man eine Rotunde aus Kalkstein fand, und aus Dolní Věstonice in Tschechien, dessen »Venus« aus gebranntem Löß besteht. Die breite geographische Streuung ist ein Rätsel, aber man nimmt allgemein an, daß die Figuren eine religiöse Bedeutung hatten. An diesen Fundorten wurden auch andere Bildnisse von Menschen entdeckt, darunter einige bemerkenswerte Elfenbeinskulpturen und -gravuren – die ersten menschlichen Gesichter aus den Tiefen der Vorgeschichte.

Menschenkopf aus Mammutelfenbein (Dolní Věstonice).

zehn Kindern und acht Erwachsenen – wurden in einem großen, ovalen Steinbruch unter 30 000 bis 25 000 Jahre alten Steinplatten und Mammutknochen gefunden. Hier und in anderen Eiszeitgräbern in Mähren wurden die Toten mit Schmuck und Grabbeigaben beerdigt. Bei Břno wurde das Skelett eines Mannes mit einem Halsband aus Muscheln und anderen Schmuck- und Kunstgegenständen gefunden. Bei Dolní Věstonice entdeckte man 1986 ein einzigartiges, etwa 26 640 Jahre altes Grab: Eine junge Frau war zwischen zwei jungen Männern beerdigt worden.

Die »Venus von Willendorf«, gefunden am Ufer der Donau.

Kunst und Grabstätten der Eiszeit in Osteuropa

Bevor es in Europa moderne Menschen gab – vor etwa 40 000 Jahren –, waren Schmuck und Kunstgegenstände rar. Abgesehen von mehreren Einzelstücken aus Siedlungen von Neandertalern, wurden die ältesten Kunstwerke Osteuropas bei Kostenki am Ufer des Don gefunden. Anfang der fünfziger Jahre fand der russische Archäologe Pawel Boriskowski Steinanhänger, durchbohrte Fuchszähne und andere einfache Schmuckstücke in tiefliegenden, mindestens 35 000 Jahre alten Schichten. Andere, etwas jüngere Beispiele früher Eiszeitkunst sind Knochenfragmente mit eingeritzten geometrischen Mustern. Figurale Kunst setzte sich erst vor 25 000 Jahren durch, vorher war sie äußerst selten. Allerdings hat man in Westeuropa einige Menschen- und Tierfigurinen gefunden, die 30 000 Jahre alt sind.

Die bekannten »Venus«-Figurinen kommen auf dem ganzen Kontinent, von Frankreich bis Sibirien, überaus häufig vor. Das erste russische Exemplar, etwa 24 000 bis 22 000 Jahre alt, wurde

Höhlenkunst aus der Eiszeit, wie sie in Westeuropa gefunden wurde, ist in Osteuropa und Sibirien fast unbekannt, abgesehen von einer bemalten Höhle in Rumänien und deren zwei im Ural. Doch Archäologen haben in diesem Gebiet eine Fülle von kunsthandwerklichen Gegenständen und Gravuren gefunden, die uns viel über das Leben der Menschen in diesen einst eisigen Wäldern und Ebenen erzählen. Den wenigen gefundenen Gräbern verdanken wir weitere Einblicke.

1923 in Ablagerungen bei Kostenki entdeckt, viele weitere Figurinen – die meisten aus Elfenbein oder Kalkstein – an anderen Stellen in Rußland und in der Ukraine. Der Stil ist unterschiedlich, da diese Figurinen offenbar Frauen in verschiedenem Alter und von verschiedener Gestalt darstellen. Sie gelten als Objekte mit religiöser oder ritueller Bedeutung, obwohl sowjetische Archäologen sie in den dreißiger Jahren für Überbleibsel matriarchalischer Gesellschaften hielten. Ihre Verbreitung über ganz Europa ist für Kunstwerke der Eiszeit einzigartig und könnte auf eine große Bevölkerungswanderung zu Beginn der letzten großen Kälteperiode der Eiszeit hindeuten.

Die klassischen »Venus«-Figurinen sind in Sibirien unbekannt, obwohl man Frauenstatuetten an verschiedenen Stellen gefunden hat, vor allem in Mal'ta und Buret' am Baikalsee. Diese Statuetten zeigen die warme Kleidung einschließlich Kopfbedeckung, die für das Überleben im Sibirien der Eiszeit gewiß unerläßlich war. In Mal'ta und Buret' wurden außerdem zahlreiche Tierfigurinen zutage gefördert, darunter Enten, Schwäne und andere Wasservögel. Die Kunstwerke Westeuropas stellen überwiegend große Säugetiere dar, zum Beispiel Mammuts, Nashörner und Löwen, die für das Leben der Menschen so wichtig waren. Obwohl die Tiere manchmal stilisiert oder impressionistisch anmuten, sind sie oft sehr wirklichkeitsnah und mit Sinn für Details angefertigt.

In Ost- und Mitteleuropa sowie in Sibirien sind Eiszeitgräber selten. Da es nicht viele Höhlen gab, waren die Gräber dem Frost und den aasfressen-

47 Millimeter hohe Frauenfigurine aus Mammutelfenbein, 1983 in Kostenki gefunden. Sie stand aufrecht in einer kleinen, mit Ocker gefüllten Grube, über der ein Mammutschulterblatt lag. Es kommt selten vor, daß wie hier Augen, Nase und Mund angedeutet sind.

den Tieren ausgesetzt. Die meisten bekannten Gräber sind 30 000 bis 20 000 Jahre alt. Die aufsehenerregendsten Beispiele sind die Mehrfachgräber, die der sowjetische Archäologe Otto Bader in den sechziger Jahren unweit der russischen Stadt Wladimir entdeckte. In den Gräbern bei Sungir' lagen zwei Jugendliche und ein älterer Erwachsener, die mit zahlreichen Beigaben bestattet worden waren, darunter Speere und Steinwerkzeuge. Die Gräber waren wie jene in Mähren großzügig mit rotem Ocker und Holzkohle bestreut worden. Ein etwa gleich altes Kindergrab bei Mal'ta ist zwar weniger kunstvoll als die Gräber bei Sungir' gestaltet, enthielt aber ein kunstvoll angefertigtes Halsband. Diese Gräber lassen darauf schließen, daß die Eiszeitmenschen, wenn das Wetter es erlaubte, eleganter gekleidet und geschmückt waren, als Archäologen oder Medien es sich vorstellen mögen.

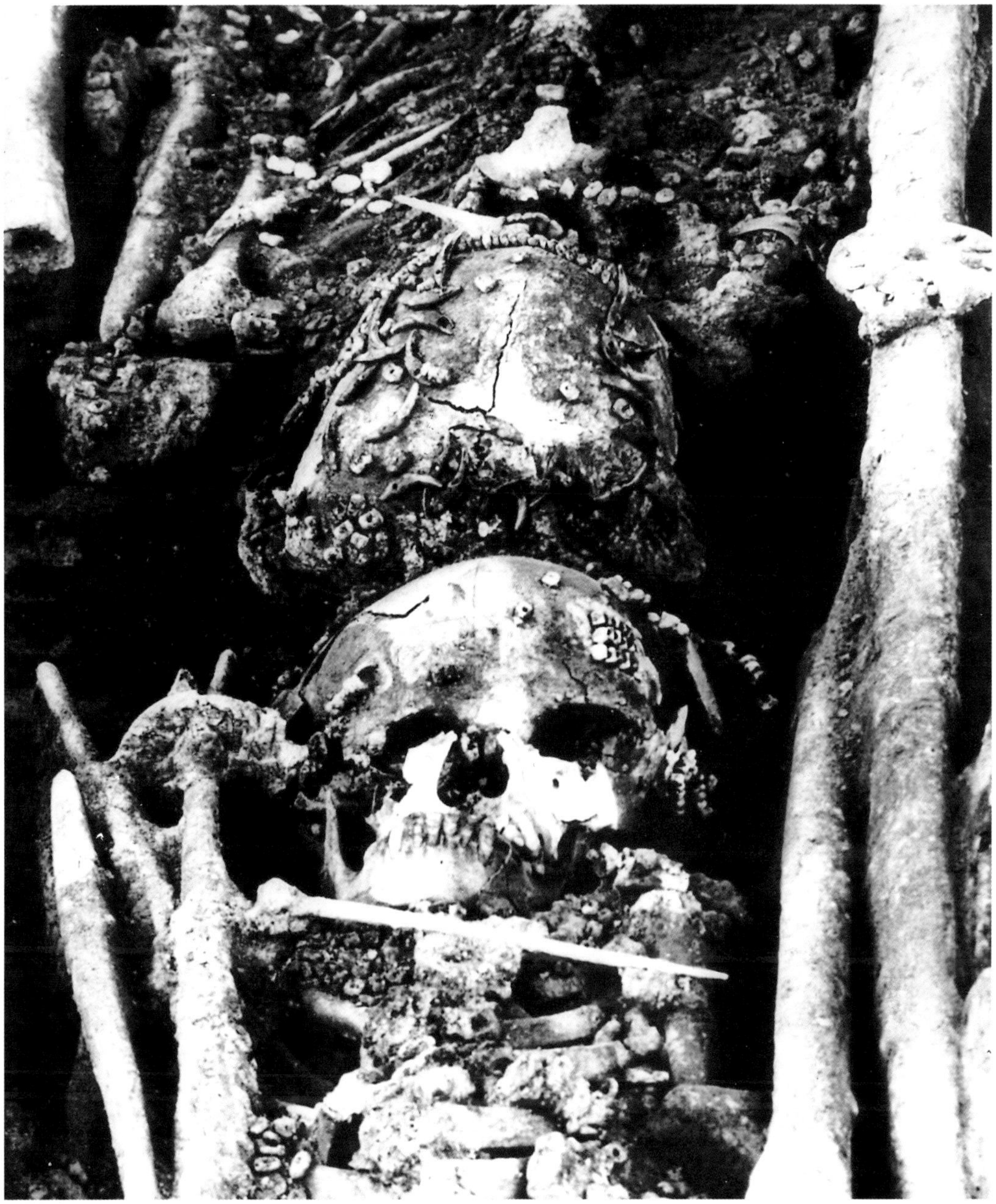

RECHTS und UNTEN: In diesem Grab bei Sungir', etwa 24 000 Jahre alt, lagen zwei Jugendliche (8 und 13 Jahre alt) Kopf an Kopf. Bei sich hatten sie viele Objekte aus Mammutelfenbein. Jeder Körper war mit etwa 3500 Elfenbeinperlen bedeckt, die wohl an den mittlerweile verfallenen Kleidern befestigt gewesen waren.

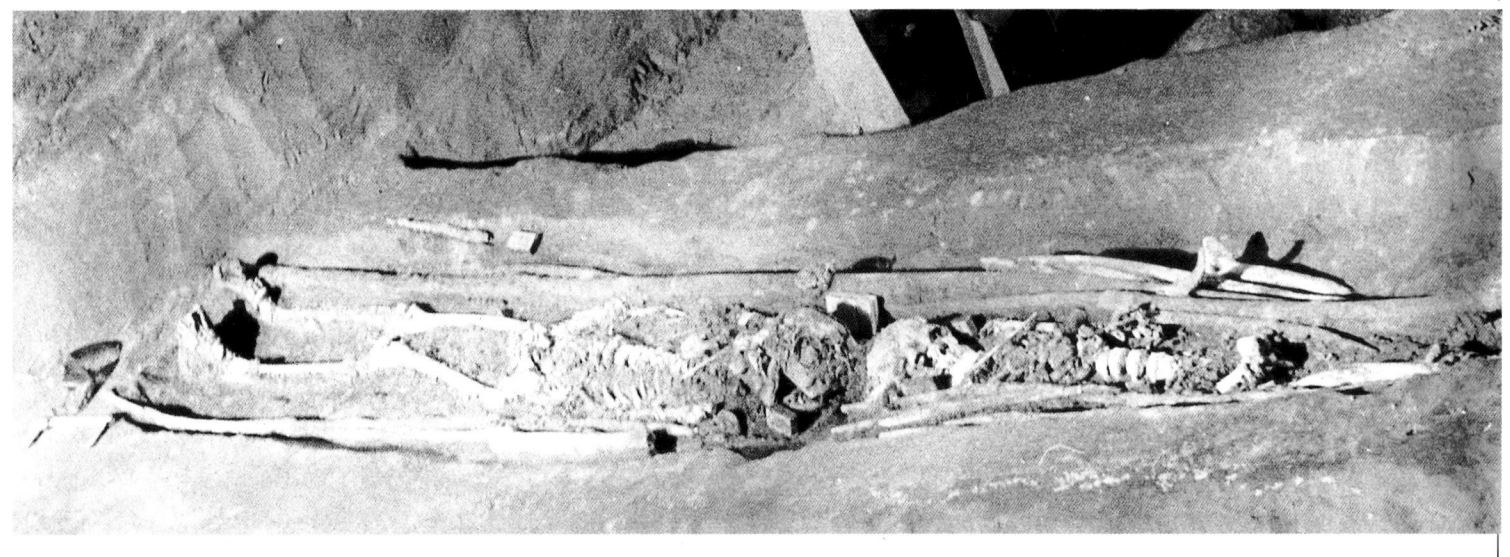

Die Fischer von Lepenski Vir

Vor 7000 bis 8000 Jahren hielt die Landwirtschaft in Südosteuropa Einzug. In den Karpaten indes, wo die Donau durch mehrere Schluchten – das »Eiserne Tor« – fließt, lebten Fischer und Jäger weiterhin vom natürlichen Reichtum dieses Gebietes. Sie bauten große Siedlungen aus trapezförmigen Häusern und stellten ungewöhnliche Gravuren aus Kalkstein her. Am Ende wurden zwar auch sie Ackerbauern, doch bis dahin bildeten sie fast tausend Jahre lang eine Insel in einer landwirtschaftlich geprägten Gesellschaft.

Dort, wo die Donau die Karpaten durchschneidet, liegen zwischen Serbien und Rumänien die Reste mehrerer Siedlungen jener Fischer, Jäger und Bauer, die hier vor über 7000 Jahren lebten. Der wohl berühmteste Fundort ist das rätselhafte Lepenski Vir an einer Biegung der Donau, auf der serbischen Seite der Grenze.

Lepenski Vir war ein gut gewählter Platz, denn die Donaubiegung erzeugt kräftige Strudel, die Algen einfangen und hungrige Fische anlocken. Außerdem schützt die Schlucht den Ort vor Stürmen und erzeugt ein ausgeprägt gleichförmiges lokales Klima. Ab etwa 6000 v. Chr. waren die Terrassen tausend Jahre lang oder länger von Menschen bewohnt, die hauptsächlich von den Schätzen des Flusses und der Berge lebten, und die sich erst mit der Zeit und eher widerstrebend auf die Landwirtschaft umstellten.

Lepenski Vir wurde 1960 von Archäologen aus Belgrad entdeckt, die den Ort jedoch nicht für vielversprechend hielten. In den folgenden Jahren gab es Pläne, einen Damm für ein Wasserkraftwerk zu errichten, so daß die Donauschluchten überflutet worden wären. Darum sah Dragoslaw Srejowic sich den Ort noch einmal an und war erstaunt über die Ergebnisse einiger Probegrabungen. Unter den jüngeren Schichten, die 1960 kein Interesse geweckt hatten, fand er Spuren einer bis dahin unbekannten Siedlung. Die Ausgrabungen an dieser Stelle begannen 1966 und wurden 1968 abgeschlossen.

Man entdeckte eine Siedlung aus etwa 25 Hütten mit trapezförmigem Grundriß, deren breite Seite dem Fluß zugewandt war. Die meisten Häuser waren 5,5 Quadratmeter, 9,5 Quadratmeter, 17 Quadratmeter oder 28 Quadratmeter groß. In jedem stand ein zentraler Herd mit Steinfassung, der in den Boden aus Kalkstein eingelassen und in vielen Fällen von Steinplatten umgeben war. Die leichten Dächer bestanden wohl aus jungen Bäumen und Zweigen, die vor dem Wetter schützten.

In zahlreichen Häusern fand man rätselhafte Kalksteine mit menschenähnlichem Gesicht, fischähnlichem Mund und abstraktem Schmuck, der vielleicht Schuppen darstellt. Diese 20 bis 60 Zentimeter hohen Steine gehören zu den ältesten »monumentalen« Skulpturen. Ihr Zweck und ihre Symbolik sind unklar, sicher ist jedoch, daß ihnen die Einwohner von Lepenski Vir große Bedeutung beimaßen. In den Häusern und zwischen ihnen fand man auch einige Gräber – Siedlung und Friedhof bildeten allem Anschein nach also eine Einheit.

Tierische Überreste verraten, daß Fische aus der Donau die Hauptnahrung waren, und vielleicht hat wohl die üppige Tierwelt bei den nahegelegenen Strudeln die Siedler angezogen. Die meisten Knochen von Landsäugern stammten in der Anfangszeit der Siedlung von Rotwild und Ebern, später von Rindern, Schafen, Ziegen und Schweinen. Lepenski Vir und benachbarte Siedlungen in Serbien und Rumänien (z. B. Padina, Icoana, Schela Cladovei und Vlasac) beherbergten stark gegliederte und spezialisierte Gemeinschaften von Fischern im Gebiet des Eisernen Tores und zwar gerade in der Übergangsphase vom Jagen und Sammeln zu Landwirtschaft und Viehzucht. Der natürliche Reichtum der Donau gab ihnen eine Sicherheit, die wenig Anlaß zu dieser Umstellung gab, dennoch bauten sie um 5000 v. Chr. Getreide an und domestizierten Tiere.

LINKS: Diese rätselhafte, fisch-
ähnliche Skulptur wurde in einer
der trapezförmigen Hütten bei
Lepenski Vir gefunden.

UNTEN: Eine abstrakte Skulptur
aus Lepenski Vir, die der Entdecker
»Hirsch im Wald« nannte.

LINKS: Halsband
mit Perlen aus
Spondylus-Muscheln,
Steinen und Knochen,
gefunden in einem
Gefäß bei Lepenski Vir.
Muscheln und Steine
(Paligorskit) erreichten die
Siedlung wohl durch Fernhandel.

Çatal Hüyük

Die jungsteinzeitliche Siedlung Çatal Hüyük in der Konya-Ebene im Süden der Mitteltürkei hatte eine beachtliche Größe. Ihre Einwohner waren ungewöhnlich wohlhabend und pflegten vielfältige und ausdrucksvolle Riten.

———————

Die »neolithische Revolution«, also der Aufbruch der Menschheit in der Jungsteinzeit, brachte grundlegende Veränderungen der Lebensweise mit sich. Vor allem lebten die Menschen nun in Dörfern und lagerten Nahrungsmittel, um auch die schwierigen Zeiten des Jahres gut zu überstehen. Das so erreichte Maß an Sicherheit erlaubte es ihnen, Reichtum zu erwerben, der den umherziehenden frühen Jägern verwehrt geblieben war. Die ersten Dörfer waren überwiegend klein, sie bestanden aus einigen Dutzend Häusern und mehreren hundert Einwohnern. Selbst um 4000 v. Chr. und später waren Siedlungen im Nahen Osten gewöhnlich nicht größer als 2 bis 4 Hektar und beherbergten nur 500 bis 1000 Menschen. Insofern war Jericho eine Ausnahme, und Çatal Hüyük war erstaunlich – es umfaßte etwa 20 Hektar Land, und man kann es selbst nach den Maßstäben späterer mesopotamischer Kulturen als Stadt bezeichnen.

Der britische Archäologe James Mellaart grub in den sechziger Jahren vierzehn Bauschichten aus und datierte sie auf Zeiträume zwischen 6250 und 5400 v. Chr., die tieferen Schichten ließ er unberührt. Die Stadt bestand aus Häusern, die zu einem einzigen Riesenbau zusammengefügt waren. Hinweise auf Straßen gab es nicht. Die Häuser, bestehend aus Lehmziegeln und Holz, enthielten um einen Hof herum angeordnete Räume; der Eingang befand sich anscheinend im Dach. Ein typisches Haus hatte einen Grundriß von etwa 23 Quadratmetern, der in einen großen Raum und einen kleineren Vorratsraum gegliedert war. Der Hauptraum war meist mit verschiedenen Lehmplattformen, Bänken, Herden, Öfen, Kästen und anderen Einrichtungsgegenständen versehen. Mellaart schätzte, daß irgendwann 5000 bis 6000 Menschen in etwa 1000 Häusern der Stadt wohnten.

Ackerbau und Viehzucht lieferten den größten Teil der Nahrung. In Çatal Hüyük gab es nicht nur die üblichen Weizen- und Gerstensorten, sondern auch Sorten, die man bewässern mußte, und daraus folgt, daß dieses anatolische Gemeinwesen ein Kanalsystem benötigte. Unter den domestizierten Tieren waren Rinder besonders wichtig. Doch die Landwirtschaft war bei weitem nicht der einzige Erwerbszweig der Bewohner. Töpfer stellten schon in einer frühen Phase der Stadtgeschichte grobe Keramik her. Weber fertigten Textilien aus Wolle und Leinen an, von denen einige Fragmente in Gräbern erhalten blieben. Die vielen hier gefundenen steinernen Stempel mit geometrischen Mustern wurden möglicherweise benutzt, um die Stoffe zu verzieren. Einige wenige Metallgegenstände, darunter ein Bleianhänger und Kupferperlen aus der Frühzeit der Stadt, wurden ebenfalls gefunden: Sie gehören zu den ältesten metallenen Objekten des Nahen Ostens und liefern viel Wissen über die Anfänge der Metallbearbeitung.

So bemerkenswert diese Funde auch sind, Çatal Hüyük ist vor allem wegen seiner vielfältigen Riten bekannt. Die hellen Bilder, die die Wände vieler Häuser schmückten, zeigten dekorative Muster, Landschaften, Jagdszenen und andere kunstvoll ausgeführte Motive. Schreinbauwerke unterschieden sich von gewöhnlichen Häusern durch Verzierungen, die hauptsächlich Stiere darstellten. Oft setzte man ein Paar Stierhörner an die Kante von Plattformen oder Bänken, und manchmal steckte man Hörner paarweise in Bänke. Bisweilen wurde auch ein modellierter Stierkopf an eine Wand gesetzt. Lehmfigurinen, vor allem einer Muttergottheit, deuten auf die Art des Glaubens dieser Menschen hin.

Die Einwohner von Çatal Hüyük begruben ihre Toten unter den Fußböden und Plattformen ihrer Häuser. Eine Familie hatte offenbar jeweils eine eigene »Familiengruft«, die sie immer wieder öffnete, um Verstorbene zu bestatten. Viele Leichen wurden für das Begräbnis vorbereitet, indem man die Weichteile entfernte und die vom Fleisch befreiten Knochen vor der Bestattung bündelte. Oft wurden die Knochen mit rotem Ocker (Eisenoxid) oder – seltener – mit blauem Azurit oder grünem Malachit bestreut. Nur wenige Gräber enthielten Beigaben; wenn doch, dann stammten diese oft aus fernen Ländern – Türkise, Meeresmuscheln, Feuersteine, Kupfer und so weiter. Die Skelette lassen darauf schließen, daß Männer im Durchschnitt mit 34 und Frauen mit 30 Jahren starben und daß viele Menschen an Blutarmut litten, deren Ursache Malaria gewesen sein könnte.

In den sechziger Jahren, als Mellaart die Stadt ausgrub, widerlegte Çatal Hüyük viele Ansichten über die Entwicklungsstufe

Mehrfachgrab unter einem Haus. In Çatal Hüyük und an anderen Orten des Nahen Ostens begruben die Menschen ihre Toten unter dem Boden der Häuser, die sie weiter bewohnten, und machten sie dadurch zu Mitgliedern des Haushalts. Viele schon bestehende Gräber in Çatal Hüyük wurden erneut benutzt, wenn Familienmitglieder starben.

OBEN: Wandbild eines Tänzers mit Bogen. Die Hauswände in Çatal Hüyük sind mit Kunstwerken geschmückt, wie es sie anderswo kaum gibt. Meist handelt es sich um geometrische Muster, seltener um abstrakte Szenen oder Figuren. Die Bedeutung der Gemälde ist unklar, wie bei vielen prähistorischen Kunstwerken.

RECHTS: Sitzende Muttergöttin. Gebrannte Tonfigurinen, vor allem Frauenskulpturen, kommen in den neusteinzeitlichen Kulturen des Nahen Ostens häufig vor. Diese Figur aus Çatal Hüyük ist bemerkenswert komplex. Sie stellt eine nackte Gebärende dar, die auf einem Stuhl sitzt und sich auf Löwenköpfe stützt. Wir kennen zwar die Symbolik der Elemente nicht, aber die Figurine symbolisiert wahrscheinlich Fruchtbarkeit und Erneuerung.

LINKS: Schrein mit Stierhörnern. Solche Hörner hingen auch an vielen Wänden der Räume in Çatal Hüyük oder dienten als Armstützen an Bänken. Das läßt vermuten, daß Stiere wie in vielen Teilen der Welt auch in Çatal Hüyük besondere Bedeutung für die Menschen hatten.

neusteinzeitlicher Gesellschaften. Seither haben Grabungen an anderen Orten gezeigt, daß Çatal Hüyük zwar außergewöhnlich, aber seiner Zeit nicht weit voraus war. Die Stadt dürfte von den Handelsstraßen profitiert haben, die allmählich den ganzen Nahen Osten durchzogen; denn Çatal Hüyük beherrschte den Handel mit Obsidian (Vulkanglas) von Mittelanatolien bis Jericho. Dieser Handel brachte der Stadt und ihren bessergestellten Toten – zu deren Lebzeiten – exotischen Reichtum, und vielleicht begünstigte er auch die ungewöhnliche Bevölkerungsdichte, die Entwicklung des Handwerks und des Glaubens.

Die Seehäuser des Alpenvorlandes

Im Alpenvorland der Schweiz und Deutschlands, Österreichs, Sloweniens, Italiens und Frankreichs sprenkeln viele Seen die Landschaft. Vor etwa 4000 Jahren, in der Jungsteinzeit, begannen sich Ackerbauern an ihren Ufern anzusiedeln. Die Gegebenheiten an diesen Seen führten dazu, daß nicht nur »typische« archäologische Funde wie Steinwerkzeuge und Keramik erhalten blieben, sondern auch hölzerne Artefakte, Tauwerk und sogar Reste von Häusern. Diese Orte, die Mitte des 19. Jahrhunderts entdeckt wurden, inspirierten in der Folgezeit über viele Jahre hinweg die romantische Vorstellung von Ufersiedlungen der ersten europäischen Bauern.

Im kalten, trockenen Schweizer Winter 1853/54 fiel der Wasserspiegel vieler Seen in der Züricher Gegend um 30 Zentimeter. Bei dem Ort Obermeilen wurde auf dem Grund des Sees eine

Seit Mitte des 19. Jahrhunderts wurden in und an Seen am Fuße der Alpen viele vorgeschichtliche Siedlungen entdeckt – in der Schweiz, in Deutschland, Österreich, Frankreich und Italien. Diese »Pfahlbauten«, wie man sie heute nennt, erlauben uns einen detaillierten Einblick in das Leben der frühen Bauern Mitteleuropas und sind eine Lektion in der Geschichte der Archäologie.

30 bis 60 Zentimeter dicke Schicht (»Kulturschicht«) freigelegt, die viele Pfosten, Tierknochen und Geweihe sowie von Menschenhand gefertigte Gegenstände aus Stein, Lehm, Holz, Knochen und Geweihstangen enthielt. Johannes Äppli, ein Lehrer, der Antiquitäten sammelte, erfuhr davon und informierte umgehend Ferdinand Keller, den Vorsitzenden der Antiquarischen Gesellschaft von Zürich. Bald stellte sich heraus, daß die Pfosten Überreste von Häusern waren und daß die Gegenstände deren Bewohnern gehört hatten.

Keller stellte zwei einander ausschließende Theorien auf, von denen er eine als die richtige zu erkennen hoffte: 1. Die Pfahlbau-

Ein etwa 10 Meter langes jungsteinzeitliches Haus bei Egolzwil in der Nähe von Zürich. Es hat einen komplexen Holzboden und in der Mitte einen Herd.

die an Land stehenden Häuser angehobene Fußböden besaßen oder ob die Pfähle verhindern sollten, daß die Bauwerke im feuchten Boden versanken. Archäologen unterscheiden grundsätzlich zwischen Sumpfsiedlungen und Siedlungen an trockenen Seeufern – Kellers Idee von Häusern auf dem Wasser haben sie seit längerem aufgegeben.

Siedlungen an Seeufern gab es in allen Alpenländern, auch wenn man sie in der Populärliteratur zuweilen »Schweizer Seehäuser« nennt, weil Keller zuerst auf sie aufmerksam machte. Sie entstanden, wie wir heute wissen, in der Jungsteinzeit und wurden bis in die Bronzezeit hinein ohne größere Veränderungen im Grundriß gebaut. Die Häuser waren rechteckig und hatten durchweg Lehmherde. Die entsprechenden Überreste enthalten sehr viele Artefakte, in einigen Fällen Zehntausende. Abgesehen von einfacher Rundbodenkeramik nebst Werkzeug aus Stein und Geweihen, gibt es Gegenstände aus Materialien, die anderswo kaum erhalten sind, zum Beispiel Holz, Tuch und Bindfaden. Gewöhnlich finden sich zahlreiche Hinweise auf die Ernährung: Knochen von domestizierten und wilden Tieren, Weizenkörner, Gerste und Erbsen sowie viele wilde Früchte, Nüsse und Samen.

In zahlreichen Orten am Alpenrand gibt es Museen, die mit solchen Gegenständen gefüllt sind, aber auch mehr oder weniger gelungene Rekonstruktionen von Pfahlbauten im Freien. Wer solche Fundstätten besucht, kann auch Zeuge von Ausgrabungen werden, selbst mitten in Zürich. Neue Grabungs- und Analysetechniken (beispielsweise die Datierung nach Baumringen) liefern zusätzliche Informationen; doch der Bau von Autobahnen und Häusern am Ufer der Seen bedroht viele der bisher noch erhaltenen Siedlungen. Obwohl die romantische Vision von hölzernen Inseln in unseren Tagen aufgrund neuer Erkenntnisse längst dahin ist, werden die Pfahlbauten im Alpenvorland immer einen wichtigen Platz in der europäischen Vorgeschichte einnehmen.

ten standen am Sandufer; 2. die Pfosten trugen Bauwerke, die im Wasser standen. Er bevorzugte zunächst die zweite Theorie und illustrierte sie eigenhändig mit der Zeichnung eines Hauses auf einer Plattform, die durch eine Laufplanke mit dem mehrere Meter entfernten Ufer verbunden war. Keller nannte diese Inseln aus Holz »Pfahlbauten«. Wir wissen nicht, wie er auf die Idee kam; mögliche Quellen sind verschiedene Berichte von Reisenden über solche Bauwerke in Malaya und Ostindien sowie die Schriften des griechischen Historikers der Antike, Herodot, der ähnliche Häuser beschrieben hatte, welche er an einem makedonischen See gesehen hatte.

Die Vorstellung von Häusern auf Plattformen über dem Wasser wurde in der Öffentlichkeit mit Wohlgefallen aufgenommen. Alle Kunstwerke und Modelle aus dem späten 19. und frühen 20. Jahrhundert stellen solche Holzinseln dar, und die Fundorte wurden in Liedern besungen. Als jedoch weitere Siedlungen dieser Art entdeckt wurden, stellten Archäologen die Theorie Kellers in Frage und behaupteten, die Häuser seien am Ufer errichtet worden. Anfang der fünfziger Jahre hatten sich die meisten Archäologen dieser Auffassung angeschlossen. Heute diskutiert man darüber, ob

Frühe Langhäuser der Jungsteinzeit in Europa

Z wischen 5500 und 4000 v. Chr. standen Langhäuser, diese größten Bauwerke der Welt in West- und Mitteleuropa. Sie waren zwar bis zu 40 Meter lang, aber nicht breiter als 8 Meter. Fünf bis zehn solche Häuser bildeten die ersten bäuerlichen Gemeinwesen in den Wäldern Mitteleuropas. Ihre Bewohner domestizierten Tiere und Pflanzen in einer Umgebung, in der es zuvor nur Horden von Jägern und Sammlern gegeben hatte.

Von den jungsteinzeitlichen Langhäusern sind nur jene Spuren erhalten, die ihre senkrecht gesetzten Pfähle im Boden hinterlassen haben. Anfangs grub man offensichtlich für jeden Pfahl ein eigenes Loch, und davon sind über die Jahrhunderte hinweg runde Flecke mit Durchmessern zwischen 30 und 80 Zentimetern erhalten geblieben. In einer späteren Phase hoben die vorgeschichtlichen Baumeister lange Gräben aus, in die sie die senkrechten Pfähle stellten; dann füllten sie alle Zwischenräume auf. Die am frühesten entstandenen Häuser hatten einen rechteckigen, später erbaute oft einen trapezförmigen Grundriß.

Im Jahre 1930 fand man bei Arbeiten in einem Kölner Park Spuren einer jungsteinzeitlichen Siedlung, und Werner Buttler begann mit Grabungen. In den folgenden vier Jahren entdeckte er

Die ersten Bauern in West- und Mitteleuropa lebten in großen, bis zu 40 Meter langen, rechteckigen Häusern aus Pfählen, die in den Boden geschlagen wurden. Diese Langhäuser waren Wohnung, Arbeitsplatz und Stall zugleich.

---

nicht nur Dutzende von Gruben, die mit Geröll gefüllt waren, sondern auch Hunderte von Pfahllöchern zwischen diesen Gruben. Beim Studium der Grabungspläne zeigte sich, daß die Löcher, als Ganzes gesehen, Rechtecke bildeten. Die Pfähle hatten eng beieinander gestanden, manchmal – namentlich in Gräben – auch etwas weniger eng.

Buttler glaubte, die Gruben hätten zu »Grubenhäusern« gehört, die rechteckigen Bauten hielt er für Kornspeicher und Lagerhäuser. Seine Theorie stützte er in erster Linie auf Pfahlbauten, die er in den Balkanländern gesehen hatte. Einige Archäologen hatten erhebliche Zweifel an dieser Auffassung, und es gab insbesondere in den Jahren vor und nach dem Zweiten Weltkrieg heftige Debatten darüber. Anfang der fünfziger Jahre unseres Jahrhunderts hatte die archäologische Literatur dann allerdings weitgehend die Meinung akzeptiert, daß die Pfahlbauten von Köln-Lindenthal und anderen Orten in grauer Vorzeit bewohnte Häuser gewesen waren. Heute werden immer wieder Langhäuser in jungsteinzeitlichen Siedlungen gefunden – es dürften inzwischen Tausende sein. Dennoch ist es immer aufregend, wenn die ersten Pfähle oder Abschnitte eines Grabenunterbaus freigelegt werden. Wenn die Umrisse des Gebäudes erkennbar sind, lösen sie Bewunderung für die Fertigkeiten der jungsteinzeitlichen Baumeister aus.

Wir können heute nur Mutmaßungen darüber anstellen, warum die ersten Bauern Europas Langhäuser bauten. Auf keinen Fall konnten sie sich allerdings den Luxus erlauben, Gehöfte nur zum Vergnügen zu errichten. Ihre Häuser mußten gleichzeitig Wohnungen, Werkstätten, Lagerschuppen und Ställe sein, und darum konnte man nicht einfach klei-

Frühe Langhäuser aus der Jungsteinzeit sind an Flecken im Boden – von Pfosten herrührend – erkennbar. Die ersten Häuser (links) waren rechteckig, und die Pfosten bildeten ein komplexes Muster. Später waren die Häuser oft trapezförmig, wie das in Oslonki (gegenüber).

ne Häuser bauen und danach, wenn man Zeit hatte, Nebengebäude hinzufügen.

Vom Oberbau der Langhäuser wissen wir trotz aller aufschlußreichen Erkenntnisse sehr wenig. Vermutlich hatten sie Steildächer, die mit Schilf, Stroh oder Rinde bedeckt waren, vielleicht auch mit Holzplanken. Das Lehmmodell eines Hauses mit Steildach aus Strelice in Mähren wird immer wieder als Beweis dafür genannt, daß die Häuser in der Jungsteinzeit Steildächer besaßen. Solche Dächer erfordern vor allem am First und an den Dachvorsprüngen vom Zimmerer ungewöhnlich großes Geschick, um so mehr, wenn keine Nägel zur Verfügung stehen.

Hatten die Häuser einen Holzfußboden? Vermutlich lebten die Menschen tatsächlich auf der bloßen Erde, aber weil die Bauwerke verrottet sind, wissen wir darüber nichts Genaues. Wir wissen auch nicht, ob der Herd im Haus oder draußen stand. Wahrscheinlich gab es einen weiteren Herd im Inneren, den man zum Kochen und Heizen benutzte, und einen Herd im Freien, auf dem man Fleisch briet und Keramik brannte. Die meisten Archäologen nehmen an, daß die jungsteinzeitlichen Langhäuser einstöckig waren, und es gibt gute Gründe dafür. Wir können jedoch nicht mit letzter Sicherheit ausschließen, daß es unter den Steildächern Speicher gab.

Wie lange hielten diese Häuser? Holz verrottet natürlich – aber wie schnell? Die Schätzungen für die gemäßigte Zone reichen im allgemeinen von 15 bis zu 50 Jahren. Dabei wird oft übersehen, daß man die Häuser ebenso wie moderne Holzhäuser reparieren konnte. Der Bewurf ließ sich ersetzen, und bei Bedarf konnte man die Wände bis zu den Pfählen auseinandernehmen und erneuern.

Das Dach konnte man im Prinzip nach Belieben neu decken, und die Pfähle ließen sich ohne allzu großen Aufwand herausziehen und einzeln ersetzen. Bei dauernder Pflege dürften die Häuser der Jungsteinzeit fünfzig Jahre oder länger gehalten haben.

Wenngleich die meisten Archäologen davon überzeugt sind, daß jungsteinzeitliche Langhäuser vor allem Wohnhäuser waren, hatten diese wahrscheinlich auch andere Funktionen. Wir wissen beispielsweise, daß bereits die ersten europäischen Bauern domestizierte Rinder, Schafe, Ziegen und Schweine hielten – dennoch sind keine eigenen Ställe für diese Tiere erhalten. Es ist zudem unklar, wie viele Menschen in den Häusern der Jungsteinzeit wohnten. Bei warmem Wetter hielten sie sich gewiß oft im Freien auf, im Winter aber mußten sie zwangsläufig überwiegend im Haus leben und arbeiten. Die Häuser waren also zumindest in der kälteren Jahreszeit Werkstatt, Küche und Wohnung zugleich, und wahrscheinlich diente ein Teil als Stall, zumindest im Winter, und als Lager für Getreide und Rohstoffe.

In den riesigen Wäldern West- und Mitteleuropas, wie sie in der Epoche vor 7000 Jahren bestanden, bewiesen die Langhäuser die Fähigkeit des Menschen, seine Umwelt zu verändern. Die Langhäuser sind nicht nur deshalb wichtig, weil sie in der damaligen Zeit die größten Bauwerke der Welt waren, sondern sie liefern uns auch wertvolle Informationen über die gesellschaftlichen Verhältnisse der Jungsteinzeit. Die Lage dieser Häuser, ihre Bauweise, ihre Größe, selbst die Gruben und Gräber zwischen ihnen werfen ein Licht auf das Leben der ersten europäischen Bauern, das die Lebensweise unserer Vorfahren in jener fernen Vergangenheit zumindest ansatzweise erhellt.

Jungsteinzeitliche Feuersteinminen

In der Steinzeit und auch noch in der Bronzezeit bestanden die meisten Werkzeuge und Waffen aus Stein. Da Feuerstein hart und glänzend ist, sich mit einfachen Mitteln gut bearbeiten läßt und auch bei Benutzung lange scharf bleibt, war er besonders beliebt. Meist waren die Menschen jener Zeit

Jungsteinzeitliche Feuersteinminen gab es in ganz Europa – sowohl einzelne Gruben als auch riesige, mehrere Hektar große Schachtanlagen. Die größten Minen liegen in Nordeuropa und Südengland und sind über 4000 Jahre alt. Einige der größten und bekanntesten sind Krzemionki in Polen, Grimes Graves in England, Spiennes in Belgien und Grand Pressigny in Frankreich.

_____

Der vorgeschichtliche Feuersteinbergbau

Wenn Feuersteine tief unter der Erdoberfläche lagen, mußte man Schächte graben. Die wichtigsten Werkzeuge hierfür waren Steinäxte und Spitzhacken aus Geweihstangen (beide wurden in ehemaligen Minen häufig gefunden). Sobald der Hauptschacht gegraben war, konnte man Feuersteine aus den Flözen wahrscheinlich allein gewinnen. Der Kalkschutt aus dem Schacht mußte aus der Mine befördert und auf der Oberfläche beiseitegeschafft werden, sofern man ihn nicht in einen benachbarten aufgegebenen Schacht warf. War ein Flöz gefunden, konnte man Stol-

zwar mit denjenigen Feuersteinen zufrieden, die sie auf der Erdoberfläche fanden, doch manchmal bevorzugten sie Steine aus Untertageminen. Der Bergbau machte es möglich, größere Steine von besserer Qualität zu gewinnen, und die Steine aus der Tiefe waren seltener fehlerhaft oder beschädigt.

OBEN: *Prähistorische Minenarbeiter lockerten Kalkschichten, in denen große Feuersteine lagen, mit Hacken aus Geweihstangen.*

LINKS: *Stollen in den Feuersteinminen von Grimes Graves.*

len in alle Richtungen anlegen. Eine Hacke war nützlich, um die Feuersteine aus dem weichen Kalk zu lösen. An der Oberfläche schlug man Kalkreste mit einem Hammerstein weg, anschließend wurden die rohen Steine so behauen, daß man Äxte und andere Werkzeuge daraus machen konnte. Die Herstellung von auch von Gebrauchsgegenständen erforderte also viele Arbeitsgänge, die nicht alle unbedingt vor Ort ausgeführt werden mußten. In Grand Pressigny fertigte man »Rohlinge«, die dort *livres de beurre* (Butterpfunde) heißen und tauschte sie andernorts als Rohmaterial für die Herstellung von Messern ein. Feuersteine aus Grand Pressigny wurden, wie zahlreiche Stücke von unterschiedlichen Fundstätten belegen, oft Hunderte von Kilometern entfernt zu Werkzeug verarbeitet.

Die Bedeutung der Feuersteinminen

In der Jungsteinzeit und in der Bronzezeit war der Feuersteinbergbau nicht nur wichtig für das tägliche Leben. Es gibt viele Hinweise darauf, daß er auch rituelle oder religiöse Bedeutung hatte und daß die Menschen der damaligen Zeit den Feuerstein aus den Minen in besonderem Maße schätzten. Bei vielen Feuersteinminen haben Archäologen darüber hinaus Anzeichen für rituelle Opfer entdeckt, und möglicherweise zeugen die Gräber von Menschen in den Minen von Cissbury (England) von solchen Opfern. In Grimes Graves fand man unter anderem eine Kalkfigur, die eine Schwangere darstellt, und einen Phallus. Die Minen selbst befanden sich in vielen Fällen an Orten, die von weitem gut zu sehen waren, und möglicherweise war der Feuersteinbergbau sogar eine rituelle Handlung.

Häuser für die Lebenden und die Toten

S kara Brae liegt in der Bucht von Skaill an der Westküste der Orkney-Hauptinsel. Es ist ein Komplex aus sechs Häusern, die durch überdachte Gänge miteinander verbunden sind. Erstaunlich ist, daß nicht nur senkrechte Wände erhalten sind, sondern auch die Ausstattung und die Möbel in den Häusern. Das ist vor allem dem rauhen Klima zu verdanken: In einem Gebiet, in dem sehr wenige Bäume wachsen, werden die meisten Gebäude und Möbelstücke aus Steinplatten hergestellt. Möbel aus Holz wären im Laufe der Jahre verrottet, die steinernen Betten, Anrichten und Schränke in diesen 5000 Jahre alten Häusern zeigen uns dagegen heute noch, wie eine Wohnung in der Jungsteinzeit aussah.

Die Häuser in Skara Brae boten den bestmöglichen Schutz vor den Elementen. Man baute sie in Vertiefungen, die man in einen alten Kehrichthaufen grub, und ihre Wände waren teils mehr als

Einige der ungewöhnlichsten Überreste aus der Jungsteinzeit stammen von den sturmzerzausten Orkney-Inseln vor der Nordküste Schottlands. 1850 entblößte ein besonders grimmiger Sturm Ruinen, die sich als die älteste und am besten erhaltene Siedlung in Nordeuropa erwiesen.

einen Meter dick. Die einzige Tür war nur etwa einen Meter hoch und wahrscheinlich mit einer Steinplatte zu verschließen. In der Mitte des Raumes stand ein großer steinerner Herd, und die »Einbaumöbel«

schlug man in die Wände und in den Boden. Die Steinbetten wurden wahrscheinlich mit Pelzen und Farn gefüllt, um sie bequem zu machen, die steinernen »Anrichten« und Nischen in den Wänden enthielten allerlei Haushaltswaren und persönliche Dinge.

Keramik-, Knochen- und Steinfunde geben uns eine Vorstellung vom Alltag dieser jungsteinzeitlichen Siedler. Offenbar hielten sie Rinder und Schafe und ernährten sich von Meeresfrüchten, Pflanzen und Wild. Sie stellten Werkzeuge aus Knochen her, mit denen sie Häute und Pelze bearbeiteten, und sie fertigten Töpfe, in denen Nahrung und andere Dinge aufbewahrt wurden.

Außerdem entdeckten Archäologen verschiedene Elfenbein- und Knochennadeln sowie Perlen aus Knochen, Muscheln, Elfenbein und Stein. Spuren von rotem Ocker in Bechern aus Stein und Muscheln deuten darauf hin, daß die Menschen die hergestellten Gegenstände und vielleicht auch ihren Körper bemalten. Roter Ocker wurde oft in Gräbern der Jungsteinzeit gefunden, und er wurde möglicherweise bei Riten verwendet.

Anscheinend gab es in Skara Brae zwischen 3100 und 2500 v. Chr. zwei Hauptphasen der Besiedlung. Nachdem die Siedlung schließlich aufgegeben wurde (vielleicht weil sie den Stürmen nicht mehr standhielt), versank sie schnell im Sand und ruhte mehr als 4000 Jahre unter den Dünen von Skaill.

Maes Howe

Die Menschen, die in Dörfern wie Skara Brae lebten, gaben sich große Mühe, wenn sie ihre Toten bestatteten. Die Monumentalgräber der Jungsteinzeit und der frühen Bronzezeit auf den Orkney-Inseln sind wirklich faszinierend. Am größten und berühmtesten ist das Kammergrab von Maes Howe, ein künstlicher Hügel, der über 7 Meter hoch ist und einen Durchmesser von 35 Metern hat. Ein langer Gang führt zur zentralen Kammer, die aus riesigen Felsplatten besteht und ein hohes Kragdach hat. Drei Nischen schließen an die Kammer an. Die Menschen, die Maes Howe um 2750 v. Chr. erbauten, richteten es so aus, daß die Strahlen der untergehenden Sonne am Tag der Wintersonnenwende in den Durchgang fallen und die Rückwand der Kammer erleuchten.

Wall und Graben um Maes Howe herum wurden in prähistorischer Zeit angelegt und wahrscheinlich im 9. Jahrhundert von den Normannen erneuert.

UNTEN LINKS: *»Haus 1« in Skara Brae. Der Zweck der mit Steinen eingefaßten Grube bei der »Anrichte« ist unklar.*

Runen in Maes Howe

Die normannischen Eroberer der Orkney-Inseln waren von den vorgeschichtlichen Gräbern fasziniert. »Howe« ist das normannische Wort für Grabhügel. Die Normannen glaubten, die Gräber enthielten große Schätze, man müsse aber gegen Trolle und Geister kämpfen, um sie zu öffnen.

Dennoch brachen einige christliche Normannen das Grab im 12. Jahrhundert auf und ließen einen der längsten heute bekannten Runentexte sowie Bilder eines Drachens, eines Walrosses und einer Schlange zurück. Einige Inschriften schildern die Bergung eines Schatzes, aber

wir wissen nicht, ob diese Geschichte wahr oder bloße Angeberei ist. Jedenfalls fanden die Antiquitätensammler keine Grabbeigaben, als sie die Kammer im 19. Jahrhundert betraten. Es gibt auch einige profanere Inschriften: Die hier gezeigte preist die attraktive Witwe Ingibiorg.

Flag Fen und der Sweet-Pfad

Flag Fen im Osten von Petersborough in England ist heute ein Industriegebiet mit Fabriken, Lagerhäusern und einem neuen Kraftwerk. In vorgeschichtlicher Zeit war diese Region an der Grenze zwischen den überfluteten Sümpfen und den Trockengebieten im Westen und Norden überaus wichtig. Die Menschen, die in Flag Fen lebten, profitierten vom Reichtum an Naturschätzen – es gab Fische und Wasservögel in den Sümpfen sowie wilde und domestizierte Tiere in den trockenen Wiesen und Wäldern. Um 1350 v. Chr., in der Mitte der Bronzezeit, wurde das Klima jedoch feuchter, der Wasserspiegel

Archäologen haben es meist mit wenigen Materialien zu tun, gewöhnlich mit Stein, Knochen, Keramik und manchmal mit Metall. Das alles bleibt in der Erde lange erhalten. Holz, Stoffe und andere organische Substanzen verrotten, obwohl sie unter bestimmten Bedingungen Tausende von Jahren überstehen können. Die Torfablagerungen in Nordeuropa waren für die Konservierung besonders geeignet, und diesen ehemaligen Sümpfen verdanken wir einige der bemerkenswertesten Entdeckungen.

stieg, und die Sümpfe begannen auf das trockene Land vorzudringen. Die Bewohner von Flag Fen bauten eine riesige, einen Kilometer lange Barriere aus Holzpfählen, vielleicht um ihr Land vor ihren Nachbarn zu schützen. Die Barriere reichte vom Rand des Trockenlandes im Westen quer über den Sumpf bis zur trockenen Insel Northey im Osten. Dort, wo sie den Sumpf durchquerte, errichtete man eine massive Holzplattform, die eine Fläche von rund einem Hektar einnahm.

Es ist noch heute ein Rätsel, ob die Plattform von vornherein die Barriere tragen sollte oder ob sie ursprünglich einem anderen

GEGENÜBER: *Archäologen in Flag Fen gehen auf Brettern, um das zerbrechliche Holz nicht zu beschädigen. Dieses Bild zeigt den Boden der Plattform mit den Pfählen der Barriere, die von oben links nach unten rechts verlaufen.*

RECHTS: *Der Sweet-Pfad war ein Gehweg aus Planken auf einem Gerüst aus schrägen Pfählen. Nach rund 5000 Jahren wurde er beim Torfschneiden entdeckt.*

Zweck diente. Jedenfalls war sie in der Bronzezeit offenbar eine wichtige Kultstätte. Archäologen fanden unter ihr und in ihrer Nähe zahlreiche Gegenstände aus Metall und Keramik sowie Tier- und Menschenknochen. Bronzeobjekte waren offenbar absichtlich vor der Barriere im Wasser versenkt worden. Viele wurden vor dieser Opferung zerbrochen. In der Bronzezeit wurden zerbrochene Metallgegenstände häufig aus rituellen Gründen in Flüsse und andere Gewässer geworfen, und Wasser scheint für die Menschen jener Zeit eine besondere religiöse Bedeutung gehabt zu haben.

Flag Fen war eine besonders wichtige Entdeckung, weil die einzigartigen Gegebenheiten uraltes Holz konserviert hatten. Die dort arbeitenden Archäologen haben festgestellt, daß viele Bretter und Pfähle der Plattform ursprünglich an anderen Orten der Umgebung verwendet worden waren. Manche waren Teil von Häusern der Bronzezeit gewesen und können uns etwas darüber berichten, wie die Menschen in anderen Gegenden bauten. Fundorte aus dieser Epoche sind in Großbritannien ziemlich selten, und darum gewährt uns Flag Fen wertvolle Einblicke in eine Zeit, die uns ansonsten rätselhaft geblieben ist.

Der Sweet-Pfad

Flag Fen ist nicht der einzige Ort, der uns ein Fenster in die Vorgeschichte öffnet. Bei Grabungen in der Somerset-Ebene im Südwesten Englands wurden beispielsweise viele Meter unter der heutigen Erdoberfläche alte hölzerne »Gehsteige« entdeckt. Der älteste, nach seinem Entdecker »Sweet-Pfad« genannt, ist mehr als 5000 Jahre alt und über 1,5 Kilometer lang. Er wurde zu Beginn der Jungsteinzeit als erhöhter Gehweg gebaut, um das Überqueren der Sümpfe zu erleichtern. Archäologen fanden nicht nur große Mengen von bearbeitetem Holz, sondern auch Gegenstände aus Holz und Feuerstein, die am Weg fallengelassen oder absichtlich versenkt worden waren.

In der Jungsteinzeit und in der Bronzezeit gab es in der Somerset-Ebene zahlreiche hölzerne Gehwege. Sie wurden nicht alle zur selben Zeit benutzt, aber gegen Ende der Jungsteinzeit bildeten mehrere dieser »Gehsteige« ein Verkehrsnetz zwischen den Inseln und durch die Sümpfe.

Maltesische Tempel

Viele dieser Tempel sind große, manchmal mehrstöckige Gebäude mit imposanten konkaven Fassaden und massiven Eingängen, die auf zentrale Höfe führen. Andere apsisförmige Umfriedungen breiten sich vom Hof aus wie Blütenblätter aus. Daneben liegen andere Kammern und Nischen, deren Eingänge oft mit einer Felsplatte versperrt sind, die in der Mitte ein kleines »Türloch« hat. Die Steinblöcke, aus denen die Tempel bestehen, sind zuweilen mit eingemeißelten Pflanzen oder mit Laubmustern verziert.

Viele frühe Archäologen waren erstaunt über die architektonischen Fähigkeiten und die Größe der maltesischen Tempel. Sie glaubten, eine »primitive« Kultur sei zu solchen Werken nicht fähig und nahmen an, die Malteser seien von »kultivierteren« Völkern des Mittelmeerraumes beeinflußt worden. Heute wissen wir, daß die Tempel von Malta noch älter sind als die Tempel des östlichen Mittelmeerraumes, sogar älter als die ägyptischen Pyramiden. Obwohl die Malteser der Jungsteinzeit nichts von der Schrift, vom Rad und von der Metallverarbeitung wußten, muß ihre Gesellschaft recht hoch entwickelt gewesen sein – andernfalls hätten sie derlei außergewöhnliche Bauwerke nicht, oder zumindest nicht ohne Hilfe von außen errichten können.

Die dicke Dame

Im Tempel von Tarxien auf Malta steht die untere Hälfte einer Statue, die ursprünglich fast 3 Meter hoch gewesen sein dürfte. Heute sind nur noch

Malta und Gozo, die winzigen Inseln südlich von Sizilien, wurden um 4000 v. Chr. von jungsteinzeitlichen Bauern erstmals besiedelt. Gegen Ende der Jungsteinzeit bauten diese Menschen die großen Steintempel von Malta, die in der Archäologie dieser Epoche einzigartig sind. Ab etwa 3000 v. Chr. und bis zu den Anfängen der Metallverarbeitung um 2000 v. Chr. wurden mehr als zwanzig dieser großartigen religiösen Bauwerke errichtet.

ihre massiven Beine vorhanden. Statuen und Figurinen dieser »dicken Dame« gibt es in vielen Tempeln und Gräbern. Nach der Überlieferung handelt es sich um Darstellungen einer Göttin, man weiß aber nicht, ob die abgebildete Frau immer dieselbe ist, ob sie wirklich eine Göttin war und wenn ja, ob es zwischen ihr und anderen Götterfiguren an anderen Orten und in anderen Epochen der europäischen Vorgeschichte einen Zusammenhang gibt. Die maltesische Göttin ist übergewichtig, vor allem an Hüften und Oberschenkeln. Das könnte ihre Fruchtbarkeit oder andere weibliche Vorzüge symbolisieren, oder ihre Masse verkörpert ihren Rang.

Das Innere einer Apsis des großen Tempels von Mnajdra auf Malta mit dem monumentalen Eingang. Die gerundete Mauer ist oben schräggestellt, ein Indiz dafür, daß die Kammer einst ein Dach hatte, vielleicht ein Kragdach wie in Maes Howe (s. S. 77).

Hal Saflieni

Die Tempel auf Malta waren religiöse Schreine, aber keine Grabstätten. Die jungsteinzeitlichen Malteser bestatteten ihre Toten in Gräbern, die sie in Felsen schlugen, und die Form der Tempel ist vielleicht von der Form dieser Felsengräber abgeleitet, die vielfach aus zwei unregelmäßig geformten, durch kurze Gänge verbundene Kammern mit »Einstiegslöchern« an der Decke bestanden. Ein Felsengrab hebt sich von den anderen ab. In Hal Saflieni wurden mehrere miteinander verbundene Kammern (Hypogäum) in den Fels geschlagen. In die zwanzig Räume sind Dachbalken, Stürze und andere Elemente oberirdischer Bauwerke gemeißelt, die Wände sind mit Bildern von Rindern bemalt. In diesem Hypogäum fand man Überreste von etwa 7000 Menschen, es wurde also längere Zeit benutzt.

Die untere Hälfte einer Statue in Tarxien, in einem der am reichsten geschmückten maltesischen Tempel. Alle anderen weiblichen Figuren in diesem Bauwerk, die mit Rock dargestellt sind, sitzen. Dies ist die älteste bekannte Monumentalstatue Europas.

Wie ein Kreis in einer Spirale – megalithische Kunst

Nicht alle Megalithbauten sind verziert, aber in einigen Teilen Europas gibt es doch zahlreiche megalithische Kunstwerke: Die frühen Künstler Irlands, der Bretagne und Portugals haben sich in dieser Hinsicht hervorgetan.

In Irland stehen viele verzierte Steine in den großen Gräbern des Boyne-Tals nördlich von Dublin. Meist sind sie Teil der Gänge, die in die Gräber führen, oder sie sind Kerbsteine am äußeren Rand der Grabhügel.

Die irische Megalithkunst ist nicht unbedingt typisch für ihre Zeit, doch bestimmte Motive und Muster kehren an vielen Orten wieder: Spiralen, konzentrische Kreise, Rauten, Wellen und U-förmige Linien sind in vielen Grabgängen zu sehen. In manchen Gräbern, zum Beispiel in Newgrange und Fourknocks, sind die

Menschen der Jungsteinzeit errichteten in der Zeitspanne zwischen vor 5500 und vor 4000 Jahren große Kreise aus stehenden Steinen, riesige, kunstvolle Gräber und herrliche Denkmäler, die Landschaften veränderten. Diese megalithischen Bauten haben in allen Zeitaltern Bewunderung hervorgerufen. Wir wissen nicht recht, was sie für die Menschen jener Zeit bedeuteten, doch ihre Gravuren liefern Hinweise auf ihre Religion und ihre Riten.

Muster sorgfältig ineinander verwoben, so daß die gesamte Oberfläche eines Steins verziert ist. In anderen Gräbern, etwa in Loughcrew, besteht zwischen den einzelnen Motiven kein erkennbarer Zusammenhang.

In bretonischen Gräbern sind zahlreiche Motive zu sehen, die sich in ganz ähnlicher Form auch in vergleichbaren irischen Grabstätten finden, es gibt aber auch Abbildungen von Figuren – namentlich auf Äxten und Dolchen –, von Haken und sogar eine Art Schild in Menschenform, den man als Idol deutet.

Was soll diese Megalithkunst bedeuten? Ist sie ein einheitliches Phänomen? Obwohl es von Fundort zu Fundort erhebliche Unterschiede gibt, läßt die Häufigkeit einiger Motive in verschiedenen Ländern darauf schließen, daß sie eine in gewisser Weise allgemein anerkannte Bedeutung hatten. Viele Archäologen glauben, diese Kunstwerke hätten etwas mit Riten und Naturgewalten zu tun. Kreise und Spiralen könnten Himmelskörper symbolisieren, und die astronomisch bedeutsame Ausrichtung vieler Megalithgräber ist Beleg dafür, daß Sonne, Mond und Sterne für die Erbauer wichtig waren. Beispielsweise fallen die Strahlen der aufgehenden Sonne in Newgrange am Tag der Sommersonnenwende durch eine spezielle Öffnung über dem Eingang und erhellen die hintere Wand der Kammer. Andere Gelehrte interessieren sich mehr dafür, was die Motive über die Kräfte des Menschen sagen; sie deuten Dolche und Äxte als Symbole männlicher Autorität.

Umstritten ist die Theorie, bei religiösen Riten in der Jungsteinzeit habe man durch natürliche Rauschmittel oder Hypnose tranceähnliche Zustände herbeigeführt, und die Spiralen und Kreise in Newgrange oder Gavrinis in der Bretagne stellten die Visionen eines Menschen in einem veränderten Bewußtseinszustand dar.

RECHTS: Der große Eingangsstein des Grabes von Newgrange in Irland ist ganz mit Spiralen verziert. Nach dem Einritzen des Musters mit einer kleinen Spitzhacke - wahrscheinlich aus Quarz oder einem anderen harten Stein - wurden die Linien mit einem Stein geglättet.

LINKS: Der Gang im bretonischen Grab von Gavrinis ist üppig verziert mit Mustern aus konzentrischen Kreisen und parallelen Linien.

Der Gletschermann

Am 19. September 1991 fanden deutsche Wanderer in den Ötztaler Alpen in Südtirol beim Similaungletscher den ältesten vollständig erhaltenen menschlichen Körper der Welt. In einer Höhe von 3200 Meter sahen sie einen ausgetrockneten menschlichen Körper mit gelblichbrauner Haut. Es dauerte vier Tage, bis die österreichischen Behörden den Körper und seine Habe aus Leder, Gras, Feuerstein und Holz in die Universität Innsbruck brachten. Man hatte zwar den Verdacht, daß die Leiche alt war – aber niemand ahnte, wie alt.

Der Körper wurde Anatomen übergeben, und diese legten ihn in ein Kühlfach mit −6 Grad Celsius und 98 Prozent Luftfeuchtigkeit. Später stellte sich heraus, daß der Leichnam, der die Spitznamen »Ötzi« und »Gletschermann« erhielt, 92 Meter jenseits der Grenze zu Italien gelegen hatte, doch die ersten Untersuchungen an ihm fanden hauptsächlich in Österreich und Deutschland statt. Abgesehen von einigen Ultraschallaufnahmen und Datierungsversuchen mit der C^{14}-Methode, wurde mit dem Körper nur sehr wenig angestellt, dafür um so mehr mit seinem Besitz. Viele Forscher glauben, der Mann sei auf dem Berg an Erschöpfung gestorben, vielleicht in einem Schneesturm oder im Nebel. Nach seinem Tod trocknete ihn ein warmer Herbstwind aus, ehe das Eis ihn umschloß. Da der Körper in einer Mulde lag, war er vor den

Der Gletschermann ist der erste prähistorische Mensch, der jemals mit seiner Alltagskleidung und -ausrüstung gefunden wurde, vermutlich so, wie er seiner normalen Beschäftigung nachging; andere, ähnlich unversehrte Körper waren entweder sorgsam bestattet oder geopfert worden. Sie alle bringen uns buchstäblich in Kontakt mit der fernen Vergangenheit.

———————

Bewegungen des Gletschers über ihm 5300 Jahre lang geschützt, bis ein von der Sahara herwehender Sturmwind das Eis mit einer Staubschicht bedeckte, die Sonnenlicht absorbierte und ihn auftaute.

Er war ein dunkelhäutiger, 24 bis 40 Jahre alter Mann, dessen Hirnschädel ein Volumen von 1500 bis 1560 Kubikzentimetern hatte und der nur 156 bis 160 Zentimeter groß war. Seine Statur und sein Aussehen passen gut zu den Daten, die wir bereits über die Menschen der späten Jungsteinzeit in Italien und in der Schweiz besitzen. Heute wiegt der Körper nur noch etwa 54 Kilogramm.

Seine Zähne sind stark abgenutzt, vor allem die vorderen Schneidezähne. Das deutet darauf hin, daß er grob gemahlenes Getreide aß oder seine Zähne oft als Werkzeug benutzte. Daß die Weisheitszähne fehlen, ist typisch für die damalige Zeit. Zwischen den oberen Vorderzähnen befindet sich eine deutliche Lücke. Als man ihn fand, war er kahl; doch Hunderte von rund 9 Zentimeter langen braunschwarzen Kraushaaren, die man neben dem Körper und an den Kleiderresten fand, lassen vermuten, daß der Mann sich kurz vor seinem Tod die Haare geschnitten hatte. Sein rechtes Ohrläppchen hat eine grubenartige, scharf umrissene Vertiefung – wahrscheinlich der Abdruck eines Schmucksteines.

Ein Preßlufthammer, den man bei einem dilettantischen Versuch, ihn aus dem Eis zu befreien, benutzte, beschädigte die linke Bekkenregion. Eine Ultraschallaufnahme zeigte indes, daß Gehirn, Muskelgewebe, Lunge, Herz, Leber und Verdauungsorgane hervorragend erhalten sind, obwohl die Lungen rauchgeschwärzt und die Blutgefäße verhärtet sind. Der rechte Arm ist über dem Ellbogen gebrochen – das geschah fast mit Gewißheit bei der Bergung, als man ihn in einen Sarg quetschte. Es gibt Anzeichen für chronische Frostbeulen an einer kleinen Zehe. Acht gebrochene Rippen waren verheilt oder heilten gerade, als er starb.

An beiden Seiten der unteren Wirbelsäule, an der linken Wade und am rechten Knöchel befinden sich Tätowierungen in Form teils zueinander paralleler, 1,3 Zentimeter langer Linien und eines blauen Kreuzes an der Innenseite seines rechten Knies. Diese Male sind möglicherweise auf eine medizinische Behandlung zurückzuführen und sollten die Arthritis im Hals, im Kreuz und in der

Der Körper des Gletschermannes, wie ihn Wanderer im September 1991 in einer Höhe von 3200 Metern als erste erblickten.

rechten Hüfte lindern. Die Analyse eines Fingernagels ergab, daß der Mann mit den Händen arbeitete und daß die Nägel einige Male langsamer wuchsen, weil er ernstlich krank war – vier, drei und zwei Monate vor seinem Tod. Diese Erkrankungen könnten erklären, wieso er dem schlechten Wetter zum Opfer fiel und erfror.

Archäologen sind freilich in besonderem Maße an den Gegenständen interessiert, die man bei dem Mann fand. Sie sind eine einzigartige »Zeitkapsel« mit Dingen des täglichen Lebens, von denen viele aus organischem Material bestehen, das vom Eis konserviert wurde. Die Sammlung von 70 Objekten enthält eine erstaunliche

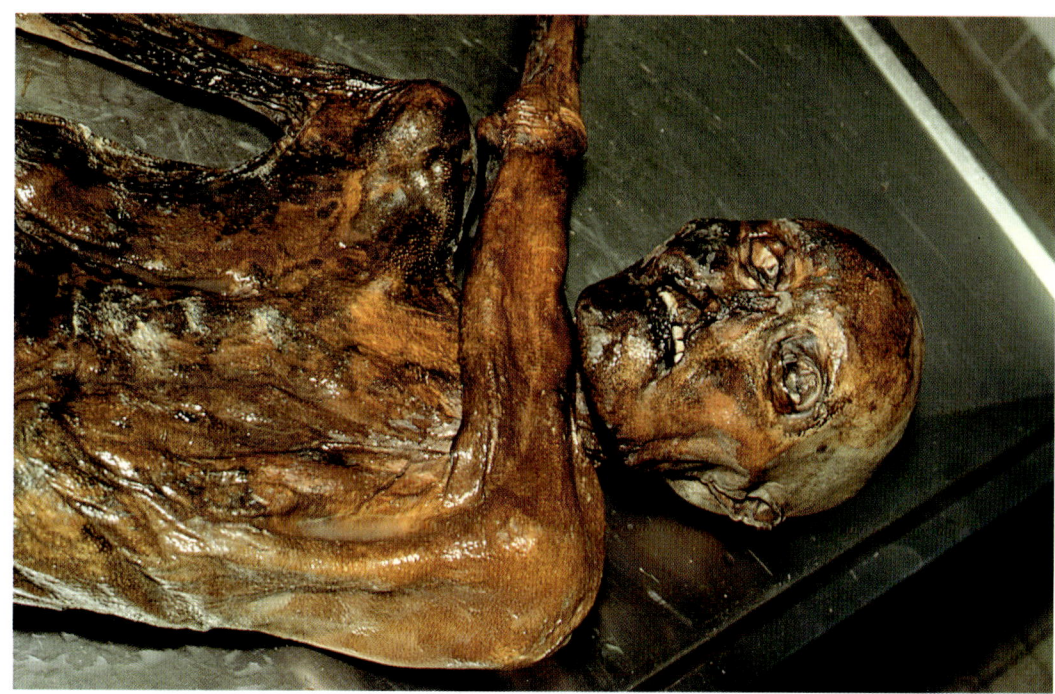

Vielfalt von Holzarten und einige sehr kunstvoll angefertigte Leder- und Grasarbeiten.

Die 60 Zentimeter lange Axt hat eine Kupferklinge, die mit Lederriemen an einem Eibenholzgriff befestigt war. Der ebenfalls aus Eibenholz bestehende Bogen war fast 180 Zentimeter lang und hatte eine flache und eine abgerundete Seite. Sein Geruch deutet darauf hin, daß er mit Blut oder Fett eingerieben wurde, damit er geschmeidig blieb. Ein Köcher aus Hirschhaut enthielt 14 Pfeile, von denen nur zwei gebrauchsfertig waren. Die zweiteiligen, 75 Zentimeter langen Schäfte bestanden aus Hornstrauch- beziehungsweise Hartriegelholz und hatten Spitzen aus Stein oder Knochen, die mit Pech befestigt waren. Die beiden fertigen Pfeile hatten Doppelspitzen aus Feuerstein und drei Federn, deren Position verrät, daß sich die Geschosse im Flug um die eigene Längsachse drehten – ein Indiz für gute ballistische Kenntnisse. Der Köcher enthielt außerdem eine unbehandelte Sehne (vielleicht als Bogensehne gedacht), ein Knäuel aus Faserschnüren, mit Gras zusammengebundene Knochen- und Geweihspitzen, mehrere Gegenstände aus Feuerstein und Knochen sowie etwas Pech – vielleicht war alles zusammen eine Art Reparaturkasten.

Der Dolch hat eine scharfe Klinge aus Feuerstein, die nur etwa 4 Zentimeter lang ist und in einem 8 Zentimeter langen Griff aus Eschenholz sitzt. Rückstände auf der Klinge lassen vermuten, daß das Werkzeug zum Grasschneiden benutzt wurde. Auch eine aus Gräsern gewobene Scheide war vorhanden. Ein Stück, das man zunächst für einen zugespitzten Feueranzünder gehalten hatte, stellte sich als dicker »Stift« aus Lindenholz mit einer Knochenspitze im Inneren heraus, der wahrscheinlich zum Nacharbeiten und Schärfen von Dingen aus Feuerstein diente. Ein U-förmiges Haselnußstöckchen und zwei gekreuzte Brettchen aus Lärchenholz dürften den Rahmen für einen Rucksack darstellen, der Tierknochen nebst Hautresten von Gemsen und anderen Kleintieren enthielt, die in der Umgebung zu finden waren: An einigen Geräten klebte Blut von Gemse, Hirsch und Steinbock.

Von der Kleidung sind nur noch Dutzende von Fragmenten

GANZ OBEN: *Der Körper kann nur alle zwei Wochen 20 Minuten lang untersucht werden, weil sonst Verwesung eintreten könnte. Die Gegenstände sollen später einmal ausgestellt werden, der Gletschermann wohl kaum.*

OBEN: *An der Klinge der Kupferaxt befinden sich große gekochte Stärkekörner (wahrscheinlich Gerste), ein Indiz dafür, daß er sie beim Essen reparierte.*

übrig, und viele Teile fehlen – vielleicht haben Besucher der Fundstelle sie mitgenommen. Als man den Toten fand, trug er nur Lederbeinkleider und abgewetzte Lederschuhe Größe 5 oder 6, alles mit Stroh gefüttert. Die Schuhe hatten viele Löcher für Schnürsenkel und waren offenbar häufig repariert worden. Vermutlich war der Mann auch in einen Regenmantel aus geflochtenem Gras gehüllt, ähnlich den Mänteln, welche die Schäfer in dieser Gegend bis vor nicht allzu langer Zeit trugen, und er hatte wohl auch eine Pelzmütze mit Lederband bei sich. Es ist umstritten, ob er eine Lederhose oder eine Art Rock aus Leder und Pelz trug. Fünfzehnmal wurden Proben des Körpers, der Gegenstände und des Grases in den Stiefeln nach der C[14]-Methode untersucht, und sie wurden alle auf Jahre zwischen 3365 und 2940 v. Chr. datiert.

Varna – ein Friedhof der Kupferzeit

Jede Diskussion über diesen Friedhof aus der Kupferzeit ist unweigerlich mit Zahlen gespickt, die sich meist auf Gold beziehen. Im Friedhof zu Varna wurde nämlich der älteste bedeutende Goldschatz der Welt geborgen. Die Gräber, die zwischen 4500 und 4000 v. Chr. angelegt wurden, entdeckte man 1972 beim Ausheben eines Grabens, in dem Kabel verlegt werden sollten, am Nordufer eines Sees, der einst eine Bucht des Schwarzen Meeres war. Von 1972 bis 1986 wurde eine Fläche von etwa 7500 Quadratmetern freigelegt, rund 75 Prozent der geschätzten Friedhofsfläche. Man fand 281 Gräber aus der späten Kupferzeit, darunter 20 Prozent Leergräber ohne menschliche Überreste.

Der Bestattungsritus war offenbar bei allen Gräbern ähnlich. Man grub rechteckige, 30 Zentimeter bis 2,5 Meter tiefe Gruben mit schrägen Wänden und legte die Leichen mit Opfer-

In der bulgarischen Stadt Varna am Schwarzen Meer wurden in einem Friedhof aus der Kupferzeit erstaunlich viele goldene Gegenstände, darunter Diademe, Körperschmuck und Waffenschäfte, aber auch kunstvolle Dinge aus Kupfer, Feuerstein und Stein gefunden. Einige Gräber enthielten keine Leichen, sondern nur üppige Opfergaben wie sie auch in den echten Gräbern zu finden waren. Die Funde belegen, daß die Unterschiede in Rang und Wohlstand in der Epoche zwischen der Zeit der ersten Bauerngemeinschaften und der Bronzezeit immer größer wurden.

gaben oder – in die Leergräber – nur Gegenstände hinein. Dann wurde die Grube zugeschüttet, allerdings mit sehr wenig Humus, so daß es später schwierig war, die leicht von der Umgebung abweichende Farbe der betreffenden Stellen zu erkennen.

Nur in 23 Gräbern gab es keine Beigaben. In etwa 60 Prozent aller Gräber lag die Zahl der Opfergaben zwischen eins und zehn; in den restlichen Gräbern waren es etwas mehr, in einigen befanden sich Hunderte von Objekten. In 61 Gräbern fand man goldene Artefakte, vorwiegend in den Leergräbern, aber auch in einigen der echten Gräber.

Drei Leergräber – die Gräber Nr. 1, 4 und 36 – waren außergewöhnlich reich bestückt. Grab 1 enthielt 216 goldene Gegenstände, die zusammen 1092 Gramm wogen. Die 339 goldenen Objekte in Grab 4 wogen 1518 Gramm. In Grab 36 lagen sogar 857 Artefakte aus Gold, mit einem Gesamtgewicht von 789 Gramm. Drei andere Leergräber (Nr. 2, 3 und 15) enthielten Lehmmasken mit männlichen Zügen und Goldverzierungen.

In vielen Gräbern liegen ausgestreckte Skelette. Das am reichsten bestückte war wohl Grab Nr. 43, welches das Skelett eines etwa 50 Jahre alten, rund 1,75 Meter großen Mannes enthielt. Auf und neben seinen Gebeinen lagen noch bei seiner Entdeckung fast 1000 goldene Objekte, die insgesamt 1516 Gramm wogen, außerdem Gegenstände aus Kupfer, Stein, Lehm und Schalen von Meeresmuscheln. Unter den goldenen Gegenständen befanden sich ein »Szepter«, dessen hölzerner

Objekte aus Gold, Muschelschalen, Stein und Knochen aus einem einzigen Grab in Varna.

*Die goldenen Gegenstände in den
Gräbern zu Varna sollten die Macht
ihrer Besitzer unterstreichen.
Diese Rekonstruktion eines der reich
ausgestatteten Gräber zeigt, wie
großzügig Körperschmuck darin
verteilt war.*

Griff mit Gold verkleidet und
an der Spitze mit einem Mattoir verziert war, weiter große
Ringe (um seine Oberarme),
zahlreiche, ursprünglich einmal
auf eine Schnur aufgezogene
Perlen sowie Ringe aus Gold-
blech, mit denen die Kleider
des Toten geschmückt gewesen
waren. Andere Gräber enthielten Skelette, deren Knie an die
Brust gezogen und deren Köpfe
gesenkt waren. Was die Beigaben angeht, gibt es offenbar
keine Unterschiede zwischen
gestreckt daliegenden und »zu-
sammengekauerten« Skeletten –
die Bedeutung der beiden Stel-
lungen ist daher unklar.

Zwar sind die goldenen
Gegenstände die denkwürdig-
sten Fundstücke zu Varna, man
darf aber nicht übersehen, daß
die Gräber auch Gegenstände
aus Kupfer, Feuerstein und
Muschelschalen in beträchtlicher Zahl enthielten. Die kup-
fernen Objekte gehören zu den
ältesten, die in Europa gefunden wurden, und sie spiegeln
die zunehmende Beherrschung
hoher Temperaturen wider.
Viele der 160 Kupfergegenstän-
de sind Hammeräxte, außerdem
gibt es Nadeln, Ringe und
andere Schmuckstücke sowie
verschiedene Werkzeuge mit
langen Klingen aus hochwerti-
gem Feuerstein. Perlen und
Armringe aus *Spondylus*-Scha-
len fand man hauptsächlich in
Gräbern mit Masken.

Die spektakulären Funde von Varna sind Indizien dafür, daß
nicht alle Menschen gleich waren, was Ansehen, Macht und
Reichtum angeht. Gold wurde nicht nur für Schmuckstücke verwendet, sondern auch für Gegenstände, die eindeutig symbolischen Charakter haben, zum Beispiel für Masken und Stäbe. Mehr
noch – Gold hob wichtige Teile des Körpers hervor, zum Beispiel
Gesicht und Geschlechtsmerkmale. Offensichtlich hatten dieses
Edelmetall und hochwertige Artefakte, also von Menschenhand

gefertigte Dinge, großen Prestigewert. Wir verstehen die Gesellschaft, die ihre Toten in Varna begrub, noch nicht ganz. Im nahegelegenen Nordosten Bulgariens gibt es große Siedlungen – zum
Beispiel Ocharowo und Poljaniza –, die sehr methodisch und
kompakt angelegt und von Palisaden umgeben sind. Es wäre ver-
früht zu behaupten, diese Gemeinschaft sei hierarchisch gewesen;
aber sie war mit Sicherheit sehr gut organisiert und pflegte komplexe symbolhafte Riten.

Los Millares und Zambujal

Die Siedlung Los Millares liegt auf einem felsigen Hügel unweit der Küste, und dazu wurden Außenforts in beträchtlicher Entfernung von der Hauptsiedlung entdeckt. Da die Umgebung von Los Millares sehr trocken war (und ist), war es wahrscheinlich wichtig für seine Bewohner, Land und Ernte zu schützen. Sie gaben sich große Mühe, ihre Wasserversorgung zu sichern, und gruben

Los Millares in Südostspanien ist eine der eindrucksvollsten befestigten Siedlungen der Vorgeschichte. Mit ihren dicken Mauern und dem großen Friedhof war sie in der späten Jungsteinzeit Iberiens (auch »Kupferzeit« genannt) um 3000 v. Chr. offensichtlich von herausragender Bedeutung. Sie verband die Tradition der monumentalen Gemeinschaftsgräber der Jungsteinzeit mit dem Handwerk und dem gesellschaftlichen Wettbewerb der Bronzezeit. Keramik und Ornamente informieren uns über die Religion der damaligen Menschen und gehören zu den ältesten metallenen Artefakten in Europa.

Siedlung angelegt wurde. Hier wurden die Toten in großen Sammelgräbern bestattet, von denen viele im Inneren verputzt und bemalt waren. Einige der Ganggräber werden von großen, flachen Platten mit Löchern geteilt, die Ähnlichkeit mit den Steinen mit Türlöchern in den maltesischen Tempeln haben (s. S. 80). Unter den Grabbeigaben sind Gegenstände aus nordafrikanischem Elfenbein, Strauße-

dazu einen Kanal. Man muß auch Felder bewässert haben, denn eine so große Siedlung hätte sonst nicht lange bestehen können.

Außerhalb der Siedlung befindet sich ein großer Friedhof mit mehr als 70 Gräbern und üppigen Beigaben. Es war in der späten Jungsteinzeit sehr ungewöhnlich, daß ein Friedhof neben einer

neierschalen sowie kunstvoll gefertigte Keramik und Objekte aus Kupfer. Die Fülle dieser Gaben ist nicht nur ein Indiz für ein hochentwickeltes Handwerk, sondern auch für neue Hierarchien, an deren Spitzen Menschen standen, die viele dieser wertvollen Dinge besaßen.

RECHTS: Urnengrab in El Agar, wie Louis Siret, einer der ersten Ausgräber, es um 1880 zeichnete. El Agar ist jünger als Los Millares, liegt aber im selben Teil Südostspaniens.

UNTEN: Die massiven Verteidigungsanlagen von Los Millares. Der Haupteingang wurde in fünf Phasen errichtet. Zunächst war er nur ein Loch in der Mauer. In der letzten Phase wurde eine Barbakane – also ein vorgelagertes Außenwerk – errichtet, die mehr als 12 Meter außerhalb der Mauer emporragt.

Von Los Millares ist der Name der »Millaran-Kultur« abgeleitet, für eine Gruppe von Siedlungen im selben Gebiet und in derselben Periode, deren Architektur und Artefakte typische Gemeinsamkeiten aufweisen. Archäologen glaubten früher, die Millaran-Kultur in Iberien sei von Ideen und Techniken aus dem Osten beeinflußt worden, doch die Artefakte in Los Millares haben wenig Ähnlichkeit mit denen aus dem Osten. Verfeinerte C^{14}-Datierungsmethoden bestätigten, was manche Forscher seit langem vermutet hatten: Los Millares ist älter als die Kulturen, die es angeblich beeinflußten! Es ist daher wahrscheinlich, daß Veränderungen in der späten Jungsteinzeit Iberiens umgekehrt von der Millaran-Kultur ausgingen.

Zambujal

Zambujal in Portugal ist ebenfalls ein stark befestigter Ort. Wie Los Millares liegt es auf einem felsigen Hügel in Küstennähe. Die Siedlung ist von drei Mauern umgeben. Die innere ist stellenweise bis zu 17 Meter dick und läßt die Mauern von Los Millares fast zerbrechlich wirken. Außerhalb der Mauern befand sich eine Gruppe von monumentalen Gräbern, ähnlich wie in Los Millares. Viele schöne Gegenstände aus Knochen, Stein und Keramik wurden hier gefunden, außerdem Werkzeuge und Waffen aus Kupfer.

Zambujal und Los Millares müssen im Iberien der späten Jungsteinzeit wichtige Zentren gewesen sein. Ihre massiven Mauern schützten die Siedlungen nicht nur vor Angreifern, sondern standen auch für ihre Macht. Die Außenforts waren wohl dazu bestimmt, die Feldfrüchte zu schützen, die auf den kostbaren bewässerten Äckern wuchsen, vor allem jene Pflanzen, die damals gerade erst domestiziert worden waren – zum Beispiel Olivenbäume – und die jahrelang ungestört wachsen mußten, ehe sie eine Ernte lieferten.

Hügelgräber der Bronzezeit

Bush Barrow ist ein runder Hügel aus Erde und Kalk über einem Grab, das etwa 4000 Jahre alt ist und die Überreste eines Menschen enthält, der ausgestreckt auf dem Rücken liegt. Um ihn herum lagen verschiedene Grabbeigaben: ein Bronze- und ein Kupferdolch, mehrere goldene Gegenstände, darunter Schmuckplättchen und ein Gürtelhaken, eine Bronzeaxt, ein Mattoir aus Stein, einige Knochenfassungen (wahrscheinlich Überreste eines verzierten Stabes) sowie zahlreiche Bronzenieten mit unbekanntem Zweck.

Das Grab unterscheidet sich in mehreren Punkten von jungsteinzeitlichen Gräbern. Vor allem enthält es nur einen Menschen, der mit vielen wertvollen Gegenständen bestattet wurde. Dagegen enthielten die Gräber der Jungsteinzeit in vielen Fällen die Gebeine mehrerer Menschen nebst einigen spärlichen Beigaben. Der Grabhügel ist – wie sich im Laufe der Arbeiten an der Fundstätte nach und nach herausstellte – Teil eines Rundhügelfriedhofs

Das Hügelgrab Bush Barrow in Wiltshire, Südengland, ist das beste Beispiel für ein Grab der »Wessex-Kultur«. Moderne Archäologen glauben, daß der Reichtum von Bush Barrow und anderen Gräbern in Wessex in der frühen Bronzezeit Ansehen und Macht ausdrücken sollten.

innerhalb der Gemeinde Wilsford in Wiltshire, und wenngleich er eines der bekanntesten Gräber des »Wessex-Typs« aus der frühen Bronzezeit ist, ist er keineswegs einzigartig. Außergewöhnlich üppige Grabbeigaben kommen vor allem in der südenglischen Region Wessex vor, aber auch – aus derselben Epoche – in der Bretagne.

Die Grabbeigaben sind heute noch so schön wie sie aller Wahrscheinlichkeit nach unmittelbar nach ihrer Anfertigung vor ungefähr 4000 Jahren gewesen sind. Sie stellen in ihrer Pracht Zeugnisse gesellschaftlicher Umwälzung in der damaligen Zeit dar. Am Ende der Jungsteinzeit und zu Beginn der Bronzezeit gewannen bestimmte Personen, Familien oder Siedlungen größere Macht in einer Gesellschaft, die bis dahin eher gruppenorientiert war, und der Wettbewerb zwischen den Einflußreichen nahm zu. Gräber wichtiger Leute enthielten kostbare Beigaben, die noch im Tod ihre Macht unterstrichen, und die Gegenstände wurden

OBEN: Dieser »Zeremonienstab« ist eine Nachbildung. Der steinerne Kopf und die Goldteile wurden in Bush Barrow gefunden, es ist allerdings unwahrscheinlich, daß sie alle zu einem einzigen Gegenstand gehörten.

LINKS: Goldenes Brustplättchen aus einem Grabhügel der Wessex-Kultur.

OBEN: *Die meisten prächtigen Gräber aus der frühen Bronzezeit befinden sich in Wessex. Einige Funde aus anderen Teilen Britanniens sind jedoch ähnlich kostbar. Diese kleine Tasse aus Rillaton in Cornwall ist knapp 10 Zentimeter hoch und sehr geschickt gefertigt. Da sie als Trinkgefäß recht klein ist, wurde sie wohl wegen ihrer Schönheit geschätzt.*

OBEN: *Goldener Gürtelhaken aus einem Grabhügel der Wessex-Kultur.*

wahrscheinlich nach ihrer jeweiligen Bedeutung ausgewählt. Der Bronzedolch scheint beispielsweise besonders wichtig gewesen zu sein. Man findet ihn oft in diesen reichhaltig ausgestatteten Gräbern, er wurde in der Kunst der Bronzezeit dargestellt (beispielsweise in die großen Steine von Stonehenge eingeritzt) und mit anderem Material imitiert. Ein Bestattungsritus sollte damals nicht nur die Persönlichkeit des Verstorbenen hervorheben, sondern auch die Beziehungen zwischen den Lebenden beeinflussen.

Evans in Knossos

Manches sprach lange vorher dafür, daß sich Kreta als Zentrum der frühen ägäischen Kultur erweist, konnte Arthur Evans erst im Jahr 1900 mit Grabungen beginnen. Er entdeckte die erste schreibkundige Gesellschaft Europas und Überreste der minoischen Kultur.

Bereits im Jahre 1887 besuchte Heinrich Schliemann (s. S. 98) Kreta und gewann die Überzeugung, daß Grabungen in Knossos sich lohnen würden. Noch ein Jahrzehnt früher, 1878, hatte Minos Kalokairinos – ein passender Name! – bereits einen Lagerraum des dortigen Palastes ausgegraben und mehrere Tontöpfe gefunden. Schliemann verhandelte mit dem türkischen Eigentümer, konnte sich aber nicht auf einen Preis einigen und kehrte nach Troja zurück.

Sieben Jahre später, im März 1894, sah Arthur Evans Knossos zum ersten Mal und war nicht weniger fasziniert; doch seine Bemühungen, das betreffende Grundstück zu kaufen, schlugen fehl. Er war jedoch um einiges entschlossener als Schliemann und konnte im Jahr 1900 endlich mit den Grabungen beginnen.

Als Sohn des Prähistorikers John Evans schien Arthur Evans dazu prädestiniert zu sein, Archäologe zu werden. Doch zuerst machte er sich einen Namen als Journalist – er wurde Sonderkorrespondent des *Manchester Guardian* in Bosnien. Doch er befaßte sich auch mit Altertümern des Balkans, sah eines Tages eine Ausstellung mit Funden aus Troja und traf 1883 Schliemann in Athen. Evans glaubte, daß die alten Griechen lesen und schreiben konnten, und hielt die Zeichen auf Siegelsteinen, die er in Athen untersucht hatte, für Hieroglyphen. Da Kreta als Quelle dieser Siegelsteine bekannt war, fuhr er dorthin und ließ sich Knossos zeigen.

Evans war kein erfahrener Ausgräber, wohl aber sein Helfer Duncan Mackenzie, der zwischen 1896 und 1899 mit britischen Forschern in Phylakopi auf Melos gewesen war. Die Ausgrabung begann am 23. März 1900, und innerhalb einer Woche fand man »eine Art Tonstab, eher wie ein Steinmeißel geformt, wenn auch an einem Ende abgebrochen, mit Schriftzeichen und anscheinend auch Zahlen«. Evans hatte bereits nachgewiesen, daß es sich um eine schriftkundige Gesellschaft handelte. Mehr noch – die Töpferware schien »vormykenisch« zu sein, also älter als Schliemanns Funde aus Mykene. Ein Thron aus Gips ließ darauf schließen, daß es sich um einen Palast handelte.

Da Minos der legendäre Herrscher von Knossos war, nannte Evans den Komplex »Palast des Minos«, und die Kultur wurde als »minoisch« bekannt. Wie Evans vermutete, war die minoische Kultur älter als die mykenische. Der erste Palast zu Knossos war um 2000 v. Chr. erbaut worden. Er wurde in der Folge einige Male umgebaut, ehe ein Brand ihn im 14. Jahrhundert v. Chr. zerstörte. Der Anlage des Palastes, den ein großer zentraler Hof dominierte, erschien zunächst willkürlich und allzu komplex,

OBEN: *Elfenbeinfigur eines Stierreiters von Knossos. Sein Körper ist unnatürlich in die Länge gezogen – wohl um seine Athletik zu unterstreichen.*

LINKS: *Eines der Fresken im Palast von Knossos ist so weit wiederhergestellt, daß ein männlicher und ein weiblicher Stierreiter zu erkennen sind.*

buchstäblich labyrinthisch. Doch sorgfältige Untersuchungen zeigten, daß die Räume um den Hof herum errichtet worden waren – man hatte den Palast also von innen nach außen gebaut. Außerdem richtete sich die Anlage der Räume im Erdgeschoß oft nach den Räumen im ersten Stock. Klar wurde auch, daß der Palast vielen Zwecken gedient hatte. Es gab elegante, mit Gips gepflasterte und mit Fresken geschmückte Wohnräume sowie große Räume im ersten Stock, die möglicherweise Staatsgeschäften vorbehalten waren. Das gewaltige Volumen der Lagerräume ging jedoch um einiges über den Bedarf der Bewohner hinaus und mag für ein großes Gefolge bestimmt gewesen sein. Es gab Handwerker, die im Palast arbeiteten, und Beamte, die Tontafeln beschrifteten. Der Palast war darüber hinaus auch ein Kultzentrum. Evans identifizierte einige Schreine, und die großen, gepflasterten Höfe wurden wahrscheinlich für religiöse Zeremonien benutzt, von denen einige auf jenen Fresken dargestellt sind, die Evans fand und sorgfältig restaurierte.

Die Entzifferung der Linear-B-Schrift

Bei der Ausgrabung des minoischen Palastes zu Knossos stellte sich – wie Evans es vermutet hatte – heraus, daß die prähistorischen Griechen schreiben konnten, In den Ruinen des Palastes fand Evans Tontafeln, die Palastschreiber beschriftet hatten. Er identifizierte drei Schriftarten und schloß aus ihren Fundstellen, daß man sie nacheinander benutzt hatte, nicht gleichzeitig. Die erste Schrift, die minoischen Hieroglyphen, tauchte in Kreta auf, als die alten Paläste entstanden. Diese waren offensichtlich wichtige politische und wirtschaftliche Zentren, in denen schriftliche Aufzeichnungen benötigt wurden, damit die Verwaltung den Handel überwachen konnte. Die Schreiber, die diese erste minoische Schrift schufen, übernahmen

Die Tontafeln, die Arthur Evans in Knossos fand, bewiesen, daß die Minoer des Schreibens kundig waren, und später fand man auch in den mykenischen Palästen Texte in »Linear-B«-Schrift, offenbar Dokumente der Verwaltung. Aber erst der Architekt Michael Ventris konnte die Schrift 1952 entziffern.

einige Zeichen aus den ägyptischen Hieroglyphen, ihre Sprache aber war eine völlig andere. Die minoischen Hieroglyphen sind bis heute unentziffert, und das dürfte auch so bleiben, wenn man nicht noch weitere Tafeln entdeckt. Auch die sogenannte Linear-A-Schrift können wir nicht lesen. Sie wurde zur Zeit des zweiten Palastes auf Kreta und einigen Zykladeninseln benutzt. Da es ungefähr hundert Zeichen gibt, kann die Schrift kaum alphabetisch sein. Sie ist aber auch keine Bilderschrift, in der jedes Zeichen ein Wort symbolisiert. Die Zeichen stellen also wohl Silben dar. Die Zahlen sind für uns lesbar, weil die Minoer das ägyptische Zahlensystem übernommen hatten, und es scheint, als hätten die meisten Linear-A-Tafeln zur Inventur gedient.

Die dritte Schrift stammt aus der letzten Phase des Palastes. Evans fand etwa 4000 Tafeln, die in Linear B beschriftet waren. Später wurden solche Tafeln auch im kretischen Chania und in den mykenischen Palästen zu Mykene, Pylos, Theben und Tiryns in Griechenland entdeckt. Die Linear B entwickelte sich offensichtlich aus der Linear A und ist demzufolge ebenfalls eine Silbenschrift. Evans erkannte Zahlen und Ideogramme (Bildzeichen, die eine Idee symbolisieren), konnte die Schrift als ganzes jedoch nicht entziffern.

1936 hielt Evans einen Vortrag über seine Entdeckungen, dem Michael Ventris, damals 14 Jahre alt, beiwohnte. Sprachen faszinierten den Jungen, und er beschloß, die unentzif-

LINKS: Michael Ventris im Jahr 1954, kurz nachdem er die Linear B entzifferte.

OBEN RECHTS: Tontafel aus dem mykenischen Palast zu Pylos. Die Linear-B-Inschrift hält Opfergaben (Ochsen, Schafe, Weizen, Käse und Wein) für den Gott Poseidon fest.

ferten ägäischen Schriften zu studieren. Vier Jahre später veröffentlichte er seinen ersten Artikel über dieses Thema und behauptete, die Sprache der Schriften sei Etruskisch. Dann hemmte der Zweite Weltkrieg seine Arbeit, doch Ventris verlor sein Interesse an Linear B nicht, und er gab die Ergebnisse seiner Studien in Form von »Arbeitsnotizen« weiter. Ventris entwarf ein »Silbengitter«, das er nach und nach verfeinerte, als ihm mehr Texte zur Verfügung standen. Allerdings hielt er die Sprache immer noch für Etruskisch. 1951 erwog er »die entfernte Möglichkeit, daß die Tafeln zu Knossos und Pylos griechisch beschriftet sind«, fügte aber hinzu: »Was wir bisher an minoischen Formen gesehen haben, macht dies meiner Meinung nach unwahrscheinlich.« Erst im Juni 1952 dachte er ernstlich daran, daß die Sprache der Tafeln Griechisch sein könnte – doch bald war er davon überzeugt, daß er Linear B entziffert hatte. Da er selbst Architekt von Beruf war, bat er den Philologen John Chadwick um Unterstützung, und die beiden veröffentlichten eine Abhandlung, in der sie Einzelheiten ihrer nun gemeinsamen Theorie darlegten. Zunächst waren die Gelehrten skeptisch, doch dann versuchte Carl Blegen, der Ausgräber des mykenischen Palastes zu Pylos (s. S. 100), eine Tafel, die er im Sommer davor gefunden hatte, mit Hilfe des Silbengitters zu lesen. Er konnte nicht nur den größten Teil des Textes lesen, sondern einige identifizierte Worte ließen sich sogar durch Ideogramme bestätigen! Blegen war davon überzeugt, daß Ventris recht hatte, und mit der Zeit stimmten die meisten Gelehrten der Auffassung zu, Linear B sei eine alte Form des Griechischen. So war es ein großer Verlust für die Wissenschaft, als Ventris 1956 bei einem Verkehrsunfall starb. Aber da hatte er die Archäologie der Ägäis bereits umgekrempelt.

Tontafel aus Pylos, von jenem Feuer gebrannt, das den Palast im 13. Jahrhundert v. Chr. zerstörte. Sie dokumentiert ein Landpachtsystem.

Der Untergang der minoischen Kultur

Um 1500 v. Chr. erlebte Kreta eine Katastrophe, die das Ende der glanzvollen minoischen Kultur herbeiführte. Paläste, Villen und Städte wurden vom Feuer zerstört. Nur der Palast zu Knossos (s. S. 92) blieb unversehrt, aber auch er sollte weniger als ein Vierteljahrhundert später in Trümmern liegen. Archäologen wissen nur selten genau, warum eine Kultur zusammenbricht, und das minoische Kreta ist darin keine

Als Spyridon Marinatos behauptete, der Ausbruch des Vulkans Thera habe den Untergang der minoischen Kultur verursacht, stieß er auf große Skepsis. Auf seiner Suche nach Beweisen entdeckte er unter der Vulkanasche bei Akrotiri auf Thera eine prähistorische Stadt und widerlegte damit seine eigene Theorie.

Ausnahme. 1939 stellte der griechische Archäologe Spyridon Marinatos die These auf, die Ursache sei der Ausbruch des Vulkans Thera gewesen. Die Insel Thera, auch als Santorin bekannt, liegt nur 100 Kilometer nördlich von Kreta, und es gab damals gewiß eine große Eruption. Bei seinen Grabungen in Amnisos, einer minoischen Hafenstadt an der Nordküste Kretas, stellte Matinatos fest, daß große Steinblöcke aus den Mauern gerissen waren, und er fragte sich, ob etwa eine gewaltige Flutwelle über den Ort hereingebrochen war. Sie konnte zwar nicht die nachgewiesenen Brände ausgelöst haben, aber es war klar, daß der Vulkan eine riesige Menge heißer Asche und Felsbrocken ausgespien hatte und vielleicht war einiges davon auch auf Kreta niedergegangen. Das war eine gewagte Theorie, und viele Archäologen waren skeptisch und verlangten Beweise.

Marinatos war überzeugt, eine Grabung auf Thera könne mehr über die Auswirkungen des Vulkanausbruchs enthüllen, obgleich er ein Problem darin sah, daß die ganze Insel mit einer dicken Schicht Vulkanasche bedeckt war. Dennoch: Es gab Berichte über einige prähistorische Funde, vor allem in Feldern bei dem Dorf Akrotiri im Süden der Insel. Marinatos sah Stellen, an denen der Boden eingebrochen war, und wo die Bauern wegen zahlreicher Steine nicht pflügen konnten. Er vermutete Bauwerke unter der Asche und begann im Jahr 1967 mit seinen Grabungen.

LINKS: *Detail eines Freskos in einem Haus in Akrotiri, das zwei junge Boxer darstellt. Die charakteristische Frisur könnte ein Hinweis auf ihr geringes Alter sein.*

Eines der zweistöckigen Häuser in Akrotiri, die unter der Vulkanasche erhalten blieben.

Er fand ein prähistorisches griechisches Pompeji, eine Stadt, die während des Vulkanausbruchs mit Bimsstein und Asche zugedeckt worden war. Die Häuser waren erstaunlich gut erhalten, ihre Mauern aus Stein und Holz waren in vielen Fällen zwei Stockwerke hoch. Brillante, mehrfarbige Fresken schmückten immer noch einige Räume, sie stellten die Landschaft Theras sowie religiöse und militärische Szenen dar. Gips wurde in Hohlräume der Asche gegossen und formte Betten und Tische. In den Kellern standen Gläser, in denen Nahrungsmittel aufgehoben worden waren. Doch keine Spur von den Einwohnern – offenbar hatten sie den Vulkanausbruch vorhergesehen und waren geflohen.

Die Einwohner Akrotiris kannten ihre kretischen Nachbarn bestimmt gut. An den Häusern gibt es minoische Elemente, und die Fresken ähneln denen in Knossos sehr – dennoch war dies keine kretische Siedlung. Die Töpferware wurde zum größten Teil im Dorf hergestellt, aber es gab auch minoische Stücke, die besondere Bedeutung haben, weil sich die Töpferware auf Kreta, die in Schichten aus der Zeit der Zerstörung gefunden wurde, sehr von ihnen unterscheidet und eindeutig jünger ist. Zweifellos wurde Akrotiri mindestens 20 bis 30 Jahre vor der Zerstörung der kretischen Siedlungen aufgegeben. Ironischerweise war es also tatsächlich Marinatos, der bewies, daß es keinen Zusammenhang zwischen dem Vulkanausbruch und den Zerstörungen an anderen Orten gab. Der Untergang der minoischen Kultur bleibt ein Rätsel.

Schliemann in Troja und Mykene

Als Schliemann 1868 zum erstenmal Griechenland und die Türkei besuchte, hielten die meisten Gelehrten die *Ilias* und die *Odyssee* für bloße dichterische Phantasie. Es galt als unwahrscheinlich, daß das heroische Zeitalter Griechenlands, das Homer so lebendig schilderte, auf Tatsachen beruhte. Die Schriftsteller der griechischen Antike waren weniger skeptisch gewesen. Die Belagerung und Eroberung Trojas war selbst für sie ferne Vergangenheit – aber sie sahen die Denkmäler jener Ära. Pausanias beschreibt zum Beispiel die Befestigungen zu Mykene, die angeblich riesige Zyklopen errichtet hatten, weil die Steinblöcke so gewaltig waren, und er erwähnt das Löwentor und die Gräber Agamemnons und seiner Begleiter, die nach der Rückkehr aus Troja ermordet worden waren. Reisende im Griechenland des 18. und 19. Jahrhunderts sahen diese Monumente ebenfalls, stellten aber keinen Zusammenhang zwischen Homer und diesen Überresten her.

Heinrich Schliemann wurde 1822 in Deutschland geboren. Sein Vater war Pfarrer und entfachte offenbar die Leidenschaft seines Sohnes für Homer, als der Knabe erst acht Jahre alt war. Doch familiäre Gründe durchkreuzten Schliemanns wissenschaftliche Ambitionen, und er ließ sich in Rußland nieder, wo er als Händler ein Vermögen machte. Schließlich konnte er sich zur Ruhe setzen und endlich sein Interesse am klassischen Altertum pflegen. Seine Reisen nach Griechenland und in die Türkei bestärkten seinen Glauben an

Im 19. Jahrhundert schien es unwahrscheinlich, daß Homers Epen auf Tatsachen beruhen. Doch Heinrich Schliemann war von der Existenz einer prähistorischen griechischen Kultur überzeugt, und seine Entdeckungen in Troja und Mykene gaben ihm recht.

———————

Homer als Historiker. Aber er brauchte Beweise, und darum begann er 1870 mit ersten Ausgrabungen in Troja.

Die genaue Lage Trojas war freilich umstritten. Die meisten Gelehrten vermuteten es in Balli Dag; doch Frank Calvert, ein ortsansässiger Antiquar, überredete Schliemann, in Hissarlik zu graben, und die Ergebnisse der ersten Saison ermutigten Schliemann zu einer großen Grabung. Zwischen 1871 und 1873 zogen er und seine 150 Arbeiter eine Reihe von Gräben durch den Hügel bei Hissarlik. Der Grabungsort erwies sich buchstäblich als vielschichtig – sie legten eine Schicht nach der anderen frei. Doch Schliemann glaubte, vier übereinanderliegende Städte unterscheiden zu können, von denen die zweite durch Feuer zerstört worden war. Sollte das Homers Troja sein, die Stadt des Priamos, von den Griechen belagert und geplündert? Im Mai 1873 erblickte Schliemann Gold in einem Graben. Er ordnete eine frühe Mittagspause an und schickte die Arbeiter fort. Dann legte er, vermutlich mit seiner griechischen Frau Sophia, einen Schatz aus Gold-, Silber- und Bronzegegenständen frei, den er prompt aus der Türkei schmuggelte. Die türkischen Behörden waren erbost, da sie einen Teil der Funde hätten erhalten sollen, doch »der Schatz des Priamos«, der Jahrzehnte später, am Ende des Zweiten Weltkrieges, aus Deutschland verschwinden und erst in jüngster Vergangenheit in Moskau wiederauftauchen sollte, machte Schliemann berühmt und bestärkte ihn in seinem Vertrauen auf Homer.

OBEN: *Schliemanns griechische Frau Sophia mit einem Teil des kunstvoll gearbeiteten Schmucks aus der Bronzezeit, welcher Teil des Schatzes des Priamos gewesen war und den ihr Gatte 1873 in Troja gefunden hatte.*

LINKS: *Bronzedolch mit eingelegten Gold- und Silberfiguren aus einem der Schachtgräber in Mykene. Das Bild stellt eine Löwenjagd dar. Die Jäger schützen sich mit riesigen, mit Ochsenhaut überzogenen Schilden.*

*Das »Gesicht Agamemnons«, eine goldene Totenmaske aus einem Schachtgrab
in Mykene.*

Er konnte seine Grabungen in Troja jedoch verständlicherweise
nicht fortsetzen, und darum wandte er seine Aufmerksamkeit
Griechenland zu. In den homerischen Epen ist Mykene die Stadt
Agamemnons, des Führers der Griechen vor Troja, und wird als
»reich an Gold« beschrieben. Es war daher kein Wunder, daß
Schliemann sich für Mykene interessierte, zumal man dort immer
noch »zyklopische« Befestigungen und steinerne Kuppelgräber
sehen konnte. Die Stadt war eindeutig als die richtige zu erkennen. Pausanias hatte geschrieben, Agamemnon und seine Gefährten seien innerhalb der Befestigungen begraben, und Schliemann
konzentrierte sich deshalb auf die tiefreichenden Ablagerungen

knapp jenseits des Löwengrabes. Seiner Eingebung wurde erneut
recht gegeben: Im Juli 1867 entdeckte er die Schachtgräber, tiefe,
in Fels und Erde gehauene Löcher, in denen die frühen Herrscher
Mykenes pompös bestattet worden waren. Unter den Grabbeigaben waren Gold-, Silber- und Bronzeschmuck sowie Waffen.

So war die Entdeckung der Schachtgräber ein Triumph für
Schliemann. In den Jahren 1880 und 1881 grub er in Orchome-
nos, wo er das mykenische Kuppelgrab untersuchte, das als
»Schatzhaus des Minyas« bekannt ist und das Pausanias als »eines
der größten Weltwunder« preist. 1884 legte er den mykenischen
Palast zu Tiryns frei, und grub 1878 und 1879 sowie 1889 und
1890 wieder in Troja, wo er die freigelegten Schichten voneinander abzugrenzen vermochte und nachwies, daß es sieben »Städte«
gegeben hat.

Blegen in Pylos

Viele Archäologen waren sicher, daß in Messenien in Griechenland ein mykenischer Palast gestanden hatte. Immerhin war Nestor von Pylos einer der mächtigsten griechischen Führer vor Troja gewesen. Doch erst 1939 entdeckte Carl Blegen das Bauwerk – den am besten erhaltenen mykenischen Palast und ein Archiv mit Linear-B-Tafeln, Dokumenten der griechischen Wirtschaft in der Bronzezeit.

Homers Aufzählung der griechischen Kämpfer vor Troja zufolge wird die von Nestor, dem König von Pylos, geführte Abteilung nur von der Armee Agamemnons, des Oberbefehlshabers, übertroffen. Überall in der *Ilias* und in der *Odyssee* ist der alte Nestor eine berühmte Gestalt und ein weiser Ratgeber, und so war es ganz folgerichtig, daß Schliemann, der ja durch seine Grabungen in Mykene, Tiryns und Troja bewiesen hatte, daß Homers Epen keine bloße dichterische Phantasie waren, auch nach dem Palast dieses mächtigen Herrschers suchte. Es war klar, daß sich Pylos in Messenien, der südwestlichen Provinz des Peloponnes befinden mußte, doch selbst die alten griechischen Geographen hatten die genaue Lage nicht gekannt. Ihre Verwirrung war sogar sprichwörtlich geworden: »Es gibt ein Pylos vor Pylos und noch ein Pylos«. Schliemann war bei seiner Suche nach Nestor nicht erfolgreicher.

Das Interesse an Messenien erwachte wieder, als Anfang dieses Jahrhunderts zwei mykenische Kuppelgräber entdeckt wurden. Sie waren geplündert worden, doch ihre beeindruckenden steinernen Kammern müssen einst kostbare Grabbeigaben enthalten haben.

rund um die Bucht von Navarino und war vor allem von den Ruinen auf dem Berg bei Ano Englianos beeindruckt.

Obwohl es keine Spuren einer massiven steinernen Befestigung wie in Mykene und Tiryns gab, entschloß Blegen sich zu Versuchsgrabungen. Er begann am 4. April 1939, und schon nach dem ersten Morgen hatte er mykenische Keramik, Steinmauern, Fragmente eines bemalten Wandputzes und Tontafeln mit Linear-B-Schrift entdeckt. Er war davon überzeugt, daß er einen mykenischen Palast gefunden hatte, und die weiteren Arbeiten bestärkten ihn in dieser Ansicht. Leider war 1939 kein günstiges Jahr. Der Zweite Weltkrieg brach aus, so daß Blegen erst 1952 zurückkehren und seine Grabungen in Pylos wiederaufnehmen konnte.

Das Bauwerk, das er bis 1966 freilegte, ähnelte sehr den Palästen zu Mykene und Tiryns, vor allem der Thronsaal mit seinen Fre-

Eine griechisch-amerikanische Expedition wurde zusammengestellt, um im Westen Messeniens nach mykenischen Siedlungen zu suchen. Einer ihrer wichtigsten Männer war Carl Blegen, der von 1932 bis 1938 die amerikanischen Ausgrabungen in Troja geleitet hatte. Nun, 1939, untersuchte er einige Fundorte

benutzt wurden. In den Lagerräumen standen Tonkrüge für Wein und Olivenöl, und wir wissen, daß man einen Teil des Öls als Grundlage für Parfüm verwendete. In zwei Räumen am Haupteingang widmeten sich Palastschreiber ihren Aufzeichnungen, für die sie Tontafeln verwendeten. Da ein Feuer den Palast um 1200 v. Chr. zerstörte, wurden die Tafeln hartgebrannt und blieben erhalten.

Blegen fand über 1000 Tafeln, die mit Linear B beschrieben waren, das Michael Ventris 1952 entziffert hatte (s. S. 94). Es handelt sich um Dokumente der Verwaltung, die jede Einzelheit der Palastwirtschaft festhielten: die Rationen, die Textilarbeiter erhielten, die Bronze, die man den Schmieden gab, und sogar die Opfer für die Götter. Die Tafeln bestätigen,

sken und der großen, kreisförmigen Feuerstelle. Zu den Wohnräumen gehörte auch ein Badezimmer – die Terrakottawanne war noch vorhanden. Offenbar war der Herrscher ein großzügiger Gastgeber gewesen, da die Vorratskammern Tausende von Tassen und Tellern enthielten, die wohl bei Festen und Banketten

daß es sich um Pyros handelte – im mykenischen Griechisch *pu-ro* geschrieben –, und auch der König wird erwähnt, wenn er auch nicht Nestor heißt. Vielleicht war dieser nur eine fiktive Person – aber wer kann es Blegen verübeln, daß er seine Entdeckung als »Palast des Nestor« bezeichnete?

OBEN: Rekonstruktion des Hofes vor dem Thronsaal in Pylos. Die Wohnräume öffnen sich zum Portikus am anderen Ende des Hofes hin.

RECHTS: Plan des Palastes zu Pylos. Der Thronsaal liegt in der Mitte, flankiert von Lagerräumen, in denen man Olivenöl und Wein lagerte.

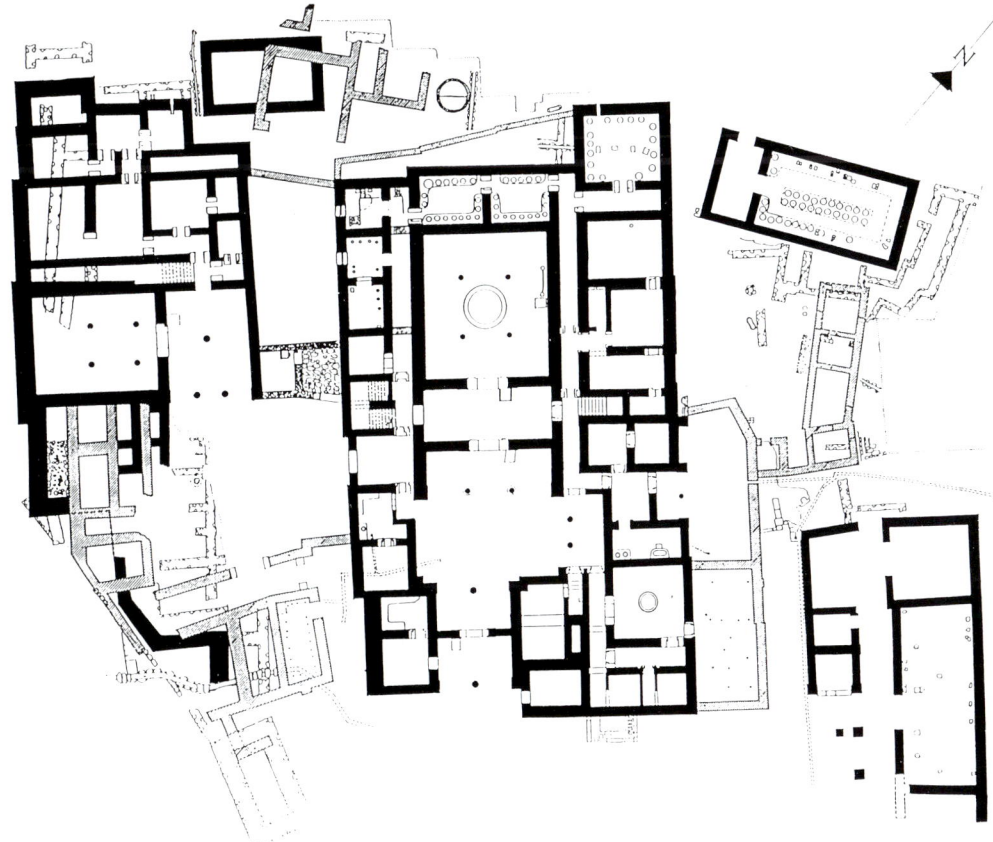

LINKS: Rekonstruktion des Thronsaals im Palast zu Pylos von Piet de Jong. Das Bild zeigt die verzierten Wände und Deckenfresken. In der Mitte befindet sich die große Feuerstelle, die zeremoniellen Zwecken diente.

Das Schiffswrack von Ulu Burun

Ein Schiffswrack aus dem 14. Jahrhundert v. Chr., das vor einiger Zeit unweit der türkischen Südküste entdeckt wurde, lieferte den Archäologen nach sorgfältiger Untersuchung eine Fülle von Informationen über den bereits erstaunlich florierenden Handel im östlichen Mittelmeerraum der Bronzezeit.

Archäologen haben im Mittelmeer Hunderte von Wracks gefunden, aber wenige sind so alt wie das Schiff, das im 14. Jahrhundert v. Chr. bei Ulu Burun an der Südküste der Türkei sank. Wahrscheinlich wollte es von Zypern in die Ägäis segeln. Zweifellos kannte die Mannschaft die Route, doch das Mittelmeer ist unberechenbar, und einige Küstenstreifen sind gefährlich. Bis 1982 ruhte das Schiff auf dem Meeresboden.

Die Texte, die Informationen über den Handel und fremde Gesandte liefern, stehen auf den Wänden ägyptischer Gräber, aber mehr als sie verraten uns die Gegenstände selbst. Sie erzählen, was gehandelt wurde, aber nicht, wie es gehandelt wurde. Schiffswracks sind in dieser Hinsicht nützlich, weil sie

Ende des 2. Jahrtausends v. Chr. nahm der Handel zwischen den Staaten des östlichen Mittelmeerraums erheblich zu, teils wegen des Bedarfs an Rohstoffen, vor allem Kupfer und Zinn, aus denen man Bronzewerkzeuge und -waffen herstellte. Auch die Erzeugnisse kunstfertiger Handwerker wurden getauscht, insbesondere zwischen den Herrschern der Handel treibenden Länder. Stücke aus Gold, Silber, Elfenbein und Fayence wurden verschenkt, um politische Bündnisse zu schließen oder zu bekräftigen.

Einblick in den Handel der alten Zeit geben. Das Wrack bei Ulu Burun entdeckte ein türkischer Schwammtaucher im Jahr 1982. Er meldete seinen Fund und wurde von Archäologen des Museums für Unterwasserarchäologie in Bodrum und Archäologen des Instituts für Seefahrtsarchäologie der Universität Texas befragt.

Eine von George Bass geleitete Mannschaft begann schließlich im Jahre 1984 mit Grabungen. Bass hatte vorher bereits mehrere alte Wracks an der türkischen Küste untersucht. Da das Schiff in 45 Meter Tiefe liegt, konnten die Taucher von Anfang an nur jeweils 20 Minuten unter Wasser bleiben. Mehr noch – der Meeresboden fällt ziemlich steil ab und ist mit Felsbrocken übersät, so daß die Arbeiten bis heute andauern. Immerhin gab es bereits einige spektakuläre Funde.

Das Schiff ist zum größten Teil verfallen, aber ein Teil des Rumpfs ist erhalten. Für die verzapften Planken und den Kiel hatte man Tannenholz verwendet. Die Ladung bestand aus über 250 rechteckigen Kupferbarren, die insgesamt mindestens 6 Tonnen wogen. Analysen zeigten, daß das Kupfer in Zypern gefördert wurde. Von dort stammte damals der größte Teil dieses wichtigen Metalls, und darum nannten die Griechen die Insel »Kupfer«. Außerdem hatte das Schiff Zinnbarren geladen, die möglicherweise aus Afghanistan stammten. Zu den exotischeren Rohstoffen an Bord gehörten Barren aus Blauglas, das die Mykener zu Schmuck verarbeiteten. Den Linear-B-Tafeln können wir entnehmen, daß aus der einen Tonne Terebinthenharz auf dem Schiff Parfüm, aus dem ägyptischen Ebenholz ebenso wie aus dem Nashorn- und Elefantenelfenbein Möbel hergestellt werden sollten.

Organische Stoffe bleiben unter Wasser oft viel besser erhalten als an Land, und das gilt auch für das Wrack bei Ulu Burun, in dem Eicheln, Mandeln, Feigen, Oliven und Granatäpfel gefunden wurden. Man weiß nicht, ob es sich um Proviant oder um Fracht handelte. Ein Teil der gefundenen Töpferwaren wurde sicherlich an Bord benötigt, aber man fand auch einen großen Behälter, in den zypriotische Töpfe sorgfältig verpackt worden waren. Gold- und Silberschmuck sowie Bronzewerkzeuge und -waffen wurden ebenfalls aus dem Wrack geborgen.

Über die Herkunft des Schiffes gibt es viele Vermutungen, die jedoch nicht sehr weit führen, da man im Wrack Gegenstände aus Mykene, Zypern, Kanaan, Persien, Ägypten und Assyrien fand und die persönliche Habe der Besatzung ebenfalls aus vielen Ländern stammte. Möglicherweise war ein großer Teil der Ladung für einen mykenischen Palast bestimmt, aber es kann auch sein, daß Kaufleute an Bord waren, von denen einer jene hölzerne Schreibtafel benutzte, die ebenfalls erhalten blieb.

OBEN: *Hölzerne Schreibtafel mit Scharnier aus dem Schiffswrack bei Ulu Burun. Die verwendeten Blätter waren mit Wachs überzogen, so daß man Notizen wieder löschen konnte.*

GEGENÜBER: *Goldener Kelch und Schmuck aus dem Wrack. Auch der Schmuck belegt, daß die Ladung aus vielen Ländern stammte.*

Hallstatt – ein Bergbauzentrum der Eisenzeit

och in den Alpen bei Salzburg liegt einer der außergewöhnlichsten Fundorte aus der Eisenzeit in einem engen Tal oberhalb von Hallstatt. Alpenblumen wachsen knapp unterhalb der modernen Salzminen auf einem der für Archäologen ergiebigsten Friedhöfe der europäischen Eisenzeit mit über 2000 freigelegten Gräbern. Tief im benachbarten Berg finden sich Spuren des Salzbergbaus der Eisenzeit, und die salzige, feuchte Luft hat zahlreiche Gegenstände aus Holz, Leder und Pelz

In der frühen Eisenzeit bestand weit oben in den österreichischen Alpen eine bemerkenswerte Siedlung, die vom Salzbergbau lebte. Der Friedhof und die Salzmine von Hallstatt, im 19. Jahrhundert entdeckt, geben Aufschluß über das Leben in jener Zeit, vor allem über Reichtum, Status und Handel.

———————

Detaillierte Bilder (mit Wasserfarben gemalt) aller Gräber von I. Engel, dem Illustrator Ramsauers. Sie zeigen die Lage der Urnen und der Grabbeigaben.

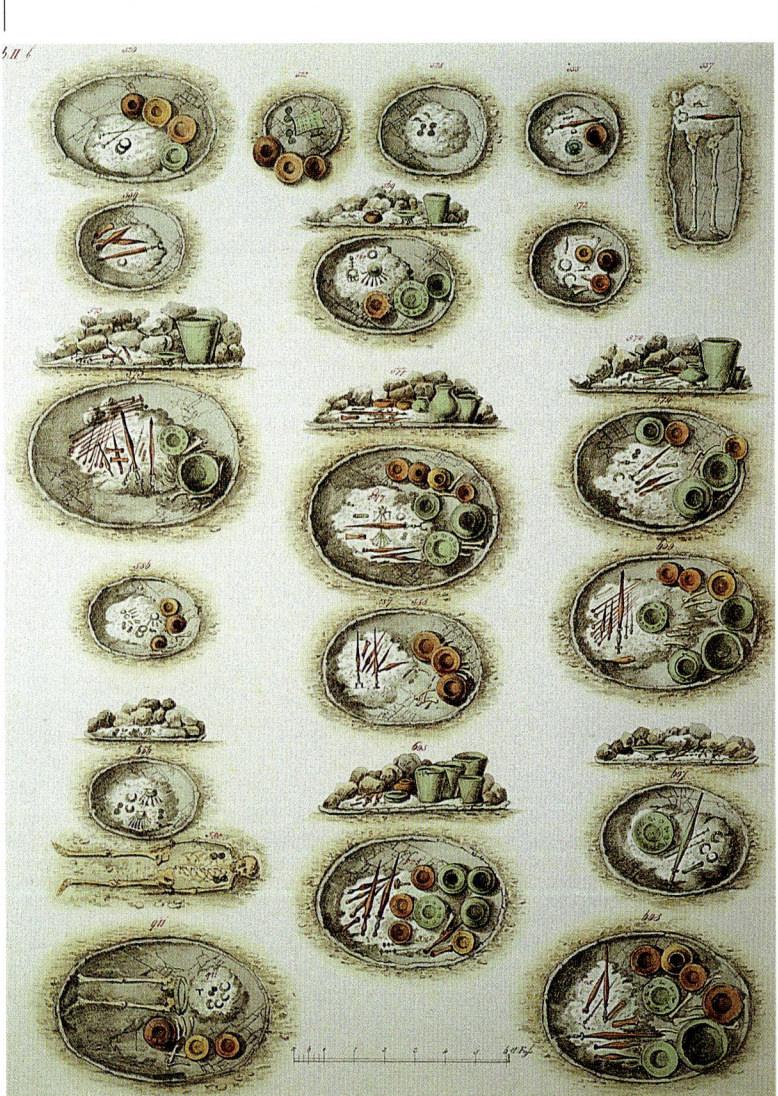

erhalten. Die Funde bei Hallstatt stammen duchwegs aus der frühen Eisenzeit, dem Zeitraum zwischen 700 und 500 v. Chr.

Die archäologische Geschichte von Hallstatt begann 1846, als der Bergbauingenieur Johann Georg Ramsauer mit Bergarbeitern den Friedhof aus der Eisenzeit auszugraben begann. Zwischen 1846 und 1863 öffnete er 980 Gräber, und jedes wurde gesäubert, gezeichnet und beschrieben. Beispiele dieser bemerkenswerten Dokumentation des Malers I. Engel sind heute in Hallstatt ausgestellt. Leider verschwand Ramsauers meisterhafte Dokumentation nach seinem Tod und tauchte erst 1932 in einer antiquarischen Buchhandlung in Wien wieder auf. 1959 wurde das Material endlich veröffentlicht – ein Jahrhundert nach den Ausgrabungen. Nachfolgende Grabungen – darunter die der Herzogin von Mecklenburg Anfang des 20. Jahrhunderts – erhöhten die Zahl der Gräber auf etwa 2500.

Die Hallstattgräber spiegeln den außergewöhnlichen Reichtum der Siedlung wieder. Es gab Feuer- und Erdbestattungen, wobei die Gräber mit Asche enthaltenden Urnen anscheinend die reicheren Beigaben enthielten. Mit den Toten begrub man Waffen – darunter Eisen- und Bronzeschwerter sowie Dolche, Äxte und Helme –, Bronzeschalen, Kessel und Tassen, Keramikgefäße, Schmuck aus Gold, Bronze und Eisen sowie Perlen aus Bernstein und Glas. Der Schwertgriff aus Grab Nr. 573 beispielsweise war aus Elfenbein mit eingelegtem Bernstein gefertigt.

Ihren Reichtum verdankten die Bewohner der Siedlung – die Teil eines Handelsnetzes waren, das ganz Mitteleuropa umfaßte und bis zum Baltikum und zum Mittelmeer reichte – dem in den Bergen der Umgebung abgebauten Salz. Noch in den letzten Jahrhunderten fanden Salzbergleute zahlreiche Spuren aus vorgeschichtlicher Zeit, darunter Stollen mit Stützbalken und organische Überreste, die das Salz konserviert hatte: Werkzeuge wie Hacken, Schaufeln und Holzhämmer, Fackeln für die Beleuchtung der dunklen Gänge, die teils 330 Meter in den Berg hineinreichen, Rucksäcke aus Leder auf einem Holzrahmen, mit dem die Bergarbeiter die Salzblöcke zum Ausgang der Mine schleppten, aber auch Kleidung aus Häuten und Pelzen. Im Jahr 1734 fanden Bergleute den Körper eines Kollegen aus der Eisenzeit, der bei einem Einsturz umgekommen war. Leider begruben sie die Leiche auf dem örtlichen Friedhof, wo sie zweifellos verweste.

Das Bergbauzentrum bei Hallstatt fügt sich in ein umfassendes Muster aus Bergbau, Metallverarbeitung, Handel sowie angehäuftem Reichtum und Ansehen im damaligen Europa. Ausgedehnte, befestigte Siedlungen mit großen Friedhöfen wurden bei Sticna und Magdalenska Gora in Slowenien gefunden, und in Nordpolen blühte in der Eisenzeit ein Gemeinwesen bei Biskupin (s. S. 108). Weiter westlich gab es Siedlungen mit spektakulären »Fürstengrä-

Die Bergarbeiter bei Hallstatt benutzten lederne Rucksäcke, um Werkzeug in die Mine zu tragen und Salz hinauszuschleppen. Dank der salzhaltigen Luft ist das Leder erhalten geblieben.

Bronzeeimer (situlae) *wurden in vielen Hallstattgräbern gefunden. Sie haben einen Griff und sind aufwendig dekoriert.*

bern« wie jene bei Hochdorf (s. S. 106) und mit zahlreichen aus dem Mittelmeerraum eingeführten Waren. Herstellung und Handel bildeten in der frühen Eisenzeit die Grundlage für die Entstehung der ersten echten Städte Europas, die ungefähr ein oder zwei Jahrhunderte später vonstatten ging.

Heute kann der Besucher in Hallstatt die modernen Minen, den feuchten Stollen 300 Meter unter der Erde und auch den Friedhof besichtigen. Die zahlreichen Funde aus dem Friedhof und der Mine sind im Naturhistorischen Museum in Wien zu sehen.

Hochdorf – ein »Tut-Grab« der Eisenzeit

Einer der wohl aufsehenerregendsten mitteleuropäischen Funde der jüngeren Zeit war das Grab eines hochgestellten Mannes, das Ende der siebziger Jahre bei Hochdorf in Baden-Württemberg entdeckt wurde. Der Grabhügel war unversehrt, enthielt außergewöhnlich üppige Beigaben und wurde 1978 und 1979 vollständig ausgegraben. Er stammt aus der späten Hallstattära (550–500 v. Chr.) und ist einer von mehreren mitteleuropäischen Grabhügeln jener Zeit, die man »Fürstengräber« nennt. In der Nähe von Stuttgart, auf dem Hohenasperg, war eine keltische Burg von einem Ring aus solchen Gräbern umgeben, aber fast alle waren in alter oder neuerer Zeit geplündert worden. 1977 jedoch unterrichtete Renate Liebfried, eine Amateurarchäologin, die Behörden von der Existenz eines Grabhügels ungefähr 6 Kilometer westlich des Hohenaspergs.

Zwar dürfte das Hügelgrab ursprünglich 6 Meter hoch gewesen sein, jedoch war es Mitte der siebziger Jahre weitgehend abgetragen, so daß es auf dem Acker, unter dem es sich befand, kaum

Die Bronzeliege, auf der der Leichnam gefunden wurde.

Ein nicht geplünderter Grabhügel bei Hochdorf zeugt von Reichtum und Luxus, die die Elite der Eisenzeit genoß. Dem Mann in der Hauptkammer wurden Schmuck und Gefäße aus Gold, Bronze und Eisen mitgegeben. In Trinkgefäßen fand man Reste von Met, und Luxusgüter spiegeln den Handel mit dem Mittelmeerraum wider.

noch zu erkennen war. Trotz eingehender archäologischer Forschung in diesem Gebiet seit dem 19. Jahrhundert, war es zunächst nicht als prähistorisches Grab erkannt worden. Das geschah erst im Februar 1977. Das Grab besaß einen ähnlich großen Steinring wie die anderen »Fürstengräber« der Gegend. Da Erosion und das alljährliche Pflügen das Hügelgrab endgültig zu zerstören drohten, beschloß man, es vollständig auszugraben.

Die Arbeiten begannen am 5. Juli 1978 und dauerten bis zum 30. November, im folgenden Jahr begannen sie am 7. Juni und dauerten ebenfalls bis November, wobei sich die Gesamtkosten auf 440 000 DM beliefen. Die Grabungen gestalteten sich sehr schwierig, weil die Grabbeigaben so zahlreich waren; darum grub man an einigen Stellen ganze Erdblöcke aus und untersuchte sie erst im Labor. Auch das Konservieren der gefundenen Gegenstände war außergewöhnlich mühselig und dauerte bis 1985.

Die Ausgrabung des Hügels mit seinem Durchmesser von 60 Meter enthüllte ein zentrales, 11 mal 11 Meter großes und etwa 2,5 Meter tiefes Schachtgrab. Darin befanden sich zwei ineinandergefügte hölzerne Gebilde. Das äußere war ein Kasten

So etwa sah das Grab in der Eisenzeit aus.

aus Eichenholz mit einer Grundfläche von 7,5 Quadratmetern, das innere ein ähnlicher Kasten mit einer Grundfläche von 4,7 Quadratmetern und einer Höhe von einem Meter. Der Zwischenraum war mit Steinen gefüllt, wie man sie auch über das ganze Grab gehäuft hatte, insgesamt etwa 50 Tonnen Steine. Leider brachte dieses Gewicht das Dach der Grabkammer schon kurz nach der Bestattung zum Einsturz, noch bevor der Leichnam verwest war. An der Nordseite des Hügels ließ eine niedrige Steinmauer ein Tor zur zentralen Grabkammer frei, ehe man auch dieses mit Steinen füllte. Als dann der Hügel aufgeschüttet wurde,

befanden sich Abfallprodukte und Reste aus Gold-, Bronze- und Eisenarbeiten in der Füllmasse – ein Hinweis darauf, daß sich in der Nähe des Grabes Werkstätten befanden, in denen vermutlich viele Beigaben hergestellt wurden.

Der Inhalt der Grabkammer war außergewöhnlich gut erhalten, nicht nur metallene Stücke, sondern auch Holz, Leder und Stoff. Der Tote war ein etwa 1,80 Meter großer Mann gewesen, der einen zylinderförmigen Hut aus Birkenrinde getragen hatte. Um den Hals trug er einen Goldreif, und auf der Brust lag ein kleiner Beutel mit einem Holzkamm, einem eisernen Rasiermesser, fünf Bernsteinperlen und drei eisernen Fischhaken. Er ruhte auf einer mit Pelzen und Tüchern gepolsterten Bronzeliege, für die es im keltischen Europa keine Parallele gibt. Acht Bronzefiguren – Frauen mit nach oben gereckten Armen – tragen die Liege, und auf den großen Bronzeflächen hinten und an den Seiten befinden sich Punzarbeiten, die Tänzer und Wagen darstellen. Die Kleider und sogar die Schuhe des Toten waren aufwendig mit Spangen, Manschetten und Bändern aus gehämmertem Gold geschmückt.

In der Nähe stand ein großer Bronzekessel, der vermutlich in einer griechischen Kolonie in Süditalien hergestellt wurde, verziert mit drei Löwen. Drei Trinkhörner hingen an der Wand. Im Kessel fanden sich winzige Reste von Met, außerdem eine kleine goldene Schale. Auf der anderen Seite der Grabkammer stand ein vierrä-

Goldene Spange (vergrößert), die die Kleidung des Toten schmückte.

driger Wagen aus mit Eisen verkleidetem Holz; auf ihm lag Geschirr für zwei Pferde. Keltische »Fürstengräber« enthalten häufig Wagen, aber die Eisenverkleidung dieses Exemplars ist einzigartig. Einschließlich Deichsel ist der Wagen 4,5 Meter lang, und er hat massive Räder mit zehn Speichen, die eine ziemlich leichte Ladefläche tragen.

Das Hügelgrab von Hochdorf ist ein seltenes Zeugnis vom Leben und Sterben keltischer Adliger. Über die Machtstrukturen jener Zeit können wir nur spekulieren: Gab es Dynastien, oder erfüllten die »Fürsten« eine andere, vielleicht religiöse Aufgabe? Burgen wie jene am Hohenasperg haben ihren Status offenbar über Generationen hinweg bewahrt – aber welche Bedeutung hatten sie? War der Tote in der Grabkammer wirklich eine hochgestellte Persönlichkeit, wie die prächtige Aufmachung vermuten läßt? Der Grabhügel ist in mancher Hinsicht ein keltisches »Tut-Grab« – aber wie bei den ägyptischen Dynastien müssen wir gewiß viele weitere Fundstücke prüfen, ehe wir die Gesellschaft jener Zeit verstehen können.

Biskupin – ein untergegangenes Dorf der Eisenzeit

Biskupin, gelegen etwa 60 Kilometer nordwestlich von Posen, ist eine der faszinierendsten Siedlungen Europas aus dem ersten vorchristlichen Jahrtausend. Da das Dorf im Laufe der Jahrhunderte überschwemmt wurde, sind die Grundrisse der Holzhäuser und der Straßen bis ins Detail erhalten, ebenso von Menschenhand gefertigte Gegenstände aus organischem Material, die an Land kaum jemals erhalten bleiben. In der Umgebung gibt es viele kleine Seen, die in der letzten Eiszeit entstanden. Auf Halbinseln, die in die Seen ragen, und an den kurzen Bächen, die sie verbinden, wurden zahlreiche prähistorische Siedlungen aus vielen verschiedenen Epochen gefunden.

Ausgrabungen im Norden Mittelpolens förderten die Überreste eines befestigten Dorfes der Eisenzeit zutage. Über 100 Häuser in 13 Reihen standen an holzbewehrten Straßen und waren von einem Wall und einer Palisade umgeben. Viele Holzgeräte und andere Artefakte sind erhalten.

Ein Lehrer namens Walenty Szwajcer bemerkte im Jahre 1933 Balken, die aus dem torfigen Boden einer Halbinsel im Biskupinsee ragten. Durch fortgesetzte Wasserentnahme war der Wasserspiegel des Sees gesunken, und demzufolge war die Torfschicht in sich zusammengesunken. Szwajcer meldete seine Beobachtung dem Polnischen Museum in Posen, und im folgenden Sommer begann dessen Direktor, Professor Józef Kostrzewski, mit Grabungen.

In den folgenden sechs Jahren legte er eine zunächst verwirrende Masse von Balken frei. Bald war jedoch ein Muster erkennbar, und allmählich tauchten die Umrisse von Mauern und Straßen auf. Zwischen den Balken verstreut lagen Tausende von Gegenständen aus Keramik, Stein, Metall und Holz, die etwa aus dem Jahr 700 v. Chr. stammten. Die Halbinsel hatte ein vorgeschichtliches Dorf bedeckt, das man fast vollständig ausgraben konnte.

Teilnachbau des Dorfes. Das Bild zeigt die »Hauptstraße«, die zwischen zwei Häuserreihen hindurch zum Tor führt.

Im Jahre 1939 waren schließlich 13 Häuserreihen freigelegt, deren Wände bis zu einer Höhe von über einem Meter erhalten waren. Zwischen ihnen verliefen Straßen, die mit Planken belegt waren, und das ganze Dorf umgab ein Doppelwall aus Holzstämmen, dessen Zwischenraum mit großen Mengen von Erde und Steinen gefüllt war. Am Seeufer verhinderte ein hölzerner Wellenbrecher, daß das Fundament des Walls unterspült wurde.

Kostrzewskis Grabungen waren für die damalige Zeit sehr umfangreich und vor allem ungewöhnlich fortschrittlich. 1935 bediente er sich beispielsweise eines Ballons der Armee, um das Grabungsfeld aus Höhen von bis zu 150 Metern zu fotografieren. Botaniker, Zoologen und Geomorphologen untersuchten mit immer weiter verfeinerten Methoden die umfangreichen organischen Funde und Sedimente. Biskupin war außerdem Gegenstand eines der ersten Filme über archäologische Ausgrabungen.

Der Ausbruch des Zweiten Weltkrieges unterbrach Kostrzewskis Arbeit abrupt, und 1942 untersuchten deutsche Archäologen die Stätte flüchtig. Nach dem Krieg nahm Zdzislaw Rajewski, ein ehemaliger Student Kostrzewskis, die Grabungen wieder auf. Die polnische Nachkriegsregierung legte größten Wert auf das Projekt Biskupin, weil sie das fortgesetzte Bestehen einer Kultur in diesem Gebiet nachweisen wollte.

Die Siedlung umfaßte eine Fläche von etwa 2 Hektar und war von einem rund 4 Meter dicken, mit Steinen gefüllten Doppelwall aus Baumstämmen umgeben, der mit Lehm verputzt war. Knapp vor dem Wall verlief eine kreisförmige, mit Holzplanken belegte Grenzstraße. Von dieser Hauptstraße zweigten insgesamt elf parallele Straßen ab, die durch das Dorf hindurch verliefen und durch Häuserreihen voneinander getrennt waren. Die Häuser hatten Gemeinschaftswände und waren allesamt nach einem einheitlichen Plan gebaut. Gleich an der Tür befand sich ein kleinerer Vorraum, im Inneren ein großer Raum mit einem steinernen Herd.

Die Bewohner von Biskupin waren Bauern und Hirten, die ihre Felder und Weiden auf dem festeren Boden südlich der Halbinsel angelegt hatten. Die wichtigsten hier angebauten Pflanzen waren Hirse, Weizen, Gerste, Roggen und Bohnen. Tierknochen deuten darauf hin, daß Schweine wichtige Schlachttiere waren, während man Rinder als Fleisch- und Milchlieferanten sowie als Zugtiere hielt. In den überfluteten Lagerräumen waren ungewöhnlich vielfältige Erzeugnisse aus Holz, Knochen und Stoff erhalten, außerdem Schleifsteine sowie Schmuckstücke und allerlei Werkzeug aus Metall.

Die Gebeine von Toten wurden verbrannt und auf einem Friedhof jenseits des Sees in Urnen bestattet. Kostrzewski und Rajewski schätzten die Bevölkerung des Dorfes auf 1000 bis 1200 Menschen,

Professor Józef Kostrzewski und Dr. Zdzislaw Rajewski 1936 im Feldlabor.

andere Forscher glauben, es seien eher 200 gewesen. Leider war Biskupin in dem zunehmend feuchter werdenden Klima Mitte des 1. Jahrtausends v. Chr. dem Untergang geweiht. Es wurde infolge des ansteigenden Wasserspiegels überflutet, und die Bewohner mußten auswandern.

1949 richtete man in Biskupin ein Museum ein, um die Funde unterzubringen, und der Nachbau eines Wallabschnitts sowie einiger Häuser und Straßen begann im Jahre 1968. Seither hat sich das Dorf zu einer Attraktion für Touristen entwickelt. Das Innere der Häuser wurde möbliert, um zu zeigen, wie die Bewohner gelebt haben, und das Museum stellt die Geschichte der Siedlung dar.

Luftaufnahme der Grabungen in Biskupin, 1937.

Etruskische Gräber

Erste Forscher betrachteten die Friedhöfe unter den Olivenhainen in etruskischen Siedlungen lediglich als Warenlager. Mit Figuren verziertes athenisches Tongeschirr gelangte in großen Mengen in die privaten und staatlichen Sammlungen Europas. Einer der berühmtesten Sammler war wohl Lucien Bonaparte Prinz von Canino, auf dessen Ländereien bei Vulci im Jahre 1828 ein prächtiges Grab entdeckt wurde.

Der englische Reisende George Dennis hatte die Etrusker durch sein Buch *Cities and Cemeteries of Etruria* (Städte und Schätze Etruriens), das bereits im Jahre 1848 veröffentlicht wurde, bekannt gemacht. Darin beschrieb er seine Reisen durch Europa zwischen

Das Gebiet der heutigen Toskana nördlich von Rom war das Kernland der Etrusker. Es gibt nur wenige nennenswerte Überreste auf der Erdoberfläche, aber die großen Friedhöfe im weichen Tuffstein gewähren uns wichtige Einblicke in diese Kultur. Die Etrusker gruben große Kammergräber in den Fels, und in vielen fand man kunstvolle Wandbilder. Die Gräber sehen aus wie Zimmer für Lebende, und sie enthalten Beigaben wie Keramikgefäße und schöne Bronzespiegel mit wunderbaren Gravuren.

1842 und 1847. Seine Schilderung eines Besuchs der der Gräberstadt von Norchia verrät seine Begeisterung: »Wir bogen um eine Ecke im Tal, und siehe da! – zahlreiche Monumente ragten vor uns empor. Da stand sie: eine Reihe von hohen Grabmälern gegenüber dem Felsen, der zur Rechten die Grenze des kleinen Tales bildet, etwa 200 Fuß oberhalb des Baches – ein Amphitheater aus Gräbern!« Dennis' Schriften sind ein wichtiger Kommentar zur Topographie des alten Etruriens und werden bis in die heutige Zeit benutzt.

Zu den wichtigsten Entdeckungen gehören die kunstvollen Gemälde in den Gräbern von Tarquinia und anderen Orten. Im

19. Jahrhundert hielten Maler diese Szenen fest, die oft Festgelage darstellen. Das Leopardengrab in Tarquinia (frühes 5. Jh. v. Chr.) zeigt an den langen Wänden der Kammer Tänzer und ruhende Gäste. Im Grab der Auguren (spätes 6. Jh. v. Chr.), ebenfalls in Tarquinia, sind unter anderem zwei Männer dargestellt – der eine bärtig, der andere bartlos und darum wohl jünger –, die neben einem Stapel Metallschalen, dem Preis für den Sieger, unter der Aufsicht eines Schiedsrichters ringen. Vielleicht handelt es sich um Begräbnisspiele zu Ehren des Toten. Die Freude der Etrusker an Banketten spiegelt sich auch im Grab der Reliefs in Cerveteri (frühes 3. Jh. v. Chr.) wider. In der Grabkammer gibt es mehrere in den Fels geschlagene Liegen mit Kissen für die »Bequemlichkeit« der ruhenden Festteilnehmer – die Verstorbenen.

Die etruskische Sprache war eine Zeitlang ein Rätsel, aber neuere Erkenntnisse erleichtern ihr Verständnis. Einer der wichtigsten Durchbrüche war die Entdeckung eines etruskischen Buches, das aus rund 1200 Wörtern besteht, und das man benutzt hatte, um eine etruskische Mumie einzupacken. Das Buch befaßt sich mit

Wandmalereien im Leopardengrab von Tarquinia zeigen ruhende Männer und Frauen bei einem Festessen.

Eine der drei etruskisch und phönizisch beschrifteten Goldtafeln, die zum Verständnis des Etruskischen beitrugen.

einem religiösen Kalender, der verschiedene Riten beschrieb. In Pyrgi, dem Hafen von Cerveteri, fand man drei Goldtafeln mit einer Widmung an die etruskische Göttin Uni. Zwei dieser Tafeln sind etruskisch, die dritte ist phönizisch beschriftet, und insofern sind sie ein etruskischer Rosettestein. Leider sind die meisten etruskischen Inschriften recht kurz, oft nennen sie nur den Besitzer eines Gegenstandes oder den Namen eines Toten.

Vergina

Wie sich herausstellte, war das erste freigelegte Grab schon in alter Zeit geplündert worden. Dennoch war es wichtig, weil es Wandbilder in vergleichsweise gutem Zustand enthielt; sie stellten den Raub der Persephone dar. In der Nähe fand man ein weiteres Grab mit gut erhaltener Gewölbedecke. Über dem Eingang war es mit einem gemalten, 5,56 Meter langen Fries geschmückt, das eine Jagdszene zeigte.

Die beiden Platten, die den monumentalen Eingang zum Grab bildeten, waren unversehrt, und darum beschlossen die Archäologen, den Schlußstein des Gewölbes zu entfernen, um in die Grabkammer zu gelangen – eine Methode, die auch die alten Grabräuber angewandt hatten. Als die Forscher die Spitze des Grabes freigelegt hatten, fanden sie die Überreste eines Altars aus getrockneten Ziegeln. Dieses Grab erwies sich als völlig unberührt. An der Wand lehnten Harnische aus Bronze, und auf dem Boden

Die Kleinstadt Vergina in Nordgriechenland war als Stätte Aigais, der alten Hauptstadt Makedoniens, identifiziert worden. Da man wußte, daß in dieser Gegend Könige begraben lagen, untersuchte der griechische Archäologe Andronikos den großen Grabhügel, der etwa 14 Meter hoch war und einen Durchmesser von 110 Metern hatte.

---

standen silberne Gefäße. An der Rückseite, gegenüber der Tür, stand eine Marmortruhe, ein Sarkophag. Das Grab hatte auch Holzmöbel enthalten, die jedoch im Laufe der vielen Jahrhunderte verrottet waren. Fragmente aus Gold und Elfenbein stammten offenbar von einem mit zahlreichen Figuren verzierten Schild, Elfenbein- und Glaseinlagen von einer Liege mit kleinen Relief-Porträtköpfen.

Einer der wichtigsten Funde war indes eine goldene, etwa 11 Kilogramm schwere Kiste in dem Sarkophag, deren Deckel mit einem Stern geschmückt war, dem Symbol der makedonischen Königsfamilie. Im Inneren befanden sich – wie aufwendige Laboruntersuchungen ergaben – die verbrannten Überreste einen Menschen, der ursprünglich einmal in ein Purpurtuch gehüllt gewesen war. Obenauf lag ein goldener Eichenlaubkranz.

Eine zweite Kammer vorne im Grab hatte ebenfalls hölzernes Mobiliar enthalten; außerdem fand man eine vergoldete Bronze-

LINKS: Vergoldeter Köcher, verziert mit Szenen eines Kampfes, der anscheinend im Heiligtum einer eroberten Stadt ausgetragen worden war.

OBEN: Gerichtsmediziner rekonstruierten das Gesicht des Mannes, dessen eingeäscherte Überreste sich in einer goldenen Kiste im Königsgrab befanden.

GEGENÜBER: Goldene Kiste aus der Hauptkammer des Großen Grabhügels. Sie ist oben mit einem Stern, dem Symbol der makedonischen Königsfamilie, verziert.

rüstung und einen vergoldeten Silberköcher. Auch in der Vorkammer stand eine goldene Kiste, die ein golden-purpurnes Tuch enthielt, das verbrannte Gebeine umhüllte. Die Knochen gehörten offenbar zu einer Frau Ende zwanzig.

Derart kostbare Beigaben in einem so großen Grabhügel lassen darauf schließen, daß ein Mitglied der Königsfamilie in diesem Grab bestattet worden war. Darauf deutet auch der Königsstern auf der goldenen Kiste in der Hauptkammer und auf drei goldenen Scheiben in der Vorkammer hin. Ein Diadem aus Gold und Silber, das man in der Vorkammer in einem Helm entdeckte, glich jenen Schmuckstücken, welche die hellenistischen Könige trugen. Nach dem Stil der Gemälde und den Beigaben zu urteilen, wurde

das Grab Mitte des 4. Jahrhunderts v. Chr. angelegt. Wenn es wirklich ein Königsgrab ist, könnten in der goldenen Kiste die sterblichen Überreste Philips II., des Vaters Alexanders des Großen, bestattet sein.

Lange Zeit war dies eher eine Vermutung denn eine wissenschaftlich belegbare Tatsache. In der Zwischenzeit aber gelang es Gerichtsmedizinern, das Gesicht des Mannes zu rekonstruieren, der in diesem Grab beerdigt worden war. Er war wahrscheinlich 35 bis 55 Jahre alt und 1,67 bis 1,72 Meter groß. Es gibt klare Hinweise auf eine Augenverletzung, wie sie Philip II. in der Tat erlitten hatte. Vergleiche zwischen der Rekonstruktion und Porträts des Königs stützen die Identifizierung.

Sumpfleichen – Gesichter aus der Vergangenheit

Am 8. Mai 1950 stachen zwei Männer Torf im Moor von Tollund in Dänemark. Plötzlich blickten sie zu ihrem Entsetzen in das Gesicht eines Menschen, das aus dem Sumpf ragte. Was zunächst wie ein Mordfall aussah, stellte sich jedoch rasch als »Fall« für den Archäologen Peter Glob heraus, den die örtliche Polizei herbeirief. Der Körper, der als »Tollund-Mann« bekannt wurde, war bis auf eine Mütze und einen Gürtel aus Leder nackt und hatte die Beine wie ein Fötus hochgezogen. Das Gesicht war wie auch die übrige Haut am ganzen Körper ausgezeichnet erhalten, jede Linie des Gesichts war gut zu erkennen. Die Augen waren geschlossen und die Lippen geschürzt, als bete oder meditiere er friedlich. Doch das friedliche Bild wurde jäh zerstört, als man das Seil entdeckte, mit dem er vor etwa 2000 Jahren erhängt worden war.

Um den Hals des Tollund-Mannes ist ein Strick geschlungen.

Archäologen studieren Menschen der Vergangenheit; deren wahres Gesicht aber sehen wir nur selten. »Sumpfleichen« gewähren uns nicht nur faszinierende Einblicke in das Leben der Eisenzeit, sondern auch in die Riten und Religionen der damals lebenden Menschen.

———————

aufweichen und vollständig verfallen. Der Tollund-Mann ist nicht der einzige vorgeschichtliche Leichnam, der aus einem Moor geborgen wurde. Torfstecher haben in den letzten Jahrzehnten und Jahrhunderten in Nordeuropa Hunderte von »Sumpfleichen« entdeckt, die dann freilich entweder begraben wurden oder verlorengingen. Die moderne Wissenschaft aber kann wichtige Informationen über das Leben und Sterben solcher Menschen aus der Vergangenheit liefern. Die Analyse des Mageninhalts verrät noch nach Jahrtausenden, was sie zuletzt gegessen haben und in welcher Jahreszeit sie gestorben sind. Von den Leichen selbst erfahren wir Geschlecht und Alter, wir finden Hinweise auf Krankheiten und natürlich auch auf die Todesursache.

Der Tollund-Mann verdankt sein »Überleben« den besonderen Eigenschaften des Moores. In den meisten Böden verwest das Fleisch eines Körpers rasch und läßt nur die Knochen zurück, aber in Sümpfen bleiben Fleisch und Haut mitunter erhalten, während die Knochen

Der Kopf des Tollund-Mannes ist besonders gut erhalten. Die Stoppeln am Kinn könnten noch nach dem Tod gewachsen sein.

Die meisten aus Sümpfen geborgenen Menschen starben eines gewaltsamen Todes, oft durch Erhängen, Schläge auf den Kopf oder durch Erstechen. Einige wurden möglicherweise für ein Verbrechen bestraft, aber es gibt auch in zahlreichen Fällen Hinweise darauf, daß die Betreffenden rituell geopfert wurden. Der Getreidebrei, den man im Magen einiger Leichen fand, könnte ein rituelles Mahl gewesen sein. Wahrscheinlich nahmen viele Opfer einen hohen Rang in der Gesellschaft ein, denn ihre Hände sind gepflegt und ohne Schwielen.

Nicht nur Leichen werden in Sümpfen entdeckt. In der Eisenzeit opferten die Menschen vielerorts auch Gegenstände und versenkten sie an scheinbar beliebigen Stellen in Mooren oder Flüssen. Wahrscheinlich hatten Erde und Wasser aber für die Menschen jener Epoche eine besondere Bedeutung.

Der Kessel von Gundestrup

Dieser herrliche silberne Kessel wurde in Bruchstücken im dänischen Gundestrup gefunden – in Sichtweite einer Stelle, wo zwei Frauen und ein Mann während der Eisenzeit im Sumpf bestattet worden waren. Das Gefäß wurde wahrscheinlich um 200 v. Chr. in Südosteuropa gefertigt. Es ist innen und außen kunstvoll mit Reliefarbeiten verziert. Jede seiner dreizehn Platten zeigt eine keltische Gottheit, mythologische Szenen, in der Natur vorkommende oder phantastische Tiere sowie Opferungen. Wir wissen nicht, wie dieser schöne Kessel aus Südeuropa nach Dänemark kam und dort in einem Moor endete, vermutlich aber war er ein Votivopfer. Der Kessel stammt aus derselben vorgeschichtlichen Periode wie die meisten Sumpfgräber.

Die Agora von Athen – das Herz der Demokratie

Einst war die Agora ein heiliger Ort, umgeben von Steinen *(horoi)*, auf denen die Worte »Ich bin der Markierstein der Agora« standen. Etwa seit Ende des 6. Jahrhunderts v. Chr. wurden einige Bauwerke errichtet, die offenbar mit der neu eingeführten Demokratie zu tun hatten. Viele von ihnen entstanden an der Westseite der Agora, unter anderem das *bouleuterion*, wo sich der Rat der Fünfhundert versammelte. In der Nähe befand sich der *tholos*, ein kreisförmiges Gebäude, in dem sich fünfzig Mitglieder der zehn Stämme trafen, die abwechselnd die Stadt regierten. Nicht weit von diesen öffentlichen Bauten hatte man den langen Steinsockel errichtet, auf dem die Bronzestatuen jener Helden standen, nach denen die

Langwierige Grabungen mitten in Athen haben das politische Herz der Stadt, die Agora, zutagegefördert. Die ältesten Überreste stammen aus vorgeschichtlicher Zeit. Am Nordhang der Akropolis fand man oberhalb der Agora etwa zwanzig Brunnen aus der Jungsteinzeit, nicht weit davon mehrere Gräber aus der späten Bronzezeit.

attischen Stämme benannt waren. Ein weiteres wichtiges, rechteckiges Gebäude in der Südwestecke der Agora könnte der Sitz des Gerichtshofs *(heliaia)* gewesen sein, der bis zu 2500 Menschen aufzunehmen vermochte. Ein Brunnenhaus *(enneakrounos)* ließ der Tyrann Peisistratos Ende des 6. Jahrhunderts v. Chr. errichten.

In der Nähe des Apollontempels befand sich die Gießgrube für eine Bronzestatue. Darin entdeckte man Reste der Form für den Guß einer Kultstatue – eines schreitenden nackten Jünglings *(kouros)*. Dies war nicht der einzige Beweis für Bronzearbeiten in alter Zeit, den man in der Agora fand. Auf dem Berg hinter den öffentlichen Gebäuden stand der Tempel des Hephaistos: Die beiden Kultstatuen (Hephaistos und Athene) blieben zwar nicht erhalten – aber eine Inschrift verrät, wieviel Kupfer, Zinn, Blei, Holz und Holzkohle für ihre Herstellung gekauft wurde.

Die Agora in Athen (unten Mitte) mit der nachgebauten Stoa (links) und der Akropolis (oben rechts).

Der Hephaistostempel und die Agora.

Wenngleich die griechische Welt in der hellenistischen Periode (von 323 v. Chr. bis zum 1. Jh. v. Chr.) von den Königreichen beherrscht wurde, die sich nach den Eroberungen Alexanders des Großen gebildet hatten, vermochte Athen von eben diesen Herrschern zu profitieren. Eines der großartigsten Beispiele dafür ist der lange, zweistöckige Säulengang *(stoa)* an einer Seite der Agora, ein Geschenk Attalos II., des Königs von Pergamon im Nordwesten Kleinasiens. Dieses Gebäude wurde nach alten Plänen wiedererrichtet und beherbergt heute Funde und Büros für die Grabungen: Es bildet insofern wie schon dereinst einen Teil des Rahmens der Agora und überragt viele andere, weniger bedeutende Überbleibsel der Vergangenheit.

In der römischen Periode erfuhr die Agora manche Veränderung. Unter anderem füllte man den freien Platz mit Bauwerken – ein Zeichen dafür, daß die Stadt ein Element ihrer Unabhängigkeit verloren hatte und nun Teil des römischen Reiches war. Einer dieser Neubauten war eine Konzerthalle *(odeion)*, die Agrippa, der Schwiegersohn des Augustus, errichten ließ (er besuchte die Stadt

von 16 bis 14 v. Chr.). Die Ausgräber – vor allem eine Gruppe von Wissenschaftlern des Amerikanischen Instituts für Klassik –, die im Jahre 1931 zu arbeiten begannen, waren fasziniert, als sie in der Mitte der Agora die Ruinen eines Tempels aus dem 5. Jahrhundert v. Chr. entdeckten. Maurerzeichen verraten, daß man ihn an seinem ursprünglichen Standort (vielleicht Acharnai in Attika) zerlegt und auf dem freien Platz wiederaufgebaut hatte. Es gibt Anzeichen dafür, daß man in ihm die Familie des römischen Kaisers verehrte. Andere Ruinen scheinen ebenfalls auf zerlegte Bauwerke aus Attika zurückzugehen.

Zwar verdanken wir der Archäologie viele Erkenntnisse, aber auch zeitgenössische Beschreibungen haben geholfen, Bauwerke zu identifizieren und Wissenslücken zu schließen. Eines der wichtigsten Dokumente dieser Art verdanken wir dem Reiseschriftsteller Pausanias, der im 2. Jahrhundert n. Chr. die Gemälde in der Stoa – darunter eines, das die Schlacht von Marathon abbildete – und die Bronzestatuen der »Tyrannenmörder« Harmodios und Aristogeiton beschrieb. Überreste dieses vorne offenen, mit Säulengängen versehenen und etwa 36 Meter langen Gebäudes fand man am Nordrand der Agora.

Aphrodisias

Ausgrabungen, vor allem die des türkischen Archäologen Kenan Erim, haben unser Wissen über die Stadt erheblich vergrößert, zum Beispiel durch die Entdeckung der Inschriften, die über die Beziehungen zu Rom berichten. Ein Brief von Augustus (geschrieben um 29 v. Chr.) bezieht sich auf ein Gesuch der Insel Samos, das Privileg der Freiheit zu erhalten. Der Kaiser lehnte ab und merkte an, nur Aphrodisias gebühre diese Ehre. Vermutlich war die Stadt darauf bedacht, ihre Stellung gegenüber rivalisierenden Städten zu behaupten.

Spenden von Privatpersonen spielten für die Stadt damals eine große Rolle. Caius Iulius Zoilos, ein ehemaliger Sklave, den

Die Erforschung von Aphrodisias, einer 500 Hektar großen Stadt der Antike an einem Nebenfluß des Mäanders im Südwesten der Türkei, leistete einen wichtigen Beitrag zum Verständnis des bürgerlichen Lebens im östlichen Römischen Reich. Die meisten Ruinen, einschließlich der Agora (Marktplatz), des odeion (Konzerthalle und Theater), des Aphroditetempels und einiger Bäder stammen aus der römischen Periode.

wahrscheinlich Augustus freiließ, war ein großer Wohltäter. Inschriften nennen seinen Namen im Zusammenhang mit Arbeiten im Theater und mit einer Widmung des Tempels der Aphrodite. Zoilos wurde auch in einem Relief gewürdigt, das anscheinend aus seinem Mausoleum in der Stadt stammt – man fand Bruchstücke davon in der späteren Stadtmauer. Auf dem Relief erscheint Zoilos einmal im Gewand eines Griechen und einmal im Gewand eines römischen Bürgers. Verkörperungen der Stadt und ihrer Einwohner sowie der »Männlichkeit« und der »Ehre« erweisen ihm höchsten Respekt, zum Dank für die Wohltaten, die er seiner Heimatstadt erwiesen hat.

Obwohl die Stadt frei war, verehrten die Bürger die römische Kaiserfamilie. Sie bauten einen Tempel *(sebasteion)*, den man über einen Hof erreichte; zwei Bauwerke mit Kolonnaden säumten seine Seiten. In diesen Portikos feierten Reliefs die großen Taten der Kaiserfamilie. Inschriften berichten, daß das Bauwerk von zwei Familien finanziert wurde, die für verschiedene Teile des Komplexes verantwortlich waren. Er war Aphrodite, den »Augustusgöttern« (d. h. der Kaiserfamilie) und der Verkörperung des Volkes *(demos)* geweiht. Die Säulenbauwerke waren drei Stockwerke hoch und folgten jeweils einer bestimmten Bauweise (dorisch, ionisch und korinthisch). Im mittleren und oberen Stockwerk gab es Flachreliefskulpturen, die mythologische und volkskundliche Szenen darstellten, sowie solche, die mit dem Kaiser zu tun hatten. Letztere zeigten meist Mitglieder der julio-claudianischen Familie von Augustus bis Nero. Augustus selbst ist mit einer geflügelten Siegesgöttin *(Nike)* neben einer Siegestrophäe dargestellt. Ein anderes Bild zeigt Claudius, der die Verkörperung Britanniens unterwirft: Es spielt auf die Invasion des Jahres 43 n. Chr. an.

Reiche Bürger vermachten der Stadt auch Geld zur Finanzierung von Festveranstaltungen. Eine Reihe von Inschriften gibt darüber Aufschluß. Ende des 2. Jahrhunderts beispielsweise hinterließ Flavius Lysimachus Geld für einen Musikwettbewerb. Ein Beleg für die so ins Leben gerufenen Spiele, die alle vier Jahre ausgetragen wurden, sind die Listen der Preisträger, darunter ein Flötist, ein Tragödienchor, Schauspieler einer Komödie sowie ein Harfenspieler und Sänger. Darin spiegelt sich gewiß der Geschmack des Wohltäters wider, und die Veranstaltungen spielten sich wahrscheinlich im *odeion* ab. Rein sportliche Wettkämpfe wurden dagegen im Stadion durchgeführt. Die Untersuchung dieses Bauwerks ergab, daß man bestimmten Gruppen – unter anderem den Gärtnern und den Goldarbeitern – eigene Sitzreihen zuwies, wobei man die besten Plätze an der Südseite reservierte, denen ein Baldachin Schatten spendete.

Schiffswracks im Mittelmeer

Viele Schiffswracks wurden anhand ihrer Ladung aus leicht erkennbaren Lehmbehältern *(amphorae)* identifiziert. In der Antike beförderte man darin Flüssigkeiten wie Wein und Olivenöl, und Inschriften auf einigen Gefäßen verraten, daß sie Fischsoße oder Nüsse enthielten. Das Wrack, das bei Albenga in Italien gefunden wurde, stammt aus dem 1. Jahrhundert v. Chr. und könnte 500 Tonnen Wein in Amphoren befördert haben. Das erste Wrack, das der französische Meeresforscher Jacques Cousteau in den fünfziger Jahren entdeckte, enthielt rund 400 Weinamphoren aus Italien, andere aus Rhodos und dem nahegelegenen Cnidus sowie 7000 Stück Töpferware aus Kampanien. Die Amphoren in mehreren Wracks stammen offenbar vom selben Hersteller, da in die Griffe Namen gestempelt sind. Ein

Die Erfindung von Tauchgerät und die Zunahme des Sporttauchens in jüngster Zeit führten zur Entdeckung vieler antiker Schiffswracks. Allein im Mittelmeer sind etwa 1000 vormittelalterliche Wracks bekannt. Selbst schwer zugängliche und tiefliegende Stellen werden heute durch Roboter erforscht. Grabungen unter Wasser haben wichtige Fragen über die Wirtschaft der Antike aufgeworfen.

Wrack, das bei Grand Congloué gefunden wurde, führte 1200 Amphoren mit sich, in die der Name »Ses(tius)« gestempelt war: Jede enthielt einst etwa 26 Liter Wein, was auf eine Gesamtladung von mindestens 31 200 Litern schließen läßt. Aus den Schriften Ciceros wissen wir, daß die Sesti in Cosa (Nordwestitalien) eine Villa besaßen und daß unweit des Hafens Amphoren hergestellt wurden. Wahrscheinlich war dies also der Hafen, aus dem das Schiff abgesegelt war. Amphoren mit dem Sestius-Stempel waren in Südgallien und sogar im Rhônetal weit verbreitet.

Sarkophage aus dem römischen Wrack vor Taranto in Süditalien. Man transportierte Marmorsarkophage in halbfertigem Zustand durch den Mittelmeerraum, um sie vor Ort dem Geschmack der jeweiligen Elite anpassen zu können.

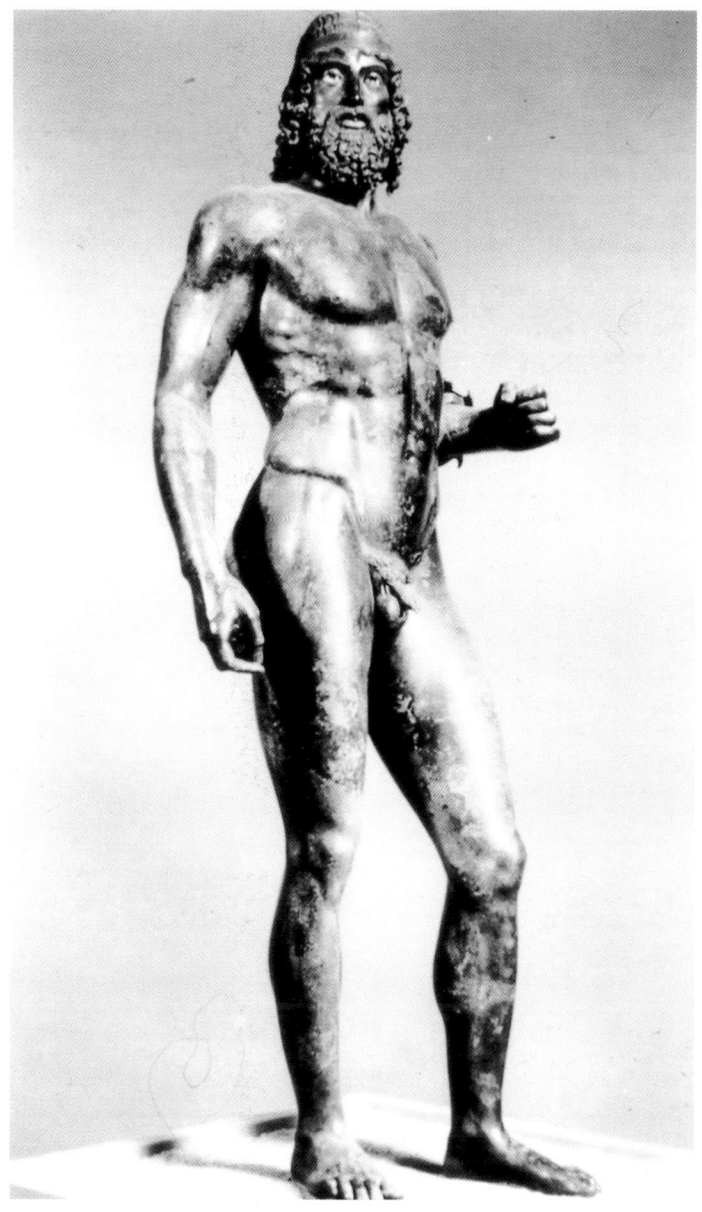
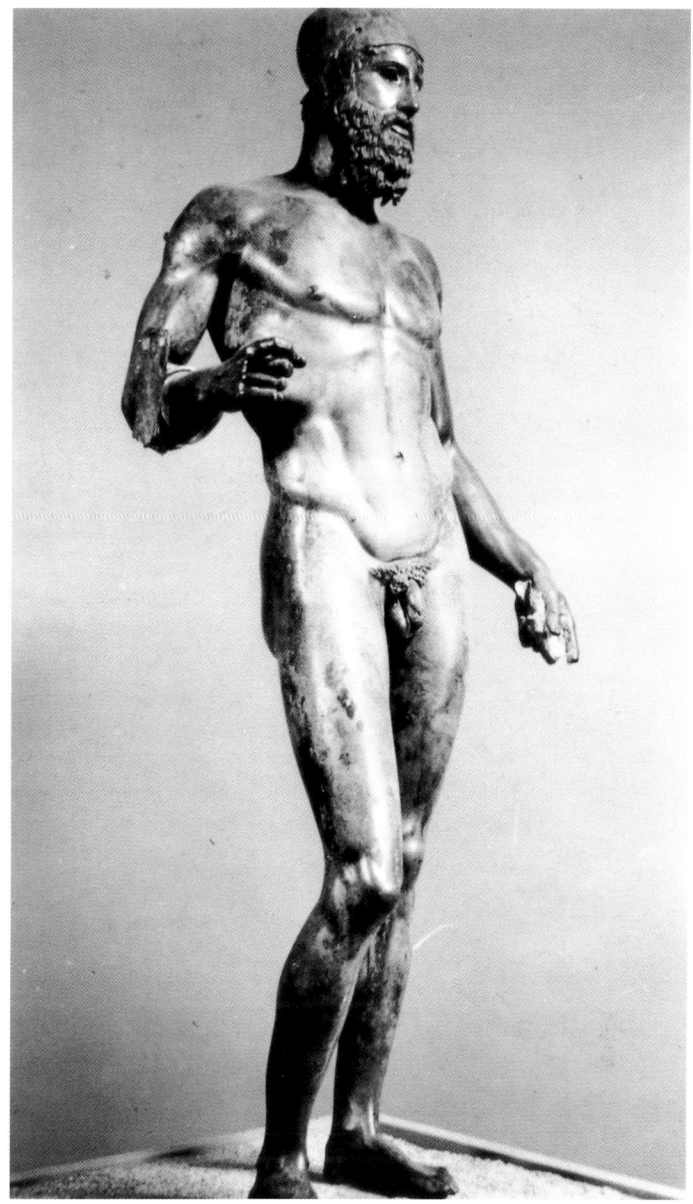

Die Bronzestatuen von Riace. Diese griechischen Statuen, vor der kleinen süditalienischen Küstenstadt Riace gefunden, stellen wohl zwei Krieger dar, denn an jedem der beiden linken Arme sind Reste eines Schildes erkennbar. Vielleicht haben die Römer sie aus einem griechischen Heiligtum entwendet.

Einige Wracks sind noch älter. Ein archaisches Wrack vor der Insel Giglio nahe der etrurischen Küste enthielt etruskische Amphoren mit Olivensteinen. Kleine, mit Figuren verzierte Keramikbehälter *(aryballoi)* aus Korinth sind Indizien dafür, daß parfümiertes Öl ebenfalls zur Ladung gehörte. Ein Wrack aus dem 4. Jahrhundert, entdeckt vor Cyrenia an der Nordküste Zyperns, enthielt Transport-Amphoren, Mühlsteine und Mandeln.

Auch einige Schiffswracks aus der Bronzezeit wurden im Mittelmeer untersucht. Eines von ihnen lag vor Ulu Burun (s. S. 102) in der Westtürkei und beförderte mindestens 250 Kupferbarren; es stammt aus dem 14. Jahrhundert v. Chr. Ein ähnliches Wrack (von etwa 1200 v. Chr.) wurde vor Kap Gelidonya an der türkischen Südküste ausgegraben. Auch dieses Schiff hatte hauptsächlich Kupferbarren geladen.

Unterwasserfundstätten im Mittelmeer haben außerdem einige der wenigen erhaltenen Bronzestatuen der Antike zutage gefördert. An Land wären sie wohl gestohlen und eingeschmolzen worden – was in unzähligen Fällen mit den Statuen jener Epoche tatsächlich geschehen ist –, unter Wasser aber waren sie geschützt. Ein Wrack bei Antikythera hatte mehrere Bronzestatuen geladen, einige aus dem 5. und 4. Jahrhundert v. Chr. Verläßliche Anhaltspunkte über ihre Herkunft gibt es nicht. Aber wahrscheinlich waren sie aus einem Heiligtum oder von einem öffentlichen Platz entfernt worden, denn das Schiff selbst dürfte aus dem 1. Jahrhundert v. Chr. stammen und beförderte außerdem Bruchstücke von Marmorskulpturen, die anscheinend in einem klassizistischen Stil gefertigt sind. Zwei lebensgroße Statuen, wohl aus dem 5. Jahrhundert v. Chr., wurden vor dem kleinen italienischen Küstenort Riace gefunden: Sie stellen offenbar zwei Krieger dar. Einige der Wracks, zu deren Ladung sie gehört haben könnten, stammen vermutlich aus der römischen Periode. Damals wurde Griechenland geplündert, damit römische Kunstliebhaber große Werke in ihren Villen ausstellen konnten.

Pompeji und Herkulaneum

Pompeji, die versunkene Stadt bei Neapel, wurde 1594 entdeckt, als man einen Kanal aushob, um das Gut des Grafen Muzzio Tuttavilla mit Wasser zu versorgen. Doch erst 1637 erkannte der Deutsche Holstenius, um welche Stadt es sich handelt. Herkulaneum hingegen wurde erst Anfang des 18. Jahrhunderts entdeckt, als der Fürst von Elbeuf ein Grundstück erwarb, auf dem man bereits vorher Marmor aus der Antike gefunden hatte. Er ließ einen Tunnel graben und stieß, vom Zufall begünstigt, auf das Theater. Manche seiner Funde verteilte er als Diplomatengeschenke, zum Beispiel einige Marmorstatuen, die als »Vestalische Jungfrauen« bekannt wurden; sie erhielt der Prinz von Sachsen. 1738 wurden die Grabungen namens des Königreichs beider Sizilien wieder aufgenommen. Bald wurde es Mode, daß Angehörige der gesellschaftlichen Elite Europas während ihrer Besuche in Neapel einen

Der Ausbruch des Vesuvs am 24. August des Jahres 79 verschüttete die römischen Städte Pompeji und Herkulaneum sowie einige Luxusvillen wie Oplontis. Da Pompeji in Vulkanasche, Herkulaneum aber in Schlamm versank, blieben in den beiden Orten unterschiedliche Objekte erhalten, und man mußte unterschiedliche Methoden anwenden, um sie zu bergen.

Abstecher zum Fundort machten, und offenkundig arrangierte man für derartige hochgestellte Persönlichkeiten spezielle »Entdeckungen«. Überraschenderweise hatte die Asche die Form längst verwester menschlicher Körper bewahrt. Im 19. Jahrhundert stellte der italienische Architekt Giuseppe Fiorelli fest, daß man eine bestimmte Gipsmischung in die Hohlräume gießen und so die Form eines menschlichen Körpers oder auch eines Wachhundes erhalten konnte.

Der feste Schlamm, der Herkulaneum verschlungen hatte, erschwerte die Grabungen. Eine Lösung bestand darin, Tunnels zu graben, so daß man Gebäude untersuchen konnte, wenn man auf

UNTEN: *Das Innere der Villa der Mysterien in Pompeji.*

RECHTS: *Stuckwandschmuck in einem Raum der Vorstadtbäder in Herkulaneum. Die ursprüngliche Holztür ist noch vorhanden.*

eine Mauer stieß. Der schottische Architekt Robert Adam, der den Ort 1755 besuchte, schrieb über seine Erlebnisse:

»Wir durchquerten ein Amphitheater beim Licht von Fackeln und folgten den Spuren der Paläste, ihrer Portikos und ihrer verschiedenen Türen, Trennwände und Mosaikfußböden. Wir sahen irdene Vasen und Marmorpflaster, die während unserer Anwesenheit gerade erst entdeckt worden waren, und man zeigte uns einige Tischfüße aus Marmor, die am Tag vor unserer Ankunft ausgegraben worden waren. Insgesamt sieht diese Stadt am Mittelmeer, die einst mit Tempeln, Säulen, Palästen und anderen Schmuckstücken erlesenen Geschmacks gefüllt war, heute genau wie eine Kohlenmine aus, in der Galeerensklaven arbeiten.«

Die Grabungen lieferten Erkenntnisse über italienische Kleinstädte des ersten nachchristlichen Jahrhunderts. Die gut erhaltenen Wandbilder haben keine Parallele im übrigen Römischen Reich. Auch die hölzernen Artefakte, die in Herkulaneum verkohlt und in Pompeji durch das Gipsverfahren nachzubilden sind, liefern wertvolle Aufschlüsse über Sofas, Türen und sogar Brotlaibe.

UNTEN UND RECHTS: Gipsabgüsse von Körpern.

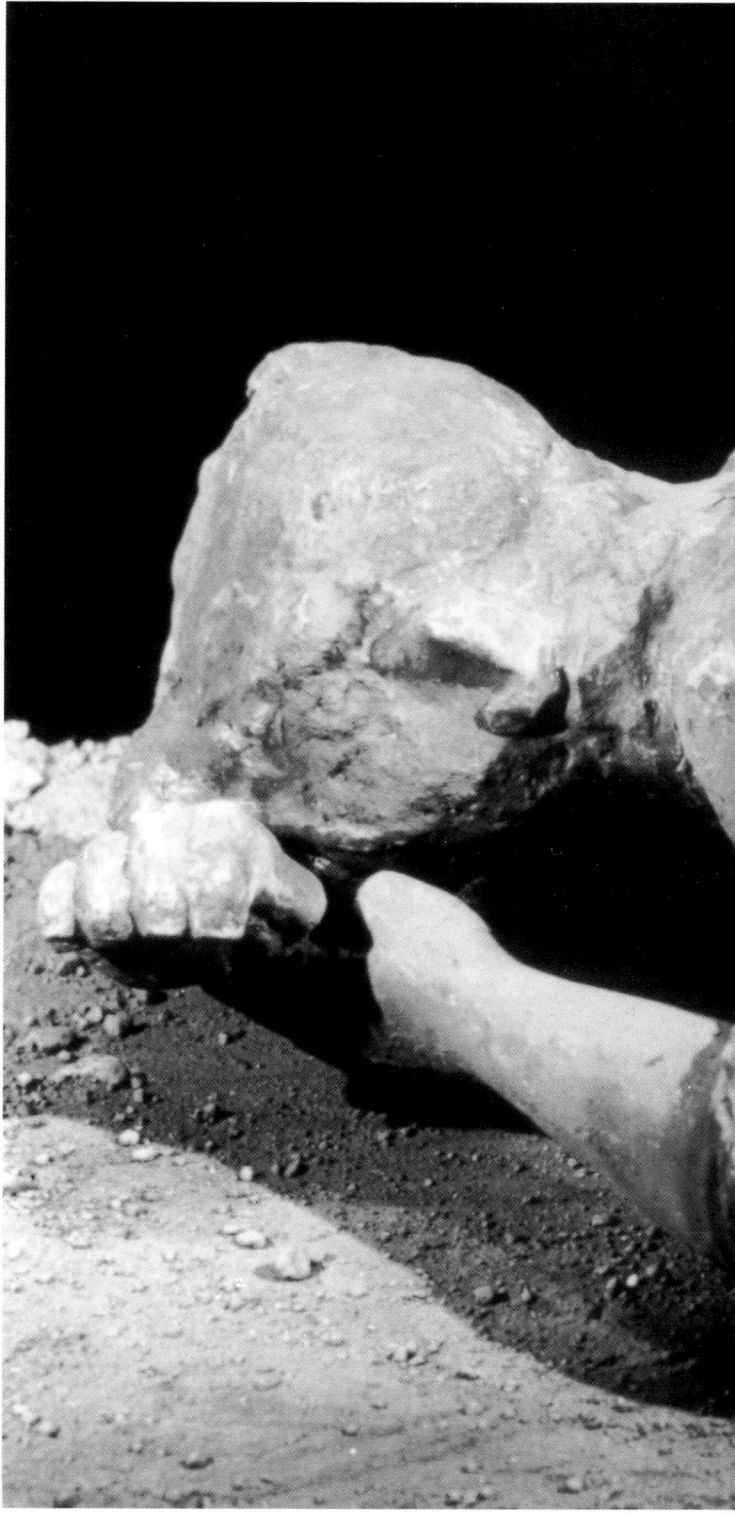

Wir können diese Städte, die im Grunde versiegelte Lagerräume der Geschichte sind, mit unseren heutigen Möglichkeiten in allen Einzelheiten studieren. Nehmen wir die Bronzestatue von Lucius Mammius Maximus als Beispiel. Man fand sie am Heiligen Abend des Jahres 1743 im Theater von Herkulaneum. Die Identifizierung ermöglichte eine Bronzeplakette am Marmorsokkel der Statue. Inschriften an anderen Stellen der Stadt zufolge machte er den weiblichen Mitgliedern der julio-claudianischen Familie Geschenke und stiftete der Stadt einen Markt.

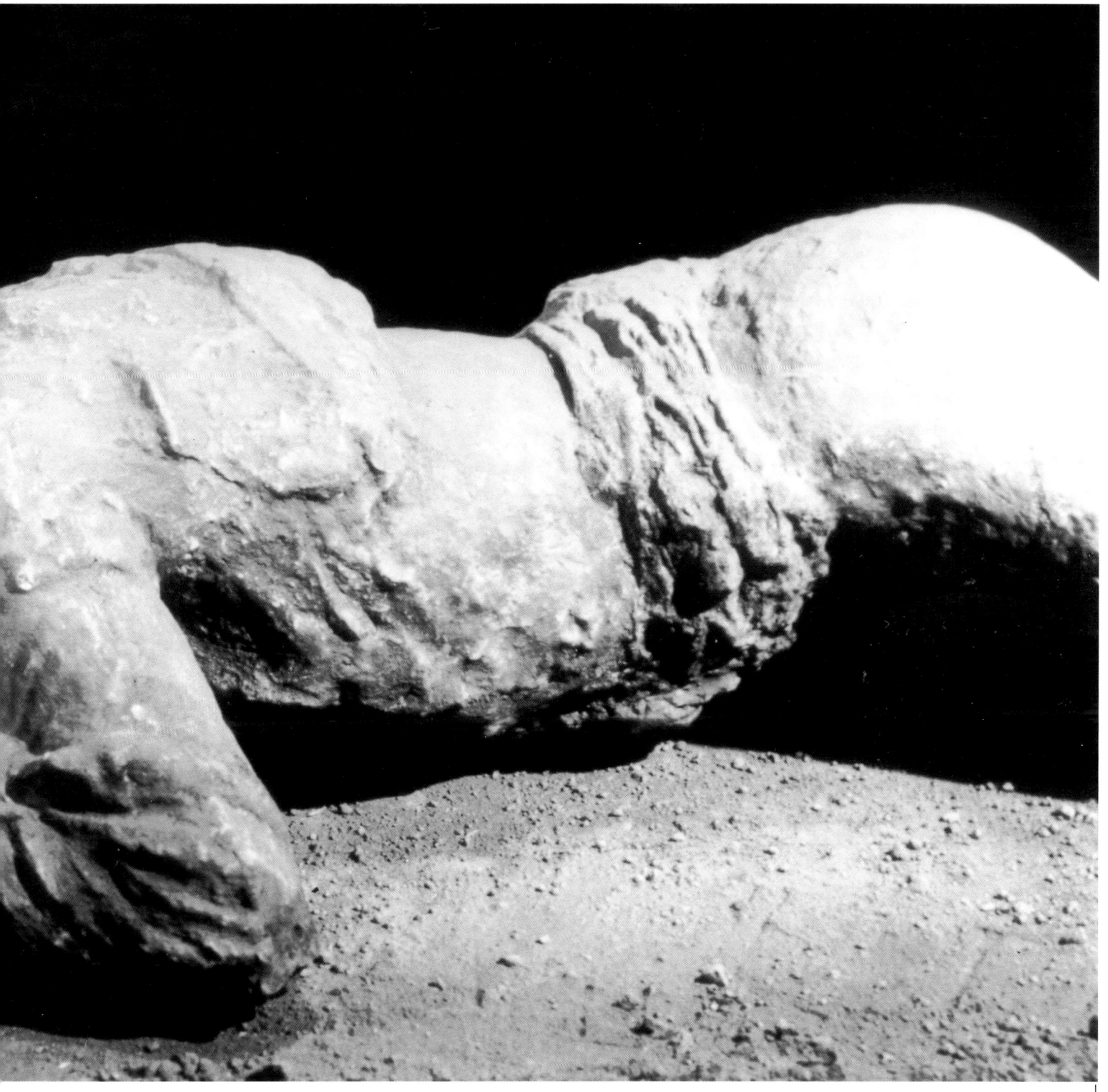

In Pompeji schenkte Eumachia, die Tochter des Lucius, ein Bauwerk an der südöstlichen Ecke des Forums »in ihrem Namen und im Namen ihres Sohnes Marcus Numistrius Fronto« der Gilde der Wollhändler und Walker als Hauptgebäude. Ihr Gatte war in den Jahren 2 und 3 n. Chr. einer der bürgerlichen Stadträte, und sein Name läßt auf Verwandte in Lukanien schließen. Ein Porträt Eumachias wurde in dem Gebäude identifiziert, und ihr Grab fand man im Friedhof vor der Stadt – allerdings wurde sie dort wohl nicht bestattet.

Zu den bedeutendsten Funden in den Städten gehören Gemälde und Fußbodenmosaike – denn Wände blieben nur selten unversehrt, und man findet sie allenfalls in vollständigen Bauwerken. Aus den Wandbildern können wir auf den Geschmack der reichen Einwohner Pompejis schließen. Einige der exotischsten Exemplare stammen aus der »Villa der Mysterien« knapp außerhalb der Stadt. Die Figuren, die den *oecus* der Villa schmückten, haben mit einem Dionyskult zu tun und stellen den Einführungsritus der Frauen dar.

Vindolanda

Obwohl wir über das römische Heer ohnehin verhältnismäßig viel wissen, hat die Ausgrabung der kleinen Festung Vindolanda (heute Chesterholm) südlich des Hadrianswalls in Nordengland weiteren Aufschluß über das Leben an der Nordgrenze des Römerreiches geliefert. Die Arbeiten an dieser Fundstätte konzentrieren sich auf die Siedlung der Zivilisten vor den Toren der Festung und nicht auf den militärischen Teil.

Ende des 1. Jahrhunderts n. Chr. wurde diese Festung erbaut, zu einer Zeit, da Rom begann, den Norden Britanniens zu befrieden. Sie gehörte zu einer Kette von Festungen an der Römerstraße (später Stanegate genannt), die England zwischen dem Tyne und der Bucht von Solway durchquerte. Neuere Funde des britischen Archäologen Robin Birley, der hier seit 1969 gräbt, haben ein Bauwerk freigelegt, das aus der ersten Hälfte des 2. Jahrhunderts stammt und an die alte Festung grenzte. Vielleicht diente es Hadrian als Palast, wenn er die Region besuchte, um den Bau des Grenzwalls zu inspizieren.

Trotz der vielen literarischen Texte und Inschriften aus dem Römischen Reich ist es nicht einfach, etwas über das Leben der einfachen Leute jener Zeit zu erfahren. Da Vindolanda unter Wasser stand, blieben hölzerne, mit Wachs überzogene Schreibtafeln ebenso erhalten wie dünne, mit Tinte beschriebene Holzscheibchen, die wir dank der Infrarotfotografie heute noch lesen können. Solche Dokumente können wir mit den Papyri vergleichen, die wir aus Syrien und Ägypten, dem östlichen Teil des Römischen Reiches, kennen. Man hat mehr als 1500 Dokumente gefunden, und rund 200 von ihnen sind lesbar. Sie liefern Erkenntnisse über die Bewohner der Provinz, und bis heute haben wir etwa 140 neue Namen erfahren. Sie ergänzen das, was wir aus Inschriften und aus der spärlich vorhandenen römischen Literatur, in der Britannien erwähnt wird, bereits wußten.

Unter den gefundenen Dokumenten sind Dienstpläne, Privatbriefe und Aufzeichnungen über die Vorräte der Garnison. Ein Dienstplan der ersten Kohorte von Tungridans mit Datum 18. Mai belegt zum Beispiel, daß die Nennstärke 752 Mann einschließlich 6 Zenturionen betrug. Davon waren zu dem betreffenden Zeitpunkt 456 Mann, einschließlich fünf Zenturionen, abwesend, weil sie in Corbridge Wache hielten oder beim Provinzgouverneur, vermutlich in London, dienten. Einige der restlichen 296 Soldaten sind als krank oder verwundet aufgeführt, und manche litten an »entzündeten Augen«.

Manche Briefe galten Sulpicia Lepidina, der Frau des Flavius Cerialis, der die neunte Kohorte aus Batavern befehligte, welche in Vindolanda stationiert war. Es gibt zwei Briefe in der Sammlung, die Claudia Severa ihr schickte, die Frau des Aelius Brocchus, der wohl anderswo selbst Befehlshaber war. Ein dritter Brief ist in derselben Handschrift geschrieben. Eines der Schreiben ist eine Einladung: »Zum 11. September ... an dem wir den Tag meiner Geburt feiern, lade ich dich herzlich ein. Komm unbedingt zu uns, damit der Tag für mich angenehmer wird.« Die Frauen und Kinder der Garnisonskommandeure lebten in der Festung. Die Briefe lassen zudem vermuten, daß die Frauen selbst schreiben konnten.

Die Dokumente erlauben uns auch Einblicke in Transportprobleme. Ein Brief an einen gewissen Lucius, den Befehlshaber (*decurio*) einer Kavallerieschwadron, erwähnt 50 Austern, die jemand aus Cordonovi zum Geschenk gemacht hatte. Ein anderer Brief, den ein Mann namens Octavianus an seinen Bruder Candidus schrieb, berichtet über die Schwierigkeit, 5000 *modii* Getreide und 170 Häute zu befördern: »Ich hätte sie schon geholt, aber ich wollte die Tiere auf den schlechten Straßen nicht verletzen.«

Anhand der Verpflegungslisten können wir den Verzehr mit Überresten vergleichen, die Archäologen fanden. Zu den aufgezählten Nahrungsmitteln der Garnison gehörten Schinken, Schweinefleisch und Rehfleisch. Aus Listen von Ägypten wissen wir zwar, daß Soldaten dort Fleisch aßen, aber man hielt das für Ausnahmen. Der Inhalt der Briefe wird durch Tierknochen belegt, die man bei Grabungen in Vindolanda und anderen Garnisonen fand. Fleisch gehörte also tatsächlich zur Verpflegung der Soldaten.

OBEN: *Luftbild von Vindolanda. Die Festung selbst ist in der Mitte des Bildes zu sehen, das Verwaltungsgebäude etwas darunter: Die Siedlung der Zivilisten befindet sich außerhalb der Mauern.*

RECHTS: *Fragment einer hölzernen Schreibtafel aus Vindolanda. Sie war Teil eines Briefes, in dem Sandalen, Wollsocken und zwei Unterhosen erwähnt werden.*

LINKS: *Gürtelzubehör mit bunten Einlagen aus Email. Sie wurden im Dorf der Zivilisten ausgegraben.*

Sutton Hoo

Das Schiffsgrab von Sutton Hoo ist der aufsehenerregendste angelsächsische Fund aller Zeiten, und manche nennen es den größten Fund der gesamten britischen Archäologie. Man entdeckte es unter einem Grabhügel in der Grafschaft Suffolk. Als der Hügel 1939 geöffnet wurde, fanden Archäologen Grabbeigaben von beispielloser Kostbarkeit.

Ganz und gar im Gegensatz zu den Wikingerschiffen von Gokstad und Oseberg (s. S. 132) war das Holz des Schiffes von Sutton Hoo nicht erhalten. Es handelte sich dabei vielmehr um ein regelrechtes »Geisterschiff« aus Spuren und Nägeln im Sand. Unter den Objekten in seinem Inneren waren jedoch bemerkenswert schöne Artefakte aus Gold und Silber sowie eine große Anzahl von Münzen und Waffen, zu einem großen Teil in geradezu vorzüglichem Zustand.

Mit Hilfe der Münzen konnte man feststellen, daß das Grab einige Jahre nach 620, sehr wahrscheinlich aber vor 650 angelegt wurde: Es ist also mindestens 200 Jahre älter als die Wikingerschiffsgräber in Gokstad und Oseberg. Damals herrschten angelsächsische Könige über England, und möglicherweise war dieses Schiffsgrab für ein Mitglied der Königsfamilie bestimmt.

Unter den Beigaben waren ein mit Gold und Granat verziertes Schwert, ein Helm, ein Schild mit Drachen- und Vogelmustern aus vergoldeter Bronzefolie, drei Hängeschalen aus Bronze, Trinkhörner mit silbernen Verzierungen, eine große und mehrere kleinere Silberschalen, 19 goldene Schmuckstücke mit Granateinlagen, eine Börse mit Münzen und zahlreiche andere Gegenstände aus Gold, Silber und anderen Materialien. In all diesem Reichtum fand sich allerdings kein Leichnam. Archäologen streiten darüber, ob das Schiff ein Leergrab ist oder ob einmal Gebeine darin lagen. Da der Sand säurehaltig ist, könnte sich eine Leiche samt Knochen und Zähnen darin vollständig aufgelöst haben. Eine chemische Spurensuche brachte keine eindeutigen Ergebnisse. Das Grab enthält keine persönlichen Gegenstände wie Nadeln oder Ringe, die man in einem Grab vermuten würde. Die Eisenbeschläge eines Sarges markier-

Das Schiff von Sutton Hoo während der Ausgrabung im Jahre 1939. Reihen von Nägeln sind an den Längsseiten zu sehen.

UNTEN: *Diese große Schnalle besteht aus reinem Gold und wiegt fast 450 Gramm. Sie ist rundum prachtvoll mit Tier- und Vogelmustern verziert.*

LINKS: *Mit Gold, Granat und Mosaikschmelzglas ist dieser exquisite Börsendeckel geschmückt.*

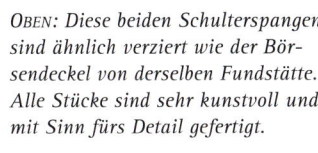

OBEN: Diese beiden Schulterspangen sind ähnlich verziert wie der Börsendeckel von derselben Fundstätte. Alle Stücke sind sehr kunstvoll und mit Sinn fürs Detail gefertigt.

LINKS: Dieser Helm war unvollständig, einige Teile fehlten. Vielleicht wurde er absichtlich beschädigt, bevor man ihn ins Schiff legte. Das Bild zeigt den Helm nach der Restauration.

ten jedoch ein leeres Rechteck inmitten der Grabbeigaben. Vor allem dies spricht dafür, daß sich in der Tat einst ein Leichnam im Schiff befand.

Die Grabbeigaben waren nicht nur erstaunlich kostbar, sondern sie stammen zudem aus zahlreichen verschiedenen Ländern, namentlich aus Ägypten und Skandinavien, Südosteuropa und Westasien. Die kunstvoll angefertigten Schmuckstücke und Waffen aus England vereinigen in sich sächsische und keltische Elemente zu einem ausgesprochen »britischen« Stil.

Viele Gelehrte fragen sich, wer in Sutton Hoo begraben war. Der Betreffende muß reich und von hohem Rang gewesen sein, und er besaß Gegenstände aus fernen Ländern und feinste sächsische Arbeiten. Aus zeitgenössischen Chroniken und aus der Geschichtsschreibung kennen wir die Namen einiger Mitglieder der königlichen Familie – da aber jegliche persönliche Dinge im Grab fehlen, wissen wir letztlich nicht, wer in Sutton Hoo bestattet wurde – und auch nicht, ob er tatsächlich von königlichem Blut war.

Doch der Name des Toten ist wohl ohnehin weniger wichtig als die neuen Erkenntnisse über die frühen Angelsachsen, die wir dank der Funde gewonnen haben. Sie waren nicht einfach rauhe Krieger, sondern mit Sicherheit auch wohlhabend und künstlerisch begabt. Zudem waren sie eine wirtschaftliche Macht in Europa, und im Umgang mit ihren Verstorbenen verhielten sie sich respektvoll und einfallsreich.

Wikingerschiffe

Unweit des Oslo-Fjords in Südnorwegen, in der Nähe von Oseberg, wurde im Jahre 1880 ein Grabhügel geöffnet. Man entdeckte ein vollständiges Wikingerschiff, das um 900 n. Chr. gebaut worden war. Dieses »Gokstad-Schiff« war 25 Meter lang und in der Mitte 6 Meter breit. Es war sowohl mit Segeln als auch mit Rudern ausgerüstet. Sein Rumpf bestand aus waagerecht angebrachten Planken, die sich teilweise überdeckten. Die Einzelheiten der Konstruktion verraten manches über die Gründe für den Erfolg der Wikinger. Das Schiff war schmal und flach und hatte einen tiefliegenden Kiel. Es war also selbst in flachem Wasser leicht zu steuern. Wikingerschiffe waren groß und schnell genug, um Ozeane zu überqueren, aber

Wir neigen dazu, die Wikinger für Piraten zu halten, die friedliche Siedlungen in Westeuropa überfielen. Aber diese seefahrenden Skandinavier waren keineswegs bloß gewalttätig – sie erreichten auch ein hohes kulturelles Niveau. Seit dem 8. Jahrhundert segelten sie nicht mehr nur hinaus, um zu plündern, sondern auch um Handel zu treiben und Kolonien zu gründen. Die Wikinger waren international tätige Händler, die Waren aus dem Fernen Osten und vielleicht sogar aus der Neuen Welt in ihre Handelszentren brachten.

auch so gut manövrierbar, daß sie auf Flüssen segeln konnten. Die Opfer der Wikinger waren oft überrascht, denn diese kamen von Küsten ohne Häfen oder von Flüssen, die als nicht befahrbar galten.

Auf dem Gokstad-Schiff befand sich eine hölzerne Grabkammer mit dem Skelett eines Mannes. Das Grab war geplündert, und wir können nur vermuten, wie prachtvoll es einst war. Waffen und Schmuck waren zwar geraubt worden, aber das Grab enthielt immerhin noch die Überreste von mindestens 12 Pferden, 6 Hunden und einem Pfau – eine sehr exotische Sammlung. Der Tote hatte einen Schlitten, einige kleine Boote und andere Ausrüstungsgegenstände, darunter ein riesiger Kessel, bei sich. 1903 wurde in Oseberg ein weiteres Schiff entdeckt, das noch reicher ausgestattet war. Wie das Gokstad-Schiff war es ungewöhnlich gut erhalten. Beide Schiffe haben ähnliche Maße, aber nur am Bug des Oseberg-Schiffes befinden sich schöne Schnitzwerke. Es besitzt ebenfalls eine Grabkammer, die in diesem Fall die sterblichen Überreste einer jungen und einer alten Frau enthält. Einige Gelehrte meinen, bei der jungen Frau handle es sich um Königin Asa, die Mitte des 9. Jahrhunderts starb. Grabräuber haben einige ihrer persönlichen Sachen gestohlen. Archäologen fanden dennoch teils bestens erhaltene Überreste von drei Schlitten, mindestens zehn Pferden, einem Sattel, zwei Ochsen, mehreren Betten mit Bettzeug und anderen Stoffen, Haushaltsgegenständen und einem Wagen mit kunstvollen Schnitzereien.

Die Schiffsgräber der heidnischen Wikinger, die poetischen Beschreibungen der Schiffe und der Schiffahrt in den nordischen Sagas sowie die Bilder von Schiffen belegen, daß Schiffe die Wikinger nicht nur von einem Ort zum anderen trugen, sondern auch Teil ihres Selbstverständnisses und zudem ihr wertvollster Besitz waren.

Dieser Stein aus Gotland zeigt ein Schiff unter vollen Segeln. Bilder von Schiffen finden sich auf vielen Monumenten und Kunstwerken der Wikingerzeit. Sie vermitteln einen Eindruck davon, wie wichtig Schiffe für diese Menschen des Nordens waren.

RECHTS: Dieses Foto zeigt das Schiff von Oseberg während der Ausgrabung im Jahre 1904. Das Schnitzwerk am Bug ist deutlich zu sehen. Man beachte auch die Bauweise des Rumpfes.

UNTEN: Die nordische Tradition kennt nicht nur prachtvoll ausgestattete Schiffsgräber wie die in Oseberg und Gokstad, sondern auch sehr viel einfachere Gräber in kleinen Ruderbooten oder sogar in Nachbildungen eines Bootes wie hier in Lindholm (Jütland). Diese Steine wurden gegen Ende der Wikingerzeit aufgestellt – angeordnet in Form eines Bootes.

Nowgorod – eine russische Stadt des Mittelalters

Mit Grabungen begann man in Nowgorod (etwa 160 Kilometer südlich von St. Petersburg im Nordwesten Rußlands) im Jahr 1929 unter der Leitung von Artemij Artsikowski, und sie werden seit 1951 fast ohne Unterbrechung fortgesetzt. Wie lange sie noch andauern werden, ist angesichts der heutigen wirtschaftlichen Verhältnisse unklar.

Bei Ausgrabungen in der mittelalterlichen russischen Stadt Nowgorod kamen viele Bauschichten zum Vorschein, deren älteste aus dem 9. Jahrhundert stammt. Der Boden unter der Stadt ist lehmig, und darum konnten die Holzbauwerke und Straßen aus den folgenden acht Jahrhunderten überschwemmt werden und so erhalten bleiben. Man fand über 100 000 von Menschen angefertigte Gegenstände, darunter 700 ungewöhnliche Manuskripte auf Birkenrinde mit Aufzeichnungen aus dem Alltag der Einwohner.

Blockhäuser, die nach jeweils einem von mehreren grundlegenden Plänen gebaut worden waren, möglicherweise mit zwei oder gar drei Stockwerken. Es waren Einzelgebäude mit einem Hof, den ein Pfahlzaun von der Straße trennte. Die Straßen waren mit Holzplanken belegt. Man plazierte drei oder vier dünne Stangen am Straßenrand und darauf halbierte Baumstäm-

Nahezu 50 Jahre lang war Nowgorod jedoch einer der größten Ausgrabungsorte Rußlands. Da die Stadt überschwemmt worden war, war das Holz, vor allem das der Hauswände und der Straßen, ungewöhnlich gut erhalten. Das gleiche gilt für Lederwaren, Musikinstrumente und sogar Spielzeug. Mit Hilfe der Jahresringe in großen Baumstämmen kann man Bauwerke, die ganz oder teilweise aus Holz bestehen, auf 15 bis 25 Jahre genau datieren.

Viele Bauten sind Werkstätten, in denen Lederwaren, Schmuck, Schuhe, Metall- und Glaswaren hergestellt wurden. Nowgorod war Teil eines Handelsnetzes, das fast ganz Nordeuropa umfaßte und sich bis zum Indischen Ozean erstreckte. In der Stadt standen

me mit einem Durchmesser von etwa 40 bis 50 Zentimeter nebeneinander über die gesamte Breite der Straße. In der Sankt-Kosmas-und-Damian-Straße wurden 28 solcher Straßenbeläge anhand ihrer Baumringe identifiziert. Erstmals wurde die Straße im Jahre 953, letztmals im Jahre 1462 belegt.

Die wohl außergewöhnlichsten Funde in Nowgorod sind mehr als 700 Manuskripte auf Birkenrinde, *beresti* genannt, die zwischen Mitte des 11. Jahrhunderts und Anfang des 15. Jahrhunderts beschrieben wurden. Die ersten wurden 1951 in einer Schicht entdeckt, die zwischen 1369 und 1409 entstand, später fand man weitere in jüngeren Schichten. *Beresti* sind Stücke aus Birkenrinde, die man kochte, um die rauhe Außenschicht zu entfernen. Die feine Innenschicht wurde dann mit Griffeln aus Knochen oder Metall, ohne Tinte, beschrieben. Die Texte schildern zahlreiche Einzelheiten des Lebens in Nowgorod, von simplen Angelegenheiten des Haushalts bis zu Problemen der Regierung und der Wirtschaft. Sie zeugen von einer Bildung, die man im mittelalterlichen Rußland nicht erwartet hätte – ein großer Teil der damaligen Bevölkerung konnte offenbar lesen und schreiben.

Die mit Wasser durchtränkten Ablagerungen in Nowgorod enthalten Gegenstände des täglichen Lebens wie diesen Kinderschuh. Funde dieser Art sind an anderen Stätten schon deshalb äußerst selten, weil organisches Material an der Luft früher oder später stets verrottet.

Etwa 2 Prozent des ursprünglichen Stadtgebietes wurden bisher ausgegraben, und Archäologen schätzen, daß noch über 20 000 *beresti* in den mittelalterlichen Schichten unter der modernen Stadt begraben sind. Auch in anderen Städten sind in jüngerer Zeit *beresti* aufgetaucht – zum Beispiel in Pskow –, und sie liefern zusammen mit den zahlreichen gefundenen Artefakten und den erhaltenen Häusern und Straßen eine Fülle von Informationen über das Rußland des Mittelalters.

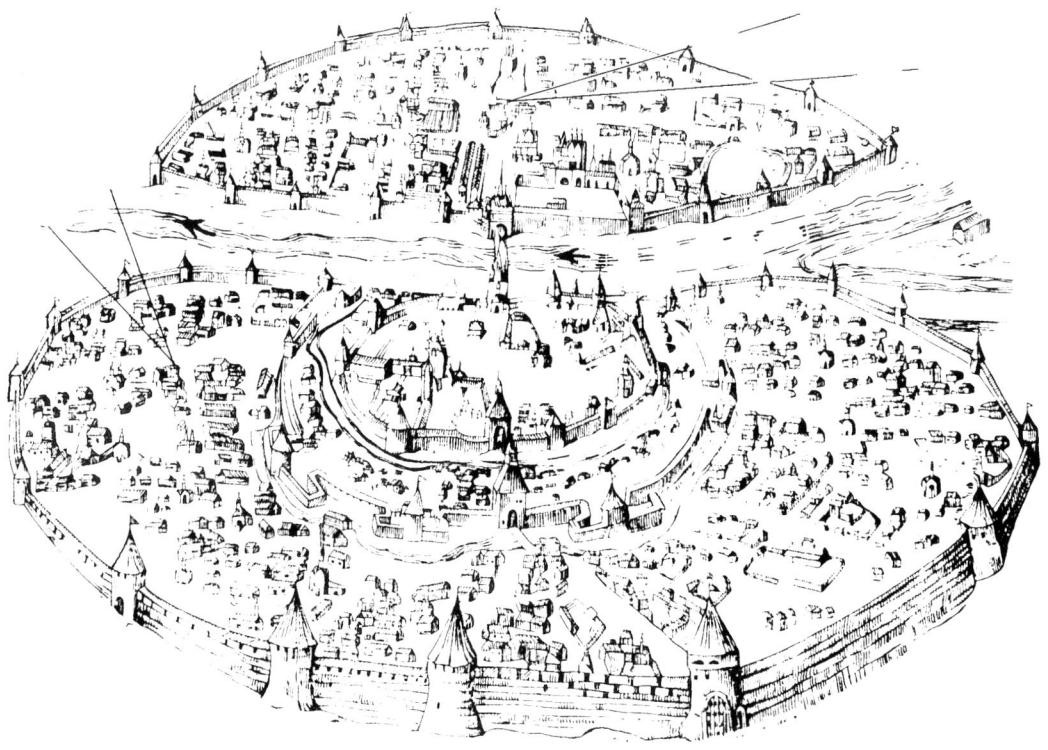

OBEN: Ein beresti, *also ein Manuskript aus Birkenrinde, das in Nowgorod entdeckt wurde.*

LINKS: Im Zentrum des mittelalterlichen Nowgorod stand der kremlin, *das Kastell. Die meisten Ausgrabungen wurden jedoch in den Wohngebieten der Umgebung vorgenommen. Manuskripte aus Birkenrinde fand man zuerst im Distrikt Nerewki.*

WEST- UND ZENTRALASIEN

Der Berg Karmel und die Altsteinzeit

Tabun, el Wad, Skhul und Kebara ziehen bereits seit den zwanziger und dreißiger Jahren unseres Jahrhunderts mit ihren steinzeitlichen Höhlen Archäologen an. Dorothy Garrod, die erste Professorin der Universität Cambridge, begann in Tabun, el Wad und Kebara zu arbeiten, während ein Kollege in Skhul grub. In den fünfziger Jahren und danach kehrten Ausgräber an diese Orte zurück und untersuchten andere: Sie brachten dabei neue Grabungs- und Datierungsmethoden mit. Trotz dieser späteren Fortschritte leisteten Dorothy Garrod und ihre Kollegen am Karmel Beiträge von bleibendem Wert. Durch ihre stratigraphischen, also die Schichtfolge der Gesteine berücksichtigenden Grabungen fanden sie heraus, wie sich Steinwerkzeuge im Laufe von wenigstens 200 000

Der Berg Karmel ist eine zerklüftete Felsnase an der israelischen Küste südlich von Haifa. Sein Kalkstein enthält viele Höhlen mit Überresten einer Steinzeitkultur. Ausgrabungen haben menschliche und tierische Knochen sowie Steinwerkzeuge zutage gefördert. Die Fundorte im Berg Karmel liefern wichtige Beiträge zum Verständnis der Evolution des Menschen.

———————————

Jahren veränderten und in welche Zeiträume sie einzuordnen waren. Zu Beginn der Altsteinzeit waren die Bewohner der Höhlen sehr primitiv, sie gehörten nicht zur Gattung *Homo sapiens*, sondern ähnelten sehr dem Neandertaler. Diese primitiven Menschen verwendeten steinerne Faustkeile und Schaber, wie sie auch in Europa gefunden wurden. Auch die mittlere Altsteinzeit wies viele Ähnlichkeiten mit der entsprechenden europäischen Periode auf. In dieser Zeit wandten die Menschen oft eine Levallois genannte Technik an, mit der sich die Größe und Form von Abschlägen beeinflussen ließ, welche zu Werkzeugen verarbeitet werden sollten. Und in der jüngeren Altsteinzeit wurden Werkzeuge häufig mit Hilfe von standardisierten langen und schmalen Klingen hergestellt. Diese Methode glich der »Steinwerkzeug-Industrie« der Aurignac-Kultur so sehr, daß man den Funden am Berg Karmel und anderen Orten des Nahen Ostens aus der jüngeren Altsteinzeit eben diese Bezeichnung gegeben hat. In den letzten Phasen der Altsteinzeit

Blick auf die Höhlen im Karmel. An den Fundstätten von Tabun, el Wad und Skhul wurden in den Höhlen und auf den Geröllhalden vor den Eingängen Spuren der ehemaligen Bewohner entdeckt.

wurden die Klingen wesentlich kleiner, und man machte daraus regelmäßig geformte Teile, die man in Griffe stecken und als Messer, Sicheln oder andere zusammengesetzte Geräte benutzen konnte. Diese »epipaläolithische« oder mesolithische Periode, also die mittlere Steinzeit, schließt die Natoufien-Kultur ein, die sich später zur Jericho-Kultur (s. S. 140) entwickelte und in der erstmals Ackerbau betrieben wurde.

Tier- und Menschenknochen waren unter den Funden am Karmel besonders reichlich vertreten. Dorothea Bate untersuchte die Tierknochen, die Dorothy Garrod ausgegraben hatte, und ihre Ergebnisse waren für unsere Erkenntnisse über jene Epoche ebenso wichtig wie Dorothy Garrods Studien über die Steinwerkzeuge. Die Knochen gehörten offensichtlich zu Tieren, die von Menschen erlegt und verzehrt worden waren – verschiedene Arten von Ziegen, Rehen, Gazellen, Ebern, Wildpferden und wilden Rindern. Aus den Gewohnheiten der Tiere ließ sich schließen, wo die vorgeschichtlichen Menschen jagten, und sie halfen der findigen Dorothea Bates, die Abschnitte der Karmel-Steinzeit zu datieren. Sie erkannte nämlich, daß große Gazellenherden ein Indiz für Wüstenvegetation und ein trockeneres Klima waren, während Damwild sich in Wäldern und bei feuchterem Klima vermehrte. Das wechselhafte »Gazellen-Damwild-Verhältnis« in den Höhlen des Karmel deutet auf drei klimatische Zeiträume hin, die Dorothea Bate den besser bekannten Phasen der europäischen Eiszeit zuordnete. Auf diese Weise legte sie schon vor der Einführung der C^{14}-Methode und anderer Labortechniken den Grundstein für die Datierung der Altsteinzeit des Nahen Ostens.

Ein Natoufien-Grab in el-Wad. Am Ende der Altsteinzeit wurden Tote oft zusammen mit wertvollen Gegenständen begraben. Dieser Verstorbene ist mit einem Kopfband aus Seemuscheln geschmückt.

Die Höhlen des Karmel enthielten außerdem Skelette von Neandertalern und von frühen Vertretern der Gattung des modernen Menschen. Diese Fossilien lieferten bedeutsame Informationen über die Evolution des Menschen. Dorothy Garrod und ihre Kollegen fanden deren elf in den Höhlen von Tabun und Skhul. Viele Überreste wiesen Merkmale des Neandertalers auf – beispielsweise eine dicke Knochenleiste über den Augenbrauen –, hatten jedoch eine hohe Stirn und ein Kinn wie moderne Menschen. Offenbar handelte es sich um eine Übergangsform zwischen Vormenschen und modernen Menschen. Neuere Grabungen am Berg Karmel und anderen Orten Israels vergrößerten nicht nur unser Fossilienarchiv beträchtlich, sondern auch die Nöte bei dessen Deutung. An den Fossilien von Qafse bei Nazareth waren ebenfalls Züge des Neandertalers und des *Homo* *sapiens* auszumachen. Die meisten Anthropologen sind sich allerdings heute darin einig, diese Geschöpfe als frühe Formen des modernen Menschen zu betrachten. Mit neuen Datierungsverfahren ließ sich nachweisen, daß die Fossilien von Skhul und Qafse durchweg etwa 100 000 Jahre alt sind – sie waren also Zeitgenossen jener Neandertaler, deren Überbleibsel man in der Höhle von Tabun fand. Es sieht ganz danach aus, als hätten Neandertaler und *Homo sapiens* im Nahen Osten sehr lange nebeneinander gelebt.

Jericho

athleen Kenyon, eine britische Archäologin, leitete in den fünfziger Jahren unseres Jahrhunderts dort die bisher gründlichste und sorgfältigste Ausgrabung. Obwohl sie und andere Ausgräber vor ihr sich in erster Linie für mögliche Bezüge zur Bibel interessierten, waren im nachhinein diejenigen Resultate am wichtigsten, die die Anfänge der Stadt und die Ausbreitung der Landwirtschaft betrafen.

Das älteste Jericho gehörte der Natoufien-Kultur an, die etwa 10 500 bis 8500 v. Chr. bestand, also gegen Ende der Eiszeit. Die Natoufien-Menschen waren die ersten, die in Palästina Dörfer

Jericho, eine Oase im Jordantal, wurde durch die biblische Geschichte von Josua bekannt, der die Stadtmauern mit Trompeten zum Einsturz gebracht haben soll. Archäologen glauben, daß die Juden um 1200 v. Chr. ins Gelobte Land einzogen. Grabungen in den vergangenen 100 Jahren förderten eine Stadt aus der Eisenzeit und ihre Vorläufer aus der Bronzezeit zutage.

gründeten, in denen Hunderte von Menschen fast das ganze Jahr über lebten. Die Dörfler wohnten in runden, in den Boden gegrabenen Häusern mit einem Raum, und sie benutzten auch schweres Gerät, das sich nicht kilometerweit transportieren ließ. Sie sammelten und lagerten wilden Weizen und Wildgerste in großen Mengen, und wahrscheinlich versuchten sie bereits, Getreide anzubauen.

Auf die Natoufien-Kultur folgte die Jungsteinzeit. Steinwerkzeuge, insbesondere geschliffene Äxte, und Töpferwaren wurden erfunden, und viele Wissenschaftler glauben, daß zwischen Töpferei und Landwirtschaft ein Zusammenhang bestand. Doch im Nahen Osten und in vielen anderen Gebieten, die auf eine besonders alte landwirtschaftliche Kultur zurückblicken können, kam der Ackerbau vor der Töpferei. Um die vermeintliche Anomalie einer ackerbauenden Kultur ohne Töpferwaren hervorzuheben, nennt man diese frühe Periode auch *pre-pottery neolithic (PPN)* – auf deutsch »jungsteinzeitlich vor der Erfindung der Töpferei« – und teilt sie in zwei Abschnitte ein: PPNA (8500–7300 v. Chr.) und PPNB (7300–6300 v. Chr.). Die PPN-Kulturen lebten vom Ackerbau, von der Viehzucht, von der Jagd und vom Sammeln wilder Pflanzen. Durch die Einwirkung des Menschen änderten sich Form und Größe wilder Tiere und Pflanzen – sie wurden domestiziert. Zu den Feldfrüchten der PPNA-Landwirtschaft gehörten mehrere Weizenarten, Gerste und Linsen. Ziegen wurden erst in der PPNB-Periode domestiziert. Kathleen Kenyons Arbeit in Jericho erbrachte einige der ersten Hinweise auf sehr frühes Bauerntum im Nahen Osten, und andere

Steinturm aus der PPN-Periode. Solche Hochbauten aus einer Epoche vor fast 9000 Jahren sind eine Überraschung.

Jungsteinzeitliches Grab mit Schädeln unter einem Haus in Jericho.

Fundorte in der Levante, in der Türkei und im Irak haben seither weitere Informationen geliefert. Aber Jericho und die Levante hinkten, was die Viehzucht betrifft, hinter anderen Teilen des östlichen Mittelmeerraums hinterher: Schafe, Rinder, Schweine und Ziegen gab es in den Bergen des Iraks und der Türkei früher als in Palästina. Mit anderen Worten: Die Bewohner Jerichos gehörten zu den ersten Ackerbauern, übernahmen die Viehzucht jedoch erst später von benachbarten Gebieten. Die gleichen Pflanzen und Tiere wie damals sind bis heute die Lebensgrundlage der Menschen im Nahen Osten und in Europa.

Außer dem Fehlen der Töpferei hatte das älteste Jericho noch weitere unerwartete Merkmale. Schon während der PPNA-Phase umgaben eine Steinmauer und ein großer Graben die 4 Hektar große Siedlung. Die 3,6 Meter hohe Stadtmauer wurde durch einen 9 Meter hohen Turm verstärkt. Er bestand aus solidem Stein, und man erstieg ihn über eine Treppe im Inneren. Kathleen Kenyon glaubte, der Turm habe der Verteidigung gedient, doch neuerdings vermutet man, er habe Hochwasser verteilen sollen. Die Häuser Jerichos und anderer PPNA-Dörfer waren aus Steinen oder Lehmziegeln gebaut und befanden sich wie ihre Natoufien-Vorläufer oft zur Hälfte unter dem Erdboden. Diese ovalen Bauwerke umschlossen meist nur einen Raum mit verputztem Boden und einem Herd. In den jüngeren PPNB-Siedlungen war das Haus in der Regel rechteckig und hatte einen dick verputzten Fußboden, der häufig poliert und bemalt wurde. Nach dem Übergang vom runden zum rechteckigen Haus ähnelten die Siedlungen einem typischen nahöstlichen Dorf unserer Tage, mit dichtgedrängten, kreuz und quer stehenden Häusern in gewundenen Gassen.

Auffällig an der PPNB-Kultur sind die Gräber unter den Häusern. Den Skeletten fehlt oft der Schädel, denn er wurde vor der Bestattung abgetrennt und als Grundlage für eine Totenmaske aus Lehm oder Gips verwendet. Anstelle der Augen waren häufig Kaurischalen eingesetzt, und zumindest an einer Maske gibt es einen aufgemalten Schnurrbart. Diese Porträtschädel – die möglicherweise Teil eines Ahnenkults waren – beerdigte man beim Leichnam oder in Gruppen, oder man bewahrte sie im Raum über dem Grab auf. Kathleen Kenyon und auch schon die Ausgräber vor ihr fanden Überreste fast lebensgroßer Gipsfiguren mit Gesichtern, die sehr denen von Porträtschädeln ähnelten.

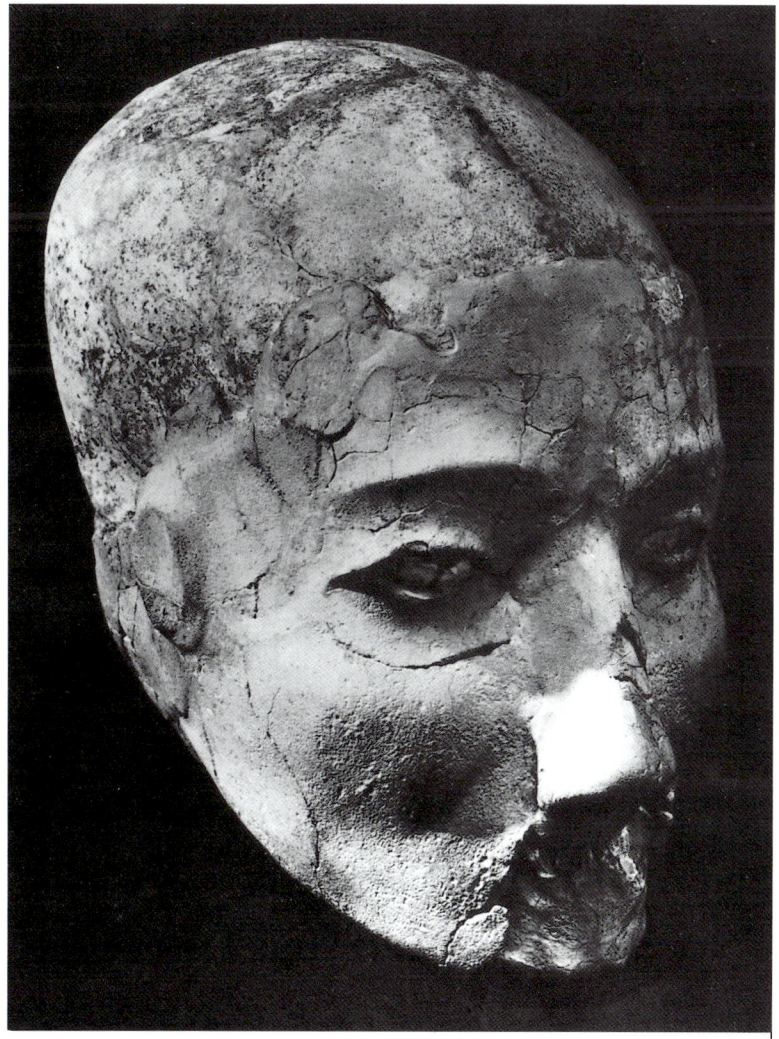

Porträtschädel aus Jericho. Viele dieser Gipsschädel sind schlecht erhalten, manche aber auch in gutem Zustand. Dieser Kopf ist noch fast ganz mit Gips überzogen – ein Indiz für sorgfältige Arbeit.

Ur

Als der britische Gelehrte Leonard Woolley in den zwanziger und dreißiger Jahren in Ur grub, machte er einige der sensationellsten Entdeckungen in der Geschichte der Archäologie. Er fand Beweise für die Sintflut und für die Vorgeschichte von Ur, und er legte die wichtigen religiösen Bauwerke sowie die gesamte Wohnsiedlung frei. Außerdem fand er die Gräber der Könige und Königinnen der sumerischen Herrscherfamilie, kunstvoll angefertigte Artefakte und Anzeichen für Menschenopfer.

———————————

Die ältesten Spuren des Menschen im Zweistromland von Euphrat und Tigris in Südmesopotamien stammen etwa von 5500 v. Chr. Damals erzeugten und verwendeten die Menschen in einem typischen Stil bemalte Tonwaren. Von da bis zu den ersten schriftlichen Zeugnissen war das Gebiet ununterbrochen bewohnt. Um 3500 v. Chr. bauten diese Menschen kunstvolle Tempel, die sie mit exotischen Objekten aus Stein und Metall füllten. Da der komplexer werdende Handel eine gewisse Buchführung erforderlich machte, entwickelten sie eine primitive Schrift, die innerhalb von tausend Jahren literaturtauglich wurde. Um 2700 v. Chr. ließen Könige Inschriften herstellen, die ihre Taten priesen; Priester fingen an, ihre Mythen aufzuzeichnen; und Beamte führten Buch über die Finanzen der Paläste und Tempel. Diese Sumerer legten mit ihrer Kultur den Grundstein der mesopotamischen Kultur.

Die Sumerer selbst wurden um das Jahr 1870 herum entdeckt, blieben jedoch bis nach dem Ersten Weltkrieg sowohl in der Fachwelt als auch in der archäologisch interessierten Öffentlichkeit weitgehend unbekannt. Dann enthüllten erste Grabungen in ganz Südmesopotamien Häuser, Paläste, Tempel, Gräber und Schätze. Der berühmteste Forscher war Sir Leonard Woolley, der in Ur, tief im Süden des Landes, arbeitete. Er grub dort mehr als ein Jahrzehnt lang, nämlich von 1922 bis 1934 und gewann dabei allmählich ein umfassendes Bild der Geschichte Urs, von den vor-

geschichtlichen Anfängen vor fast 7000 Jahren bis zum Ende um die Zeitenwende. Er grub ein ganzes Stadtviertel mit gewundenen Gassen aus. Die Häuser besaßen Innenhöfe und stammten aus der Zeit des in der Bibel genannten Abraham und des babylonischen Gesetzgebers Hammurabi (um 1800 v. Chr.). Woolley zeichnete außerdem die Geschichte des Stufentempels nach, fand Beweise für dessen Erbauung des gesamten Komplexes durch Ur-Nammu, den ersten König der mächtigen Ur-III-Dynastie (um 2100 v. Chr.), und fand heraus, daß der Tempel zur Zeit des babylonischen Reiches unter Nebukadnezar umgebaut wurde.

Wooleys wichtigste Funde in Ur betreffen jedoch die Sumerer und ihre prähistorischen Vorgänger. Durch Tiefenlotung stieß er auf die Überreste leichter Hütten und bemalter Töpferware aus

RECHTS: Schädel eines Dieners mit Kopfschmuck. Die Palastdiener, die ihrem Herrn in den Tod folgen mußten, wurden in kostbare Gewänder gehüllt. Frauen trugen oft Kopfschmuck aus Gold und exotischen Halbedelsteinen.

UNTEN: Der Stufentempel des Ur-Nammu entstand im 4. Jahrtausend v. Chr. und wurde zum typischen Merkmal mesopotamischer Städte. Wenngleich dieser Tempel vielleicht über einem älteren Bauwerk errichtet wurde, war sein heute sichtbarer Teil ursprünglich ein Werk Ur-Nammus, des Gründers der 3. Dynastie, die im 21. Jahrhundert v. Chr. ein großes Reich schuf. Der Tempel wurde auf einem Berg erbaut und galt den Sumerern als Wohnung des Mondgottes Nanna.

OBEN: *So könnte es in einer Totengruft ausgesehen haben. Dienerinnen, Soldaten und Ochsentreiber warten auf die Opferung. Skelette und einzelne Gegenstände sind freilich alles, was bis in unsere Tage von dieser Szene übriggeblieben ist.*

RECHTS: *Leier mit goldenem Stierkopf und aufwendigen Einlegearbeiten. Als Woolley die Gegenstände in den Königsgräbern fand, waren die hölzernen Teile verrottet, und nur Metall, Stein, Perlmutteinlagen und andere haltbare Stücke waren vorhanden. Woolley konnte viele Objekte, darunter Musikinstrumente, Spielbretter und eingelegte Tafeln, nachbilden. Die vordere Tafel des Schallkastens dieser Leier ist mit Intarsien von Tieren und Helden verziert.*

der ersten Besiedlung Urs (um 5000 v. Chr.). Diese Hütten waren unter einer mächtigen Schlickschicht begraben – das paßte zur biblischen Geschichte von einer großen Flut, die mesopotamische Mythen bestätigen. In der Nähe des Stufentempels hatten die Bewohner der Stadt Abfälle auf den Schlick getürmt, und in diesem Müll begruben sie in der Epoche von 2500 bis 2000 v. Chr. ihre Toten.

In den ersten Jahrhunderten wurden die toten Könige von Ur – mit hoher Wahrscheinlichkeit im Rahmen aufwendiger, allmählich umfangreicher werdender Riten in diesem Friedhof beigesetzt, zusammen mit vielen einfachen Bürgern. Woolley fand im Laufe der Zeit fast 2500 Gräber, von denen die meisten nur den Körper und mindestens einen oder zwei Töpfe enthielten. In manchen bürgerlichen Gräbern befanden sich hauptsächlich Waffen und Werkzeug aus Metall, Steingefäße, Perlen, Schmuck aus Halbedelsteinen und andere Gegenstände, die von anderswo herstammten. Die Königsgräber waren unterirdische Kammern, in vielen Fällen mit gewölbtem Dach, die man über eine Rampe oder einen Graben betrat. Keilschrifttafeln verraten, daß es sich um die Gräber der Könige Meskalamdug und Akalamdug, der

Königin Pu'abi und anderer Mitglieder des Herrscherhauses der Zeit um 2500 v. Chr. handelte.

Diese berühmten Gräber enthielten nicht nur Leichname, sondern auch die Überreste von Wagen und Ochsen sowie viele Skelette von Höflingen. Mensch und Tier waren offenbar geopfert worden, um den Toten im Jenseits dienen zu können. Die Könige von Ur brauchten allem Anschein nach eine Menge Diener, denn in einem Grab fand man die Gebeine von 68 weiblichen und 6 männlichen Gefolgsleuten, die allesamt immer noch in ihre prächtigen Gewänder gehüllt waren. In einem anderen Grab bewachen Soldaten mit Waffen und Ochsentreiber samt ihren Tieren den Zugang, und 9 Frauen mit goldenem Kopfschmuck liegen in der eigentlichen Grabkammer.

Wie es einem König gebührt, enthalten selbst die früh geplünderten Gräber noch eine erkleckliche Menge schöner und kostbarer Beigaben. Woolleys sorgfältige Grabungen in den Königsgräbern brachten einige der prachtvollsten sumerischen Kunstwerke ans Tageslicht, zum Beispiel die »Standarte von Ur«, eine mit Perlmutt und Lapislazuli eingelegte Tafel mit friedlichen und kriegerischen Szenen. Allerlei kunstvoll angefertigte Spielbretter, Darstellungen eines im Dickicht gefangenen Widders und Leiern waren mit geometrischen Mustern verziert. Auf einer Leier fand man sogar einen »gemalten Witz«: Sie zeigte eine Gruppe von Tieren, die Musikinstrumente spielten. Der Goldsilberhelm Meskalamdugs ist sowohl Ausdruck bemerkenswerter handwerklicher Kunstfertigkeit als auch königlichen Reichtums. Die zahlreichen einfacheren Gegenstände – Schmuck und Gefäße aus Gold und Silber, mit Asphalt eingelegte Straußeneier, Siegelzylinder aus Halbedelsteinen, Kosmetikschatullen und dergleichen mehr – unterstreichen durch ihr bloßes Vorhandensein die Macht des Herrschers.

Babylon

Babylon war bis etwa 1900 v. Chr. eine Kleinstadt. Der berühmte Gesetzgeber Hammurabi (1792–1750 v. Chr.) machte es zur Hauptstadt seines Reiches und erhob den Stadtgott Marduk zum Staatsgott. Mehr als 1000 Jahre später war Babylon das Zentrum einer anderen mächtigen Dynastie, die der assyrischen Vorherrschaft ein Ende machte und ein großes Reich schuf. König Nebukadnezar (604–562 v. Chr.) erneuerte die Stadt von Grund auf und ließ einen massiven Palast bauen, die Hängenden Gärten, den Stufentempel und den Marduktempel.

———————

Mehr als jede andere Stadt Mesopotamiens ist Babylon Teil der westlichen Geschichte. Es erinnert uns an den Turm zu Babel, an das Exil der Juden und an die biblische Geschichte von Daniel und den Schriftzeichen an der Wand. Griechische Gelehrte und Soldaten kannten den Ort und beschrieben die mächtige Stadtmauer, den Belstempel und die Hängenden Gärten, die zu den sieben Weltwundern zählen. Für viele ist diese Stadt ein Symbol der Unterdrückung und der Greueltaten, und ihre Zerstörung erinnert weltliche Herrscher an die Vergänglichkeit ihrer Macht. Babylon wurde nie vergessen. Im Mittelalter beschrieben Araber, in den letzten Jahrhunderten auch europäische Reisende seine Überreste, mitunter auf reißerische und phantasievolle Art und oft mit klassischen Büchern in der Hand. Systematische Ausgrabungen begannen jedoch erst gegen Ende des 19. Jahrhunderts. Damals machte sich der deutsche Archäologe Robert Koldewey daran, die Stadt Nebukadnezars auszugraben. Die assyrischen Paläste zu Ninive (s. S. 150) waren bereits fünfzig Jahre vorher aus der Erde befreit worden, trotzdem war Mesopotamien in seiner Gesamtheit noch wenig erforscht. Koldewey änderte dies durch seine intensiven Grabungen zwischen 1899 und 1917, die viele Bauwerke Nebukadnezars freilegten.

Es zeigte sich, daß Babylon eigentlich aus zwei Städten bestanden hatte. Die äußere Stadt war über 7 Quadratkilometer groß und von einer massiven, dreifachen Mauer mit Türmen in regelmäßigen Abständen umgeben. Wie Herodot geschrieben hatte, war die Mauer so breit, daß ein vierspänniger Pferdewagen darauf um die Stadt fahren konnte. In der nordöstlichen Ecke der äuße-

ren Stadt stand ein Palast, dessen heutiger Name Tell Babil seinen alten Namen widerspiegelt. Im Westen lag die innere Stadt, fast 5 Quadratkilometer groß und vom Euphrat in zwei Hälften geteilt. Innerhalb der mächtigen Mauern erhoben sich die Paläste und heiligen Bauwerke. Die meisten Monumentalbauten in Nebukadnezars Hauptstadt standen an einer Prachtstraße, die sich vom Ischtar-Tor gen Süden durch die innere Stadt erstreckte. Dieses hohe Tor, nach der Göttin der Liebe und des Krieges benannt, war mit Tierfiguren geschmückt. Der Hauptpalast, unmittelbar hinter dem Tor, enthielt Hunderte von Räumen mit Blick auf große Höfe. Eine ebenso große Festung war außerhalb der inneren Stadtmauer an den Palast angebaut, sie enthielt weitere königliche Wohnräume und ein Museum, in dem Nebukadnezar seine mesopotamischen Antiquitäten aufbewahrte. Einige unterirdische Räume mit Gewölbedecke und wasserdichten Wänden aus Asphalt könnten das Fundament der Hängenden Gärten gebildet haben. Fast einen Kilometer weiter südlich, an der Prachtstraße, ragten der Stufentempel und der Marduktempel empor. Der Stufentempel war ein typisch mesopotamischer Turm und damit zugleich auch einer der Vorläufer des Turms zu Babel, dessen ursprüngliche Höhe man nicht kennt. Der Tempel des Marduk, den die Griechen Bel nannten, enthielt auch Schreine, die anderen Göttern geweiht waren. Griechische Autoren, deren Zuverlässigkeit aus heutiger Sicht schwer zu beurteilen ist, berichteten, man habe für die Statue und andere Gegenstände des Mardukkultes über 20 Tonnen Gold benötigt und habe jährlich mehr als 2 Tonnen Weihrauch für die Riten verbraucht.

LINKS: Koldewey grub einen beträchtlichen Teil der inneren Stadt aus, darunter das monumentale Tor, das hier zu sehen ist.

RECHTS: Nachbau des Ischtar-Tors. Es war mit Drachen und Stieren aus gegossenen, eingelegten Ziegeln verziert. Die Ziegel waren blau, rot, gelb oder weiß lasiert, so daß sie sich gut vom farbigen Untergrund abhoben. Diese Technik wurde auch in Nebukadnezars Thronsaal angewandt und später von den Persern übernommen (s. S. 154).

Ebla und Keilschrifttafeln

Palast G ist das wichtigste Bauwerk aus der frühen Bronzezeit, das bisher in Ebla ausgegraben wurde. Die Arbeiten förderten einen großen Hof zutage, den eine mächtige Mauer und eine Treppe an einer Seite sowie einige Räume an der anderen Seite umrahmten. Der Palast enthielt viele aufregende Gegenstände, zum Beispiel Bruchstücke von geschnitzten Holzmöbeln, steinerne Intarsien

Als italienische Archäologen 1964 in Tell Mardich, dem alten Ebla – einer Stadt der Bronzezeit bei Aleppo im nördlichen Zentralsyrien –, zu graben begannen, fanden sie einige mäßig interessante Tempel und andere gut erhaltene Bauwerke. Dann stießen sie auf Überreste eines Palastes aus der frühen Bronzezeit (um 2500 v. Chr.), der etwa 20 000 Keilschrifttafeln enthielt. Bis dahin hatten die meisten Gelehrten selbstzufrieden angenommen, Mesopotamien sei im Nahen Osten jener Zeit wirtschaftlich und politisch ohne Rivalen gewesen.

Die Keilschrift des alten Nahen Ostens wurde in der ersten Hälfte des 19. Jahrhunderts entziffert. Dank dreisprachiger Inschriften in Persepolis (s. S. 154) und Behistun konnten die Gelehrten zuerst altpersische Keilschrifttexte lesen, dann Texte in der ostsemitischen akkadischen Sprache. Assyrologen entzifferten sodann die vielen Tafeln, die bei Grabungen in Palästen von Ninive (s. S. 150) und anderen

im sumerischen Stil, Siegelzylinder nach sumerischem Vorbild, in Ägypten hergestellte Steingefäße und einen 22 Kilogramm schweren Vorrat an Lapislazuli, der aus Ostafghanistan stammen dürfte. Dann, im Jahre 1974 stießen die Ausgräber in diesem Teil der Fundstätte auch auf einige Tontafeln – ein ungewöhnlicher Fund für das Syrien der frühen Bronzezeit. Die Entdeckung der auf diese folgenden Saison übertrumpfte jedoch alle anderen Funde: Es war im wahrsten Sinne des Wortes ein ganzes Archiv, auf dessen Boden alles in allem etwa 15 000 Tontafeln lagen.

mesopotamischen Städten gefunden wurden, und als man in Ur (s. S. 142) die viel älteren Tafeln in sumerischer Sprache ausgrub, waren auch diese lesbar. Die Sprache Eblas war Altwestsemitisch, das näher mit dem Hebräischen und Arabischen verwandt war als mit dem Akkadischen, der Sprache Mesopotamiens. Die Schreiber Eblas übernahmen einige Zeichen, die dann für ganze sumerische Wörter standen, sie benutzten aber auch Zeichen, um die Silben ihrer Sprache darzustellen. Da Eblaitisch mit gut bekannten Sprachen verwandt ist und man die Schrift bereits lesen konnte, war es im Grunde nicht allzu schwer, die Tontafeln weitgehend zu entziffern.

Eblas Tontafeln öffneten die Tür zu einer neuen Welt. Die meisten Tafeln enthalten Aufzeichnungen eines Beamten über Vieh- und Getreidebestände, Stofferzeugung und Metallverarbeitung, Außenhandel, Tempelopfer und andere staatliche Angelegenheiten. Die Texte beschreiben ein reiches, mächtiges Königreich, dessen Wirtschaft sich auf den Getreide-, Weintrauben- und Olivenanbau sowie auf zwei Millionen Schafe und eine halbe Million Rinder stützte. Die Schafe lieferten eine enorme Menge Wolle, aus der Weber Tuche fertigten, die den umfangreichen Außenhandel förderten.

Die Keilschriftzeichen auf den Tafeln aus Ebla ähneln jenen, die in Fara und Abu Salabik in Mesopotamien benutzt wurden.

Im alten Mesopotamien mischte sich der Staat oft in die Wirtschaft ein – er führte Listen von Arbeitswilligen in den Dörfern, verteilte Rationen an Arbeiter, führte Buch über den Besitz des Staates und so weiter. Einige wenige Texte auf den Tafeln waren staatsrechtlicher Art – offizielle Briefwechsel, Dekrete und Verträge –, andere enthielten mesopotamische Literatur, etwa eine Episode des Gilgamesch-Epos, sowie Wortlisten und Rechenaufgaben für Schulen.

Die Entdeckungen von Ebla riefen große Begeisterung, aber auch Streit hervor, die beide noch nicht abgeebbt sind. Mehrere vermutlich wichtige Textpassagen sind noch nicht entziffert. Eine Streitfrage betrifft das Alter des Palastes, des Archivs und des Königreichs Ebla. Der Schreibstil deutet auf eine Entstehung im 26. Jahrhundert v. Chr. hin, in einer Zeit also, da zahlreiche mesopotamische Stadtstaaten um die Vorherrschaft untereinander kämpften. Archäologische Funde lassen jedoch eher darauf schließen, daß der Palast Ende des 24. Jahrhunderts v. Chr. benutzt wurde, als Mesopotamien ein vereinigtes Reich war, das sich rasch über viele Gebiete des Nahen Ostens ausbreitete und auch Ebla einschloß. Die Datierung des Königreichs Ebla hat Einfluß darauf, wie wir heute seine Aufzeichnungen lesen. Eine weitere Unklarheit betrifft die Größe des Reiches: Viele der auf den Tafeln erwähnten Städte und Länder liegen in Palästina, im Libanon, in der Zentraltürkei und im Nordirak, und manche Gelehrte glauben, daß Ebla diese Gebiete wirtschaftlich beherrschte. Andere lesen dieselben Texte völlig anders und behaupten, es handle sich um Dörfer in der Nähe von Ebla, innerhalb Syriens, und das Königreich sei viel kleiner gewesen. Wie dem auch sei – die andauernden Grabungen in Tell Mardich haben syrische Reiche zutage gefördert, mit denen niemand gerechnet hatte. Sie existierten neben den mesopotamischen Stadtstaaten und waren ihnen an Kultiviertheit und Wohlstand ebenbürtig.

Holz ist in den Ruinenstädten des Nahen Ostens meist nicht gut erhalten. Es ist daher ungewöhnlich, daß es in Ebla reichlich zu finden ist. Viele Stücke waren einst Schnitzwerke, die Tische und andere Möbel schmückten: geometrische Bänder und Darstellungen von Löwen, die andere Tiere angreifen, aber auch von Soldaten. Diese Figur könnte den König darstellen. Sie trägt einen Turban sowie ein mit Rüschen besetztes Gewand sumerischer Herkunft und hält eine Doppelaxt an der Brust, vielleicht ein Symbol ihres Amtes.

Ninive und assyrische Paläste

F ranzösische und britische Diplomaten begründeten um das Jahr 1840 herum die mesopotamische Archäologie, als sie alte assyrische Paläste mit ihren monumentalen Skulpturen und Kunstwerken auszugraben begannen. Als Paul Emile Botta, der französische Konsul in Mosul, 1842 in Ninive zu graben anfing, war dies die erste zielgerichtete Grabung in Mesopotamien. Da ihn das Ergebnis jedoch bald enttäuschte, wandte er sich dem nahegelegenen Khorsabad zu, wo er mehrere Jahre lang den Palast des assyrischen Königs Sargon (721–705 v. Chr.) ausgrub. Der Engländer Austen Henry Layard, ein der Botschaft in Istanbul zugeteilter Offizier, begann 1845 mit seinen berühmten Ausgrabungen in Nimrud, wo er die zerstörten Paläste der Könige Assurnasirpal (883–859 v. Chr.), Salmanassar III. (858–824 v. Chr.) und Asarhaddon (680–669 v. Chr.) freilegte. In weniger als zehn Jahren gruben Botta und Layard drei assyrische Hauptstädte aus und füllten Ausstellungen im Louvre und im Britischen Museum zu London mit unzähligen prachtvollen Objekten der alten Kulturen, die man bis dahin nur aus der Bibel gekannt hatte.

Auch nach Botta und Layard zogen die assyrischen Hauptstädte Forscher an. Vor allem Engländer arbeiteten bis ins 20. Jahrhundert an Orten wie Ninive und Nimrud. Der *Daily Telegraph* finan-

Das assyrische Dreieck im Nordosten des Iraks wird vom Tigris und einem seiner großen Nebenflüsse zur Linken gebildet, die beide durch die hügelige Ebene im nördlichen Mesopotamien fließen. Vor etwa 8000 Jahren gab es in diesem Gebiet Dörfer früher Bauern, und hier gründeten die Könige der mächtigen assyrischen Reiche Städte und bauten prächtige Paläste.

zierte beispielsweise die Unternehmungen des George Smith, eines autodidaktischen Keilschriftexperten, der in den siebziger Jahren nach Ninive reiste, um Tontafeln mit den fehlenden Teilen der mesopotamischen Sintflutgeschichte zu suchen. Smith fand die Tafeln innerhalb einer Woche und berichtete in der Zeitung über seinen Fund. Sir Max Mallowan, Archäologe und Ehemann der Kriminalschriftstellerin Agatha Christie, machte im 20. Jahrhundert wichtige Entdeckungen in assyrischen Grabhügeln. Er entschleierte die Vorgeschichte Ninives und fand Elfenbeinschnitzereien nebst anderen Objekten in Nimrud.

Obwohl Ninive der traditionelle Sitz der assyrischen Könige war, ließen die Herrscher doch immer wieder neue Königsstädte errichten, zum Beispiel Nimrud und Khorsabad. Der mächtige und blutrünstige König Assurnasirpal II. gründete Nimrud und weihte seine neue Hauptstadt mit einem Bankett ein, an dem 50 000 Gäste teilnahmen, darunter die Vasallenfürsten des Reiches. In dieser Stadt, die Ehrfurcht einflößen sollte, standen der Palast des Königs und die Paläste Salmanassars III. und Asarhaddons sowie anderer seiner Nachfolger. Im Gegensatz dazu war Khorsabad im wesentlichen eine befestigte Palaststadt, die Dur-Scharukin genannt und die dann auch unter späteren Königen schließlich wieder aufgegeben wurde. In diesen Städten fand man einige der bekanntesten Beispiele assyrischer Palast- und Tempelarchitektur.

Ihrem Wesen nach waren die assyrischen Paläste kleine, befestigte Städte, die dicke Außenmauern und ausgeklügelt konstruierte Tore schützten. Oft standen sie innerhalb der Hauptmauer, jedoch in gebührender Entfernung von den Häusern, die den gewöhnlichen Bürgern gehörten. Die Raumblöcke und Korridore der Paläste waren um große Höfe herumgebaut. In diesen Blöcken – sie enthielten auch den Thronsaal und andere Räume von zeremonieller oder religiöser Bedeutung, Wohnräume, Küchen und andere Arbeitsräume sowie große Lagerräume – lebte der König mit seiner Familie und regierte das assyrische Reich. Ein großer Teil des Palastes war reich geschmückt. Große steinerne Statuen von Stieren mit Menschenköpfen – manche 3,6 Meter hoch – bewachten die Haupteingänge. Die Wände der für Zeremonien genutzten Räume und Gänge waren mit Alabastertafeln verkleidet. Eingemeißelte Bilder rühmten die Taten des Herrschers im Krieg, auf der Jagd und bei Riten. Diese sichtbare Propaganda zeigte den König als Quelle der assyrischen Macht, als Lebensspender und Beschützer einer kosmischen Ordnung. Jene Wächterfiguren und Alabasterreliefs, die Botta und Layard in Ninive, Nimrud und Khorsabad gefunden hatten, schmücken heute den Louvre und das Britische Museum. Die zahlreichen Reliefs – Layard behauptete, er habe allein in Sanheribs Palast in

Rekonstruktion des Palastes zu Khorsabad. Die assyrischen Paläste, von starken Mauern geschützt, waren kleine Städte für sich, mit Räumen zum Wohnen, Arbeiten und Ruhen, mit Tempeln und Stufentempeln.

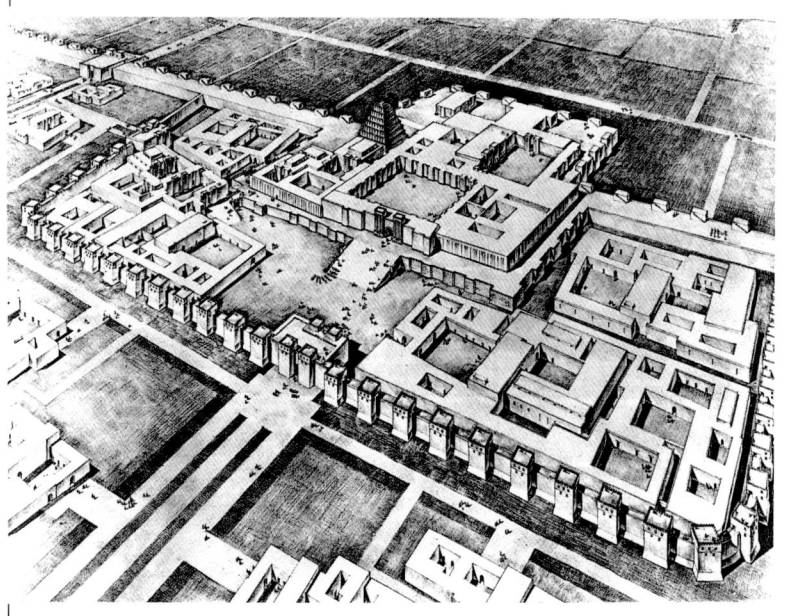

Statue eines geflügelten Stiers mit Menschenkopf aus Khorsabad. Diese massiven Statuen zu beiden Seiten der Tore sind typische Exemplare der assyrischen Kunst. Später gab es in Persien Nachahmungen davon (s. S. 154).

Ninive Wandreliefs mit einer Gesamtlänge von fast 3 Kilometern gefunden – lieferten wertvolle Informationen, die uns mehr als alles andere Einblick in die assyrische Geschichte, aber auch in das tägliche Leben der Menschen in der damaligen Zeit nehmen ließen.

Außerdem enthielten die assyrischen Paläste viele weitere Gegenstände von geringerer Bedeutung. Könige wie Sanherib und Assurbanipal besaßen ganze Bibliotheken mit Keilschrifttafeln, die die religiösen, literarischen und wissenschaftlichen Überlieferungen Mesopotamiens festhielten. Die Entzifferung der akkadischen Keilschrift in den Jahren nach 1850 machte die wertvollen Informationen verfügbar und die sumerischen Tafeln als Ganzes lesbar. Andere Tafelarchive berichten von den Finanzen des Palastes und der Regierung. Neben den Tafeln wurden in den Palästen vorwiegend geschnitzte Möbelbeschläge aus Elfenbein, behauene Steinaltäre und -stelen, Siegelzylinder, die Eigentum kennzeichneten, Gefäße aus Metall, Elfenbein, Stein und Keramik sowie viele andere Gegenstände des täglichen Lebens gefunden.

UNTEN: Assyrisches Wandrelief aus Nimrud. König Assurnasirpal II., der Erbauer der Stadt, führte wie seine Vorgänger häufig Krieg und ließ seine Erfolge auf Kunstwerken und in Chroniken rühmen. Nimrud, das die Untertanen mit seiner prachtvollen Anlage beeindrucken sollte, enthält viele schöne Alabastertafeln, die einst die Palastwände mit mehr oder weniger phantasievoll ausgeschmückten Berichten über den Heldenmut des Königs schmückten.

151

Mohendscho-daro und die Indus-Kultur

John Marshall, der Direktor der indischen Behörde für Archäologie, gab im Jahre 1924 die Entdeckung einer neuen Kultur bekannt. Mitglieder seines Amtes waren zu jener Zeit gerade damit beschäftigt, in Harappa und Mohendscho-daro in Nordwestindien (heute Pakistan) deren Überreste auszugraben. Spuren dieser Kultur hatte man schon mehr als hundert Jahre davor gefunden, als Ingenieure, die gebrannte Ziegel aus Harappa als Schotter für eine Bahnlinie benutzten, darauf mehrere Siegel mit unbekannten Schriftzeichen entdeckten. Im 19. Jahrhundert glaubten die Archäologen jedoch, die Kulturen Indiens seien erst um 1000 v. Chr. entstanden, und Experten ordneten die seltsamen Siegel der Zeit Buddhas zu, also dem 5. oder 6. vorchristlichen Jahrhundert. Fast unmittelbar nach Marshalls Bekanntgabe fiel Archäologen auf, daß ähnliche Artefakte wie am Indus auch in Mesopotamien gefunden worden waren – die »neue« Kultur mußte also viel älter sein, damit eine Verbindung überhaupt möglich gewesen war.

Die Indus- oder Harappa-Kultur war die erste große Kultur Indiens. Diese Kultur der Bronzezeit (etwa 2500–2000 v. Chr.) schuf große Städte wie Mohendscho-daro und Harappa sowie zahllose Dörfer im ganzen Industal im heutigen Pakistan, aber auch im Süden bis Gujarat und ostwärts bis Delhi im heutigen Indien. Obwohl Mohendscho-daro bereits vor über 50 Jahren ausgegraben wurde, vermittelt es uns noch heute das beste Bild vom Leben des Indusvolkes.

Bis heute haben Archäologen Hunderte von Städten und Dörfern im Industal ausfindig gemacht und Dutzende ausgegraben. Obwohl viel Zeit vergangen ist, seitdem Marshall und seine Mitarbeiter zehn Jahre lang in Mohendscho-daro gegraben haben, wird diese Stadt immer noch am gründlichsten erforscht. Mohendscho-daro bestand wie viele Städte der Indus-Kultur aus zwei Teilen: aus einem Kastell und einer unteren Stadt, die ein leerer Streifen (in anderen Städten eine Mauer) trennte. Das Kastell enthielt einige öffentliche Gebäude, die auf einem massiven Granitplateau standen. Dieses Plateau bedeckte etwa 8 Hektar Land und lag ungefähr 6 Meter über dem Überschwemmungsgebiet des Indus.

Die Bauwerke aus gebrannten Ziegeln dienten in ihrer Gesamtheit als Verwaltungszentrum. Unter ihnen befanden sich ein großer, belüfteter Kornspeicher, ein gemauertes Wasserbecken – das »Große Bad«, das wahrscheinlich zur rituellen Reinigung benutzt wurde –, eine Zimmerflucht, die Marshall für Priesterwohnungen

OBEN RECHTS: Siegel aus Harappa mit Indusschrift und der Abbildung eines Höckerstiers. Die Schrift ist trotz vieler Versuche bis heute unentziffert. Alle Inschriften sind ziemlich kurz – meist enthalten sie nur fünf oder sechs Zeichen – und stehen wahrscheinlich für Namen und Titel.

Links: Das Kastell in Mohendscho-daro. Im Vordergrund ist das Große Bad zu sehen, und die buddhistische Stupa ragt im Hintergrund empor. Die Stupa, ein Kuppelbau aus Ziegeln, der heilige Reliquien enthält, wurde mehrere tausend Jahre nach dem Untergang der Stadt auf dem Kastell errichtet.

hielt, und eine große Säulen-halle. Die untere Stadt, wo die Menschen lebten und arbeiteten, war fast 101 Hektar groß und hatte schätzungsweise 40 000 Einwohner. Die Hauptstraßen waren bis zu 9 Meter breit und bildeten ein regelmäßiges, offensichtlich geplantes Gitter einander rechtwinklig schneidender Linien. Die Toiletten der Häuser waren an die überraschend durchdacht gebauten Abwasserkanäle unter den Straßen angeschlossen. In den Blöcken der Stadt gab es Wohnungen, Mietskasernen und Werkstätten. Die Einzelhäuser, die um Höfe herum gebaut waren, enthielten ein bis zwölf Räume mit Treppen, die zum Dach oder in höhere Stockwerke führten.

Handwerker arbeiteten in Werkstätten, die sich in verschiedenen Stadtteilen aneinanderdrängten. Sie stellten Waren für den Alltag her: Töpferwaren, die mit Pflanzen-, Fisch- und Tiermustern bemalt waren; Armreife aus großen Meeresmuscheln; Karneolperlen mit eingeätzten weißen geometrischen Mustern; rechteckige Siegelstempel aus Speckstein. Die Siegel tragen überwiegend eine kurze Inschrift, ebenso die Amulette und, weniger oft, verschiedene andere Gegenstände. Allen Bemühungen zum Trotz ist die Schrift bislang nicht entziffert worden. Viele Gelehrte glauben, daß die Indussprache der drawidischen Sprachfamilie angehörte, die heute aus Tamilisch und anderen südindischen Sprachen besteht.

Die Indus-Kultur bleibt auch siebzig Jahre nach ihrer Entdeckung ein Rätsel. Obwohl ihre Städte bis zu 1200 Kilometer – die Distanz zwischen dem Indischen Ozean und dem Fuß des Himalaya – voneinander entfernt sind, ähneln sich Bauweise, Kunst und allerlei Gegenstände in ihrem großen Gebiet sehr, ja, sind manchmal identisch. Die Architektur läßt auf Städteplanung und eine weitgehend reglementierte Gesellschaft schließen, aber bisher wurde kein Bauwerk entdeckt,

das man als »königlich« bezeichnen könnte. Viele Gelehrte halten eine Religion für die einigende Kraft der Harappa-Kultur, glauben, daß sie von Priesterkönigen regiert wurde, deren Macht auf Ritualen und Göttern basierte. Manche Elemente der Induskunst erinnern sehr an das spätere Indien, und vielleicht hat das heutige hinduistische Indien viel von der Indus-Kultur übernommen. Archäologische Forschungen der letzten Jahre bestätigen immer mehr die stetige stilistische Entwicklung der Töpferwaren und anderer Alltagsgegenstände von der Indus-Kultur bis zur Eisenzeit – der Zeit Buddhas –, die in Indien tausend Jahre später begann.

Statue eines Priesterkönigs aus Mohendscho-daro. Die bärtige Figur aus Speckstein trägt ein Emblem auf der Stirn, und der Mantel ist mit einem Kleeblattmuster verziert, das möglicherweise Sterne symbolisiert. Ursprünglich war die Statue mit verschiedenen Farben bemalt, und die Kleeblätter waren mit einer roten Masse gefüllt.

Persepolis

Um die Mitte des 6. Jahrhunderts v. Chr. besiegte der Perser Kyros die Meder, die Lyder und die Babylonier und gründete ein Reich, das sich von Baktrien in Zentralasien bis zum Mittelmeer erstreckte. Sein Nachfolger Kambyses unterwarf Ägypten, starb aber kurze Zeit später während eines Putschversuches. Unter verdächtigen Umständen kam Dareios an die Macht, der zunächst einen Aufstand niederschlagen mußte. Trotz dieses wackeligen Starts befriedete er das Reich und teilte es in Provinzen (Satrapen) ein. Sein Sohn und Nachfolger Xerxes versuchte vergeblich, Griechenland dem Reich einzugliedern, und die berühmten Schlachten bei den Thermopylen, bei Marathon und bei Salamis wurden später zu Symbolen des Freiheitskampfes gegen eine scheinbare Übermacht. Das persische Reich zerfiel, als Alexander der Große in Asien eindrang und die persischen Könige zwischen 333 und 323 v. Chr. besiegte.

Kyros baute in Parsagadae im Land Parsa einen königlichen Ruhesitz, und an diesem Ort ließen sich viele spätere Könige krönen. Dareios begann mit der Errichtung einer neuen Hauptstadt, die die Griechen Persepolis nannten. Das Zentrum dieser neuen Stadt bildete eine 435 mal 310 Meter große steinerne Terrasse, die sich gut 15 Meter über die Ebene erhob. Viele wichtige Gebäude

Die Perser schufen im 6. Jahrhundert v. Chr. ein Weltreich. Sie eroberten Länder von Zentralasien bis Ägypten und bis zur westlichen Türkei. Obwohl sie vom Hochland im Südwesten des Irans kamen, machten sie Babylon und später Susa zu ihrer Hauptstadt. Die persischen Könige vergaßen ihre Heimat (das Gebiet des heutigen Schiras) jedoch nie – dort bauten und besuchten sie Städte für zeremonielle Anlässe, und dort errichteten sie ihre Gräber. Eine dieser Städte war Parsagadae, eine andere, etwas jüngere und heute besser erhaltene, Persepolis.

waren mit Reliefs verziert, auf denen der König und seine Gefolgsleute, persische Soldaten und Beamte sowie Abgesandte aus verschiedenen tributpflichtigen Teilen des Reiches dargestellt waren. Das Ende von Persepolis war zugleich das Ende des persischen Reiches. Alexander der Große besetzte die Stadt im Jahre 330 v. Chr. und ließ sie nach einer nächtlichen Siegesfeier bis auf die Grundmauern niederbrennen – angeblich aus Rache für die Brandschatzung Athens durch die Perser 150 Jahre davor.

Die Perserkönige ließen auch im westlichen Iran Monumentalbauten zurück. Dareios, Xerxes und mehrere spätere Könige wurden in Naksh-i Rustam in Gräbern, die man in den Fels schlug, bestattet. Die Grabeingänge wurden so zubehauen, daß sie wie Fassaden von Säulenbauwerken aussahen, und Reliefs sowie Inschriften über ihnen rühmten den jeweiligen König als Herrn des Landes. Dareios ließ bei Behistun im Westiran eine lange, dreisprachige Inschrift in eine Felswand einmeißeln, die seine Thronbesteigung rechtfertigt und vom Bürgerkrieg nach Kambyses' Tod berichtet. Das zugehörige Relief stellt die besiegten

auf der Terrasse standen ihrerseits auf Plattformen und hatten eigene Treppen. Dazu gehören das Schatzhaus, die Paläste des Dareios und des Xerxes sowie der Versammlungsraum (Apadana). Viele dieser monumentalen Bauwerke waren Säulenhallen, und einige ihrer Säulen stehen heute noch. Große Statuen geflügelter Stiere bewachten wie in assyrischen Palästen (s. S. 150) die Tore. Treppen und Wände

und gefesselten Aufrührer dar, über die Dareios Gericht hält. Persepolis, Behistun und die anderen königlichen Bauten wurden im Gegensatz zu vielen anderen alten Städten nicht vergessen. Wie der Parthenon in Athen blieb Persepolis jahrhundertelang den Elementen ausgesetzt, und europäische Reisende kamen mit Beschreibungen und Zeichnungen der Ruinen nach Hause. Sorgfältig angefertigte, aus dem 18. Jahrhundert stammende Kopien ihrer Keilschrifttexte legten den Grundstein für die Entzifferung. So lieferte die dreisprachige Inschrift von Behistun den Schlüssel zur älteren akkadischen Sprache (s. S. 148) und somit zu den Geheimnissen des

Persepolis. Das Bild zeigt die Terrasse mit den Umrissen einzelner Gebäude.

alten Mesopotamien. Die meisten Wissenschaftler befaßten sich mit der historischen Bedeutung der Architektur, der Kunst und der Inschriften. Sie untersuchen – mit Hilfe moderner, immer weiter verfeinerter Methoden – die Entwicklung und Verwaltung des Reiches, seine ethnische Zusammensetzung, den Einfluß der griechischen Architektur und so weiter. Ausgrabungen haben eine schier unerschöpfliche Vielfalt architektonischer Details, aber auch Archive mit Tontafeln, Münzen, Inschriften auf Grundmauern sowie Töpfe und andere Gegenstände des täglichen Lebens zutage gefördert und dadurch manche Frage beantwortet.

RECHTS: Das Grab von Kyros in Parsagadae. Zwar wurde die Stadt bald von Persepolis übertrumpft, doch als Stadt des Reichsgründers blieb sie ein Symbol des persischen Erbes. Die Reste der Palastbauten und auch das Grab des Kyros dienten noch im 20. Jahrhundert dem Schah von Persien als Rechtfertigung für die Gründung eines neuen persischen Reiches.

UNTEN: Königsgrab in Naksch-i Rustam. Dareios und Xerxes sowie mehrere spätere Könige ließen ihr Grab in diese Felswand bei Persepolis schlagen. Die Eingänge wurden so zubehauen, daß sie wie die Fronten von Säulenbauten aussahen. Reliefs und Inschriften über den Toren preisen jeden toten König als Herrscher des Reiches. Noch tausend Jahre später ließen Könige ihre eigenen Reliefs in die Sockel der Gräber einmeißeln.

Die gefrorenen Gräber von Pasyryk und Ukok

Bis zur Entdeckung des Gletschermannes (s. S. 84) in den Alpen waren die Gräber in Pasyryk im sibirischen Altaigebirge die bekanntesten Funde in Eis. Sie wurden zwischen 1929 und 1949 ausgegraben und stammen aus der Eisenzeit (um 400 v. Chr.). Man fand nicht nur hervorragend erhaltene Leichname von Menschen und Pferden, sondern auch viele Stoff- und Lederwaren. Vor kurzem wurde ein ähnliches, ebenso prächtiges Grab in Ukok entdeckt. Solche Funde liefern den Archäologen nicht selten wichtige Erkenntnisse über die Gesellschaften der Eisenzeit in diesem Gebiet, aber auch über die Völker, mit denen sie Kontakte hatten, vor allem in China und Persien.

Die Gräber von Pasyryk sind sich nur wenig über die Umgebung erhebende, mit Steinen bedeckte Hügel. Die großen, von dem russischen Archäologen Sergej Rudenko geöffneten Gräber haben Durchmesser zwischen 36 und 46 Metern. Jeder Hügel birgt ein zentrales Schachtgrab in 4 bis 5 Metern Tiefe. Die Schächte wurden gewiß in der wärmsten Zeit des Jahres gegraben, zu jeder anderen Zeit wäre der Boden hartgefroren gewesen, und jeder Versuch, auch nur ein bescheidenes Grab auszuheben, hätte

Gefrorene Gräber im sibirischen Altaigebirge enthielten mumifizierte Überreste von tätowierten Menschen und ihren Pferden sowie üppige Grabbeigaben aus der Eisenzeit. Dieses Reitervolk hatte Kontakte zu China und Persien, die sich in den gefundenen Textilien widerspiegeln. Gold- und Silberschmuck, Holzmöbel und Kleider künden vom Wohlstand dieser eisenzeitlichen Siedlung.

---

unweigerlich zum Scheitern verurteilt sein müssen. In den Schächten befanden sich hölzerne Kammern und darin zwei Kisten aus Baumstämmen, die Grabbeigaben enthielten. Über ihnen waren weitere Baumstämme und mächtige Steine aufgeschichtet, die den Schacht bis zur Basis des Hügels auffüllten.

Nach dem Bau der Gräber stieg die verbliebene Warmluft in den Kammern bald nach oben. Wasserdampf kondensierte an den Steinen der Füllung und tropfte wieder nach unten. Auch Feuchtigkeit von außen drang nach und nach in die Kammern ein. Die durchnäßten Leichname und ihre Beigaben erstarrten im kalten sibirischen Winter – vermutlich innerhalb kürzester Zeit – zu Eis. Mehr als zwei Jahrtausende lang isolierten die Hügel die gefrorenen Gräber und verhinderten ein Auftauen auch dann, wenn es draußen Frühling und Sommer wurde – soweit diese beiden Begriffe unter den klimatischen Bedingungen Sibiriens eine Bedeutung haben. Die einzigen Störenfriede waren Grabräuber, die in sämtliche Gräber eindrangen und viele Beigaben stahlen. Was sie zurückließen, war aber noch derart außergewöhnlich, daß wir über den ursprünglichen Reichtum der Gräber nur Mutmaßungen anstellen können.

Grab 2 war am wenigsten geplündert – vermutlich weil es besonders hart gefroren war – und enthielt die prachtvollsten Funde. In der Grabkammer, die mit Wandbehängen aus Filz verkleidet war, lagen die einbalsamierten Leichen eines Mannes und einer Frau in ihrem aus einem ausgehöhlten Lärchenstamm bestehenden Sarg. Auf dem Sarg befanden sich ausgeschnittene lederne Schattenrisse von Hirschen. Phantastische Tätowierungen bedeckten die Arme und ein Bein des Mannes, sie stellten Fabeltiere und wirkliche Tiere dar, zum Beispiel Greife, Widder, Vögel, Schlangen und Hirsche. Außerdem enthielt der Sarg eine Wolldecke, die man um die Leichen gewickelt hatte, und Kleidungsstücke aus Leinen. In der Kammer befanden sich darüber hinaus weitere Kleider und Textilien, Lederwaren und hölzerne Möbel sowie Schmuck und Spiegel aus Gold und Silber. Die anderen Hügel waren weitaus schlimmer geplündert, so daß

Ein Wandbehang aus Filz im Grab 5 in Pasyryk.

viele der verbliebenen Gegenstände verrottet waren; doch der Rest läßt auf eine ursprünglich ähnlich reichhaltige Ausstattung schließen. Die Objekte aus Pasyryk kann man heute in der Eremitage von St. Petersburg besichtigen.

Nur wenig geplündert waren die Pferdegräber – 7 bis 14 davon gab es in jeder Gruft –, die sich an einer Seite der Hauptkammern befanden. Einige Pferdekörper waren erhalten, am besten im Grabhügel 5, der auch Zügel, Sättel und Pferdedecken enthielt. Zwischen den Pferden stand ein großer, vierrädriger Wagen mit einem Filzbaldachin, der mit applizierten Schwanfiguren verziert war.

Das Grab in Ukok mit dem eisgefüllten Sarg am Vorabend der Entdeckung der Mumie.

Der Arm eines Häuptlings in Pasyryk war mit Fabeltieren tätowiert.

Die Gräber von Pasyryk wurden auch durch recht unbeholfene Grabungsmethoden beschädigt. Im Sommer 1993 entdeckte die russische Archäologin Natalja Polosmak jedoch ein nicht geplündertes Grab in Ukok, in der Steppe des Altai-Gebirges an der chinesischen Grenze. Sie legte den Hügel fachmännisch frei und fand ein unversehrtes gefrorenes Grab mit dem tätowierten Leichnam einer Frau in einem Holzsarg samt allerlei Textilien, Lederwaren und Holztabletts mit Hammel- und Pferdefleisch. Gleich neben der Grabkammer fand man die Kadaver von sechs Pferden, die allesamt durch einen Schlag auf den Kopf getötet worden waren. Strähnen aus ihren kastanienbraunen Mähnen und Sattelüberzüge aus Filz waren außergewöhnlich gut erhalten.

Die Menschen, die ihre Toten in solchen Gräbern bestatteten, waren berittene Nomaden und Schafzüchter. Mit ihnen haben die heutigen zentralasiatischen Nomaden vieles gemein. Die Skythen, die nicht allzu weit entfernt in den Steppen nördlich des Schwarzen Meeres lebten, setzten Mitglieder ihrer Elite ebenfalls in reich ausgestatteten Gräbern bei, und Tiere spielten eine große Rolle in ihrer Kunst. Ähnliche Muster und die Verwendung von Seide beweisen, daß diese Völker schon in der damaligen Zeit über gewaltige Entfernungen, namentlich mit Persien und China Handel trieben: Moderne wissenschaftliche Methoden wie die DNS-Analyse werden uns bald mehr über den Alltag dieser Menschen verraten.

Die Mumie einer tätowierten Frau in einem Holzsarg nach dem Auftauen. 1995 wurde in Sibirien der 3000 Jahre alte Leichnam eines Mannes mit einer Elchtätowierung entdeckt.

Masada

Der Felsen von Masada, der die Wüste an der West-küste des Toten Meeres hoch überragt, ist der am dramatischsten anmutende archäologische Fundort in Israel – sowohl hinsichtlich seiner Lage als auch seiner Bedeutung für Israels Geschichte.

König Herodes baute auf dem Felsen von Masada zwischen 36 und 30 v. Chr. eine Festung, in die er sich in Notzeiten zurückzuziehen gedachte. Sie enthielt gewaltige Wasserzisternen, die die Garnison im Falle einer Belagerung versorgen sollten. Neben dem großen Palast gab es noch Badehäuser und einen kleinen Palast auf drei Terrassen an der Nordspitze des Felsens. Von dort hatte man stets eine herrliche Aussicht.

Von 1963 bis 1965 grub der israelische Archäologe Jigael Jadin diese Bauwerke aus. Seine Arbeit erlangte aus einem besonderen Grund Bedeutung: Dank seiner militärischen Ausbildung gelang es ihm, eine große Grabung in unwirtlichem Gelände mit Freiwilligen aus vielen Ländern zu organisieren, und sein Erfolg war deshalb auch ein Triumph der Logistik. Außerdem stärkten die Grabungen das Nationalgefühl des jungen Staates Israel, denn in Masada hatten sich an diesem Ort in grauer Vorzeit Juden gegen eine gewaltige Übermacht verteidigt, und das erinnert nicht wenige Menschen unserer Tage an ihre eigene Situation.

Im Jahre 73 n. Chr. schlugen die Römer im Lande die erste jüdische Rebellion nieder, die 66 begonnen hatte. Nur in der Festung Masada leisteten 967 jüdische Männer, Frauen und Kinder über viele Monate hinweg schier unbeugsamen Widerstand gegen die zehnte Legion. Da ein direkter Angriff unmöglich war, zogen die Römer mit immensem Aufwand an Mensch und Material eine 3,2 Kilometer lange Mauer um den Berg und schlugen acht feste Lager auf. Zudem errichteten sie an der Westseite des Felsens eine gigantische Rampe. Der jüdische Historiker Josephus berichtet über den Kampf um Masada, dessen Spuren noch heute sichtbar sind, in seinem *Jüdischen Krieg*. Jadins Mannschaft entdeckte Material aus der Belagerungs-

Blick auf den Felsen von Masada am Ufer des Toten Meeres, der eine natürliche Festung bildet.

Der dreistufig gebaute Sommerpalast des Königs Herodes an der Nordspitze von Masada. In seinem Jüdischen Krieg *berichtete der Historiker Josephus von der Belagerung durch die Römer.*

zeit, zum Beispiel zwei Bauten für rituelle Bäder und eine Synagoge. Unter den kleineren Funden sind Schriftrollen des Alten Testaments, von denen zwei unter dem Boden der Synagoge vergraben worden waren, ehe die Römer die Festung erstürmten. Noch faszinierender waren elf *ostraka*, Fragmente von Töpferwaren, die mit Personennamen beschriftet waren. Es könnte sich um die Besitzer der Gefäße handeln, Josephus aber bot eine andere Erklärung an: Bevor die Römer Masada einnahmen, begingen die Verteidiger eine Art Massenselbstmord – Männer töteten ihre Familien, zehn durch das Los bestimmte Männer töteten die Verbliebenen, und ein Ausgeloster tötete seine Gefährten. Die Scherben könnten also – sofern diese Erklärung zutrifft – die Lose dieser schrecklichen Lotterie gewesen sein!

Die Schriftrollen vom Toten Meer

Durch Zufall wurde im Winter 1946/47 in einigen Höhlen in den Felsen an der Nordwestküste des Toten Meeres (rechts) Bibeltexte entdeckt. Beduinen fanden unter ungeklärten Umständen einige auf Leder und Pergament geschriebene Dokumente in Krügen, die offenbar bewußt in diesen Höhlen zurückgelassen worden waren. Eine gründliche Suche förderte weitere Schriftrollen und Fragmente zutage, darunter zwei Kupferrollen, die 1952 entdeckt wurden. Manche

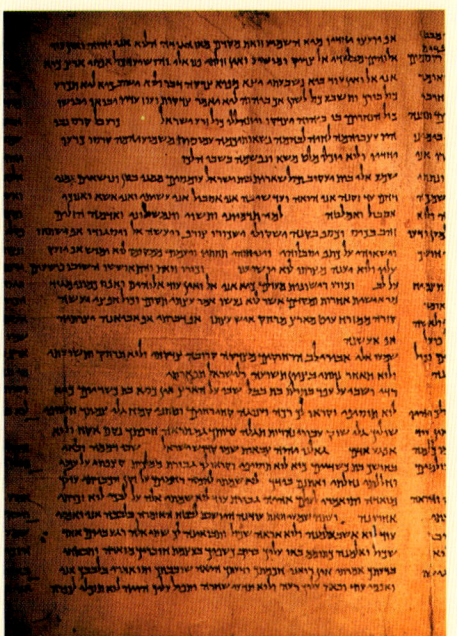

Dokumente enthalten Bibeltexte, zum Beispiel eine 7 Meter lange Rolle (links ein Ausschnitt), deren Thema das Buch Jesaja ist – es ist die älteste bekannte Abschrift dieses Textes. Unter den nichtbiblischen Schriften ist das »Manual der Disziplin«, das einige Gelehrte für das Regelbuch einer mönchischen Gemeinschaft halten.

Auch Qumran liegt an der Westküste des Toten Meeres in der Nähe einiger Höhlen, die Schriftrollen enthielten.

Es kann sein, daß Qumran seit Ende des 2. Jahrhunderts v. Chr. von Essenern bewohnt war, Mitgliedern einer jüdischen Sekte, die viel mit den ersten Christen gemein hatte. Möglicherweise beschlossen sie während der ersten jüdischen Rebellion, ihre heiligen Bücher vor den Römern zu verstecken, die im Begriff waren, den Aufstand niederzuschlagen, Jerusalem zu plündern und den Tempel zu zerstören.

DER FERNE OSTEN

Peking- und Javamensch

Eugène Dubois, ein junger holländischer Arzt, entdeckte die ältesten Fossilien des *Homo erectus* (»aufrechter Mensch«) in Zentraljava. Er war davon überzeugt, daß die »fossilen Vorläufer des Menschen« in Asien zu suchen waren. Dubois arbeitete ab 1887 in einem Krankenhaus der holländischen Kolonie Indonesien und suchte in seiner Freizeit nach Höhlen. Nach seiner ersten »Entdeckung« – einem Fossil, das Arbeiter in einem Marmorsteinbruch gefunden hatten –, begann er in der trockenen Jahreszeit im Flußkies bei Trinil zu graben. Hier hatte er schließlich in den Jahren 1890 bis 1892 das Glück, zu finden, was er suchte: eine Schädeldecke, einen Oberschenkel-

Der Ahne des heutigen Menschen, der Homo erectus, stammt wohl aus Afrika (s. S. 21). Bald nachdem er vor etwa 2 Millionen Jahren Steinwerkzeuge erfunden hatte, breitete er sich rasch in der Alten Welt aus. Nach neuen Funden in China und Indonesien sind die ältesten dort bisher entdeckten Fossilien des Homo erectus rund 1,8 Millionen Jahre alt. Diese Datierung ist jedoch umstritten.

knochen und zwei Backenzähne eines echten »fehlenden Gliedes«. 1894 gab er die Entdeckung des *Pithecanthropus erectus* (des »aufrechten Affenmenschen«) bekannt, einer Übergangsform zwischen dem Affen und dem Menschen.

Die größte Gruppe von *Homo-erectus*-Fossilien fand man 1921 in China südwestlich von Peking in einem Höhlenverbund. Franz Weidenreich, ein Anthropologe, dessen Messungen und Beschreibungen der Spezies bald allgemein anerkannt werden sollten, analysierte die Gebeine. Leider gingen die Fossilien, mit denen er gearbeitet hatte, während des Zweiten Weltkrieges bei einem Transport verloren, und nur die Gipsabdrücke sind erhalten geblieben. Aber in den sechziger und siebziger Jahren unseres Jahrhunderts fand man in den Höhlen bei Peking weitere Knochen sowie Asche und Samen aus dem mittleren Pleistozän. Die Funde erlauben Rückschlüsse auf die Lebensweise des frühen *Homo erectus* und auf Klimaveränderungen, von denen er betroffen war. Wenn unsere Vorfahren in Höhlen lebten, mußten sie sich mit Hyänen und anderen Höhlenbewohnern auseinandersetzen. In der Tat haben diese Tiere offenbar die meisten jener Tierknochen herbeigeschleppt, die man in jenen Höhlen fand: Nur an wenigen sind Spuren einer Schlachtung oder Zubereitung zu sehen, und Knochenwerkzeuge lassen sich überhaupt nicht nachweisen. Die Zusammensetzung der Tierknochen in den Höhlenschichten zeigt, daß sich das Klima im Zeitraum zwischen vor 500 000 und vor 230 000 Jahren laufend verändert hat: Es wurde erst wärmer, dann wieder kälter.

Die menschlichen Fossilien, die 500 000 bis 200 000 Jahre alt sind, stammen aus einem Kalkstein-Karst-Komplex. Bisher rechnet man sie ein und derselben Gruppe zu, doch manche Forscher halten es nicht für ratsam, Material aus einem so langen Zeitraum einfach auf einen Hau-

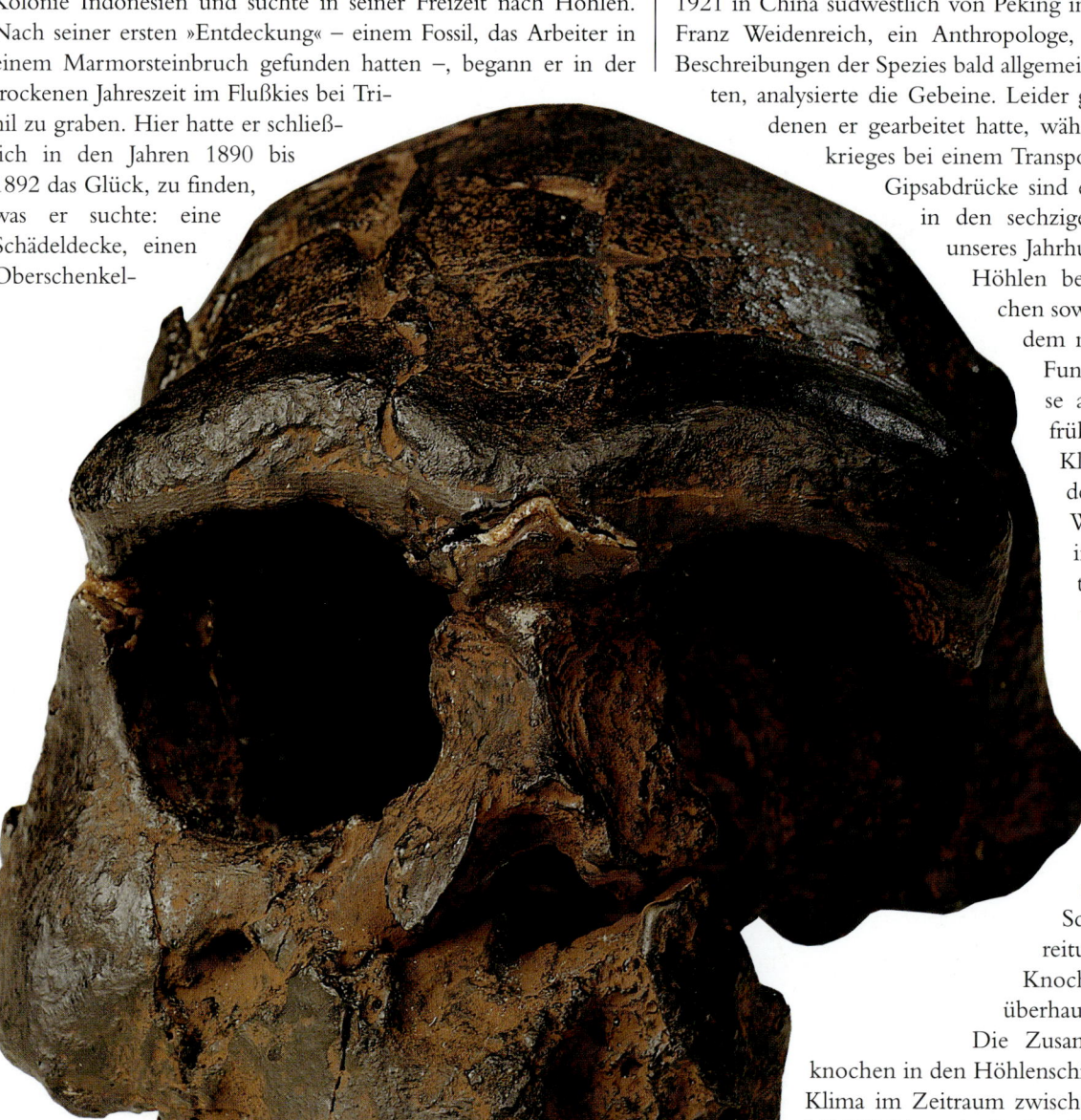

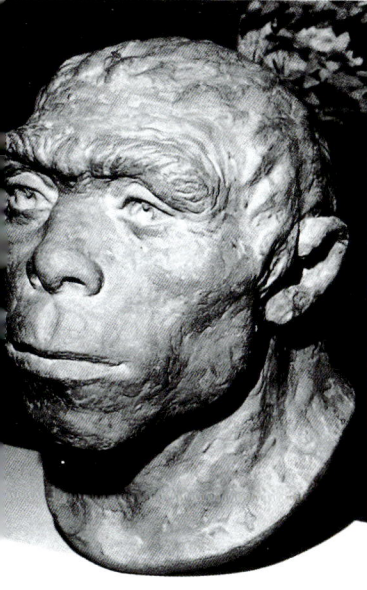

OBEN: *Nachbildung eines Peking-menschen nach Fossilienfunden.*

RECHTS: *Der Höhlenkomplex bei Peking, wo zahlreiche Fossilien des* Homo erectus *entdeckt wurden.*

LINKS: *Dieser fossile Schädel eines Javamenschen war einer der ersten Funde auf der Suche nach dem »fehlenden Glied«.*

fen zu werfen, als könne es sich bei einer Zeitspanne von 300 000 Jahren auch nur annähernd um ein und dieselbe Epoche handeln. Dennoch haben die Gebeine offenbar miteinander mehr gemein als mit Fossilien von angeblichen Übergangsformen, die – wie der Maba- und der Lichuangmensch aus Südchina – als Vertreter des *Homo sapiens* gelten. Einige charakteristische Züge des *Homo erectus* in China finden wir bei den heutigen Asiaten wieder, und ostasiatische Anthropologen werten dies als Beweis für die genetische Stetigkeit und die kleinräumige Entwicklung

der modernen Menschen. Molekularbiologen bezweifeln das. Sie behaupten, unsere Spezies sei vor 200 000 bis 120 000 Jahren in Afrika und Südwestasien entstanden und habe sich danach allmählich in die Alte Welt ausgebreitet und den älteren *Homo erectus* verdrängt. Nach dieser Ansicht – sie wird auch »Eva-Hypothese« genannt – gibt es keine kleinräumige Evolution und Stetigkeit. Die Auseinandersetzung über die Fossilien im Westen wie im Osten und über ihre genetischen Merkmale ist längst nicht beendet.

Chinesische und indische Felskunst

Wie alle Teile der Welt ist auch Asien reich an Felskunst aus vielen Epochen, von der Urgeschichte bis zur buddhistischen Zeit. Während die Welt erst jüngst davon erfuhr, hat die örtliche Bevölkerung diese Kunstwerke seit Menschengedenken gekannt.

Obwohl die chinesische Felskunst erst im 20. Jahrhundert allgemein bekannt wurde – das gilt selbst für die chinesische Forschung –, ist sie schon länger bezeugt als jede andere Felskunst. Li Daoyuan, ein Geograph des 5. Jahrhunderts, schrieb ein Buch über seine Reisen und erwähnte etwa zwanzig Orte mit Felskunst in der Hälfte aller chinesischen Provinzen. Er beschrieb auch die angewandten Techniken (Gravierung oder Malerei) und die Motive (Tiere, Götter sowie Menschen- und Tierspuren). Heute ist Felskunst in vielen Teilen Chinas bekannt, aber zwei Orte sind beson-

ders bemerkenswert. In den Bergen und Grasländern der Inneren Mongolei fand man Tausende von Petroglyphen, also vorgeschichtliche Felszeichnungen, darunter zahlreiche »Masken« im Helangebirge. Felsmalereien wurden am Fluß Zuo-Jiang im Südwesten nahe der Grenze zu Vietnam entdeckt. Die große Felswand namens Huashan (»Blumenberg«) ist die größte Felskunsttafel der Welt: Sie ist über 200 Meter breit und 40 Meter hoch. Auf ihr befinden sich 1819 rote Figuren, die 30 Zentimeter bis 3 Meter hoch sind. Die meisten stellen wohl Häuptlinge, Zauberer oder Krieger dar. Anschei-

UNTEN LINKS: *Detail der Felswand in Huashan (Südwestchina) mit Menschenfiguren, einem Hund, Schwertern mit Ringgriff und Bronzetrommeln.*

RECHTS: *Zwei gemalte Tiere in Bhopal (Indien), vielleicht eine Rehkuh mit ihrem Kitz. Man beachte die typischen geometrischen Muster innerhalb der Umrisse dieses wohl prähistorischen Bildes.*

Unten rechts: *Eingemeißelte Buddha- und Bodhisattwafiguren an einer Felswand beim Pulmunsa-Tempel in Kyongju (Korea). Die historische Felskunst unterscheidet sich von ihren prähistorischen Vorläufern sowohl in der Technik als auch in den Motiven.*

nend sind unter anderem auch Bronzetrommeln und Schwerter mit Ringgriffen abgebildet, so daß die verschiedenen Kunstwerke ungefähr 2000 Jahre alt sein dürften.

Auch in Indien ist Felskunst weit verbreitet, vor allem in Bhopal. In Bhimbetka gibt es Hunderte von verzierten Felsnischen in einer Landschaft voller hoher Sandsteinfelsen. In den letzten Jahrhunderten bedienten sich buddhistische Einsiedler solcher Felsnischen und heiligten die Orte nach ihrem Verständnis, indem sie Abbildungen Buddhas dort anbrachten. Auch in China gibt es buddhistische Inschriften aus dem 12. Jahrhundert zwischen den viel älteren »Masken« im Helangebirge.

Die monumentale buddhistische Bildhauerei nahm ihren Anfang mit dem griechischen Einfluß auf die Gandharankunst im heutigen Pakistan. Große Buddhaskulpturen ersetzten nach und nach die nicht ikonischen Stupas – jene buddhistischen Kultbauten – als Objekte der Verehrung. Als sich der Buddhismus auch dank der Handelskarawanen ausbreitete, die den Mittelmeerraum der Antike mit China verbanden, formten Mönche überall in Zentralasien Skulpturen aus geeigneten Felsnasen. Bamiyan im heutigen Afghanistan ist der westlichste Vertreter dieser jungen Tradition. Dort stehen zwei 35 und 53 Meter hohe Buddhastatuen, die in den halbrunden Vorsprung einer Felswand gemeißelt sind. Im Höhlenkomplex von Dunhuang in Westchina befinden sich kleinere Skulpturen, von denen viele aus mit Lehm gefüllten hölzernen Umrissen bestehen, die teilweise aus den Höhlenwänden herauszuwachsen scheinen. Weiter östlich, in Yungang bei Datong (s. S. 168) und Longmen bei Luoyang, bezeugen zahlreiche in den Fels gehauene Skulpturen, daß im 5. und 6. Jahrhundert ganze Dynastien für den Buddhismus eintraten.

Jade aus Hongshan und Liangzhu

Aus Hongshan stammen angeblich die ersten Figuren (also nicht Scheiben, Halsbänder oder Äxte) aus Jade, die im jungsteinzeitlichen China hergestellt wurden. Vögel mit gespreizten Flügeln, Schildkröten und »Schweinedrachen« waren neben anderen, röhren- und wolkenförmigen Objekten beliebt. Die Tierfiguren werden als totemistische Markiersteine gedeutet. Jadeobjekte wurden in Gräber hochgestellter Personen aus Steinplatten gelegt, und die Areale wurden mit steinernen Sockeln und bemalten Tonzylindern abgesteckt, die man im Boden vergrub. Bei Niuheliang, einem 80 Quadratkilometer großen Gebiet von ritueller Bedeutung im Westen der Provinz Liaoning (Nordostchina) befinden sich dreizehn Gruppen von Grä-

Jadeobjekte aus den jungsteinzeitlichen Kulturen von Hongshan und Liangzhu gibt es in Kunstsammlungen seit langem, aber erst im letzten Jahrzehnt wurden die Siedlungen ihrer Hersteller ausgegraben. Niuheliang (s. S. 168) ist Teil der regionalen Hongshan-Kultur (frühes 4. bis frühes 3. Jahrtausend v. Chr.), Sidun und Yaoshan gehören zur Liangzhu-Kultur (Mitte des 4. bis Ende des 3. Jahrtausends v. Chr.).

bern auf Bergvorsprüngen über einem Tal, das im Süden von einer Erhebung namens Schweineberg dominiert wird. An einem Abhang des nördlichen Tals fand man in einem Grubenbau Fragmente einer monumentalen Skulptur (s. S. 168), wie sie in einem Tempel stehen könnte.

Yaoshan im südchinesischen Schanghaidelta besteht ebenfalls aus Gräbern hochgestellter Personen, in diesem Fall auf irdenen Plattformen, die mit Erde zugeschüttet wurden. Im nahegelegenen Sidun schützte ein 65 Meter hoher Hügel das Grab eines jungen Mannes und über 100 Beigaben aus Jade. Die Jadeobjekte haben vorwiegend die Form durchlöcherter Scheiben oder außen viereckiger Röhren mit runden, mittig gebohrten Längslöchern. Jadeobjekte in dieser Form (*bi* und *song* genannt) waren in der Zhou-Periode (1027–221 v. Chr.) und in der Han-Periode (206 v. Chr. bis 220 n. Chr.) kosmologische Symbole: Scheiben und Kreise symbolisierten den Himmel, Quader oder Quadrate die Erde. Manche Forscher nehmen an, daß die Objekte ihre Bedeutung im neusteinzeitlichen Liangzhu angenommen haben; andere sehen nur eine formale Übereinstimmung. Weitgehend einig ist man sich jedoch darüber, daß die auf *zhong* geritzten Muster wahrscheinlich der Ursprung der »Tiermaskenmuster« (*taotie*, s. S. 173) der Bronzeobjekte aus der späteren Shang-Periode (1700–1050 v. Chr.) sind.

Das Liangzhu-«Gesichtsmotiv« besteht fast immer aus zwei übereinanderliegenden Gesichtern – Augenbrauen, Augen, Nase und/oder Mund. Entweder handelt es sich klar um zwei Figuren, oder die untere von

Ein Hongshan-»Schweinedrachen«, eine technisch anspruchsvolle, betont dreidimensionale Jadearbeit aus dem neusteinzeitlichen China.

Ein zhong *vom Liangzhu-Typ. Das zylindrische Außenprofil ist ungewöhnlich: Sein »Gesichtsmotiv« besteht aus zwei übereinanderliegenden Gesichtern und erscheint viermal.*

beiden trägt ein zweites Gesicht als Kopfschmuck. Man nimmt an, daß sowohl das Motiv wie auch die Ritzmethode von der Liangzhu- an die Shang-Kultur weitergegeben wurde. Das wäre ein Beweis dafür, daß die im 2. Jahrtausend entstehenden chinesischen Gesellschaften einander beeinflußten.

Diese jungsteinzeitlichen Jadeobjekte sind nicht nur wegen der Rolle interessant, die sie in komplexen Gesellschaftssystemen spielten, sondern auch wegen der angewandten Herstellungstechnik. Jade ist kein leicht zu bearbeitendes Material, weil sie sich mit gängigen Verfahren kaum brechen oder spalten läßt. Wenn man sie teilen will, muß man sie durchschleifen, vielleicht mit silikatreichem Bambus und Sand. Die Herstellung runder Formen ist daher schwierig, und die dreidimensionalen Hongshan-Objekte sind schon deshalb hervorragende Arbeiten. Auf Liangzhu-Jadeobjekten finden wir einfache Reliefe mit den wichtigsten Elementen eines Gesichts und exquisite Oberflächendekors mit eingeritzten Linien – auch das ist technisch ausgesprochen schwierig zu bewerkstelligen.

Bildhauerei des Fernen Ostens

Dreidimensionale Darstellungen des Menschen gab es in Ostasien bereits in der langen Jomon-Periode (14 000–300 v. Chr.) nach der Eiszeit. Diese Kunstwerke – Stilisierungen aus festem Ton, aber auch kunstvolle, bis zu 45 Zentimeter hohe Hohlfigurinen aus Keramik – sind hervorragend gearbeitet, obschon sie, im weltweiten Vergleich, spät entstanden. Es gibt viele Vermutungen über ihren Zweck, aber am häufigsten werden sie als zeremonielle Objekte gedeutet, die bei Geburtsritualen oder zur Heilung von Krankheiten und Verletzungen zerbrochen wurden.

Lebensgroße Statuen aus Nordostchina stammen aus dem späten 4. Jahrtausend v. Chr. und sind damit ebenso alt wie die ältesten ägyptischen Funde. Ein Grubenbau, offenbar ein Tempel, in Niuheliang in der Provinz Liao-ning enthielt Fragmente von mindestens sieben ungebrannten Tonstatuen, teils lebensgroß, teils dreimal so groß wie ein Mensch. Da mehrere Bruchstücke tönerne Brüste sind, handelte es sich wohl um Darstellungen von Frauen. Ein Gesicht hat Jadeaugen und war möglicherweise das wichtigste Objekt der Verehrung im Tempel. Diese erstaunlichen

Bei Darstellungen von Menschen und Tieren in der vor- und urgeschichtlichen Zeit Ostasiens gibt es enorme Unterschiede. Als Material wurden Ton, Stein und Bronze benutzt, und es gibt sowohl Figurinen als auch überlebensgroße Skulpturen. Viele voneinander unabhängige Traditionen wurden entdeckt: Jomonfigurinen, ungebrannte Tonskulpturen aus Niuheliang, die »Terrakotta-Armee« (s. S. 178), monumentale buddhistische Skulpturen und Grabfigurinen von der Han- bis zur Tang-Dynastie.

Kunstwerke brachte eine Gesellschaft hervor, die von Hirse und Schweinen lebte. Dennoch konnte sich die Hongshan-Kultur eine außergewöhnlich große Anzahl hochqualifizierter Kunsthandwerker leisten, die mit Jade (s. S. 166) arbeiteten und kunstvolle steinerne Gräber für die Elite bauten.

In der frühen Hang-Periode (206 v. Chr. – 9 n. Chr.) bestanden die großen Statuen dann nicht mehr aus Ton, sondern aus Stein. Damals entwickelte sich eine neue Tradition: Grabbeigaben in Form von Figurinen. Zuerst stellte man einzelne Skulpturen außerhalb der Gräber vor die Eingänge, später wurden mehrere Skulpturen in Reihen angeordnet, die spalierartig zum Grab hinführten. Sie bildeten den »Geisterweg«, der bis ins 15. Jahrhundert ein fester Bestandteil der Grabarchitektur blieb. Viele Touristen bewundern heute die großen steinernen Bürokraten, Kamele, Elefanten und anderen Figuren vor den Kaisergräbern der Ming-Dynastie nördlich von Peking.

Aus einem Felsen gehauene Buddhastatuen in Yungang bei Datong in Shaanxi, China.

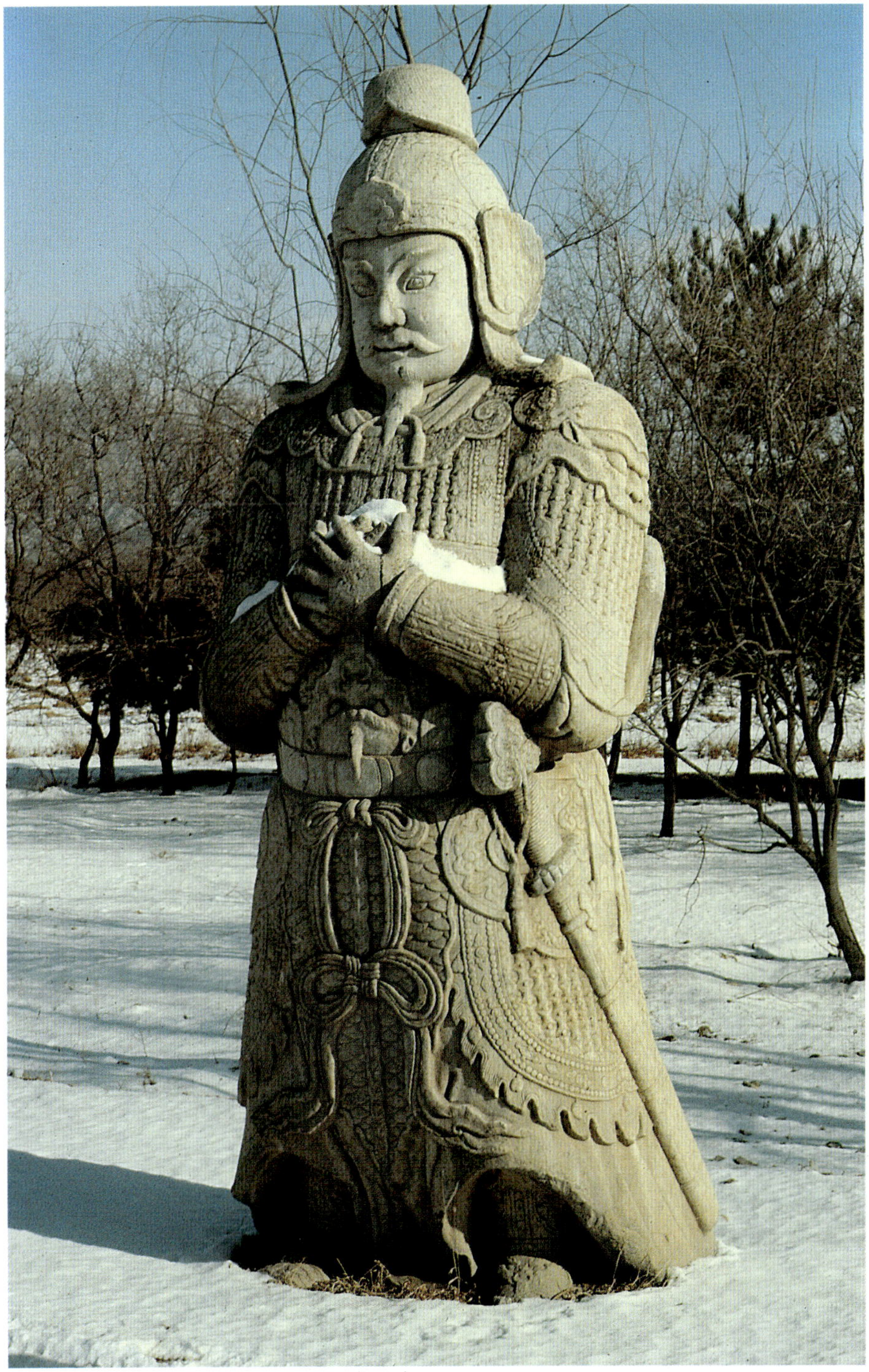

Rechts: Steinstatue eines Kriegers am »Geisterweg«, der zu den Ming-Gräbern nördlich von Peking führt.

Unten: Skulptur eines Haniwa-Edelmannes, die in der späten japanischen Kofun-Periode einen Grabhügel schmückte.

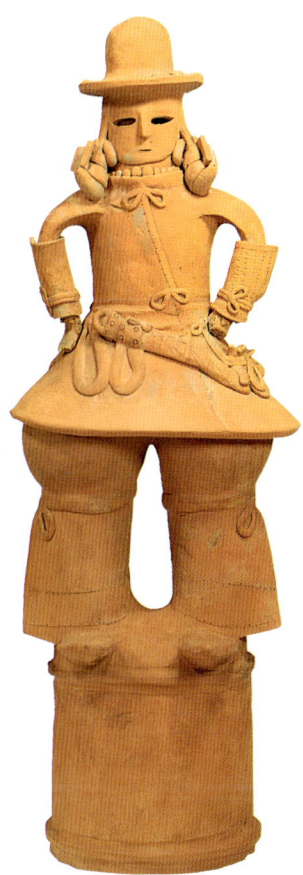

Möglicherweise sahen japanische Gesandte am chinesischen Hof im 4. Jahrhundert diese herrlichen »Geisterwege« in den königlichen Friedhöfen und ließen sie nach ihrer Rückkehr in Japan nachbauen. Die frühen tönernen *Haniwa*-Statuen der Kofun-Periode stellten jedoch keine Menschen dar, sondern Gegenstände, welche die Geister der Verstorbenen schützten: In erster Linie zählen zu den Fundstücken Schilde, Sonnenschirme und Häuser in vielerlei kunstvoll gestalteten Ausführungen. Im Japan des 6. Jahrhunderts wurden Darstellungen von Adligen, Kriegern, Schamanen, Bauern, Handwerkern und Unterhaltungskünstlern in die *Haniwa*-Tradition aufgenommen. Auch Tiere gesellten sich zu den Figuren auf den Gräbern: Pferde samt Zaumzeug, Wasservögel, Hirsche, Hunde und niedliche Affen. Steinerne Skulpturen auf Gräbern in Nordkyushu waren eine regionale Besonderheit innerhalb der *Haniwa*-Tradition, die vielleicht vom nahen China beeinflußt wurde. Auch Korea übernahm die chinesische Tradition und schmückte Grabhügelfelder mit einigen steinernen Statuen großer Männer.

In der Han-Periode waren Figurinen als Grabbeigaben üblich: Sie liefern uns viele aufschlußreiche Informationen über die Kleidung und die Kultur jener Zeit, da sie Musikgruppen, Tänzer, Jongleure und vieles andere darstellen. Die gebrannten Tonobjekte waren mehrfarbig bemalt, aber unglasiert. In der Periode der drei Königreiche und sechs Dynastien (220–280) wurden glasierte Figurinen beliebt und erreichten ihre künstlerische Vollendung in den dreifarbigen Keramiken der Tang-Periode. Die eleganten Formen der Pferdefigurinen, die verdrießlichen Bürokraten und die zierlichen Hofdamen geben uns noch heute Einblick in die Hofgesellschaft jener Zeit. Mit der Ausbreitung des Buddhismus (s. S. 164) kam das Ende dieser Figurinentradition.

Anyang

Gegen Ende des 19. Jahrhunderts tauchten in Apotheken Knochen mit eingeritzten chinesischen Schriftzeichen auf. Sie wurden gemahlen und als Arznei verkauft. Man verfolgte aber ihre Spuren zurück und entdeckte so im Jahr 1899 Yinxu. Die Shang-Könige benutzten solche »Knochen« (Schulterblätter von Rindern, aber auch Schildkrötenpanzer) zum Wahrsagen. Man kratzte Löcher hinein, in die man rotglühende Feuerhaken steckte, damit sie Risse bekamen. Dann deutete man die Risse als Antworten auf

Nordöstlich der heutigen chinesischen Stadt Anyang liegt, auf einer Fläche von 3 Quadratkilometern, Yinxu, die Hauptstadt der späten Shang-Dynastie, der Zeit zwischen 1300 und 1050 v. Chr. Sie besteht aus den Überresten eines Königsfriedhofs in Xibeigang, einem Palastkomplex in Xiaotun, dem Grab des Höflings Fu Hao in Hougang, mehreren Wohngebäuden von Adligen und Gemeinen, sowie aus Werkstätten, Wagengräbern und Depots mit Orakelknochen.

Fragen, und wenn eine Voraussage eintraf, schrieb man den Text der Weissagung auf den Knochen und bewahrte ihn in einem unterirdischen Archiv auf. Ende des 19. Jahrhunderts gruben Bauern die Knochen aus, und die Weltöffentlichkeit wurde aufmerksam: Diese alten Texte berichten von den ruhmvollen Taten der Könige in einer der ersten Hochkulturen der Menschheitsgeschichte.

Von 1928 bis 1937 leitete Li Chi, der Doyen der historischen Archäologie in China, Ausgrabungen im Auftrag der Academia

RECHTS: *Wagengrab in Yinxu, der Hauptstadt der späten Shang-Periode.*

UNTEN: *Der Zentralschacht eines Königsgrabes aus der späten Shang-Periode bei Anyang in Hebei (China). Die Geopferten wurden auf die Simse der hölzernen, später verrotteten Kammer gelegt.*

Sinica des Instituts für Geschichte und Philologie. Nach dem Zweiten Weltkrieg wurde die Akademie nach Taipeh in Taiwan verlegt. Seitdem wurde viel über Anyang geschrieben, aber der Hauptbericht über den Fundort blieb unveröffentlicht.

Im Palastkomplex von Yinxu befinden sich die Überreste zurechtgestampfter Erdplattformen, auf denen mehrere Holzbauwerke standen, die wahrscheinlich mit organischem Material überdacht waren. Nur die Löcher der Pfähle sind übriggeblieben. Nach den rekonstruierten Grundrissen waren die offenen Innenhöfe von Süden nach Norden ausgerichtet und besaßen separate Altäre sowie Türme am südlichen Eingang. Zeremonienhallen standen in der Südhälfte des Komplexes, Wohngebäude im Norden. Hunderte von Gräbern mit geopferten Menschen, angeblich zur Zeit des Hallenbaus angelegt, wurden in den irdenen Fundamenten, an Sockeln von Pfeilern und neben Toren entdeckt. Viele enthielten nur Schädel, die mit rotem Ocker bestreut waren.

Der Königsfriedhof bestand ebenfalls aus Hunderten von Opfergräbern, die in Reihen angeordnet waren. Sie umringten sieben große Schachtgräber mit verstorbenen Königen. In den zentralen Schächten befanden sich jeweils die hölzerne Kammer und der Sarg; Diener und manchmal auch Pferde samt Wagen waren auf den Simsen aus aufgeschütteter Erde begraben. Lange, schräge Rampen führten aus zwei oder vier Richtungen in die

RECHTS: Schulterblatt eines Ochsen mit dem eingeritzten Text einer Weissagung für einen Shang-König. Solche »Orakelknochen« wurden in chinesischen Apotheken gemahlen und als Arznei verkauft. Yinxu, der Fundort, wurde bei Anyang in Hebei (China) entdeckt.

LINKS: Bronzegefäß in Form eines Tigers, der einen Menschen verschlingt. Solche Gefäße waren in der Shang-Periode typische Grabbeigaben.

Gräber, so daß einige von ihnen ein Kreuz bildeten. Die meisten zentralen Gräber waren geplündert, als man sie ausgrub, und enthielten kaum Objekte aus Bronze und Jade.

Ein unversehrtes Grab gehörte Fu Hao, der Gemahlin des Shang-Königs Wu Ding. Es war weder ein Schachtgrab, noch befand es sich im königlichen Friedhof – vielleicht war es deshalb nicht geplündert worden. Als das Institut für Archäologie in Peking es 1976 freilegte, fanden die Forscher über 1600 Gegenstände, darunter 440 Arbeiten aus Bronze, 590 aus Jade und 560 aus Knochen, sowie 7000 Kaurischalen.

Diese in den Werkstätten der Umgebung hergestellten Gegenstände waren für die Elite bestimmt. In einigen Werkstätten, die Knochenobjekte wie Haarnadeln und Pfeilspitzen herstellten, fand man Werkzeuge, unvollendete Arbeiten und Rohstoffe. Sowohl Werkstätten als auch Gräber enthielten viele Skulpturen aus Jade und einige aus Stein. Die Jadearbeiten stellen eine größere Vielfalt von Tieren dar als die jungstein-zeitlichen Objekte: Elefanten,

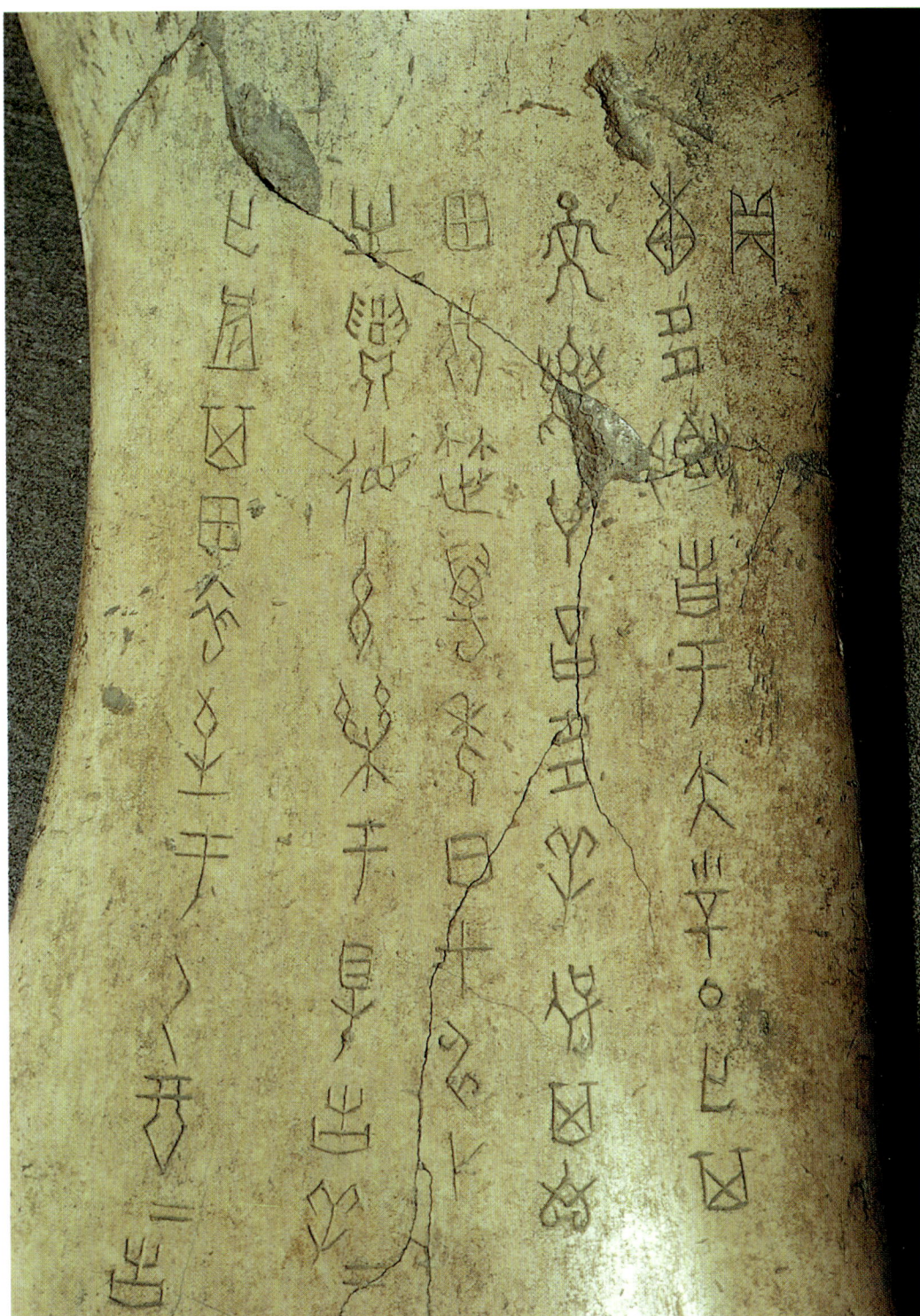

Schlangen, Fische, Wasservögel, Tiger, Pferde und einige Menschenfiguren. Unter den Bronzearbeiten waren Weinkrüge und Töpfe, in denen bei uralten Riten Fleisch gekocht worden war. Bruchstücke von Schmelztiegeln, Tonmodelle und Abgüsse sind ein Indiz dafür, daß die Herstellung vor Ort erfolgte. Die Gefäße besaßen vorne *taotie* und hinten Spiralmuster. Ein *taotie* ist ein Fabelwesen mit zwei als Augen dienenden Knäufen. Hörner, Klauen, Federn und Schwanz sind ebenfalls Teil jenes Musters. Das *taotie* könnte vom »Gesichtsmotiv« aus Liangzhu (S. 166) abgeleitet sein und den Übergang vom Tod zum neuen Leben symbolisieren.

Die meisten Bronzewaffen wurden in den Wagengräbern gefunden, die in der Hauptsache aus Pferdeskeletten samt Zaumzeug und Abdrücken der verrotteten Holzkarren in der Erde bestanden. Bogen, Pfeile, Hellebarde, Schild, Messer und Schleifstein bildeten eine Garnitur. Einige Gegenstände mit Klinge waren mit Türkisen eingelegt, und die Messerknäufe in Form von Tierköpfen waren wohl vom sibirischen Norden übernommen. Der Wagen war ein Import aus Westasien, und man nimmt an, daß Gefährte dieser Art zuerst über die Steppe fuhren, bevor sie Teil der Shang-Kultur wurden.

Ostasiatische Bronzewerke

Mit der Bronzebearbeitung wurde in China Anfang des 2. Jahrtausends v. Chr. begonnen. Man benutzte ein völlig neues Gußverfahren: den Detailguß mit Tonmodellen der jeweiligen Objekte. Auf diese Weise gossen die Chinesen zuerst Bronzegefäße, die zum Symbol der Shang-Bronzekultur wurden. In manchen Gebieten wurden zweiteilige steinerne Gußformen verwendet.

Wahrscheinlich geht die Vorliebe für Gefäße in der Shang-Periode auf Trinkrituale der späten Jungsteinzeit zurück. Ausgrabungen in jungsteinzeitlichen Gräbern beweisen, daß die Kulturen an der Ostküste des Festlands viele verschiedene Krüge, Kannen, gestielte Kelche und Becher herstellten. Man glaubt, daß die Elite diese Gefäße bei exklusiven Riten benutzte, deren dramatische und esoterische Atmosphäre ihr Ansehen in der Gemeinschaft steigerte. Wir wissen allerdings nicht, ob es sich um Ahnenrituale handelte, wie sie im 1. Jahrtausend v. Chr. in der chinesischen Gesellschaft so wichtig waren. Die frühen Shang veranstalteten jedoch nicht nur Trinkrituale, sondern auch Feste, und unter den vielfältig gestalteten Gefäßen für rituelle Zwecke, die sie Ende des 2. Jahrtausends v. Chr. her-

stellten, waren auch *ding* (Dreifüße), in denen sie mit einiger Wahrscheinlichkeit ihr Fleisch zu kochen pflegten.

Das während der Shang-Periode (etwa 2000–1050 v. Chr.) entwickelte Gußverfahren schloß den Detailguß mit Tonmodellen ein. Die Herstellung von Bronzegefäßen war eine riesige Industrie, die Arbeitsteilung erforderte: Man mußte Kupfer und Zinn abbauen, Gußformen anfertigen, schmelzen und gießen und die fertigen Gefäße an die Kunden liefern. Das Grab von Fu Hao (S. 173), der Gemahlin eines Shang-Königs, enthielt über 400 jüngere und ältere Bronzegefäße in vielerlei verschiedenen Formen. Einer der größten Vierfüße, die in der urgeschichtlichen Periode je gegossen wurden, ist ein fast einen Meter hohes Gefäß aus der Zhou-Periode (1071–221 v. Chr.). Ein rechtmäßiger Herrscher mußte damals neun *ding* besitzen.

Die Shang-Kultur brachte außerdem Bronzewaffen in beträchtlicher Zahl hervor. Am außergewöhnlichsten waren die frühen Hellebarden mit Türkiseinlagen im Griff. Die Beile der Scharfrichter wurden gelegentlich mit den offenen Kiefern eines Tieres verziert, und auf den Waffen waren Bildzeichen eingearbeitet, die in leicht stilisierter Form eine Enthauptung darstellten – das Wappen des Scharfrichterclans. Bronze wurde also zu jener Zeit in erster Linie für hochwertige Erzeugnisse benutzt, die mit Rang und Ritus zu tun hatten, einfache Bronzewerkzeuge waren nicht mehr so wichtig.

Einige regionale Kulturen am Rande des Festlandes schufen in der Epoche vom späten 2. bis zum frühen 1. Jahrtausend ganz andere Bronzearbeiten. In den südöstlichen Bergen Chinas produzierte man Musikinstrumente aus Bronze, vor allem verschiedene Arten von Glocken. Auch landwirtschaftliche Geräte wurden aus Bronze hergestellt – undenkbar in der Shang-Region.

Im Südwesten, im roten Becken von Sichuan, brachte die Sanxingdui-Kultur

Shang-Bronzewaffen, kunstvoll mit Türkiseinlagen verziert.

LINKS: *Speerspitze zum Einstecken.*
MITTE UND LINKS: *Ge-Hellebarden, die rechtwinklig am Griff befestigt wurden.*

Ein ding-Vierfuß (späte Shang-Periode), in dem man bei Ahnenriten Fleisch kochte. Er ist mit einem wirklichkeitsnahen Menschengesicht verziert.

hohle Bronzeskulpturen – Menschen- und Tierfiguren – mit kunstvollen Oberflächenmustern hervor. Die größte Menschenfigur ist in extremem Maße stilisiert und alles in allem fast 3 Meter hoch. Der Ursprung dieses Stils ist noch unbekannt.

In den Steppen des Nordens lebte eine Bronzekultur, die sich durch Werkzeuge, persönlichen Schmuck (beide meist mit Tierfiguren verziert) und Spiegel auszeichnete. Die Griffe der Messer hatten beispielsweise die Form von Schafsköpfen, und auf Plaketten waren Tierkämpfe dargestellt. Dieser Kunststil gelangte in den letzten Jahrhunderten des 1. Jahrtausends v. Chr. zur Reife, zur selben Zeit wie die Spiegelherstellung im nördlichen Stil in Korea. Es ist interessant, daß auf den Spiegeln der koreanischen Bronzezeit geometrische Muster aus groben und feinen Linien zu sehen sind. Der Spiegel gilt als Sonnensymbol und war insofern Teil eines Rituals, das sich völlig von der zentralchinesischen Tradition der rituellen Gefäße unterschied. Daß es aber dennoch bedeutsame Verbindungen zwischen diesen beiden Richtungen gab, wird in Anyang (S. 170) deutlich: In der Hauptstadt der späten Shang-Periode wurden Messer mit Tierköpfen gefunden, und Spiegel mit Verzierungen aus groben Linien waren auch in der Shang-Periode für eine offenbar sehr kurze Zeitspanne verbreitet.

Königsgräber des Ostens

Die Funde in asiatischen Königsgräbern können sich mit denen in mesopotamischen und ägyptischen messen. Bronze- und Jadearbeiten aus dem Grab der Fu Hao (13. Jh. v. Chr.) sind ebenso erhalten wie der Gürtel und die Krone aus Gold im Grab des himmlischen Pferdes in Korea (6. Jh.). In den am reichsten ausgestatteten Gräbern der frühen chinesischen und koreanischen Gesellschaften fand man viele schöne Schätze und sogar gut erhaltene Leichname.

Nach der konfuzianischen Philosophie fördert gute Musik eine gute Regierung. Diese Idee verkörperte ein Holzgestell mit 65 Bronzeglokken, das 1978 in Leigudun in der chinesischen Provinz Hubei im dortigen Grab 1 entdeckt wurde. Das herrliche Instrument gehörte dem Marquis von Li und war zusammen mit 32 weiteren steinernen Glockenspielen auf einem Bronzeuntersatz Teil eines 7000 Stücke umfassenden Grabdepots. Es gab Glocken in drei Formen. Die größten Glocken waren 1,54 Meter hoch und wogen 203,6 Kilogramm. Sie trugen Inschriften, aus denen wir die Tonleitern und Melodien einiger der ältesten Kriegerstaaten der späten Zhou-Periode (475–221 v. Chr.) erfahren.

Prinz Liu Sheng, Mitglied der frühen Han-Dynastie (206 v. Chr.–9 n. Chr.), wurde mit seiner Frau in Mancheng in der Provinz Hebei begraben. Als man das Grab 1968 öffnete, fand man beider in Jadegewänder gekleideten Leichen. Zahlreiche kleine Jadeplaketten waren am Rand perforiert und mit Goldfäden zusammengenäht. Jedes Gewand bestand aus etwa 2500 solcher Plaketten, und man nimmt an, daß geschickte Hände zehn Jahre lang daran arbeiten mußten. Man hatte für das Grab 2700 Kubikmeter eines Hangs ausgehöhlt und 2800 Beigaben ins Grab gelegt, darunter mindestens sechs Wagen mit Pferden.

Li Cang, der Marquis von Dai, starb 186 v. Chr. Er, seine Frau und sein Sohn wurden in drei Schachtgräbern am Rand der heutigen Stadt Changsha bestattet. Diese Gräber, die seit 1974 freigelegt werden, bargen eine Fülle von überschwemmten und daher gut erhaltenen organischen Überresten, darunter viele rot und schwarz bemalte Lackwaren, Flechtwaren und Speisen sowie hölzerne Figurinen, Musikinstrumente, Textilien und Schriftstücke. Auf drei Seidentüchern waren die ältesten bekannten chinesischen Karten abgebildet. Bei den Schriftstücken, die mit Tinte auf Holz, Bambus oder Seide geschrieben sind, handelt es sich um seltene alte Versionen des *Buches der Wandlungen (Yijing)*, des *Laozi* und des *Zhanguoce* sowie um Abhandlungen über Medizin, Astronomie und Pferdephysiognomie.

Das »Grab des himmlischen Pferdes« in Kyongju (Korea), ausgegraben Mitte der siebziger Jahre, ist vielleicht die Ruhestätte des Silla-Königs Chijung, der 513 n. Chr. starb. Es enthielt den gut erhaltenen Leichnam des Königs, der eine Krone, einen Gürtel mit mehreren Anhängern, Ohrringe, ein Halsband und Fingerringe trug, alles aus Gold. Die Krone, mit ihren baumförmigen Zacken 32 Zentimeter hoch, ist mit Goldfolie und gekrümmten Jadeperlen geschmückt. Außer diesem prachtvollen Schmuck fanden Archäologen noch Bilder auf Birkenrinde – eines stellt jenes weiße Pferd dar, dem das Grab seinen Namen verdankt –, zwei seltene Glasbecher, Silberschalen und vergoldete Bronzeschalen mit Deckel sowie Zaumzeug aus vergoldeter Bronze.

OBEN: *Schachtgrab in Mawangdui, Changsha, China. Es enthielt viele Gegenstände aus organischem Material – Holz, Flechtwaren, Lackwaren –, das der frühen Han-Periode entstammte.*

UNTEN: *Gewand aus Jadeplaketten, die mit Goldfäden vernäht sind. In der Zhou-Periode glaubte man, die Jade konserviere die Körper der Toten.*

RECHTS: *Goldene Krone der Silla-Könige aus der Zeit der drei Königreiche in Korea. Silla war in Ostasien für seine Goldarbeiten berühmt.*

Die Terrakotta-Armee

Gräber von Aristokraten des alten China enthalten oft zahlreiche Menschenfiguren aus Ton, aber die lebensgroße Terrakotta-Armee ist einzigartig. Jeder Soldat hat ein anderes Gesicht und einen eigenen Gesichtsausdruck, während die Körper sich gleichen. Jede in China vorkommende Rasse scheint vertreten zu sein. Mehr als die Hälfte der Soldaten hat runde Ohrläppchen, doch bei fast 20 Prozent sind sie quadratisch – ein Verhältnis, das wir in etwa auch im heutigen China finden. Es gibt 25 verschiedene Bartarten, die zum Alter, zum Charakter, zur Gesichtsform und zum Rang der Figuren passen. Auch über Frisuren, Kleider und Rüstungen, Waffen, Zaumzeug und militärische Ränge können wir eine ganze Menge lernen. Es gibt Generäle, andere Offiziere, Infanteristen, kniende Bogenschützen und Reiter, mehr als 600 Tonpferde und über 100 Kriegswagen. Die meisten Soldaten sind muskulös, fast 90 Prozent sind ungewöhnlich groß, und jeder General ist besonders kräftig dargestellt. Dies ist eindeutig eine kampfbereite Armee aus starken, gesunden Soldaten in der alten chinesischen Schlachtordnung.

In den Achselhöhlen oder unter den langen Mänteln der Krieger sind diskret die vollen Namen der 85 beteiligten Bildhauer eingeritzt und mit Siegeln versehen. Die Künstler benutzten Ton aus der Umgebung, den sie bei sehr hoher Temperatur (etwa 800 °C) brannten. Er verlieh allen Skulpturen zunächst eine gräuliche Farbe.

Die Terrakotta-Armee – oft als »achtes Weltwunder« bezeichnet – wurde 1974 unweit der alten Hauptstadt Xi'an in der chinesischen Provinz Shaanxi von Bauern entdeckt, die einen Brunnen gruben. Sie besteht aus über 7000 lebensgroßen Figuren aus gebranntem Ton und stellt die Soldaten dar, die Qin Shihuangdi, Chinas ersten Kaiser, nach seinem Tod im Jahre 210 v. Chr. bewachten.

Sie wurden jedoch mit verschiedenen Farben bemalt, um Einzelheiten der Uniform wiederzugeben. Der Umstand, daß die Figuren 2000 Jahre lang begraben waren und dennoch hart wie Stein sind, ist ein Beweis dafür, daß sich die Bildhauer beim Brennen der richtigen Temperatur zu bedienen wußten.

Der Grubenkomplex hat eine Fläche von 25 388 Quadratmetern und erforderte die Bewegung von 100 000 Kubikmetern Erde. Überdacht waren die Gruben auf einer Fläche von 8000 Quadratmetern mit Holz, vorwiegend von riesigen Kiefern und Zypressen. Die Fußböden waren mit 250 000 Ziegeln aus gebranntem Lehm gepflastert. Das ganze Projekt muß eine gewaltige Summe Geld gekostet haben, und wahrscheinlich waren Hunderttausende von Arbeitern zehn Jahre lang damit beschäftigt.

Die riesige Grube 1, die die meisten Figuren enthält, war durch Feuer zerstört worden. Heute ist sie von einem Hangar umgeben und ist eine der größten touristischen Attraktionen Chinas, ja der Welt. Grube 2 – sie befindet sich jetzt in einem Gebäude – ist zwar kleiner, sie enthält aber Figuren von größerer Vielfalt und besserer Qualität. Sie ist teilweise von einem verbrannten und zusammengebrochenen Dach aus Kiefern- und Zypressenstämmen bedeckt und wurde über fünf schräge Rampen betreten. In Grube 2 dürften etwa 1300 Männer- und Pferdefiguren sowie acht hölzerne Wagen stehen. Chinesische Archäologen stellten fest, daß die 1976

entdeckte Grube 3 von selbst zusammengefallen war und ihren Inhalt schwer beschädigt hatte. Grube 3 ist 21,4 Meter lang, 17,6 Meter breit und mehr als 5 Meter tief. Sie enthält 68 Soldaten, einen Kampfwagen und 34 Waffen. Diese Grube stellt offenbar das Hauptquartier, die Befehlshaber und ihre Wachen dar. Diese Soldaten sind mindestens 12,7 Zentimeter größer als die anderen und in Gefechtsformation aufgestellt.

Der Kaiser liegt unversehrt in einem riesigen Grabhügel, etwa 1,6 Kilometer von seiner Truppe entfernt. Nach zeitgenössischen Berichten enthält der Hügel Fallen und eine dreidimensionale Karte von China mit Flüssen aus Quecksilber.

Die Terrakotta-Armee lockt derart viele Touristen an, daß man 19 Kilometer von Xi'an entfernt einen Flughafen gebaut hat. Als man 1990 eine Straße zur Stadt baute, stieß man südlich der Gräber des Kaisers Liu Qi (188–144 v. Chr.) und seiner Frau auf ein weiteres, 96 000 Quadratmeter großes Gelände, das ebenfalls eine Terrakotta-Armee enthält. Die Figuren stehen hier in 14 Reihen und, von Nord nach Süd ausgerichtet, in 24 Gewölben, die jeweils etwa 20 Meter voneinander entfernt und mit den beiden Gräbern verbunden sind. Die Gewölbe sind 4 bis 10 Meter breit und 25 bis 290 Meter lang, also kleiner als die Gruben der Qin-Dynastie; aber ihre Fläche ist fünfmal so groß, und der Größenunterschied mag auf die Zahl der Figuren zurückzuführen sein.

Alle Menschenfiguren stellen nackte Männer ohne Waffen dar. Sie sind etwa 50 Zentimeter hoch, und ihr ganzer Körper ist rotorange bemalt. Haare, Augenbrauen, Bart und Augen sind schwarz. Die Kleider, die wohl aus Leinen oder Seide bestanden, sind verfallen. Einige Forscher glauben, die verschwundenen Arme seien mit Stäben aus wertvollem Metall befestigt gewesen und gestohlen worden; andere meinen, die Figuren hätten bewegliche Arme aus Holz besessen, die verrottet seien.

Die Figuren sind anmutig geformt und haben fein geschnittene Gesichter, die unterschiedlich alt wirken. Der Ausdruck ist teils ernst, teils heiter. In ihrer erstaunlichen Wirklichkeitsnähe ähneln sie den lebensgroßen Figuren, die etwa 100 Jahre älter sind. Die Qinfiguren sind jedoch hohl, die später entstandenen Soldaten sind massiv. Außer diesen enthalten die Gewölbe Waffen aus Kupfer und Eisen, Pfeilspitzen und Speere, Schwerter, Meißel und landwirtschaftliche Geräte, Wagen, Schmuck und Münzen, und alles hat etwa ein Drittel der wirklichen Größe. Bisher wurden Hunderte von Figuren ausgegraben, und man schätzt, daß ihre Gesamtzahl zwischen 10 000 und einer Million liegt.

OBEN: Details einiger Soldaten und eines Wagenlenkers. Jede Rasse in China scheint vertreten zu sein. Es gibt allein 25 Bartarten, die dem Alter, dem Charakter, der Gesichtsform und dem Rang der jeweiligen Figur entsprechen.

LINKS: Blick auf Grube 1. In jüngerer Zeit wurden in der Nähe des Grabes Bauwerke ausgegraben, die eine Fläche von 4600 Quadratmetern einnehmen – wahrscheinlich Opfertempel.

Grabmalerei des Orients

Die bekanntesten Grabma-
lereien der Han-Periode
befinden sich in Helin-
geer in der Inneren Mongolei,
in Wangdu und in Luoyang, das
25 n. Chr., in der späten Han-
Periode, Hauptstadt wurde. Die
mit Farbe und Tinte auf Hohl-
ziegel gemalten Bilder kommen
auf allen Flächen der Hauptkammern vor: an Wänden, Stürzen
und Trenngiebeln. Die meisten sollten den Verstorbenen auf seinem Weg in die »Welt der Unsterblichen« beschützen. Im Grab 61
in Luoyang stellt eine Szene einen Schamanen mit Bärenkopf dar,
den Helfer begleiten; auf anderen sehen wir Höflinge, die in stei-
fen Posen miteinander sprechen. Die Tuschzeichnungen sind wenig
modelliert, und die Porträts zeigen meist bestimmte Persönlich-
keitstypen. Die Malereien in Helingeer sind viel lebendiger und
stellen Menschen, Dinge und Bauwerke dar – alles ohne jegliche
Andeutung räumlicher Tiefe oder Perspektive.

*Wände von Gräbern begann man in China während
der frühen Han-Dynastie (206 v. Chr. bis 9 n. Chr.)
zu bemalen, und auch in der Tang-Dynastie (618–907)
waren solche Gemälde beliebt. Die koreanische Koguryo-
Aristokratie der Drei Königreiche (300–668) übernahm
diese Darstellungen und hat ihrerseits vielleicht die
japanischen Grabmalereien beeinflußt.*

verputzten Steinwänden stellen Soldaten, Jagden der Adeligen
und Kriegsszenen dar, während an den unverputzten Stürzen der
Kragdecken vielfach auch dekorative Muster zu sehen sind, beispielsweise Lotusblüten, ein Symbol des Buddhismus.

Viele Gräber mit Wandbildern der chinesischen Tang-Dynastie
befinden sich an südlichen Gebirgsausläufern über dem Fluß Wei
und der Tang-Hauptstadt Chang'an in der Nähe des heutigen

In Korea waren die Grabbilder
von Koguryo zunächst im for-
malen chinesischen Porträtstil
gemalt, später entwickelten sie
sich zu Sittenbildern aus der
Welt der Aristokratie. Viele dieser Gräber entdeckten die Japa-
ner, als sie Korea besetzt hatten
(1910–1945). Die Gemälde auf

*Grab des koreanischen Königs Kongmin (1351–1374) bei Kaesong (Nordkorea).
Die Malereien gehören zu den jüngsten in Ostasien.*

Malerei im Grab der Prinzessin Yungtai aus der chinesischen Tang-Dynastie. Diese Art der Porträtmalerei wurde später in Korea und Japan nachgeahmt.

Xi'an. Das Grab des Kronprinzen Zhanghuai verdeutlicht die enormen Unterschiede zwischen diesen Gräbern und den älteren Han-Gräbern. Zwei unterirdische Kammern, bedeckt mit einer riesigen Hügelpyramide, erreichte man über lange, schräge Rampen. Der erste Teil einer Rampe ist mit Bildern geschmückt, die Höflinge in Umzügen darstellen. Beliebte Motive der Tang-Gräber waren die »Geister der vier Himmelsrichtungen« – der weiße Tiger des Westens, der grüne Drache des Ostens, der rote Phönix des Südens und der schwarze Krieger (Schlange und Schildkröte) des Nordens. Sie sind auch im Grab von Takamatsu-zuka in Japan zu sehen – ein in seiner Tragweite sensationell zu nennender Fund, der im Jahre 1972 eines der ersten Treffen süd- und nordkoreanischer Gelehrter in Nara zur Folge hatte. Diese diskutierten lange und heftig über die Herkunft der Wandbilder.

Man nimmt an, daß Künstler vom Kontinent, vielleicht vom Tang-Hof, das Grab im Auftrag eines japanischen Prinzen bemalten.

Verglichen mit der prächtigen höfischen Tradition der Tang-Gräber sind die Gräber von Kyushu klein, ärmlich und plump bemalt, vorwiegend mit geometrischen Mustern. Außergewöhnlich sind sie als lokale Besonderheit mit einer einheitlichen Sprache aus Symbolen und Motiven, die mit dem Begräbnisritual zusammenhängen. Konzentrische Kreise, Dreiecke und unterbrochene Spiralmuster *(chokkomon)* wurden unmittelbar auf die Felswände gemalt. Das Wandbild im Takahara-Grab ist eine Ausnahme. Es zeigt einen Mann, der ein Pferd aus einem Schiff führt, und zwei zeremonielle Fächer an jeder Seite, Wellen unter der Szene und eine pferdeähnliche, feuerspeiende Figur mit roten Krallen und roten, federigen Gebilden darüber (vielleicht ein Drachen). Gräber mit Wandbildern sind unter den Gräbern der ostasiatischen Elite selten, aber ihr Inhalt ist bewundernswert und unterscheidet sie von anderen reich ausgestatteten Grabkammern.

Das Schiffswrack von Sinan

Neun Ausgrabungen retteten die Hälfte des Rumpfes sowie 20 661 Stück Töpferware, 729 Gegenstände aus Metall, einschließlich Silber- und Eisenbarren, 43 steinerne Objekte, 28 Tonnen chinesische Münzen, 1017 Stück rotes Sandelholz und 1346 alltägliche Gegenstände. Das chinesische Schiff – man nannte es später Sinan-Wrack, nach der Stadt, die dem Fundort am nächsten lag – war für den mittelalterlichen Seehandel zwischen dem südostchinesischen »Porzellandreieck« und Japan gebaut worden. Seladon- und anderes Porzellan aus China waren in Japan sehr gefragt. Ningbo war die nächstgelegene Hafenstadt sowohl für die großen Brennöfen von Longquan, die grün glasiertes Seladonsteinzeug herstellten, als auch für Jingdezhen, wo man weiß glasiertes Qingbaiporzellan fertigte. Mehr als ein Drittel der Ladung des Sinan-Schiffes bestand aus Qingbaiporzellan, wahrscheinlich aus Jingdezhen. Blumenvasen mit zwei Henkeln waren mit pflaumenblauen, gegossenen Ästen oder symmetrischen Mustern verziert, die wie Bronzeguß aussehen. Wassertropfer in Form eines Phönix oder eines Knaben auf einem Ochsen stehen einer einfachen, schwarzrandigen, nur mit einem Pfingstrosenmuster reliefverzierten Schale gegenüber. Die Seladonstücke haben ebenfalls verschiedene Formen: gestielte Becher, einfache Schalen oder gegos-

Es könnte im Jahr 1323 gewesen sein. Ein 200 Tonnen schweres Schiff mit Kiel segelte von Ningbo, südlich des heutigen Schanghai, über das Gelbe Meer Richtung Japan, aber es sank vor der Südostküste Koreas. 1975 fanden Fischer Keramik in ihrem Netz. Archäologen wurden aufmerksam – und heute steht das Schiff mit seiner Ladung in einem Museum in Mokp'o (Korea).

sene, wie Weihrauchbrenner geformte Gefäße. Die Keramik stammt zum größten Teil aus der Sung- und der Yuan-Dynastie (960–1279 und 1279–1368).

Zusammen mit diesen chinesischen Handelsobjekten entdeckten die Archäologen koreanische Seladonstücke aus der Koryo-Periode (918–1392) sowie Lackkunst und Holzsandalen aus Japan. Vielleicht hatte das Schiff bereits einen koreanischen Hafen angelaufen und Seladonporzellan für japanische Abnehmer geladen. Die Sandalen waren möglicherweise für die Besatzung bestimmt, ebenso Korbwaren, Eimer, Kochgeschirr aus Eisen und Bronze, Werkzeug und Proviant (Zimtrinde, Pfefferkörner, Pfirsiche usw.). Die für rituelle Zwecke bestimmten Bronzegefäße – zum Beispiel der *jue* und der dreibeinige Weihrauchbrenner – hatten eine archaische Form. Sie spiegeln die Neigung der Sung-Dynastie zum Altertum wider und sind ein Indiz dafür, daß sich der Neokonfuzianismus damals nach Korea und Japan ausgebreitet hatte. Die Tonnen von Münzen sind ein Rätsel. Benutzte man sie teilweise als Ballast oder wollte man sie als Zahlungsmittel verwenden, um mehr Güter kaufen zu können, als es allein mit der Keramik möglich war? Hatte das Schiff also nur wenig Keramik geladen? Oder rechnete der Kapitän mit schlechtem Wetter, das man mit einer vollen Ladung Keramik nicht hätte überstehen können?

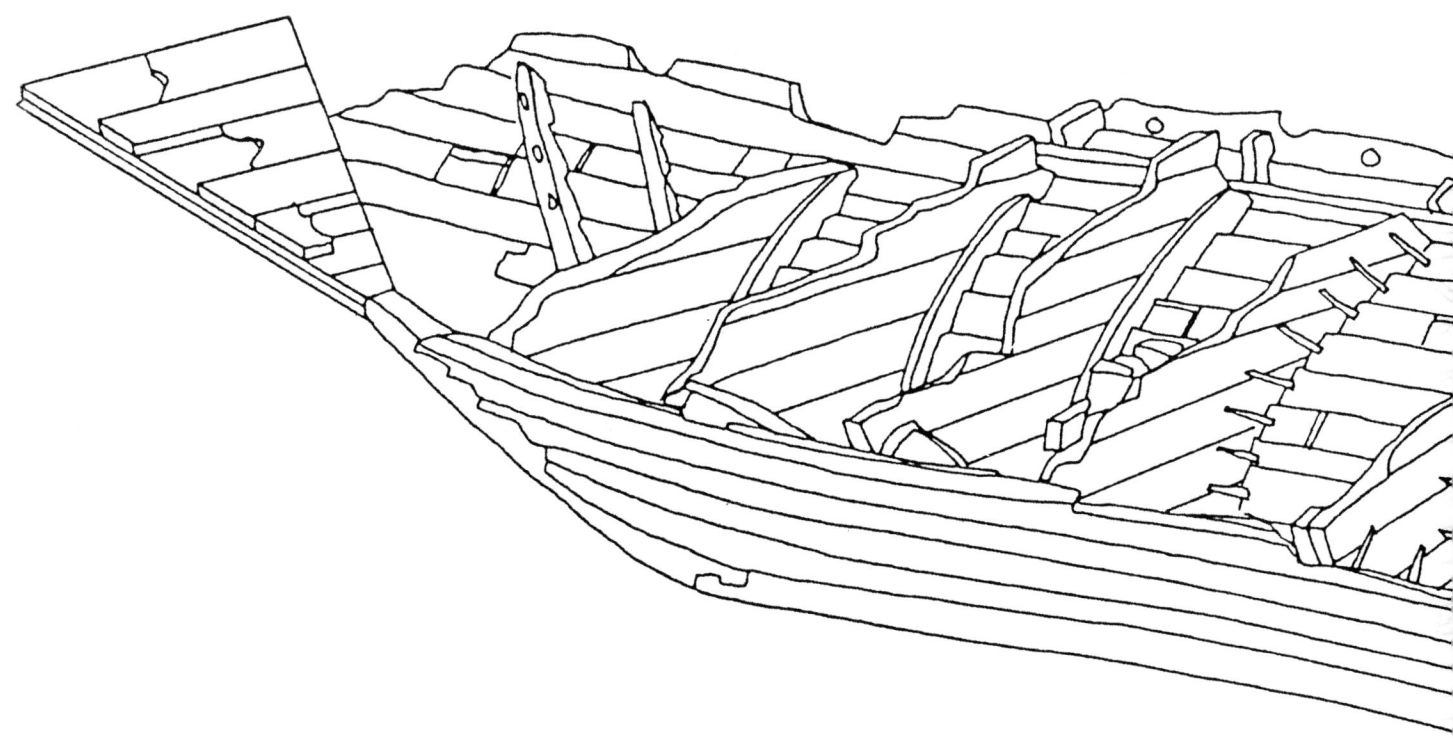

Die Rekonstruktion des Rumpfs zeigt, daß das Sinan-Schiff, ein chinesisches Handelsschiff aus dem 14. Jahrhundert, einen Kiel und Schotte besaß.

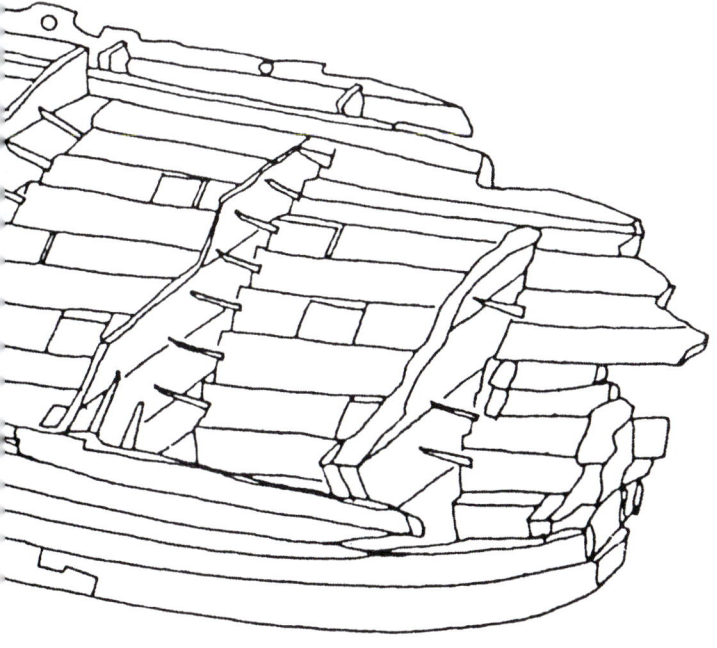

Seladonstücke aus dem Sinan-Schiffswrack. Dieses grün glasierte Steinzeug aus dem China der Sung- und der Yuan-Periode war in ganz Ost- und Südostasien ein beliebter Artikel.

Obwohl das Schiff selbst den Naturgewalten zum Opfer fiel, war die Ausgrabung ein Triumph über diese Gewalten – vor allem über eine Strömung von 2,5 Knoten und sehr schlechte Sichtverhältnisse. Man konnte nur eine Stunde am Tag – zwischen den Gezeiten – tauchen. Die eingesetzten Taucher gehörten zur koreanischen Marine und wurden vom Institut für Schiffsarchäologie der A-&-M-Universität Texas und von der Abteilung für Meeresarchäologie des Meeresmuseums von Westaustralien beraten. Man legte ein Gitter auf die Überreste, schnitt den Rumpf in Teile, damit man ihn zu heben vermochte, verdübelte ihn und konnte ihn vollständig wiederherstellen. Das Schiff hatte einen flachen Rumpf und einen Kiel aus drei langen Baumstämmen; Schanzkleider teilten es in sieben oder acht Schotte. Erhalten ist nur der Teil unter der Wasserlinie, aber kein Deck. Wir wissen aber, daß sich die Fracht in einem tieferen Laderaum befand, denn einige leichtere Gegenstände, die eigentlich zur Wasseroberfläche hätten aufsteigen müssen, wurden von einem Oberdeck festgehalten, bis sie im Schlamm versunken waren.

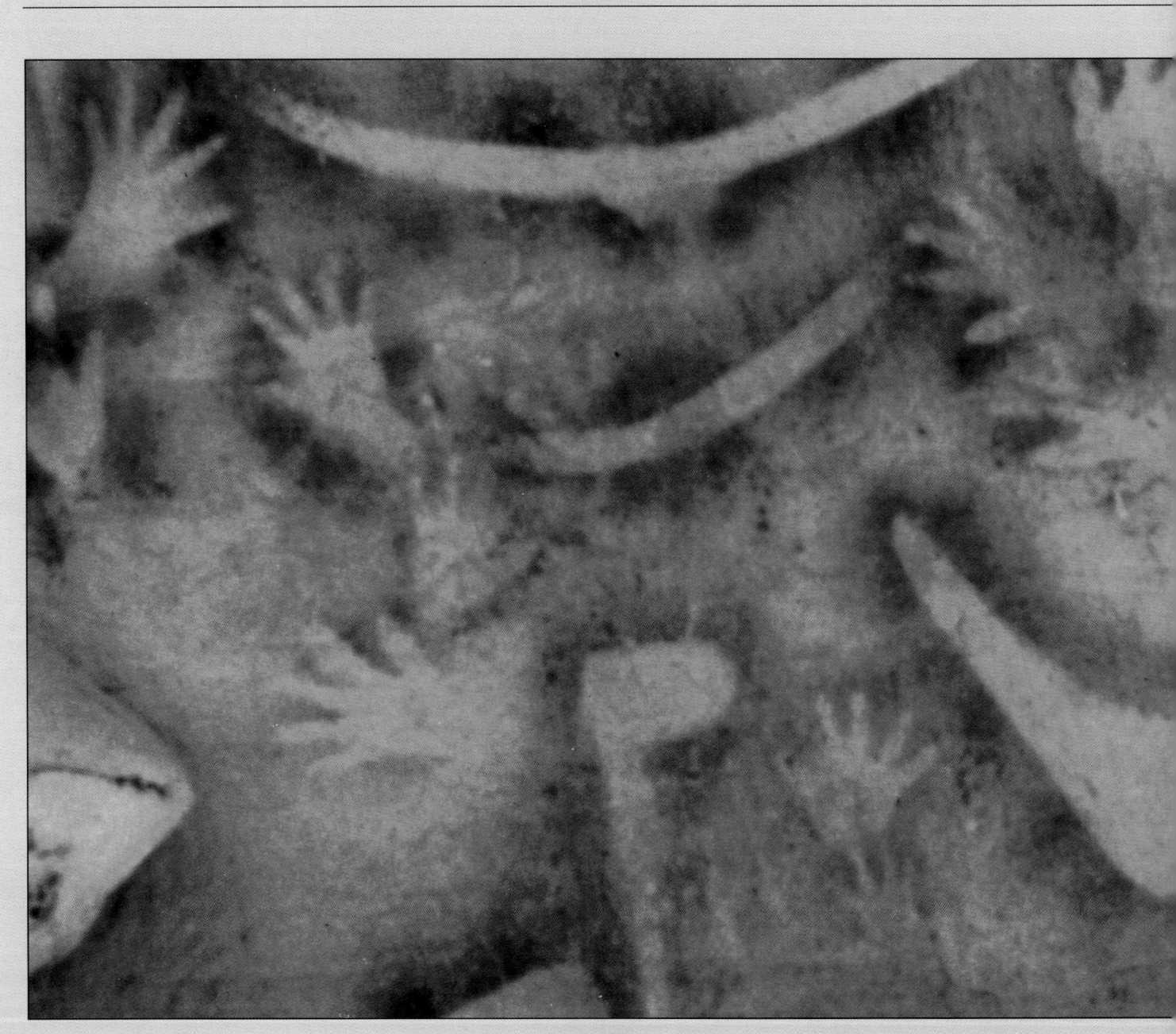

PAZIFISCHER RAUM

Der Mungosee

Der Mungosee in Neusüdwales, der Schauplatz der frühesten rituellen Leichenverbrennung der Welt, wurde 1969 entdeckt, und seither fand man die Überreste von mehr als hundert Menschen, darunter viele einzelne Gebeine, aber auch ein fast vollständiges Skelett. Steinwerkzeuge, Süßwassermuscheln sowie Knochen von Meeres- und Landtieren markieren den Lagerplatz der Menschen, die vor 40 000 bis 15 000 Jahren an den Willandraseen jagten, fischten und sammelten.

Was man heute Willandraseen nennt, sind miteinander verbundene Seebecken im trockenen Westen von Neusüdwales. Sie waren einst mit Süßwasser gefüllt, sind aber seit etwa 15 000 Jahren ausgetrocknet. 1968 fand Jim Bowler, ein Geomorphologe, der sich mit der Klimageschichte der Willandraseen befaßt, in diesem Gebiet Knochen mit Karbonatkruste. Sie waren von Wind und Wetter aus der großen, halbmondförmigen Düne am Ostufer des Mungosees befreit worden. Archäologen gruben die Gebeine samt einem großen Block aus, und der Anthropologe Alan Thorne legte sie im Labor frei. Es waren die Überreste einer jungen Frau, die vor ungefähr 25 000 Jahren bestattet worden war. Man hatte die Leiche verbrannt und die Knochen in kleine Stücke zerbrochen und in einer kleinen Senke begraben. Im Jahre 1974 wurde ein noch älteres, besser erhaltenes Skelett entdeckt. Es gehörte zu einem erwachsenen Mann, der vor ungefähr 30 000 Jahren auf der Seite liegend beerdigt und mit rotem Ocker bestreut worden war.

Andere Fundstätten an den Seen lieferten ein lebendiges Bild vom Leben der Menschen, die hier gelagert hatten, als die Seen noch mit Wasser gefüllt gewesen waren. Sie aßen Fische und Frösche, Süßwassermuscheln sowie Krebse aus den Seen. Die Teile der gefundenen Fischskelette gehörten fast alle zur selben Art (Flußbarsch) und waren etwa gleich groß. Daraus können wir auf die Verwendung von Netzen schließen. Jene Menschen jagten aber auch Tiere wie Wallabys, Wombats, Katzen sowie Känguruhratten, Eidechsen und viele andere Kleintiere. Ihre Mahlzeiten bereiteten sie auf dem Lagerfeuer oder in gegrabenen Feuerstellen zu. Eine der Feuerstellen am Mungosee ist 30 000 Jahre alt. Diese Feuerstellen waren flache Gruben, die Asche oder Holzkohle und Kochsteine oder gebrannte Lehmklumpen enthielten. Die Ureinwohner Australiens benutzen solche Öfen noch heute. Steinwerkzeuge zum Hacken, Schneiden und Kratzen sind häufig zu finden. Vor einiger Zeit analysierte Tom Loy mikroskopische Spuren an den Kanten der Werkzeuge und stellte fest, daß man sie benutzte, um Fleisch von Knochen zu lösen und Knollen zu säubern.

Das waren überraschende Funde. Erste Beweise dafür, daß die Ureinwohner während der letzten Eiszeit bereits in Australien lebten, wurden erst 1962 in einer Höhle in Queensland gefunden; doch die Gebeine am Mungosee sind sogar 30 000 Jahre alt und geben uns einen Einblick in eine komplexe Kultur und vielfältige Zeremonien. Später fand man Spuren einer Besiedlung, die bis zu 40 000 Jahre alt sind, und erst jüngst, in den neunziger Jahren entdeckte Felsnischen sollen vor 60 000 Jahren bewohnt gewesen sein.

Diese Daten sind von entscheidender Bedeutung für unser Wissen um die Fähigkeiten der Urmenschen, denn Australien war zu ihrer Zeit nie mit Südostasien verbunden, obwohl der Meeresspiegel zeitweise niedriger war als heute. Einwanderer mußten also eine Seereise von mindestens 50 Kilometern unternehmen. Es ist erstaunlich, daß die australischen Ureinwohner vor 40 000 Jahren, vielleicht sogar noch früher, dazu fähig waren.

LINKS UND RECHTS: Wind und Wetter haben diese Düne am Ostufer des Mungosees im Westen von Neusüdwales zerzaust. Ihre faszinierenden Formationen werden auch »chinesische Mauer« genannt.

Der Mungosee, der Kow-Sumpf und die Ursprünge Australiens

Eines der Gräber am Mungosee während der Ausgrabung (rechts). Die Gebeine warfen viele Fragen auf, da die Menschen jener Zeit anscheinend zierlicher gebaut waren als die heutigen Ureinwohner. 1967 fand Alan Thorne jedoch am Ostufer des Kow-Sumpfes mindestens 40 Skelette von Männern, Frauen und Kindern, die robuster aussahen. Wie am Mungosee gab es verschiedene Arten von Gräbern. In einigen befanden sich Beigaben wie Steinwerkzeuge, Tierzähne und Muschelschalen. Ein Toter trug ein Kopfband aus Känguruhzähnen.

Die Menschen vom Kow-Sumpf wurden vor etwa 13 000 bis 9500 Jahren begraben und hatten daher später als jene am Mungosee gelebt. Das ist erstaun-lich, weil im allgemeinen robustere Fossilien älter sind als vergleichbare feingliedrigere. Thorne vermutet, es habe wenigstens zwei Einwanderungen nach Australien gegeben, und zwar aus verschiedenen Teilen Südostasiens. Die stämmigeren Kow-Menschen ähneln älteren Fossilien aus Java, die zierlichen Mungo-Menschen gleichen eher chinesischen Funden. Andere Gelehrte meinen, die Unterschiede würden übertrieben dargestellt. Peter Brown führt einige Merkmale der Kow-Schädel darauf zurück, daß Kindern der Kopf eingebunden wurde.

Australische Felskunst

An einigen Fundorten, zum Beispiel an der Early Man genannten Felsnische in Queensland, sind die Gravuren mit Ablagerungen bedeckt, die 13 000 Jahre alt sind. Die Kunstwerke müssen also älter sein als die Ablagerungen. In den untersten Schichten einiger der ältesten Fundstätten (sie sind 50 000 Jahre alt oder älter) fand man Ockerstücke, die anscheinend als Kreide benutzt worden waren. Neuere Datierungsmethoden bestätigen diese Einordnung. Wir können heute das Alter winziger Mengen einer organischen Substanz bestimmen. Archäologen haben festgestellt, daß eine kleine Probe Farbstoff mit Menschenblut als Bindemittel etwa 10 700 Jahre alt ist, und daß rote Farbe aus der Felsnische von Sandy Creek 2 in Queensland vor 24 600 Jahren entstand.

Felskunst ist in den meisten Teilen Australiens zu finden, wobei Stil und Technik sehr unterschiedlich sind. Kunstwerke an Felsen sind schwer zu datieren, aber die wenigen datierten Fundorte lassen darauf schließen, daß die Bilder und Gravuren dort mindestens 20 000 Jahre alt, wahrscheinlich aber noch viel älter sind.

An Fundorten in Südaustralien wurde Wüstenlack datiert, welcher sich unter freiem Himmel über Felsgravuren gebildet hat, die Spezialisten für sehr alt halten. Wüstenlack ist eine dunkle, glänzende Schicht auf ungeschützten Felsoberflächen. Er wird von Bakterien erzeugt, und darin eingeschlossene mikroskopisch kleine Bestandteile lassen sich mit der Beschleuniger-Massenspektrographie (einer verbesserten Version der C^{14}-Methode) datieren, sofern die darunterliegende Oberfläche ein bestimmtes Mindestalter hat. Die ältesten Wüstenlacke auf südaustralischen

Einige der 646 Formen auf den weichen Sandsteinfelsen in der 62 Meter langen »Kunstgalerie« der Carnarvon-Schlucht in Queensland. Zwischen Händen und Unterarmen sind verschiedene Bumerangs und eine Steinaxt zu sehen.

Gravuren sind nach jüngsten Untersuchungen über 40 000 Jahre alt. Damit sind diese die ältesten bekannten Felskunstwerke der Welt.

Australiens alte Felskunst zeigt sich in vielen Formen. In der Höhle von Koonalda und in Höhlen beim Berg Gambier finden sich mäandernde Linien und geometrische Figuren, die in weiche Kalksteinwände geritzt sind. Im Freien eingeritzte geometrische Motive, darunter nachgeahmte Tierspuren werden dem weitverbreiteten Panaramitee-Stil zugerechnet.

Jüngere Kunstwerke spiegeln eindrucksvoll die Vielfalt der Kultur der australischen Ureinwohner wider. Man kennt viele tausend Fundorte auf dem ganzen Kontinent, doch manche Gebiete sind besonders reich an Felskunst: Arnhemland mit seinen komplexen und faszinierenden »Röntgenfiguren« ist wohl die für ihre Felskunst bekannteste Region Australiens. Ältere Mimifiguren zeigen detaillierte Szenen aus dem vorgeschichtlichen Leben. Handschablonenabbildungen sind in ganz Australien verbreitet, aber mancherorts sind auch viele Gegenstände des täglichen Lebens mit Schablonen gezeichnet, wobei Südqueensland hervorzuheben ist, wo Äxte, Bumerangs und Teller ebenso abgebildet sind wie Hände, Füße und sogar Tiere.

Das Interesse an der Kunst der Ureinwohner war viele Jahre lang gering. Die Invasion der Europäer zerstörte die australide Kultur in vielen Gebieten und setzte dort der Felskunst ein Ende. Viele Kunstwerke fielen dem Vandalismus zum Opfer, und einige Gelehrte schrieben die Kunst sogar anderen Kulturen zu. Heute erkennen wir, daß die Kunst der Ureinwohner ein fester Bestandteil ihres vielfältigen und komplexen zeremoniellen Lebens ist. Australien ist einer der wenigen Orte, wo heute noch Felskunst entsteht, und darum finden wir dort die älteste Kunsttradition der Welt.

Die Eiszeitjäger von Tasmanien

Kutikina ist eine massive Kalksteinhöhle am Fluß Franklin im dicht bewaldeten Südwesten Tasmaniens. Die archäologisch interessanten Ablagerungen hier sind mehr als einen Meter mächtig und reich an Tierknochen sowie Stein- und Knochenwerkzeugen. Ihr Fund markierte einen Wendepunkt in der australischen Archäologie. Unter Archäologen war man früher der Ansicht gewesen, die Ureinwohner hätten nicht in Südwesttasmanien gelebt. Die Funde in Kutikina waren jedoch 19 000 bis 15 000 Jahre alt – ein Beweis dafür, daß diese zerklüftete Region

Bis 1981 dachten Archäologen, die tasmanischen Ureinwohner hätten vor allem an der Küste gelebt, nicht in den dichten Regenwäldern. Die 1981 entdeckte Höhle von Kutikina belegt jedoch, daß jene Menschen vor 20 000 Jahren in Südwesttasmanien lebten, wo die Umwelt damals eine sehr viel andere war als es die heutige ist.

entgegen der alten Auffassung während der letzten Eiszeit doch besiedelt war.

Seit dieser Entdeckung wurde in diesem Gebiet intensiv geforscht. Mehr als 50 über 10 000 Jahre alte Stätten wurden aufgespürt und viele freigelegt. Die erste Siedlung entstand offenbar vor etwa 35 000 Jahren, einige weitere sind mehr als 30 000 Jahre alt. Menschen sind demnach nach Tasmanien eingewandert, als der sinkende Meeresspiegel eine Landbrücke entstehen ließ, die jenes Land mit dem Festland verband, das vorher eine Insel gewesen war. Die Lebensbedingungen waren ganz andere als heute:

OBEN: Kleine Daumennagelschaber gab es zum erstenmal vor etwa 24 000 Jahren. Man benutzte sie anscheinend zum Schlachten von Tieren und zur Bearbeitung von Knochen und Holz.

LINKS: Knochenspitzen wurden an mehreren Orten im Südwesten Tasmaniens gefunden. Sie wurden oft aus den Beinknochen von Wallabys gemacht und unter anderem als Speerspitzen und Ahlen benutzt.

Handschablonenabbildungen in den Höhlen von Ballawine

1986 entdeckte man die ersten Beweise für Felskunst aus der Eiszeit, und zwar in der Höhle von Ballawine im südwestlichen Tasmanien. In einer völlig dunklen Kammer, rund 25 Meter vom Höhleneingang entfernt, befinden sich 23 Schablonenbilder aus rotem Ocker. 1987 entdeckte man eine zweite Höhle mit derartigen Bildnissen in Wargata Mina. Menschliche Blutkörperchen in der Farbe erwiesen sich als etwa 10 000 Jahre alt.

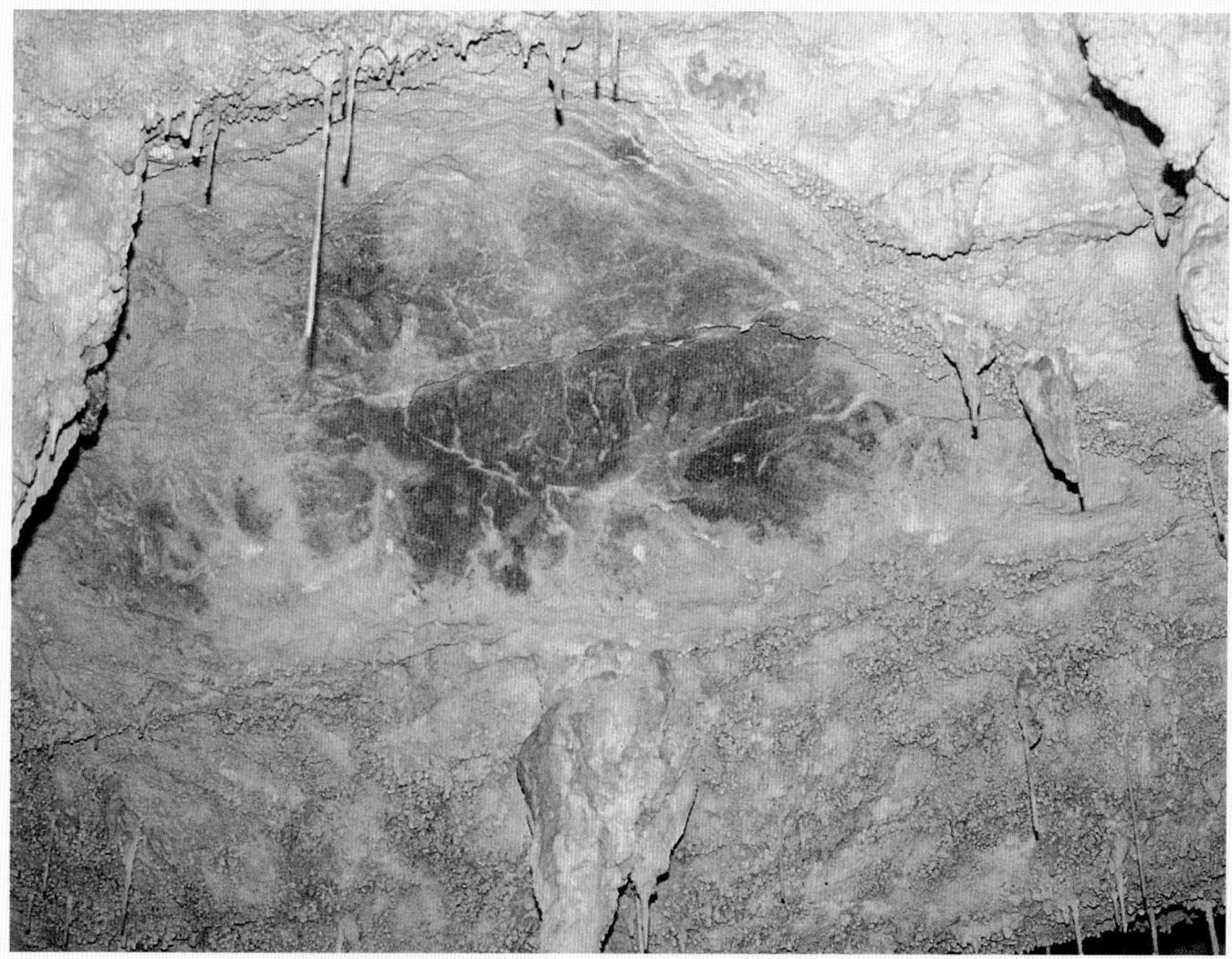

Anstelle des dichten Regenwaldes gab es offene Grasebenen und bewaldete Streifen an geschützten Flußtälern entlang. Das Klima war trocken und kalt, und in den Bergtälern gab es Gletscher.

Anders als die meisten australischen Fundorte, die über 10 000 Jahre alt sind, enthalten die Höhlen in Südtasmanien sehr reichhaltige und unterschiedlich zusammengesetzte Ablagerungen, die belegen, daß die Menschen damals keineswegs ungewöhnlich hart um ihre Existenz kämpfen mußten. Die meisten Knochen – an manchen Fundorten über 90 Prozent von allen – stammen von Rothalswallabys, einer kleinen Känguruhart. Offensichtlich waren Jäger darauf spezialisiert, dieses mittelgroße Tier zu erlegen, weil es ziemlich leicht zu jagen war und im offenen Grasland häufig vorkam. Benutzungsspuren an einigen Knochenspitzen lassen darauf schließen, daß man sie als Speerspitzen verwendete. Mit anderen Knochenspitzen wurden Kleider aus Tierhäuten angefertigt.

An den Fundorten gibt es auch mehr steinerne Artefakte als an gleich alten australischen Stätten. Die meisten Werkzeuge wurden aus Steinen hergestellt, doch manche bestehen aus einem Glas, das beim Aufschlagen von Meteoriten entsteht – die Energie des Aufpralls bringt Felsen zum Schmelzen, und es bildet sich Glas. Ureinwohner sammelten dieses Glas nachweislich im Darwon-Meteoritenkrater, rund 25 Kilometer nordwestlich von Kutikina, und trugen es bis zu 100 Kilometer weit fort.

Als sich die Eisplatten schließlich zurückzogen, wurde das Klima wärmer und nasser, Bäume und Sträucher wuchsen nun auf dem Grasland. Dichter Regenwald machte die Region dann vor etwa 11 000 Jahren nahezu undurchdringlich, und es gab wenig Nahrung. Die Höhlen im Südwesten wurden gegen Ende der Eiszeit alle verlassen, und die meisten Ureinwohner siedelten sich in anderen Gebieten Tasmaniens an.

Die Besiedlung des Pazifiks

Vor 40 000 Jahren hatte der Mensch bereits Neuguinea und Australien besiedelt, die während der letzten Eiszeit aufgrund des damals niedrigeren Meeresspiegels eine einzige Landmasse bildeten. Diese ersten Siedler dürften aus dem heutigen Südostasien gekommen sein und waren vermutlich an ein Leben als Seefahrer angepaßt. Neuere Funde zeigen, daß die Menschen sich rasch auf die Inseln des Bismarck-Archipels ausbreiteten und vor 30 000 Jahren die Salomon-Inseln erreichten. In den Inseldörfern im Südwestpazifik lebten anscheinend Jäger, Fischer und Sammler von den Schätzen des Meeres und des Landes. Mit der Zeit bildeten sich Handelswege, und man tauschte Obsidian, Steinwerkzeuge, Muschelschalen und Nahrungsmittel.

Vor knapp 4000 Jahren tauchte eine neue Kultur im Westpazifik auf. Das zeigte sich, als 1952 Archäologen in Lapita (Neukaledonien) Scherben von auffällig verzierten Töpferwaren fanden und schnell erkannten, daß derlei Tonscherben überall in Melanesien, sogar auf Tonga, Samoa und den Fidschi-Inseln, verbreitet waren. Die Herkunft der Lapita-Kultur ist noch umstritten – manche Archäologen glauben, ihre Wurzeln lägen auf den Inseln Südostasiens, andere sehen ihren Ursprung im Bismarck-Archipel. Wie dem auch sei – dieses Volk breitete sich ungemein rasch aus und errichtete weit verstreute Dörfer, sicherlich gestützt auf das, was das Meer hergab, aber auch auf Viehzucht und Landwirtschaft. Die Lapita-Siedlungen waren durch ein Netz von Handelswegen miteinander verbunden.

Der Pazifik bedeckt ein Drittel der Erdoberfläche. Tausende von meist winzigen Inseln ragen aus ihm empor. Archäologen haben entdeckt, daß der Mensch vor über 30 000 Jahren begann, den Pazifik zu erobern. Vor etwa 1000 Jahren war der Südwestpazifik – Tonga und Samoa, die Osterinseln, Hawaii und Neuseeland – besiedelt. Dazu waren Seereisen ohne Karten und Navigationsgeräte erforderlich gewesen.

schließlich Neuseeland erreicht – die Spitzen des polynesischen Dreiecks. Es besteht kaum ein Zweifel daran, daß die Besiedlung dieser entlegenen Gebiete gewollt erfolgte. Die Polynesier hatten das Doppelrumpfkanu erfunden, mit dem sie sehr lange Reisen unternehmen konnten; sie hatten ein ausgeklügeltes Navigationssystem, das auf ihrer genauen Kenntnis des Sternenhimmels und des Ozeans basierte; und sie führten gewiß Tiere und Pflanzen als Proviant mit. So gründeten sie erfolgreiche und sich bald ausdehnende Dörfer, die unter anderem Brotfrüchte, Bananen und vor allem Taro anbauten. Gelegentlich hatte diese Besiedlung allerdings die Erosion des Landes zur Folge, weil der Bedarf der wachsenden Bevölkerung intensive Anbaumethoden notwendig machte.

Die Maori, die Neuseeland besiedelten, fanden eine Umwelt vor, die sich von den kleinen tropischen Inseln, die sie gewohnt waren, deutlich unterschied. Einige ihrer Feldfrüchte wuchsen außerhalb der Tropen nicht, und darum suchten sie neue Nahrungsquellen: Sie fanden unter anderem die Wurzeln des heimischen Farns, besonders des Adlerfarns. Um die Ausbreitung des Farns zu fördern, rodeten sie große Waldgebiete, meist durch Feuer. Die Folge war umfangreiche Erosion. Sie jagten viele Vogelarten, bis sie ausgerottet waren, darunter zwölf Arten von Moas. Der Kampf um Nahrung machte die Maori kriegerisch; sie bauten sie kunstvolle befestigte Dörfer, die sie *pa* nannten.

Die Polynesier sind Nachkommen dieser Lapita-Menschen. Vor etwa 2000 Jahren begannen polynesische Seefahrer, den restlichen Pazifik zu besiedeln, zuerst die Marquesas-Inseln, Tuamotu und die Gesellschafts-Inseln. Rund 1000 Jahre davor hatten sie Hawaii, die Osterinsel (s. S. 194) und

RECHTS: Lapita-Tonwaren von den Arawe-Inseln vor der Küste Neubritanniens. Die Verzierung ist typisch für die kunstvollen, unverwechselbaren Muster auf solchen Gefäßen, die seit etwa 2000 Jahren nicht mehr hergestellt werden.

LINKS: Obsidian ist ein Vulkanglas, das sich leicht abschlagen und zu sehr scharfen Werkzeugen verarbeiten läßt. In Neu-Irland wurden Obsidianabschläge schon vor 20 000 Jahren aus 350 Kilometern Entfernung herbeigeschafft, und in Lapita-Siedlungen fand man Obsidian, dessen ursprüngliche Lagerstätte 300 Kilometer entfernt war. Dies ist der Eingang zu einer Obsidianmine in Talasea, Neubritannien.

Die Osterinsel

Nach der C^{14}-Methode zu urteilen, war die Osterinsel schon im 7. Jahrhundert gut besiedelt, und die meisten Forscher glauben, daß die Einwanderer in den ersten nachchristlichen Jahrhunderten aus Ostpolynesien kamen. Die Insel ist derart abgelegen – 3747 Kilometer von Südamerika und 3622 Kilometer von Pitcairn, der nächstgelegenen anderen Insel im Südpazifik entfernt –, daß es wahrscheinlich nur eine einzige große Einwanderungswelle mit Kanus gegeben hat. Die archäologischen Erkenntnisse lassen jedenfalls auf eine einzige, ununterbrochene Besiedelung schließen. Nach der Ankunft waren die Einwanderer Gefangene der entlegenen Insel, und sie war fortan ihre ganze Welt.

Zum ersten Kontakt mit der Außenwelt kam es am Ostersonntag 1722, als der holländische Seefahrer Jacob Roggeveen die Insel entdeckte, ihr den Namen gab und ihre Bewohner beschrieb. Im 18. Jahrhundert waren berühmte Entdecker wie Kapitän Cook und der Graf de La Pérouse unter den Besuchern. Ihnen ging es

Das einsamste ständig bewohnte Stück Land der Erde, die Osterinsel, ist ein 171 Quadratkilometer großes Stück Vulkangestein im Südpazifik. Sie ist berühmt wegen ihrer faszinierenden Steinzeitkultur, die Hunderte von riesigen Steinstatuen hervorbrachte, von denen viele auf massiven steinernen Plattformen stehen. Heute ist die Insel ein gigantisches Freiluftmuseum, und die Krater Rano Raraku und Rano Kau gehören zu den faszinierendsten Stätten der Archäologie.

---

freilich um die bloße Erkundung des Landes. Archäologische Arbeiten setzten hier Ende des 19. Jahrhunderts ein, durch die Expedition des norwegischen Abenteurers Thor Heyerdahl im Jahre 1955 traten sie in ein neues Stadium ein. Dieser brachte Archäologen wie den Amerikaner William Mulloy mit, die den Grundstein für die Erforschung und Wiederherstellung der Funde legten, die heute noch andauern. Die Expedition führte die ersten stratigraphischen, also die zeitliche Abfolge der Ablagerungen untersuchenden Ausgrabungen und C^{14}-Datierungen durch und sammelte Pollen. Außerdem behaute und bewegte man Statuen oder richtete sie auf und gewann daraus wertvolle Aufschlüsse.

Einige der etwa 400 Statuen, die im Steinbruch Rano Raraku oder in dessen Nähe stehen. Die fertigen stehen an den Hängen und sind bis zum Hals in Ablagerungen begraben – daher das weitverbreitete Mißverständnis von den »Osterinselköpfen«.

Aus Pollenanalysen wissen wir, daß die Osterinsel – ihre Bewohner nennen sie Rapa Nui – einst von einem Regenwald bedeckt war, in dem ein großer, der chilenischen Brennpalme ähnlicher Baum vorherrschte. Jene polynesischen Einwanderer veränderten die Situation. Wahrscheinlich wenige Dutzend Männer, Frauen und Kinder brachten domestizierte Tiere (Hühner, Ratten, Schweine und Hunde) sowie Nahrungspflanzen (Bananen, Brotfrüchte, Süßkartoffeln, Taros) mit, die die Gegebenheiten hier wie auf vielen anderen pazifischen Inseln veränderten. Falls jene Menschen Schweine und Hunde mitbrachten, so haben diese nicht lange überlebt, und die Brotfrucht wächst auf der Osterinsel nicht. Daher rodeten die Ankömmlinge den Wald, um ihre Feldfrüchte anzubauen. Die heimischen Vögel, welche nicht an Menschen gewöhnt waren, fielen bald den Jägern zum Opfer, und die Ratten fraßen ihre Eier, so daß sich die wenigen überlebenden Seevögel auf Inselchen vor der Küste zurückzogen. In dieser frühen Periode bauten die Bewohner anscheinend einfache Plattformen *(ahu)* mit kleinen und ziemlich grob behauenen Statuen darauf oder davor.

Die zweite Phase in der Geschichte der Osterinsel (etwa 1000–1500) war ihr »goldenes Zeitalter«. Menschen errichteten mit gewaltigem Aufwand mehr und größere zeremonielle Plattformen (mit schön behauenen Platten verkleidetem Bruchsteins) und Hunderte von großen Statuen. Als die Bevölkerung wuchs, nahm auch die Zahl der Statuen allmählich bis auf 10 000, ja sogar 20 000 im Jahr 1500 zu. Das führte zu Landknappheit, und der Rückgang des Waldes läßt sich an den fossilen Pollen in den Kratersümpfen der Insel deutlich ablesen.

Mindestens 899 Statuen *(moai)* wurden angefertigt, fast alle mit Hammersteinen aus Basalt im vulkanischen Tuffstein des Rano-Raraku-Kraters. Alle gerieten zu Variationen desselben Themas: einer menschlichen Figur mit vorstehender, eckiger Nase und ebensolchem Kinn, oft mit langen, durchbohrten Ohren, die Scheiben enthalten. Die Körper enden am Unterleib und haben eng anliegende Arme mit langen Fingerspitzen, die sich an einem stilisierten Lendenschurz treffen. Mehr als 230 Statuen wurden

Blick vom Zeremoniendorf Orongo auf die Inselchen. Im Vordergrund einige der zahlreichen Basreliefs mit Vogelmännern. Der »Vogelmann-Wettbewerb« war sehr gefährlich, denn die Teilnehmer mußten nicht nur die gewaltige Klippe hinab- und hinaufklettern, sondern auch eine lange Strecke durch starke Strömungen in Wassern schwimmen, in denen mit Haifischen zu rechnen war.

vom Kratersteinbruch zu weit entfernten Plattformen am Rand der Insel transportiert, wo man sie mit dem Rücken zum Meer aufstellte, so daß sie die Dörfer betrachten, die jedes *aho* umgeben. Vermutlich symbolisieren sie Ahnen. Ursprünglich nahm man an, die Statuen seien liegend an ihre Bestimmungsorte geschleppt worden, doch Experimente belegen, daß man sie auch auf einem Schlitten oder auf Rollen stehend befördern kann.

Die Statuen auf den am kunstvollsten gearbeiteten Plattformen besaßen Augen aus weißen Korallen und auf dem Kopf einen Dutt *(pukao)* aus roter Gesteinsschlacke. Die auf Plattformen stehenden

Statuen sind 2 bis 10 Meter hoch und wiegen bis zu 82000 Kilogramm. Manchmal stehen auf einer einzigen Plattform bis zu fünfzehn Statuen in einer Reihe. Im Steinbruch befinden sich noch fast 400 teilweise fertige Statuen. Eine von ihnen, »El Gigante«, ist über 20 Meter lang und würde als vollendetes Werk ungefähr 274000 Kilogramm wiegen.

Während der letzten Phase der Vorgeschichte brach die alte Lebensweise zusammen. Es wurden keine Statuen mehr hergestellt, die Feuerbestattung wich der Erdbestattung, und 1000 Jahre friedlichen Zusammenlebens drohten durch die Herstellung von *mataa* – Speerspitzen und Dolchen aus Obsidian – beendet zu werden. Streitigkeiten führten dazu, daß die Statuen umgestürzt wurden, und statt der Ahnen verehrte man nun eine Kriegerkaste.

Im Zeremoniendorf Orongo mit seinen Kragsteinhäusern, die hoch auf der Klippe zwischen dem Krater Rano Kau und dem Ozean thronten, wurde jedes Jahr ein Häuptling oder »Vogelmann« gewählt. Jeden Kandidaten vertrat ein junger Mann, und jedes Jahr im Frühling mußten diese unglücklichen Jünglinge die fast 300 Meter hohe, steile Klippe zum Ufer hinunterklettern und dann auf einem Schilfbündel mehr als einen Kilometer weit durch haifischreiches Wasser und starke Strömungen zum größten und fernsten Inselchen Motu Nui schwimmen, wo sie manchmal wochenlang auf einen Meeresvogel, die schwarze Seeschwalbe, warteten. Ihr Ziel war es, das erste Ei zu finden, das Fruchtbarkeit symbolisierte. Der Sieger schwamm mit dem Ei in einem Kopfband zurück, und sein Herr wurde der neue heilige Vogelmann. Dieses System entwickelte sich noch immer weiter, als die ersten Europäer kamen, und nach ihrem Eintreffen um das Jahr 1860 machten Missionare ihm ein Ende.

Die Ursachen des Niedergangs der Inselkultur waren wohl komplex, aber sie lassen sich letztlich auf einen entscheidenden Faktor zurückführen. Pollenanalysen zeugen von der dramatischsten Abholzung, die die Archäologie kennt. Spätestens vor 1200 Jahren setzte der rapide Rückgang des Waldes ein, und bei der Ankunft der Europäer war kein großer Baum mehr übrig. Die vor langer Zeit mitgebrachten Ratten fraßen die Palmfrüchte und verhinderten neuen Baumwuchs. Ohne Palmen und andere Bäume konnte man die Statuen nicht mehr bewegen und keine seetüchtigen Kanus mehr bauen. Die Bewohner der Insel waren somit vom Tiefseefisch als Eiweißquelle abgeschnitten, und die Entwaldung führte zu einer drastischen Bodenabtragung. Hühner wurden die kostbarste Eiweißquelle, und man hütete sie wie einen Schatz.

Wir wissen nicht genau, was auf der Osterinsel geschah. Wahrscheinlich führte das stetige Bevölkerungswachstum zusammen mit Nahrungsmangel und wirtschaftlich nutzlosen Beschäftigungen (Plattformbau, Fertigung und Transport von Statuen) zum Zusammenbruch. Gewalttaten, vielleicht sogar Kannibalismus, waren wohl die Folgen des Ausmaße annehmenden Hungers.

Als 1722 die ersten Europäer kamen, war alles vorbei. Nur noch rund 2000 Menschen lebten in Armut zwischen den Ruinen ihrer einstigen Kultur. Die Palme und mehrere andere Pflanzenarten waren ausgestorben, und es gab nur noch eine kleinwüchsige Baumart und zwei Arten von Sträuchern.

DIE NEUE WELT

Monte Verde und die ersten Amerikaner

Wann ließen sich die ersten Menschen in der Neuen Welt nieder? Viele Jahre lang waren Überreste der Clovis-Kultur (s. S. 202) in Nordamerika und verwandter Kulturen in ganz Mittel- und Südamerika unbestritten die ältesten Spuren einer Besiedlung. Diese Menschen, die vor etwa 12 000 Jahren auf dem Kontinent auftauchten, stellten typische, elegante Speerspitzen aus Steinsplittern her. Seit einiger Zeit suchen Archäologen jedoch aus gutem Grunde nach älteren Überbleibseln und nach den Ahnen der Clovis-Kultur, die noch keine Speer- oder Pfeilspitzen kannten.

Die am besten dokumentierte Stätte ist Monte Verde in Chile. 1975 brachte ein chilenischer Student der Ackerbaukunde seinem Professor ein paar große »Kuhknochen«. Eine Familie hatte sie im

Lange galt die Clovis-Kultur, die vor 12 000 bis 10 000 Jahren bestand, unbestritten als älteste Kultur der Neuen Welt. Doch Funde am Monte Verde – viele davon aus Holz – beweisen, daß Amerika schon vor rund 13 000 Jahren bewohnt war, und tiefreichende Grabungen deuten sogar auf eine Besiedlung in der Zeit vor 33 000 Jahren hin.

Uferboden eines Baches gefunden. Der Professor vermutete sofort, daß es sich um Knochen einer sehr großen, am Ende der Eiszeit (vor mehr als 10 000 Jahren) ausgestorbenen Tierart handelte. So kehrte der Student umgehend zu der Fundstätte zurück und grub selbst, bis er mehrere weitere Knochen und einen großen Steinsplitter gefunden hatte, der wie ein von Menschenhand hergestellter Gegenstand, ein Artefakt, aussah.

Im Jahre 1976 lehrte der amerikanische Archäologe Tom Dillehay an jener Universität, und man bat ihn, sich die Knochen anzusehen. Er bemerkte daran seltsame Spuren, als hätten

Steinwerkzeuge (12 000–13 000 v. Chr.) vom Monte Verde sind Zeugnisse einer Kultur, die älter ist als die Clovis-Kultur.

Menschen Tiere geschlachtet und zerlegt. Außerdem stellte er fest, daß 80 Prozent der Knochen Rippen waren – ein Indiz dafür, daß jemand sie ausgesucht hatte. Er fuhr zum Fundort und begann nach einigen Vorarbeiten im Jahre 1977 mit Grabungen, die schließlich Beweise dafür lieferten, daß in Amerika schon vor der Clovis-Kultur Menschen lebten.

Zum Glück ist die Stätte am Monte Verde ungewöhnlich gut erhalten. Kurz nachdem die Menschen das Gebiet verlassen hatten, wurde es von einem Moor bedeckt, das zu Torf wurde, und beide schützten die Überreste. Dillehay fand Artefakte, wie man sie nie zuvor gesehen hatte, und viele bestanden aus Holz. Außerdem fand er Werkzeuge aus Steinsplittern und bearbeitete Tierknochen. Der Fundort liegt auf offenem Land neben einem Ufer. Die Menschen hatten hier Hütten mit Holzfundamenten, Holzpfosten und Wänden aus Ästen gebaut und sie mit Tierhäuten bedeckt. In den Häusern gab es kleine, mit Lehm verkleidete Gruben für die heiße Kohle, die zum Kochen und Heizen benutzt wurde. Essensreste verrieten, daß die Menschen Samen, Nüsse, Früchte, Beeren und Knollen verzehrten. Vielleicht jagten sie

Die Siedler am Monte Verde haben möglicherweise Mastodone gejagt, ausgestorbene Verwandte des Elefanten. Sie lieferten Fleisch und Häute zum Abdecken von Hütten.

UNTEN: *Fundstücke vom Monte Verde: verkohlte Mastodonrippen und Stoßzähne sowie das Schulterblatt eines Urlamas.*

auch Mastodone (ausgestorbene Verwandte des Elefanten) und trugen Teile der Tiere – meist den Brustkorb – ins Dorf, um sich selbst und die übrigen Dorfbewohner mit Fleisch zu versorgen. Die Haut präparierten sie und deckten sie über ihre Hütten.

Abseits der Hütten fand man ein erstaunliches Bauwerk. Sein Fundament bestand aus Sand und Kies, senkrechte Holzpfähle stützten die Wände, und eine seltsame, rechteckige Plattform setzte sich nach außen fort und gab dem Gebäude eine Form, die an ein Gabelbein, also einen Brustknochen, erinnert. Überreste von Heilpflanzen lassen vermuten, daß der Bau rituellen Zwecken diente.

Mit Hilfe der C^{14}-Methode wurde festgestellt, daß der Ort vor etwa 13 000 Jahren bewohnt war – volle 1000 Jahre vor der Zeit der ältesten Clovis-Jäger. Dillehay hat bewiesen, daß es in Amerika vor der Kultur dieser Jäger bereits eine andere gab, doch die vielleicht faszinierendste Entdeckung am Monte Verde warf mehr Fragen auf, als sie beantwortete: Tom Dillehay grub nämlich auch an einigen Stellen tief unterhalb des alten Dorfes, weil er eine etwas ältere Siedlung zu finden hoffte. Doch was er entdeckte, war viel älter, als er es sich vorgestellt hatte: mehrere abgeschlagene Steine, die eindeutig wie künstlich hergestellt aussehen, und möglicherweise drei Feuergruben mit Holzkohlestücken. Nach der C^{14}-Methode ist die Kohle darin erstaunliche 33 000 Jahre alt. Dadurch gibt es plötzlich Grund zu der Annahme, daß Amerika schon sehr viel früher von Menschen bewohnt war, als man bislang angenommen hatte.

Großwildjagd auf der nordamerikanischen Prärie

Nordamerikas Prärien umfassen insgesamt eine Fläche von etwa 2,6 Millionen Quadratkilometern, die von den Rocky Mountains im Westen bis zur Mitte des Kontinents und von Texas im Süden bis nach Kanada im Norden reicht.

In den nordamerikanischen Prärien lebten einst Millionen großer Tiere, zum Beispiel Büffel. Prähistorische Indianer erfanden sehr wirksame Methoden, diese Tiere zu töten, und diese Methoden wurden noch bei der Ankunft der Europäer angewandt.

Bevor die Europäer eindrangen und sich des Landes bemächtigten, war dieses riesige Gebiet die Heimat nomadischer, in *Tipis* lebender Stämme, wie der Sioux, der Cheyenne und der Schwarzfüße.

In diesem Grasland gab es Millionen von großen Tieren – darunter das Mammut (es starb vor rund 11 000 Jahren aus) und der amerikanische Büffel (genauer: der Bison) – sowie kleinere Tiere, zum Beispiel die Gabelantilope. Archäologen rekonstruierten die faszinierende Geschichte der prähistorischen Prärieindianer, die sich raffinierte Methoden ausdachten, um diese Tiere zu töten, die für sie nicht nur Nahrung, sondern auch Grundstoffe für Kleider und Werkzeuge darstellten.

Die ältesten, etwa 11000 Jahre alten Funde entstammen der paläoindianischen Clovis-Kultur, die in der westlichen Prärie entstanden war. In Siedlungen wie Blackwater Draw in Neu-Mexiko töteten Indianer, die nur Speere mit Steinspitzen zum Jagen benutzten, Dutzende von Mammuts am Rande eines Sumpfes, der in der Folgezeit vollständig trockenfiel. Später erlegten paläoindianische Folsomjäger, die bessere Steinspitzen als ihre Vorgänger verwendeten, am selben Ort Bisons einer heute ausgestorbenen Art. Einige der

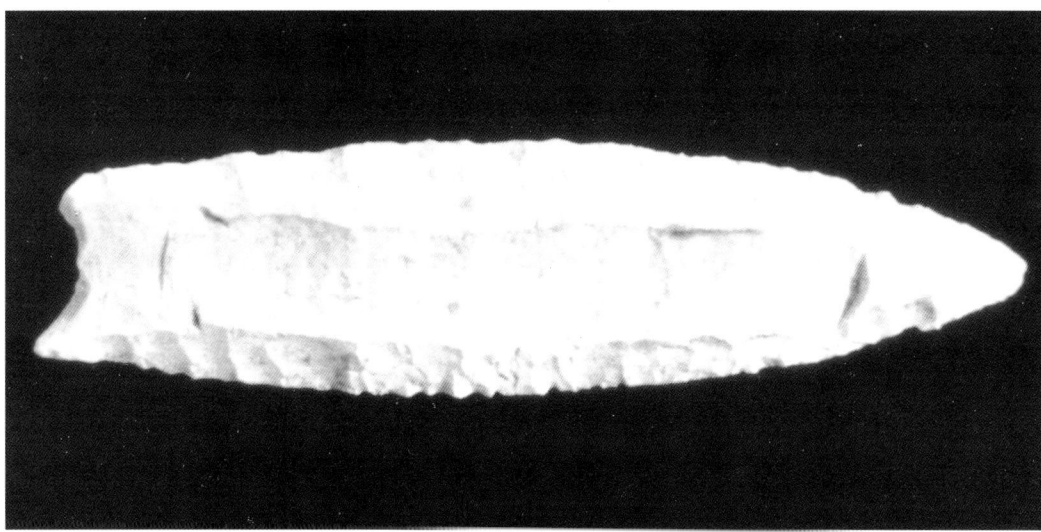

gefundenen Steinspitzen stammen offenbar aus bis zu 240 Kilometer entfernten Steinbrüchen.

Vielleicht waren diese Jagdmethoden aber nicht die Regel, denn sie erforderten eine Menge Planung und zudem ziemlich viel Glück. Ein Archäologe hat sogar behauptet, paläoindianische Jäger hätten möglicherweise nur an einer einzigen erfolgreichen Jagd teilgenommen – und ihr Leben lang davon erzählt.

Nach der Ausrottung des Mammuts konzentrierten sich die Jäger auf den Bison und entwickelten immer findigere Methoden, ihn zu töten. Einzelne Tiere und kleine Gruppen wurden häufig erlegt (vor allem in jüngster historischer Zeit, als Pferde und Gewehre zur Verfügung standen); aber der Herdentrieb des Bisons machte auch Jagdzüge möglich, bei denen Hunderte von Jägern – Männer und Frauen – Hunderte von Tieren erlegten. Dabei wurden die Tiere beispielsweise in einen Abgrund gehetzt. So etwas erforderte umfangreiche Vorbereitungen und viel Geduld. Man trieb kleine Bisonherden zusammen und versetzte sie derart in Panik, daß sie durch »Leitplanken« aus Steinen auf die Spitze eines Felsens rasten. Die Jäger nutzten auch Sanddünen und enge Schluchten, um den Tieren die Bewegungsfreiheit zu nehmen, und sie bauten gar Holzkorrale, in die sie Bisons hineintrieben.

Die meisten großen Jagdzüge wurden im Herbst veranstaltet, damit die Stämme sich mit Wintervorräten eindecken konnten. Da die Jagd schwierig und gefährlich war (ein einziger Fehler konnte eine ganze Herde auseinandertreiben), war sie mit ausgiebigen religiösen Riten und Tabus verbunden. Beispielsweise war einzelnen das Jagen unmittelbar vor einer gemeinschaftlichen Jagd verboten. Manche Archäologen glauben, Anhaltspunkte dafür zu haben, daß solche Großjagden die Bisonherden in einem bestimmten Gebiet derart zu dezimieren vermochten, daß sie nicht jedes Jahr abgehalten werden konnten.

Obwohl die Bisonjagd in der Präriekultur im Vordergrund stand, waren kleinere Tiere für die Menschen jener Zeit ebenfalls wichtig. Funde in Wyoming und Montana belegen, daß andere Tiere auf ähnliche Weise wie der Bison gejagt wurden.

Speer- und Pfeilspitzen waren von großer Bedeutung für den Erfolg einer Jagd. Diese Steinspitzen waren oft über das notwendige Maß hinaus bearbeitet, und daher nehmen die Archäologen an, daß sie auch großen symbolischen Wert hatten. Derlei Werkzeuge haben viel dazu beigetragen, etwas über die Geschichte der Prä-

GANZ OBEN: Folsom-Steinspitzen sind kunstvoller gefertigt als die älteren Clovis-Spitzen. Beide gehören zu den bemerkenswertesten Belegen der Steinschlägerkunst.

OBEN: Schöne Steinspitze des Clovis-Volkes, das vor etwa 11000 Jahren die westlichen Prärien Amerikas bewohnte.

GEGENÜBER: Dieses Bild aus dem 19. Jahrhundert stellt eine große Bisonjagd dar.

riekultur herauszufinden, denn sie haben sich im Laufe der Zeit immer wieder verändert, so daß Archäologen in der Lage waren, Fundorte mit Hilfe der Steinspitzen zu datieren. Die vielen tausend Spitzen an Schauplätzen von Großjagden haben wesentlich zum Verständnis des zeitlichen Ablaufs von Ereignissen beigetragen. Zuerst wurden Speerspitzen benutzt. Clovis- und Folsomspitzen waren kunstfertig abgespalten und gehören heute noch zu den besten Stücken der Steinschlägerkunst. Nach diesen, vor etwa 7000 Jahren, verwendeten viele Jäger eine Speerschleuder, einen dünnen, ungefähr einen Meter langen Holzstiel, der sozusagen den Arm des Werfers verlängerte. Vor rund 2500 Jahren schließlich setzten sich in der Prärie Pfeil und Bogen durch: Diese beiden technischen Neuerungen machten die Jagd mit einem Schlag erheblich effektiver.

Felskunst in der Neuen Welt

Eingeborene kennen die meisten Felsbilder in Amerika, und in manchen Gegenden haben sie noch im 19. Jahrhundert solche Kunstwerke geschaffen. Die ersten Europäer, die sie zu Gesicht bekamen, waren die Nachhut der Konquistadoren – Geistliche, Händler und Entdecker. 1673 schrieb der Jesuitenpater Jacques Marquette, der den Mississippi erforschte, in seinem Tagebuch über Bilder von geflügelten Ungeheuern hoch oben an einem Felsen im heutigen Illinois. Garrick Mallery, ein Oberst der amerikanischen Armee, der Fort Rice am Oberlauf des Missouri befehligte, schrieb, nachdem er reichlich Material gesammelt und interpretiert hatte, das erste ein Buch über nordamerikanische Felskunst (*Picture-Writing of the American Indians*, 1893). In seinem Werk gibt er seiner Verwunderung darüber Ausdruck, »daß Forscher und sogar Ortsansässige kaum von den Felsbildern Notiz nehmen, abgesehen von den Indianern, die nicht viel darüber reden«.

In Südamerika wurde die Felskunst früher bemerkt. Berichte über »Inschriften« in Brasilien gibt es seit dem 16. Jahrhundert, und manchmal wurden sie von *bandeirantes* (Trägern der königli-

Die Neue Welt – von Patagonien bis zur Nordwestküste Kanadas – besitzt eine der umfassenden Sammlungen von Felskunst, aber die meisten Abbildungen sind der Öffentlichkeit und sogar vielen Archäologen unbekannt.

chen portugiesischen Fahne) beschrieben, die das Landesinnere erkundeten. Im 16. Jahrhundert erkannten einige spanische Missionare, daß manche Felsbilder für die Eingeborenen eine religiöse Bedeutung hatten – darum zerstörten sie diese uralten Kunstwerke oder meißelten an gut sichtbaren Stellen Kreuze ein, entweder um die Überlegenheit des Christentums zu beweisen oder um die Macht der Bilder zu untergraben.

Die ersten Studien der bolivianischen Felskunst begannen ebenfalls in der Kolonialzeit. Padre Alonso Ramos Gavilán erwähnt in seinem Buch *Historia de Nuestra Señora de Copacabana* (1621) vier Orte mit Felsbildern. An dreien dieser Orte fanden die Spanier eingekerbte »Fußabdrücke« im Fels und hielten sie für die Spur eines christlichen Heiligen – getreu ihrer Theorie, schon in der vorkolumbianischen Zeit sei ein Missionar in den Anden gewesen. Am vierten Ort entdeckten sie »Buchstaben an einem Felsen«. Damals wurden Felsbilder oft als alte Schriftzeichen gedeutet.

Für die Felskunst der Neuen Welt wurden viele verschiedene Techniken angewandt. Es gibt Felsmalereien, Gravierungen, Geo-

OBEN: *Die »Tafel des Heiligen Geistes« in der Großen Galerie im Barrier Canyon (Utah). Die Figuren stellen wahrscheinlich übernatürliche Wesen dar. Der »Heilige Geist« ist mehr als 2 Meter groß.*

RECHTS: *Diese eingemeißelten zeremoniellen Figuren in den Coso-Bergen (Kalifornien) stellen vermutlich kostümierte Schamanen eines Schafskultes dar. Anscheinend haben sie bemalte Körper, mit Fransen versehende Hemden nebst Federkopfschmuck, und einige von ihnen tragen Pfeil und Bogen oder Speerschleudern.*

OBEN: »Tsagaglalal« (»Die Schauende«) ist eine große Felsritzzeichnung in der Nähe von The Dalles an der amerikanischen Nordwestküste. Sie könnte ein Schutzgeist sein, der die neuen Krankheiten abwehren sollte, die Europäer im 17. und 18. Jahrhundert einschleppten.

LINKS: Felskunst gibt es überall in der Neuen Welt. Dieses große Bild eines Geiers oder Bussards stammt aus Roca de Vaca, einer bemalten Felsnische aus Sandstein in der Region Piauí (Nordostbrasilien).

glyphen (z. B. bei Nasca, s. S. 208) und Petroformen, also Steine, die auf der Erdoberfläche zu Mustern oder Bildern angeordnet sind. In vielen Gegenden, zum Beispiel im Südwesten und im Nordwesten des Kontinents sowie in Teilen Perus und Boliviens finden sich zahlreiche Felsritzzeichnungen. Auch Felsmalereien sind weit verbreitet, vor allem in südamerikanischen Felsnischen, aber auch auf der Halbinsel Baja California, in Texas, Utah und Teilen Kaliforniens, wo die Chumash einige der schönsten vielfarbigen Muster der Welt schufen. Natürlich gibt es keine einheitliche Erläuterung einer Kunst, die einen so langen Zeitraum umfaßt (organische Substanzen, die einige Felszeichnungen in Kalifornien und Arizona bedecken, sind 14 000 bis 18 000 Jahre alt) und derart viele Techniken und Motive einschließt. Es gibt Jagdszenen, erzählerische Szenen, Handschablonenabbildungen und eine Art Handschablonendrucke, Tiere, Menschen und menschenähnliche Wesen. Viele der letzteren stellen vermutlich Götter oder Geister dar, wenn auch einige Forscher glauben, Schamanismus und Trance hätten bei der Entstehung einiger Felskunstwerke eine große Rolle gespielt, besonders am Pecos und in Teilen Kaliforniens.

Die Entdeckung der Olmeken

Es begann 1862 im Tuxtla-gebirge in Südveracruz. Ein Feldarbeiter auf einer Zuckerrohrplantage entdeckte einen Gegenstand, der aus dem Boden ragte. Dieser stellte sich als kolossaler Basaltkopf heraus, der heute »Tres Zapotes Monument A« genannt wird. 1869 schrieb ein Mann namens José Melgar eine Abhandlung über ihn. Er sah »äthiopische Züge« in den dicken Lippen und der breiten Nase. Mit der Zeit wurde der Kopf zum Prüfstein für ähnliche Objekte, die um die Jahrhundertwende in Kunstsammlungen auftauchten.

Zunächst allerdings hatten Archäologen keine Lust, moskitoverseuchte Sümpfe zu erforschen, und sie schenkten dem Fund wenig Aufmerksamkeit.

Das änderte sich erst im Jahr 1925, als Frans Blom und Oliver La Farge die moderne Archäologie der Olmeken begründeten. Sie entdeckten La Venta in Tabasco und einen zweiten Kolossalkopf. Auf dem Vulkan San Martín Pajapan in Veracruz fanden sie eine atemberaubende Statue, die eine sitzende Figur mit Kopfschmuck und einem sonderbaren, mürrischen Gesicht darstellte. Über ihre Funde schrieben sie 1926 das heute klassische Buch *Tribes and Temples*, mit dem sich der deutsche Gelehrte Hermann Beyer 1927 befaßte. Er verglich den Stil einer Steinaxt in einer Privatsammlung mit dem unwirsch anmutenden Gesicht der San-Martín-Skulptur und nannte sie »olmekisch«. Damit hatte er der Golfküstenkultur einen

Die erste Hochkultur Mittelamerikas, die olmekische (um 1150–400 v. Chr.) entstand auf der sumpfigen Küstenebene des südlichen Veracruz und Tabasco an der mexikanischen Golfküste. Diese Olmeken waren ebenso wie ihre vom Urwald überwucherten Bauwerke längst vergessen, als die Spanier nach Mittelamerika kamen, und ihre Wiederentdeckung ist einer der großen Erfolge der Archäologie.

ville pflichtete dieser abstrusen Theorie in einer Abhandlung bei, die er 1929 über den »olmekischen Stil« schrieb und die in der Folge großen Einfluß auf die Forschung haben sollte. Er stützte sich dabei auf steinerne Votiväxte in verschiedenen Sammlungen. Dieser Einschätzung schloß sich der amerikanische Spezialist George Vaillant der olmekischen Kultur in einer 1932 veröffentlichten Arbeit an und versuchte, deren geographische Ausdehnung zu bestimmen. Ende der dreißiger Jahre bewogen diese Hinweise auf eine kaum bekannte Kultur an der mexikanischen Golfküste Matthew Stirling, den Direktor des Büros für amerikanische Ethnologie, zu systematischen Grabungen in Tres Zapotes, wo Melgar seine Entdeckung gemacht hatte. Bald gelang ihm selbst eine große Entdeckung: die Stele C von Tres Zapotes, ein olmekisches Schnitzbild mit lesbarem, in Hieroglyphen geschriebenen Datum. Die Stele war älter als die ältesten Werke der Mayas. Es schien plötzlich, als seien nicht die Mayas, sondern die Olmeken die Ahnen der mittelamerikanischen Hochkulturen. Stirling machte sich 1940 in La Venta und San Lorenzo an die Arbeit und fand Dutzende von neuen olmekischen Monumenten.

Stirlings Behauptung, es habe vor den Mayas eine olmeki-

Namen gegeben. Den Ausdruck »Olmeken« (»Menschen vom Gummiland«) entnahm er Quellen aus dem 16. Jahrhundert.

Als Beyer das Alter der Funde einzuschätzen versuchte, machte er einen großen Fehler und schrieb sie einer urgeschichtlichen Gruppe zu. Der amerikanische Archäologe Marshall Sa-

OBEN: Alexander von Humboldts Zeichnung (1810) eines olmekischen Objekts unbekannter Herkunft. Da die Olmeken erst 100 Jahre später entdeckt wurden, bezeichnete er den Jadekelt mit Ritzbild als »aztekische Axt«.

LINKS: Bei zeremoniellen Anlässen verwendete Äxte trugen dazu bei, den olmekischen Stil zu bestimmen. Man beachte die typisch olmekischen Merkmale: eingekerbter Kopf, Flammenaugenbrauen und grimmig geschürzte Lippen.

Kolossalköpfe wie das La-Venta-Monument 1, das über 2,5 Meter hoch ist, gehören zu den typischen olmekischen Kunstwerken und sind vermutlich Herrscherporträts.

kische Hochkultur gegeben, stieß auf Skepsis, vor allem bei den Mayaforschern. Doch die Beweise häuften sich. In den vierziger Jahren wurde beispielsweise Keramik im olmekischen Stil zusammen mit präklassischer Keramik am Monte Albán in Oaxaca und im Tal von Mexiko gefunden, und schließlich beendete die Erfin- dung der C^{14}-Datierung die Diskussion: Olmekische Funde von La Venta stellten sich 1957 als präklassisch heraus, und Funde, die Michael Coe und Richard Diehl in San Lorenzo machten, bewiesen, daß die Blütezeit der Olmeken schon um 1150 v. Chr. begonnen hatte. Dennoch bleiben die Olmeken umstritten. Sie errichteten ihre Monumente zwar hauptsächlich an der Golfküste, aber viele der schönsten nicht ortsgebundenen Kunstwerke fand man weit davon entfernt. Das letzte Kapitel über die Entdeckung der Olmeken muß also noch geschrieben werden.

Die Linien von Nasca

Die alte Nasca-Kultur war über einen großen Teil der Südküste des heutigen Perus verbreitet, einschließlich der vielen Äste des Nascatals sowie der Täler im Süden und Norden. Sie ist bekannt für ihre kunstvollen und kompliziert gestalteten Teppiche, aber auch für ihre lebhaft bemalte Keramik mit natürlichen und übernatürlichen Motiven. Die Nasca bezwangen die öde Küstenwüste, erfanden Bewässerungssysteme für ihre Felder und erzeugten Nahrung in Fülle. Die Plattformgrabhügel und die Pyramiden aus Lehmziegeln, die sie in einem zeremoniellen Zentrum errichteten, sowie Tausende von Toten in den benachbarten Friedhöfen sind Zeugnisse ihrer Religion.

Auf einer weiten Ebene beim Nascatal zeichneten sie riesige Tier- und Pflanzenfiguren. Sie schufen diese großartigen Kunstwerke, die »Geoglyphen« genannt werden, indem sie Steine entfernten und damit darunterliegenden, helleren Boden freilegten.

Der Nasca-Affe, den Maria Reiche 1946 entdeckte.

Hunderte von Linien sind bei Nasca (Peru) in die Wüste gezeichnet. Einige sind pfeilgerade und kilometerlang, andere bilden Tierfiguren und geometrische Formen. Sie wurden als prähistorischer Tierkreis, Landestreifen für Außerirdische und vieles andere gedeutet. Die meisten geraden Linien entstanden zwischen 2000 und 1500 v. Chr., die Tierfiguren schuf wahrscheinlich die Nasca-Kultur zwischen dem 2. und 6. Jahrhundert.

———————

Die auf diese Weise entstehenden Linien bildeten die Umrisse eines Affen, einer Spinne, eines Killerwals, mehrerer Vogelarten und anderer Geschöpfe. Doch die Nasca-Kultur brach im 8. Jahrhundert zusammen, und mit ihr verschwand die Erinnerung an die Bilder in der Wüste – bis Maria Reiche im Juni 1946 mit ihren Forschungen begann.

Sie war nicht die erste Wissenschaftlerin, die von den Linien bei Nasca erfahren hatte. Der amerikanische Anthropologe Alfred Kroeber hatte das Gebiet 1926 besucht und einen Bericht darüber geschrieben, und der peruanische Archäologe Toribio Majía Xesspe veröffentlichte 1939 einen Artikel über die »Straßen« in der Wüste. Paul Kosok, ein amerikanischer Professor, erzählte Maria Reiche von den Linien, die er beim Studium alter Bewässerungsanlagen in Peru aus der Luft gesehen hatte. Er hatte einige Fotos gemacht und die Linien auch am Boden untersucht. Am Johannistag des Jahres 1941 stand er an einer langen, geraden Linie, die zum westlichen Horizont wies, und ihm fiel auf, daß

RECHTS: Das Wellenmuster der Nasca-Spinne wurde wahrscheinlich über einen langen Zeitraum hinweg geschaffen.

UNTEN RECHTS: Von 2000 v. Chr. bis zum Beginn der spanischen Kolonialzeit (1532) schuf die Nasca-Kultur auch schön verzierte Töpferwaren.

die Sonne genau über der Verlängerung der Linie unterging. Er war erstaunt darüber, daß die Linien möglicherweise für astronomische Beobachtungen benutzt worden waren, und suchte jemanden, der willens war, Nachforschungen anzustellen. Er fand Maria Reiche in Lima, aber als Deutsche durfte sie die Stadt erst nach dem Ende des Zweiten Weltkrieges verlassen.

Gleich am ersten Tag ihrer Arbeit folgte Maria Reiche einer von mehreren Linien, die eine Straße kreuzten, und erkannte sofort, daß sie den Umriß einer Spinne bildete. Später zeichnete sie auf, was sie für eine Spirale hielt, und stellte fest, daß die Linien weitergingen und einen Affen darstellten – die Spirale war sein Schwanz. Sie war, wie sie selbst später gerne erzählte, so überwältigt von ihrer Entdeckung, daß sie sich erst einmal auf den Boden setzte und lachte. In den folgenden Jahrzehnten widmete sie sich dem Studium der Linien und versuchte, ihre Theorie zu bestätigen, derzufolge die Figuren Sternbilder darstellten und ursprünglich astronomischen Zwecken gedient hatten.

Außer Tierfiguren gibt es noch geometrische Figuren, darunter riesige Dreiecke und Trapeze, sowie gerade Linien, die viele Kilometer lang sind. Die Figuren scheinen ausschließlich das Werk der Nasca-Kultur zu sein, andere Linien wurden über einen viel längeren Zeitraum hinweg gezeichnet, als diese Kultur bestand. Viele strahlen von einem einzelnen Punkt aus, der in vielen Fällen auf einem niedrigen Hügel oder am Ende einer Hügelkette liegt. Zerbrochene Töpferwaren, die man an solchen Zentren fand, beweisen, daß dort Opfer dargebracht wurden. Die Töpferwaren stammen aus der Zeit zwischen 2000 v. Chr. und 1532, ein Indiz dafür, daß die Linien über sehr lange Zeit hinweg gezeichnet und

benutzt wurden. Einige Forscher vermuten, daß die Linien auf heilige Plätze zuführen, zum Beispiel auf Berge, oder daß sie etwas mit Bewässerungsanlagen zu tun haben. Außerdem scheinen viele der Linien als Wege benutzt worden zu sein – vielleicht bei religiösen Prozessionen –, denn die meisten Figuren bestehen aus einer einzigen Linie, so daß man sie vollständig abschreiten konnte, ohne seinen eigenen Weg zu kreuzen. Vielleicht sind mehrere oder alle Theorien richtig.

Chavín

Die bekannteste frühe Kultur der Anden ist Chavín, benannt nach dem Ort Chavín de Huantar. Ihre Kunst stellt grimmig dreinblickende Menschen mit Fangzähnen und Tiere des Amazonasgebiets im Osten dar. Das deutet auf einen Kult hin, der seinen Ursprung am Amazonas hatte.

————————

Ein spanischer Missionar, der Anfang des 17. Jahrhunderts durch Peru reiste, beschrieb seine Eindrücke so: »In der Nähe dieses Dorfes Chavín steht ein großes Gebäude aus riesigen Steinblöcken, sehr gut gemacht. Es war ein Schrein, und zwar eines der berühmtesten heidnischen Heiligtümer, wie Rom oder Jerusalem bei uns. Die Indianer pflegten hier zu opfern, denn der Teufel verkündete ihnen hier viele Orakel, und darum strömten sie hier aus dem ganzen Königreich zusammen. Es gibt große unterirdische Hallen und Wohnungen und sogar genaue Angaben darüber, daß sie sich bis unter den Fluß erstreckten, der am Schrein vorbeifließt.«

Chavín könne für die Vorgeschichte der Anden eine herausragende Bedeutung gehabt haben, begann man trotz seines imposanten Aussehens erst in den zwanziger und dreißiger Jahren unseres Jahrhunderts zu vermuten, und zwar, als der Archäologe Julio C. Tello erkannte, daß es das Zentrum einer großen alten Kultur war. Er war ein peruanischer Indianer, der trotz aller gesellschaftlichen Hemmnisse ein Stipendium der Universität Harvard erhielt

und schließlich der bekannteste Archäologe Perus wurde. Tello grub zunächst an mehreren wichtigen zeremoniellen Stätten an der peruanischen Küste. Da er aber selbst aus dem Bergland stammte, hatte er dort schon lange nach Spuren einer peruanischen Kultur Ausschau gehalten. In Chavín fand er, was er gesucht hatte: den großen Tempel der Stadt und Gravuren mit Bildern grimmig aussehender Menschen – oder übernatürlicher Wesen – sowie großer Tiere des Dschungels: Er fand Vögel, Krokodile, Jaguare und sogar Papageien. Er erkannte die Ähnlichkeit zwischen diesen Gravuren und solchen andernorts, und er schloß daraus, daß er den Ursprung eines weit verbreiteten Phänomens entdeckt hatte. Einerlei, ob die Gravuren das Produkt eines Kultes oder einer Wallfahrt waren – Kunstwerke im Chavín-Stil gab es überall in den Anden.

UNTEN: Chavín war ein Zentrum der Neuerung, und seinen Einfluß auf weite umliegende Gebiete bezeugen neue Gefäßformen wie diese Schnabelflaschen mit Bügel.

Um 800 v. Chr. begann der Bau des Tempelkomplexes. Er war ein U-förmiges Gebäude mit einem tiefliegenden Hof in der Mitte. Der Peruaner Luis Lumbreras stellte bei Grabungen in einem tunnelähnlichen Gang in der Nähe des Hofes fest, daß der Gang mit Keramikgefäßen gefüllt war – jemand hatte sie dort als Opfergaben zerbrochen und zurückgelassen. Interessant war, daß die Keramik aus fernen Gebieten stammte, ein Indiz dafür, daß Chavín ein Pilgerzentrum wie Mekka oder Delphi war. Im Herzen des Tempels steht ein großer Stein, Lanzon genannt, mit dem eingeritzten Bild eines menschenähnlichen Geschöpfes mit einem katzenähnlichen Mund und Schlangen anstelle der Haare. Eigentlich war der Tempel um die Statue herumgebaut worden, so daß dies vielleicht die einzige Steingravur ist, die sich noch an ihrem ursprünglichen Standort befindet.

Um 400 v. Chr. wurde der Tempel umgebaut. Man erweiterte ihn erheblich, beließ es aber bei der U-Form. Die wichtigste Steingravur dieser Zeit ist wohl eine menschliche Figur mit einem kunstvollen Kopfschmuck. Sie hat die Arme an die Seite gelegt und hält einen Stab in beiden Händen. Dieser »Stabgott« taucht in etwas anderer Gestalt auch in den Kulturen von Tiwanaku (S. 230) und Wari auf. Tello könnte zumindest teilweise recht gehabt haben, als er Chavín die »Mutterkultur« der Anden nannte.

In der Nacht des 16. Januar 1945 trat ein See am Fuße der nahen Berge über die Ufer, und Wasser, Schlamm und Steine wälzten sich einen Hang herunter. Das kleine Museum mit all den von Menschen hergestellten Gegenständen und kleineren Steingravuren wurde fortgespült, und eine dicke Schlammschicht legte sich über die großen Tempel. Tello war verzweifelt. Bald darauf schrieb er: »So verging der Traum des Künstlers und des Archäologen.« Zwei Jahre danach starb er.

El Cerén

Man findet eher eine Nadel im Heuhaufen als ein Dorf wie Cerén, das unter einer 5 Meter mächtigen Schicht von Asche begraben ist. Es war daher ein großes Glück, daß eine Planierraupe 1976 einen Teil der Bauwerke dieses Dorfes freilegte. Payson Sheets von der Universität Colorado führte C^{14}-Tests mit Dachresten durch und kam auf das Datum 590 n. Chr., wobei er von vornherein eine Abweichung von 90 Jahren als möglich einräumte. Das entspricht dem Beginn der klassischen Periode in der Geschichte der Mayas. Die Ausgrabungen, die der schreckliche Bürgerkrieg in den Jahren 1981 bis 1988 unterbrach, dauern noch an.

Ein Vulkanausbruch Ende des 6. Jahrhunderts bedeckte ein Dorf meterhoch mit Asche. Es lag im Zapotitán-Tal im Westen El Salvadors und heißt heute El Cerén. Wie Pompeji gestattet es uns einen Einblick in den Alltag einer Gesellschaft aus alter Zeit. Haushaltsgegenstände und kultivierte Pflanzen in Bauernhäusern blieben erhalten.

Vulkanasche regnete an jenem frühen Abend im August auf das Dorf herab. Die Bauern waren von den Feldern zurückgekehrt, und ihre Familien hatten gegessen, aber die Schlafmatten noch nicht ausgerollt. Vom Knall der Explosion gewarnt, flohen die Bewohner. Ihr Besitz, die Getreidelager, Gartenpflanzen, selbst Hausungeziefer und Speisereste wurden unter der Asche begraben.

Bisher wurden elf Häuser ausgegraben. Archäologen haben den Ortskern ausgemacht: einen großen Marktplatz mit öffentlichen Gebäuden, darunter ein Schwitzbad mit ungewöhnlichem Kuppeldach. Zum Wohnbereich gehörten verschiedene Bauten mit spezieller Funktion, zum Beispiel Wohnräume, Küchen, Werkstätten und Lagerräume. Das läßt auf enge Beziehungen zu den Mayas, den Nachbarn El Ceréns im Nordwesten, schließen. Forscher nehmen an, daß die Bewohner des Dorfes in kultureller, wenn nicht sogar in ethnischer Hinsicht selbst Mayas waren. Wir wissen nicht mit Bestimmtheit, welches Volk in der Umgebung lebte – wahrscheinlich waren es Mayas oder Lencas.

Zu den aufregendsten Entdeckungen aus El Cerén gehören von Menschen hergestellte Gegenstände (viele aus Holz) und Pflanzen, die dort gefunden wurden, wo sie sich im Alltag befanden. Schleifsteine *(metates)* gehören beispielsweise zu den in Mittelamerika häufigen Funden; aber nur in El Cerén fand man sie auf gegabelten Holzplöcken, wo man bequemer mit ihnen arbeiten konnte. Sogenannte »Krapfensteine« – die vermutlich dazu dienten, zum Graben benutzte Stöcke zu beschweren – enthielten Nußreste, ein Indiz dafür, daß man sie auch als Mörser verwendete. Im Dachstroh fand man Obsidianklingen: Sie wurden offenbar dort aufbewahrt, um sie vor Schäden zu bewahren und Füße vor Verletzungen zu schützen. Samen lagerte man in Keramiktöpfen, gepflückte Feldfrüchte in Holzkästen.

Die Ausgrabung einer Stätte wie El Cerén war eine große Herausforderung, und darum beteiligten sich Experten aus verschiedenen Fachgebieten daran: Archäologen, Geophysiker, Biologen, Vulkanologen, Naturschützer und sogar Zahnärzte oder Fachärzte für Erkrankungen des Mastdarms. Mit vereinten Kräften gelang es ihnen, ein lebendiges Bild des Lebens in El Cerén zu malen. Den Bewohnern ging es gut, sie aßen aus mehrfarbigen Schalen und schliefen auf Bänken im rückwärtigen Teil ihres Hauses. In den Gärten wuchsen Kakao und Maniok sowie Agaven, aus denen man Tauwerk herstellte. Mais wurde auf Feldern angebaut. Die Bewohner von El Cerén aßen auch Tomaten, Bohnen, Kürbisse, Peperoni und allerlei heimische Früchte, und sie hielten hinter ihren Häusern Enten und Hunde. Wie Sheets anmerkte, war das Leben der vom Krieg geplagten Massen El Salvadors weniger beneidenswert als das ihrer Ahnen.

Der Ausbruch des Vulkans Ilopongo im Jahr 175 entvölkerte das Zapotitán-Tal bis zur Gründung von El Cerén im 5. Jahrhundert. Das Dorf (am unteren Bildrand die Grabungsstätte) blühte nur etwa 100 Jahre, dann wurde es von einem Ausbruch des Laguna Caldera (oben) zerstört.

OBEN: Keramikschale mit Deckel in einer Nische des Hauses 2. Man fand darin Speisereste, in denen noch Fingerabdrücke zu erkennen waren. Vorne und links liegen Reste bemalter Kürbisse, von denen nur noch die Farbteilchen übrig sind. Ursprünglich hielt man sie für Überbleibsel eines präkolumbianischen Buches.

RECHTS: Häuser wurden auf Lehm-Gras-Hügeln gebaut, die man vorher in Brand gesteckt hatte, um sie zu härten. Die Wände der Häuser bestanden aus Lehmziegeln oder aus Lehm, der mit senk- und waagerecht angeordneten Pfählen verstärkt war. Auch die Ecken wurden verstärkt – von innen und mit Pfeilern aus Lehmziegeln. Diese Häuser mit ihren Schlafbänken, gedeckten Dächern und Vorbauten waren komfortabel und robuster als Bauernhäuser unserer Tage.

Naj Tunich und die Höhlen- kunst der Mayas

John Lloyd Stephens und Frederick Catherwood erkannten schon 1840 die Bedeutung der Höhlen in der Mayakultur. Inspiriert von den vorgeschichtlichen Funden in Europa (s. S. 58), begannen Edward Thompson, Teobert Maler und Henry Mercer, in Höhlen in Yucatán archäologische Daten zu sammeln. Trotz ihrer langen Geschichte war die Maya-Höhlenarchäologie damals das Stiefkind der orthodoxen Archäologie, und sie blieb es bis weit ins 20. Jahrhundert herein. Einige hartnäckige Forscher schrieben in den sechziger und siebziger Jahren unseres Jahrhunderts Artikel über Fundorte, aber die meisten von ihnen wurden insbesondere innerhalb der Fachwelt gar nicht erst ernst genommen.

Das alles änderte sich nach der Entdeckung einer Höhle, die heute Naj Tunich genannt wird. Sie enthält die größte Sammlung archäologischen Materials, das je in Mittelamerika gefunden wurde: Steinbauten und Wandnischen, die einst vielleicht Gräber

Tief im Inneren einer Höhle in der Provinz Peten in Guatemala wurden 1980 – in Ausläufern der von den Maya bewohnten Berge – Höhlenmalereien entdeckt, deren Qualität und Pracht die Welt der Archäologie erbeben ließ.

———————————

gewesen waren, dazu Tausende von bunten Keramikscherben, Jadearbeiten und allerlei Geräte aus Knochen oder Stein. Bis fast 2 Kilometer vom Höhleneingang entfernt fand man verstreute Töpferwaren, Menschenknochen und einzigartige Höhlenbilder.

Diese etwa 100 Gemälde stammen aus der Glanzzeit der kalligraphischen Malerei der Mayas im 8. Jahrhundert, wie die herrlichen bemalten Töpferwaren aus dieser Periode belegen. In den Höhlenbildern spiegelt sich sogar der verfeinerte lineare Stil der Töpferware wider – wahrscheinlich verzierten die Künstler oder Schreiber jener Zeit auch Töpferware. Wichtig ist, daß sich auf den Bildern Dutzende von hieroglyphischen Inschriften mit Daten, Namen und Wappen befinden. Diese Inschriften deuten darauf hin, daß Naj Tunich Teil eines politischen Gebildes war, zu dem zahlreiche kleine Staaten wie Ixkun, Ixtutz und Sacul gehörten, aber auch weiter entfernt liegende und mächtige wie Caracol.

Wie andere Mayahöhlen mit archäologischen Überresten war auch Naj Tunich hauptsächlich ein heiliger Schrein mit ritueller Funktion. In Indianerreligionen wurde der Landschaft vielerorts übernatürliche Kräfte zugeschrieben.

Zeichnung 82 in Naj Tunich. Dieser prachtvolle, etwa eineinhalb Meter lange Text enthält mehrere Wappen von Teilnehmern aus verschiedenen Orten.

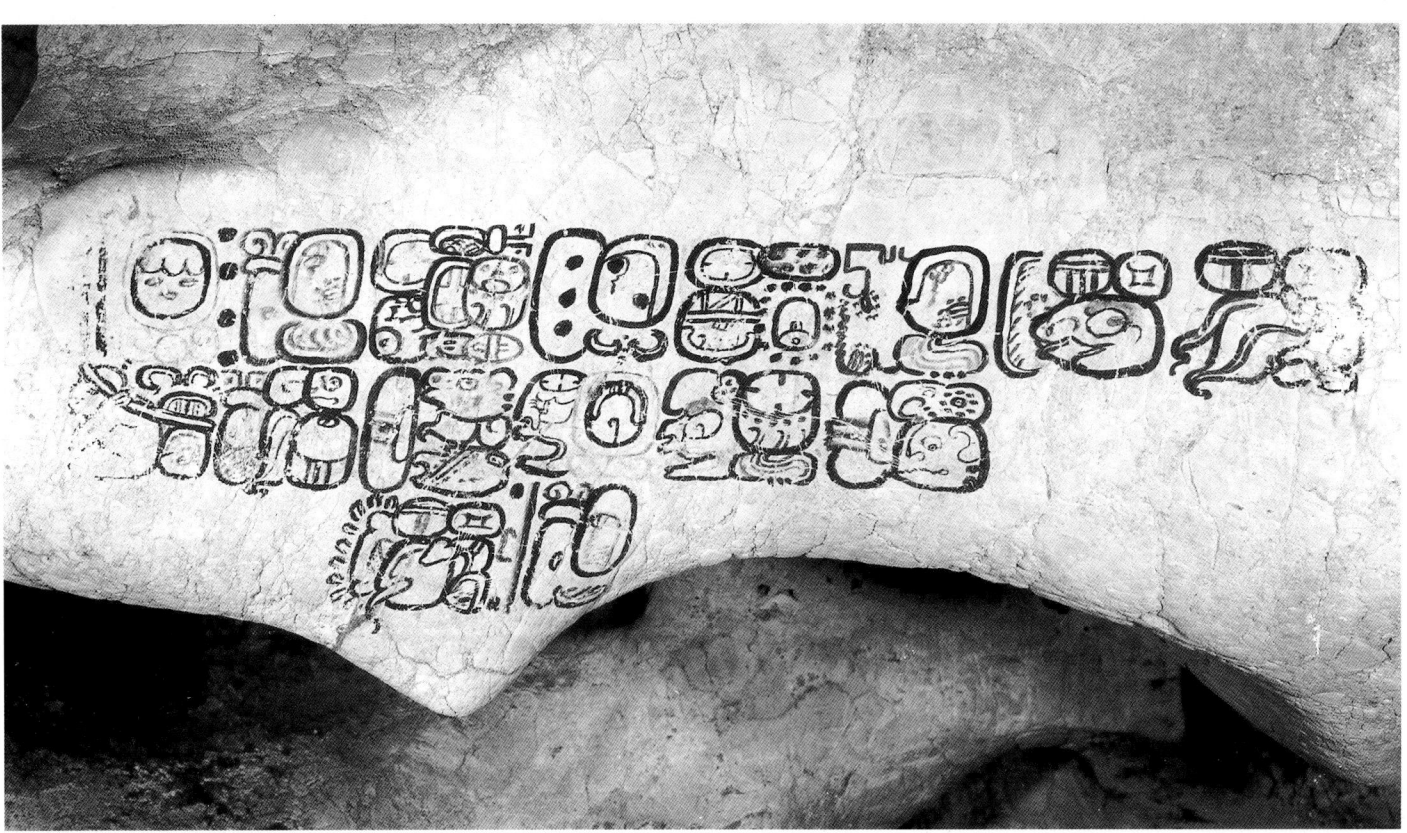

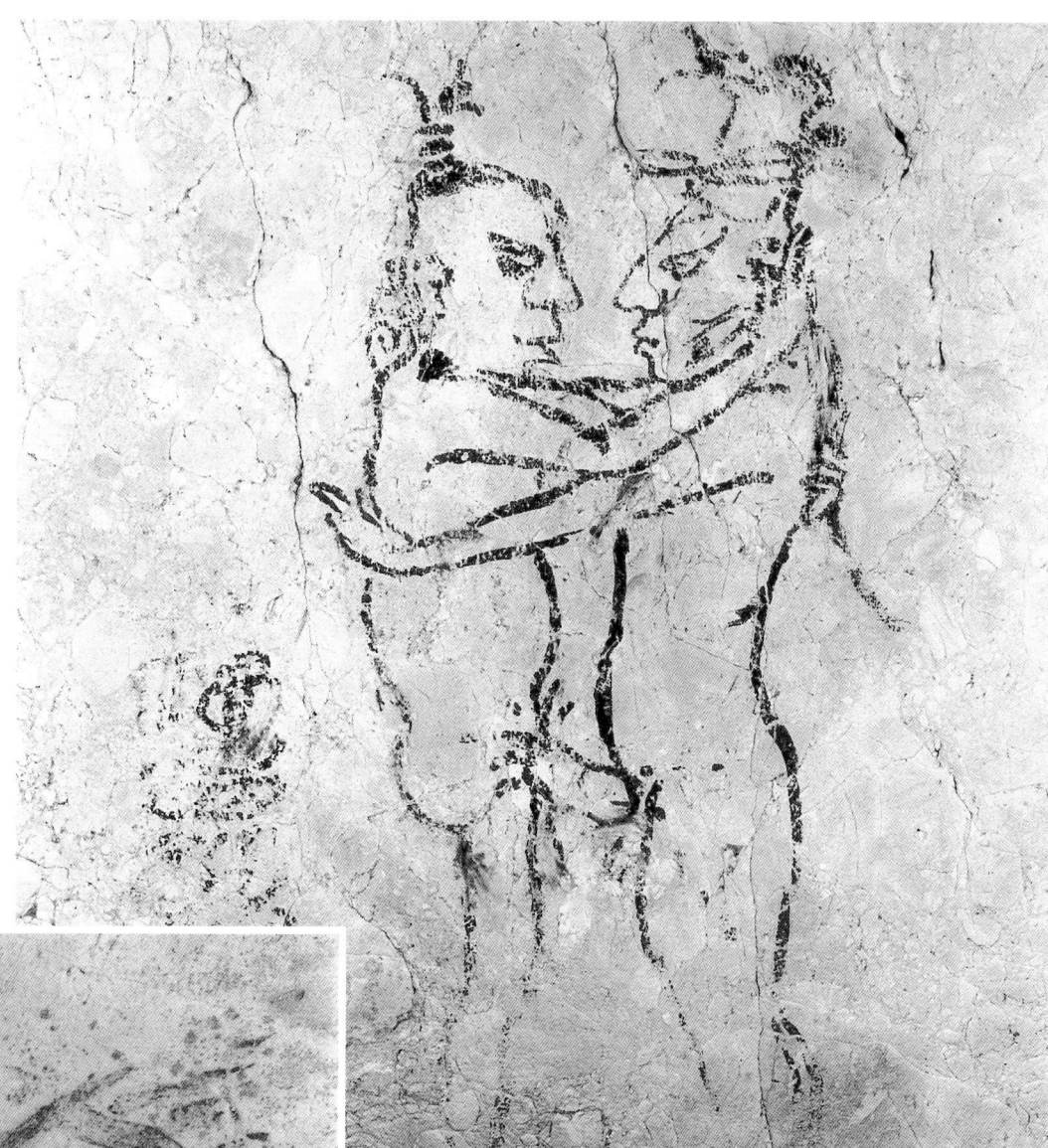

Höhlen und andere auffällige Teile der Landschaft galten als Tore in die Geisterwelt. Pilger reisten zu Höhlen, opferten Blut, verbrannten Weihrauch und vollzogen andere Riten, um Kontakt mit Geistern aufzunehmen. Einige Bilder stellen diese Bemühungen graphisch dar und geben uns einzigartige Aufschlüsse über einen wenig bekannten Aspekt der Mayakultur. Es ist daher tragisch, daß Vandalen 23 große Bilder zerstörten.

Naj Tunich löste in der Maya-Höhlenarchäologie eine Revolte aus. Nach seiner Entdeckung wurden weitere bemalte Höhlen gefunden, und man erhielt wichtige neue Erkenntnisse. Es gibt nur sehr wenige dokumentierte Traditionen der Tiefhöhlenkunst in der Welt. James Brady, der in Naj Tunich grub, setzt die Höhlenforschung heute fort, er verbessert Forschungsmethoden und – wichtiger noch – arbeitet am dringend benötigten theoretischen Hintergrund für die Geschichte dieses Gebietes. Selbst orthodoxe Maya–Archäologen räumen heute die Bedeutung der Höhlen ein, und viele untersuchen grundsätzlich benachbarte Höhlen, wenn sie an einem Ort Grabungen durchführen. Dank Naj Tunich ist die Höhlenarchäologie eines der aufregendsten Gebiete der Mayaforschung geworden.

Das Grab Pacals des Großen in Palenque

Von außen sieht man nicht, daß der Tempel der Inschriften mehr ist als ein imposanter, an tiefgelegene Hügel gebauter Pyramidentempel. Auf einer 24 Meter hohen, neunstufigen Plattform steht ein Heiligtum, das einst eine bemalte Stucksculptur mit einem majestätisch anmutenden

Obwohl man Mayatempel zuweilen »Pyramiden« nennt, unterscheiden sie sich in einer Hinsicht sehr von den ägyptischen Pyramiden: Sie sind keine Königsgräber – mit Ausnahme des Tempels der Inschriften in Palenque, Mexiko. Er ist einzigartig, weil er von Anfang an als Grabmal des mächtigsten Königs der Stadt, Pacals des Großen (615–683), gebaut wurde.

Dachkamm war. Es ist zum größten Teil zerstört, aber die Pfeiler an den Toren tragen Bilder von Chan Bahlum, Pacals Sohn und Nachfolger, in Gestalt eines schlangenfüßigen Mayagottes. Das Heiligtum besitzt einen Portikus mit zwei großen Hieroglyphentafeln an der rückwärtigen Wand und einen Innenraum mit einer dritten Tafel. Diese drei Tafeln, denen der Tempel der Inschriften seinen Namen verdankt, enthalten über 600 Glyphen, den zweitlängsten Mayatext, den wir kennen.

Einen großen Teil des Tempels dokumentierte John Lloyd Stephens, ein amerikanischer Anwalt und Reisender, im Jahre 1840, doch der mexikanische Archäologe Alberto Ruz Lhuillier drang 1952 in die innersten Geheimnisse des Bauwerkes ein. Der Fußboden, der im Gegensatz zu anderen Böden in Palenque aus geschickt behauenen Steinplatten bestand, machte ihn neugierig. In der hinteren Kammer des Bauwerks befinden sich auf einer Platte zwei Reihen runder Vertiefungen, und Ruz vermutete, daß sie das Ent-

Der Tempel der Inschriften, hier rechts vom Palastkomplex zu sehen, ist das größte Einzelgebäude in Palenque.

fernen der Platte erleichtern sollten. Außerdem fiel ihm auf, daß sich die hintere Wand der zweiten Kammer unterhalb der Fußbodenebene fortsetzte. 1949 entfernte er die Platte und stieß auf eine mit Geröll gefüllte Öffnung, die sich schnell als Treppenschacht herausstellte. Das Freilegen des Treppenschachts war wohl die schwierigste Aufgabe – sie zu bewältigen, dauerte fast ein Jahr. 1952 erreichten Arbeiter schließlich den zugemauerten Unterbau. Hier fand Ruz eine Steinkiste, die Keramikschalen, Farbnäpfe, Ohrenstöpsel aus Jade und Perlen enthielt. Darunter lag eine weitere Kammer mit den Skeletten von sechs Geopferten. Nachdem Ruz eine riesige dreieckige Platte entfernt hatte, die zunächst den Weg versperrte, sah er die offene Tür zu einer Krypta unter der Mittelachse des Tempels, über 25 Meter unterhalb des Heiligtums. Eine kurze Treppe führte hinunter in eine 10 mal 4 Meter große Kammer. In den Stuck der mit Kalkspat verzierten Wände waren neun Wächterfiguren geritzt, und auf sechs Steinsockeln ruhte der Sarkophag Pacals des Großen.

Der 3 × 2 Meter große Sarkophag hat eine schoßartige, mit rotem Zinnober bedeckte und mit einem Stein verschlossene Öffnung. Wie alt Pacal bei seinem Tod war, ist umstritten. Mexikanische Anthropologen gestehen ihm ein Alter von 40 Jahren zu, während die Inschrift besagt, er sei 80 Jahre alt geworden.

Pacal wurde mit einem Schatz aus Jade begraben: ein Diadem, Ohrschmuck, Halsbänder, Brustschmuck, Armbänder und ein Ring an jedem Finger. Eine Mosaikmaske aus Jade bedeckte sein Gesicht, und in jeder Hand hielt er ein Stück Jade. Zwei Jadestatuetten standen neben seinen Füßen, und auf dem Sarkophag lagen die Überreste eines Jadegürtels. Unter dem Sarkophag fand man Keramikteller und zwei lebensgroße Stuckköpfe.

In den etwa 4 Meter langen Sarkophagdeckel aus Kalkstein ist eine der berühmtesten Szenen der gesamten Mayakunst eingeritzt. Sie zeigt Pacal, der in Fötusstellung in die Unterwelt – einen U-förmigen Rachen – fällt. Aus seinem Körper wächst ein Weltbaum, und ein übernatürlicher Vogel schwingt sich empor. Eine zweiköpfige Schlange, die einen Bogen bildet, teilt das Bild. Pacal ist also im Zentrum des Kosmos dargestellt, und obwohl er wie die sinkende Sonne in die Unterwelt hinabsteigt, verkünden die Bilder an den Seiten des Sarkophags einen neuen Zyklus. Dort sehen wir zehn Herrscher von Palenque wie Bäume aus dem Boden sprießen. Außerdem führt eine Mörtelröhre vom Sarkophag zu einer steinernen Röhre am Treppenschacht, die allen 67 Stufen bis zum Boden des Heiligtums folgt. Pacal war somit durch ein »Seelenrohr« mit der Welt der Lebenden verbunden, und die Entdeckung seines herrlichen Grabes hat ihn nun auch für uns unsterblich gemacht.

OBEN: *Dieser lebensgroße, einst bemalte Stuckkopf war einer der drei Köpfe unter Pacals Sarkophag. Die feinen Gesichtszüge gleichen anderen Darstellungen Pacals sehr.*

LINKS: *Der Deckel des Sarkophags ist die kunstvollste Darstellung des Todes, die uns die Mayas hinterlassen haben. Während Pacal in die Unterwelt hinabsteigt, tauchen Ahnen, als Köpfe dargestellt, oben und unten aus Höhlen auf. Die Seiten des Deckels sind mit Glyphen beschriftet, die die Todesdaten von Pacals Vorgängern auflisten.*

Die Entzifferung der Maya-Hieroglyphen

Zunächst litt das Studium der Mayaschrift am Mangel an veröffentlichten Texten. Der erste – fünf Seiten des »Dresdener Kodex« – war in Alexander von Humboldts *Vues des cordillères, et monuments des peuples indigènes de l'Amérique* (1810) abgedruckt. Leider waren die frühen Zeichnungen von Inschriften auf Steinmonumenten sehr ungenau. Selbst Frederick Catherwoods feinfühlig angefertigte Zeichnungen, die John Lloyd Stephens in den vierziger Jahren des 19. Jahrhunderts veröffentlichte, konnten die Lücke nicht füllen. In der zweiten Hälfte des 19. Jahrhunderts besserte sich die Lage erheblich: Drei vollständige Mayakodexe und vorzügliche Fotos sowie Zeichnungen von Inschriften aus Tikal, Copán, Quirigua, Yaxchilán und anderen Orten erschienen in Alfred Maudslays *Biologia centrali-Americana* (1889–1902).

Doch der anfängliche Mangel an genau wiedergegebenen Texten hielt Möchtegern-Champollions nicht davon ab, über die Mayaschrift zu spekulieren. Die erste Entzifferung gelang Constantine Rafinesque, der schon 1827 über die Mayaschrift schrieb und herausgefunden hatte, daß ein Balken »eins« und ein Punkt »fünf« bedeutet. Größere Fortschritte brachte *Relación de las cosas de Yucatán*, ein Bericht über die Mayas, den der berüchtigte Bischof Diego de Landa kurz nach der Eroberung des Landes schrieb und der 1864 veröffentlicht wurde. Dieses Manuskript, von dem es nur noch eine von dem Abt Brasseur de Bourbourg in Madrid entdeckte Kopie gibt, wird mit Recht als Rosettestein der Maya-Hie-

Daß die Eingeborenen Mexikos Bücher besaßen, war in Europa schon vor dem Fall Tenochtitláns (s. S. 236) bekannt. Unter den Schätzen, die Cortés 1519 nach Spanien sandte, waren auch Faltbücher oder Kodexe, deren Seiten mit seltsamen Haken, Schnörkeln und Punkten bedeckt waren. Die Europäer, die diese kuriose Schrift betrachteten, konnten nicht wissen, daß sie Hunderte von Jahren später eine lange vergessene Epoche der mittelamerikanischen Geschichte und Religion aufhellen sollte.

———————

roglyphen bezeichnet. Landas Informant zeichnete die Glyphen der 20 Tage des 260-Tage-Kalenders und der 18 Monate des 365-Tage-Kalenders und gab ihre Namen in seiner eigenen yukatekischen Sprache an. Das war ein zunächst zwar nur kleiner, dennoch aber ausgesprochen wichtiger Schritt zur Entzifferung des Kalenderteils und

schließlich auch des astronomischen Teils der Texte. Ende des 19. Jahrhunderts war man damit ziemlich weit gekommen.

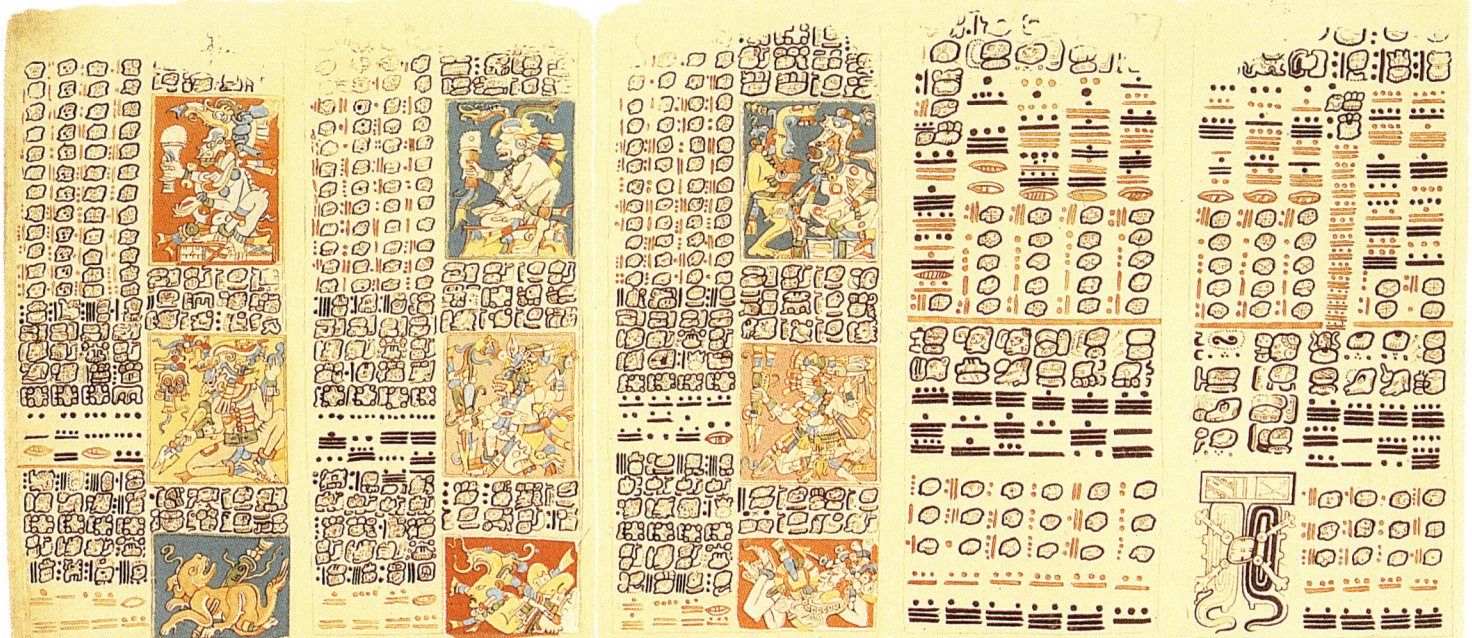

Landas Manuskript enthielt auch ein ungewöhnliches Alphabet. Er hatte seinen Informanten aufgefordert, a, b, c und so weiter in Glyphen zu schreiben, und auf diese Weise unbewußt die Entsprechungen zwischen dem gesprochenen spanischen Alphabet und den Silbenzeichen der Mayaschrift festgehalten. Dieser Schlüssel zur phonetischen Entzifferung vermochte jedoch erst der russische Linguist Juri Knorosow in den fünfziger Jahren unseres Jahrhunderts auszuwerten. Er wies nach, daß die Mayaschrift ebenso wie die ägyptischen Hieroglyphen, die er studiert hatte, Wortzeichen mit Lautzeichen (Silben aus Konsonanten und Vokalen) kombinierte. Mit Landas Alphabet konnte er kurze Texte aus den Kodizes entziffern und auch Lautwerte von Glyphen bestimmen, die Landas Liste nicht enthielt. Das war ein Durchbruch bei der Entzifferung nichtkalendarischer Mayainschriften. Leider lehnten einflußreiche Mayaforscher wie J. Eric S. Thompson Knorosows Arbeit seither ab, doch dessen grundlegende Annahmen haben unbeirrbar jeder Kritik standgehalten.

Als der phonetische Ansatz Fortschritte machte, entschlüsselte die in Rußland geborene amerikanische Forscherin Tatjana Proskuriakof die Syntax einiger Inschriften an Monumenten und entzifferte als erste die dynastische Geschichte einer Mayastadt, nämlich die von Piedras Negras. Als Heinrich Berlin 1958 Wappenglyphen entzifferte, die einzelne Orte bezeichnen, begann eine ergiebige Ära der historischen Rekonstruktion. Heute haben wir eine gute Vorstellung von der Dynastiegeschichte vieler Mayastädte, und David Stuart sowie Linda Schele gelangen neue Einblicke in die Schrift, die deren esoterischen Gehalt enträtseln. Diese Entdeckungen haben die Maya-Archäologie revolutioniert und ihr einen historischen Rahmen gegeben, der mit keinem anderen des vorkolumbianischen Amerika zu vergleichen ist.

Die Hügelbauer

Im mittleren Westen und im Südosten der USA können wir großartige Gebilde aus Erde bewundern. Diese Hügel – Überreste komplexer Siedlungen – lösten eine der großen intellektuellen Debatten des 19. Jahrhundert aus.

An den großen nordamerikanischen Flüssen Illinois, Ohio und Mississippi, die durch das Herz des Halbkontinents gen Südosten strömen, befinden sich die Reste mehrerer tausend Erdhügel. Sie sind nach Überzeugung zahlreicher Archäologen der Schlüssel zu einer der komplexesten vorgeschichtlichen Gesellschaften dieses Teils der Erde und spielten im 19. Jahrhundert eine wichtige Rolle bei der Entwicklung der amerikanischen Archäologie als objektive, intellektuelle Disziplin.

Die Adena- und die Hopewell-Kultur errichteten um 1000 v. Chr. bis 500 n. Chr. kegelförmige Grabhügel. Vielleicht stammen die Adena-Hügel nicht von einem »Volk«, sondern stellen nur einen religiösen Gräberkomplex dar. Die ersten Adena-Gräber waren einfach: Ein kleiner Hügel bedeckte einen einzelnen Leichnam in einer flachen Grube. Gegen Ende der Adena-Periode wurden die Grabhügel jedoch über kunstvollen hölzernen Grabkammern errichtet und waren mitunter sehr hoch. Der

höchste ist mit über 18 Metern Höhe der Creek-Hügel am Ufer des Ohio im US-Bundesstaat West-Virginia. Diese Grabhügel wurden nach unserem heutigen Kenntnisstand für bedeutende Persönlichkeiten der Gesellschaft gebaut.

Der Hopewell-Komplex gilt heute ebenfalls als Überrest eines weit verbreiteten zeremoniellen Systems, das verschiedene regionale »Kulturen« einschloß. Hopewell entwickelte sich fast mit Gewißheit aus Adena. Auch zum Hopewell-Komplex gehörten Grabhügel, die bis in unsere Zeit erhalten blieben, diese aber bilden größere Gruppen. Der Hügel der Großen Schlange, einer davon, besteht aus einer über 366 Meter langen Schlange aus Erde und einem Grabhügel in deren offenem Maul.

Die größeren, oben flachen Hügel – manchmal Tempelhügel genannt – gehören zur Mississippi-Tradition (etwa 700–1700) und bildeten das Fundament für große Bauwerke, zum Beispiel Tempel, Häuptlingspaläste und Nebengebäude. Am faszinierendsten ist der große Komplex von Cahokia östlich von St. Louis. Ihre Glanzzeit erlebte diese alte Stadt vom 11. bis zum 13. Jahrhundert, als sie eine Gesamtfläche von rund 800 Hektar umfaßte. Die inneren 200 Hektar waren von einer Mauer aus Baumstämmen umgeben. Der Komplex besteht aus etwa 100 Erdhügeln, darunter einige Grabhügel. Der größte von ihnen ist der »Mönchshügel«, ein über 33 Meter hoher, oben abgeflachter Hügel, der aus vier Terrassen besteht. In seiner Umgebung könnten in der Blütezeit der Stadt bis zu 30 000 Menschen gelebt haben.

Der Streit darüber, wer die Hügel baute – er tobte im 19. Jahrhundert mit besonderer Heftigkeit –, ist ein Beispiel dafür, daß sich die Archäologie politischen und gesellschaftlichen Problemen nicht entziehen kann. Auf der einen Seite standen Leute, die vor allem rassistisch gesinnt waren und nicht glauben mochten, daß

OBEN: Diesen Topf mit dem eingeritzten Abbild einer Ente fand man bei einem Grab in Mound City, einer großen Gräberstadt, die viele Informationen über Hopewell-Zeremonien lieferte.

LINKS: Der Mönchshügel, das größte vorkolumbianische Bauwerk nördlich von Mexiko, ist das Zentrum eines Komplexes namens Cahokia. Er wurde nach Trappistenmönchen benannt, die Anfang des 19. Jahrhunderts in seiner Umgebung lebten.

DIE NEUE WELT

die Vorfahren der heutigen Indianer solche Grabhügel errichten konnten. Sie schrieben die Hügel Völkern wie den Tolteken in Mexiko, Hindus auf dem Weg nach Mexiko, Walisern, Wikingern und Bewohnern der versunkenen Stadt Atlantis zu. Dem widersprach eine kleine Gruppe von Antiquitätensammlern, die der Meinung war, daß die Ahnen der Indianer diese Hügel geschaffen hatten und die die Richtigkeit ihres Standpunkts mit Hilfe der Archäologie zu beweisen versuchten.

Caleb Atwater, Ephraim George Squier und Edwin Hamilton Davis leisteten Anfang des 19. Jahrhunderts hervorragende Arbeit. Sie fertigten exakte Beschreibungen der Erdhügel an und machten sich Gedanken über ihre Herkunft; doch sie waren dagegen, die Bauten eindeutig den Vorfahren der modernen Indianer zuzuschreiben. Samuel Morton, der Vater der amerikanischen Anthropologie, untersuchte Schädel aus den Grabhügeln und entschied, daß die Erbauer und die heutigen Indianer derselben Rasse angehörten. Aber er vermutete auch, daß zwei verschiedene Gruppen – Tolteken und Barbaren – die Kulturen Mexikos und die weniger aufsehenerregenden Kulturen Nordamerikas geschaffen hätten.

Bis zur letzten Jahrhundertwende häuften sich jedoch die Beweise zugunsten der Indianer als Schöpfer der Hügel. Frederic Ward Putnam etwa, einer der größten amerikanischen Archäologen, äußerte 1888 die Vermutung, daß nicht eine einzige »Rasse«, sondern unterschiedliche Gruppen die Erdhügel errichtet hätten. Das ist auch die heute vorherrschende Auffassung. 1894, nach dreizehn Jahren Feldforschung, getragen vom Büro für Ethnologie, kam Cyrus Thomas zu dem Schluß, die Vorfahren der heutigen Indianer seien in der Tat die Schöpfer der Erdhügel. Damit war der Streit beigelegt.

RECHTS: Der Hügel der Großen Schlange der Adena-Hopewell-Kultur ist ein über 366 Meter langes und 6 Meter breites Gebilde aus Erde mit einem Grabhügel im offenen Mund der Schlange.

UNTEN: Totenfiguren wurden zur Zeit der Hügelbauer oft in Gräber gelegt. Einige von ihnen sind vielleicht Porträts der Toten.

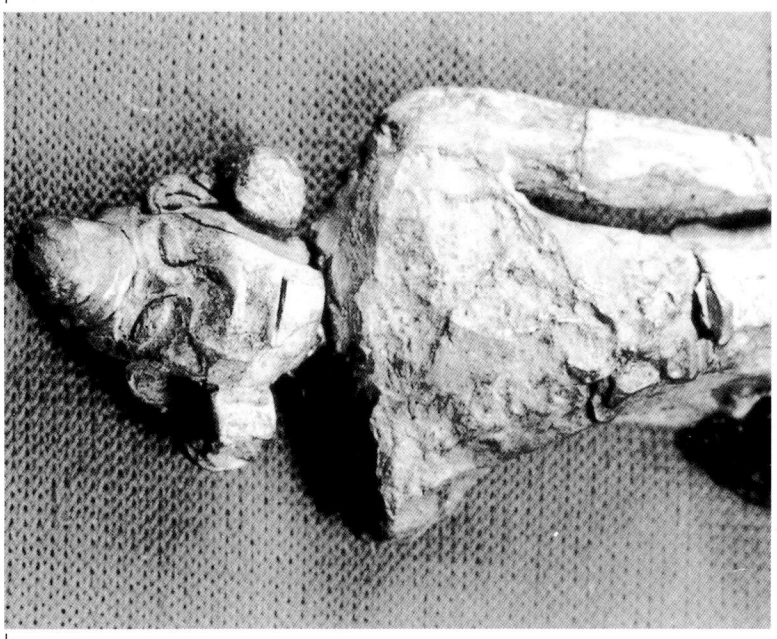

Frühe Wüstenbauern

In den Wüsten des Südwestens schufen vorgeschichtliche Bauern einige der erstaunlichsten Kulturen Nordamerikas. Diese Kulturen bestehen heute noch und zeugen von der Fähigkeit des Menschen, in einer unwirtlichen Umwelt zu überleben.

———————————

Nordamerikas Südwesten ist eine herrliche Landschaft, die vorwiegend aus trockenen Wüsten und hohen Gebirgsresten besteht. Dieses Land, das sich von Las Vegas in Nevada bis Las Vegas in Neu-Mexiko und von Durango in Colorado bis Durango in Mexiko ausdehnt, hat die Phantasie von Dichtern, Künstlern und Archäologen mindestens schon seit dem 19. Jahrhundert beflügelt, denn dort befinden sich in der Tat einige der am besten erhaltenen archäologischen Fundorte des amerikanischen Kontinents. Als die ersten europäischen Entdecker und Siedler auf Ruinen wie Mesa Verde im Südwesten Colorados stießen, war ihnen geradezu, als hätten die einstigen Bewohner den Ort erst am Tag zuvor verlassen: Sie sahen schöne Häuser aus Stein und Holz, erhalten

Pueblo Bonito, die größte Anasazi-Stadt im Chaco-Canyon, beherrschte im 11. Jahrhundert den nördlichen Südwesten.

gebliebene Sandalen aus getrockneten Bestandteilen von Yuccapflanzen und herrlich bemalte Töpfe, in manchen Fällen sogar noch mit Mais gefüllt.

Obwohl die vorgeschichtlichen Bauern des Südwestens untereinander vieles gemein hatten, was Töpferwaren, Architektur und Anbaumethoden betrifft, fanden die Archäologen genügend Unterschiede, um einzelne Kulturen bestimmen zu können. Demzufolge bewohnten die Anasazi die heutige Vierländerregion, dort, wo Arizona, Utah, Colorado und Neu-Mexiko aufeinandertreffen. Die Hohokam lebten im heutigen Südarizona und die Mogollon im Osten Arizonas sowie im Westen von Neu-Mexiko. Diese Kulturen sind die Vorfahren heutiger Indianervölker wie der Hopi und Pima-Papago (O'odham), die nach wie vor im Südwesten der USA leben.

Vor etwa 2500 Jahren begannen die Bewohner des Südwestens, Mais, Bohnen und Kürbis anzubauen, Pflanzen, die mehrere tau-

send Jahre davor in Mittelamerika domestiziert worden waren. Später kamen Baumwolle und Tabak hinzu, aber die Bauern züchteten offenbar zu keiner Zeit Tiere, wenn man von Hunden und Truthähnen absieht.

Die Bauern hatten sich dem trockenen Klima im Laufe der Jahrhunderte hervorragend angepaßt. Sie kannten ihre Umwelt genau, und sie lernten innerhalb von wenigen Jahrhunderten, sich nicht mehr auf den Regen zu verlassen, sondern gewaltige Dämme und Kanäle zu bauen und ihre Felder zu bewässern. Das Bewässerungssystem von Snaketown in Mittelarizona ist eines der besten, die Archäologen je entdeckt haben. Diese Hohokam-Stadt war alles in allem ungefähr einen Quadratkilometer groß und besaß neben vielen Häusern und Abfallhügeln auch einen mit erheblichem

Aufwand errichteten Ballspielplatz, ähnlich wie die alten Städte Mittelamerikas.

Der Erfolg ihrer Anbaumethoden erlaubte es den Menschen, wohldurchdacht angelegte Städte mit mehrstöckigen Häusern zu erbauen und umfangreiche Wirtschaftssysteme zu entwickeln. Der Chaco-Canyon im Norden des mittleren Neu-Mexiko ist ein gutes Beispiel. Dort lebten die Bauern zunächst in kleinen Einfamilienhäusern, die sie zur Hälfte in die Erde hineinbauten. Vor etwa 1000 Jahren beherbergte der Canyon jedoch eine der großartigsten vorgeschichtlichen Kulturen Nordamerikas. Sie bestand aus 13 Anasazi-Dörfern, unter denen Pueblo Bonito das größte war. Die Dörfer hatten bis zu 700 Räume und 34 *Kivas* (halb in die Erde versenkte Steinhäuser, die zeremoniellen Zwecken dienten, aber auch gesellschaftliche Treffpunkte waren). Viele Orte hatten eine astronomische Bedeutung: Beispielsweise wurde an einer Stelle die Supernova des Jahres 1054 festgehalten. Der Chaco-Canyon war das Zentrum eines gut ausgebauten Straßennetzes, die ihn mit entlegeneren Siedlungen verbanden.

Trotz ihrer Erfolge konnten die Bauern der Trockenheit im Südwesten des 13. Jahrhunderts auf die Dauer nicht standhalten und waren gezwungen, das Gebiet zu verlassen. Mesa Verde ist ein gutes Beispiel dafür. Dort gab es zunächst Grubenhäuser, später große Anasazi-Siedlungen, die man in die Überhänge der Canyonwände hineinbaute, welche die »Mesa« (einen Berg mit flachem Gipfel) teilte. In diesen Dörfern – das größte ist Cliff Palace – muß es einst von Menschen gewimmelt haben. Auf dem Plateau der Mesa bauten die Einwohner Mais und andere Pflanzen an, ihre Felder erreichten sie über Treppen. Als nach Hunderten von Jahren die ersten Europäer Stätten wie Cliff Palace erreichten, schien es ihnen, als sei die Siedlung eben erst verlassen worden.

OBEN: Die archäologischen Schätze von Cliff Palace im Nationalpark Mesa Verde wurden unter den Schutz des Gesetzes gestellt, nachdem sich die in ihrer Umgebung wohnenden Menschen gegen ihren Verlust gewehrt hatten.

UNTEN: Grubenhäuser – hier im Nationalpark Mesa Verde – waren die Vorläufer der Kivas, die religiösen und gesellschaftlichen Zwecken dienten.

Die Moche-Kultur von Sipán

Die Kultur der Moche blühte an der Nordküste Perus zwischen den Jahren 1 und 750 n. Chr. 1987 wurden an einer kleinen Pyramide aus Lehmziegeln prächtige Gräber entdeckt: Das Grab des Herrschers von Sipán enthielt die kostbarsten Beigaben, die man in der Neuen Welt gefunden hat.

Zwischen dem 1. und dem 8. Jahrhundert umfaßte die Moche-Kultur die gesamte Nordküste Perus, und damit eines der trockensten Gebiete der Welt, das seine früheren Bewohner mit Bewässerungskanälen urbar gemacht hatten. Die Moche erbten dieses Land in gewisser Weise und verstanden es zudem, die Schätze des Meeres zu nutzen.

Ehe die jüngsten Entdeckungen gemacht wurden, war die Moche-Kultur vor allem wegen ihrer Monumentalbauten und ihrer Keramik bekannt. In jedem Tal, das sie erreichen konnten, bauten die Moche gewaltige Pyramiden aus Lehmziegeln. Die größte, die »Sonnenpyramide«, steht in jenem Tal, das der Kultur ihren Namen gab. Man schätzt, daß zu ihrem Bau mehr als 125 Millionen Ziegel erforderlich waren. Zu ihrer Zeit war sie wahrscheinlich das größte Bauwerk Amerikas. Ihre Keramik bemalten die Moche bisweilen mit kunstvoll ausgeführten religiösen und rituellen Szenen. Manchen Gefäßen gaben sie die Form von Tieren oder Menschen und stellten darauf viele Einzelheiten ihres Lebens dar. »Porträttöpfe« waren Krüge in Form eines Menschenkopfes. Die Gesichtszüge waren so fein und klar, daß es sich wohl um echte Porträts – vielleicht der Herrscher – handelt. »Erotische« Töpferwaren stellten Menschen, Tiere und übernatürliche Wesen bei bemerkenswert vielfältigen sexuellen Handlungen dar. Die meisten davon hätten allerdings nicht zu einer Befruchtung geführt, und darum nimmt man an, daß die Bilder eher religiösen Zwecken dienten. Da die Moche-Siedlungen – nicht nur die Pyramiden, sondern auch die großen Friedhöfe – viele wertvolle Objekte enthielten, wurden sie seit der spanischen Eroberung immer wieder geplündert. Immerhin ist die faszinierendste Entdeckung ebenfalls Plünderern zu verdanken: die Gräber von Sipán. Am 16. Februar 1987 brach eine Gruppe von Plünderern, die nachts heimlich in einer kleinen Lehmziegelpyramide grub, urplötzlich in ein bis dahin vollkommen unversehrtes Königsgrab ein. Die darin enthaltenen herrlichen Objekte aus Gold und ihre enorme Menge waren ohne Beispiel. Die Ganoven stritten sich jedoch bald, und einer von ihnen ging zur Polizei. Diese informierte den Archäologen Walter Ava, der die Bedeutung der Entdeckung sofort erkannte. Er ließ den Fundort amtlich versiegeln und eine bewaffnete Wache aufstellen.

OBEN: Dieser winzige Ohrschmuck aus Gold und Türkis aus dem Grab des Kriegerpriesters ist eines der schönsten vorkolumbianischen Schmuckstücke. Die kleine Figur trägt ein ähnliches Gewand wie ihr Besitzer – einen Nasenschmuck, einen Sichelkopfschmuck, Ohrschmuck und ein Halsband aus Eulenköpfen.

RECHTS: Manche der riesigen Lehmziegelpyramiden und -plattformen der Moche sind in hohem Maße von Wind und Wetter abgetragen und kaum noch als Bauwerke erkennbar.

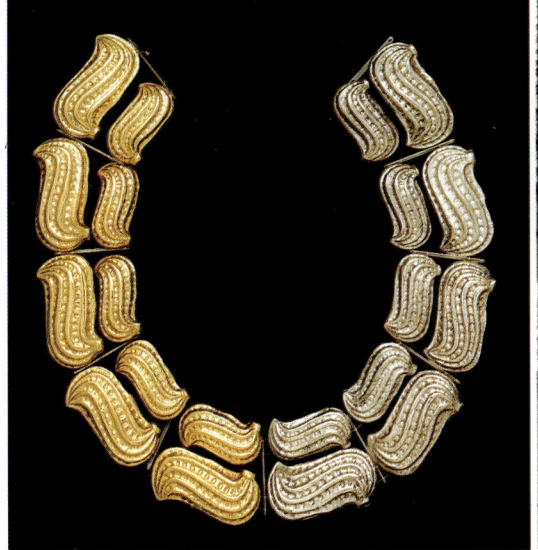

OBEN: *Dieses Halsband aus goldenen und silbernen, erdnußförmigen Perlen gehörte dem Kriegerpriester, der im ersten Königsgrab beerdigt ist. Das Gold (rechts) symbolisiert möglicherweise Männlichkeit, das Silber (links) dementsprechend Weiblichkeit.*

RECHTS: *Reichhaltig ausgestattetes Grab in Sipán.*

Archäologen säuberten in der Folgezeit das geplünderte Grab und stellten fest, daß nur sehr wenige Objekte an ihrem ursprünglichen Platz lagen. Dann bemerkten sie, daß in einem anderen Teil der Pyramide Ziegel entfernt worden waren, so daß ein großes, rechteckiges Loch in der Mauer entstanden war. Man begann zu graben. Zuerst stieß man auf die Überreste eines Mannes, dem die Füße abgetrennt worden waren, ehe man ihn bestattet hatte. Sollte er etwas Wertvolles bewachen? Hatte man ihm die Füße abgeschnitten, damit er seinen Posten nicht verlassen konnte? Die Ausgrabung bestätigte, daß er ein Königsgrab bewachte. In der ausgehöhlten Kammer fanden die Archäologen einen Holzsarg mit einer erstaunlichen Menge von Grabbeigaben: Federkopf-

schmuck, mit Metall verzierte Gewänder, Königsbanner, Brustschmuck aus Muscheln, Schmuckstücke aus Gold, Silber und Edelsteinen, einen goldenen Kopfschmuck. Und sie fanden die Gebeine des Herrschers von Sipán, eines etwa 40 Jahre alt gewordenen Mannes. Um seinen Sarg herum standen fünf andere Särge mit den Gebeinen von zwei Männern (einer davon teilte seinen Sarg mit einem Hund) und drei Frauen.

Die Pyramide enthält noch einige weitere Gräber, die teilweise noch nicht freigelegt sind. Wir wissen heute, daß die Moche-Kultur viel komplexer und ihre Könige viel mächtiger waren, als man vermutet hatte. Was wir darüber hinaus noch nicht wissen, könnte uns die Arbeit der Archäologen in naher Zukunft verraten.

Der Tempel der gefiederten Schlange in Teotihuacán

Die Zitadelle, ein riesiger, an jeder Seite 400 Meter langer Platz, bildete die Südgrenze des Geländes. Man ließ sie weitgehend unberührt, bis der mexikanische Archäologe Manuel Gamio zwischen 1917 und 1922 umfangreiche Grabungen durchführte. Unter seiner Leitung säuberte Ignacio Marquina einen mit Gras bewachsenen Hügel in der Mitte der Zitadelle. Dieser war in sieben *Talud-Tablero*-Terrassen gegliedert, deren Profil aus jeweils einer senkrechten Tafel *(tablero)* bestand, die auf einer niedrigen, vor die Böschung gebauten Mauer *(talud)* ruhte. Auf diesen Tafeln sind mehrere gefiederte Schlangen zu erkennen, die aus bemalten Steinen gefertigt sind. Leider waren all die herrlichen Fassaden bei ihrer Entdeckung bereits eingestürzt, abgesehen von der wichtigsten im Westen, die eine gewaltige, etwa 100 Jahre nach den übrigen errichtete Stufenplattform schützte. Diese Westfassade ist eines der berühmtesten Bauwerke Mittelamerikas, und hat viel zu unserem Wissen über Teotihuacán in der frühen Tlamimilopa-Periode (um 200 n. Chr.) und über die Geschichte Mittelamerikas beigetragen.

Gamio taufte das Bauwerk »Tempel des Quetzalcoatl« (letzteres ist der aztekische Name für »gefiederte Schlange«). Da wir aber gar nicht wissen, welche Sprache in Teotihuacán gesprochen wurde, ziehen die meisten Fachleute die Bezeichnung »Tempel der gefiederten Schlange« vor. Die Bedeutung des Bauwerkes wurde

Teotihuacán, das seine Blütezeit von 100 bis 750 erlebte, war nie eine vergessene Stadt – jedenfalls nicht für die Azteken, die glaubten, dort sei die Welt erschaffen worden. Mit ihren breiten Prachtstraßen und hochragenden Pyramiden – den größten in Mittelamerika – zog die Stadt schon im Jahr 1864 Archäologen an. Zwischen 1905 und 1910 leitete Leopoldo Batres im Auftrag der Regierung die ersten Ausgrabungen. Dabei konzentrierte er sich auf die große Sonnenpyramide, die er restaurierte und leider auch mit Dynamit bearbeitete.

erst in den achtziger Jahren klar, als man darunter und davor ein ausgedehntes Gräberfeld entdeckte. Dort lagen die Gebeine von 120 Menschen, die offenbar während eines ausgeklügelten Rituals geopfert worden waren. Die meisten von ihnen waren anscheinend Krieger gewesen. Man hatte bis zu 20 Leichen in gebeugter Haltung und mit gefesselten Händen in eine Grube geworfen. Sie trugen alle die gleiche Uniform mit schauerlichen Halsbändern aus Muschelschalen, die wie menschliche Oberkiefer zurechtgeschliffen waren – einer der Geopferten hatte allerdings echte menschliche Oberkiefer umgehängt, ein anderer Kaninchenkiefer. Andere trugen Halsbänder, die wie Schnüre mit Menschenzähnen aussahen, oder mit Pyrit bedeckte Schieferscheiben auf der Rückseite. Jahrhunderte später trugen Aztekenkrieger die gleichen »Rückspiegel« (sie nannten sie *tezcacuitlapilli*), die die Identifizierung Gefallener ermöglichten. Zwischen den Gebeinen lagen üppige Beigaben, darunter Hunderte von Pfeilspitzen aus Obsidian und Tausende von Schmuckstücken aus Grünstein und Muscheln.

Archäologen hielten den Tempel lange für ein ausschließlich religiöses Bauwerk. Heute sieht es eher danach aus, als sei er das Zentrum eines mächtigen Kriegskultes gewesen, der in Teotihuacán seit der frühen Tlamimilolpa-Periode dominierte. Mehr noch: Seine Symbole und seine Weltanschauung hatten in ganz Mittelamerika großen Einfluß. Das macht jene Fassadenskulptur besonders deutlich, die einen als Mosaik ausgeführten Schlangenkopf zeigt, der auf dem Schwanz der gefiederten Schlange sitzt. Heute wissen wir, daß dieser Schlangenkopf einen militärischen Kopfschmuck symbolisiert, den die Elite der Mayas trug, wenn die Position der Venus einen Krieg verhieß. Und da auch die Azteken die gefiederte Schlange mit der Venus in Verbindung brachten, können wir daraus schließen, daß der Tempel der gefiederten Schlange alle Merkmale des Venus-Kriegskultes in sich vereinigt und daß er um das Jahr 200 dessen erste Kultstätte war. Der Tempel ist somit das Urbild der im nachklassischen Mittelamerika weit verbreiteten Bildersprache vom Krieger und der gefiederten Schlange.

LINKS: *Jeder dieser Schlangenköpfe an der Westfront des Tempels der gefiederten Schlange soll 4 Tonnen wiegen. Der Leib einer Schlange läuft dabei als Flachrelief die Fassade entlang, während am Schwanz ein als Mosaik ausgeführter Schlangenkopfschmuck (er verkündet Krieg) hervorragt.*

RECHTS: *Die 1975 entdeckten Wandbilder von Cacaxtla (um 800 v. Chr.) sind Beispiele für eine mittelamerikanische Kriegsmetaphorik, die auf den Tempel von Teotihuacán zurückgeführt werden kann.*

Tiwanaku und die vorgeschichtlichen Andenreiche

Als die Spanier 1532 das Reich der Inkas eroberten, wußten sie nicht, daß es schon vor den Inkas große Kulturen gegeben hatte. Im Gegenteil – die Inkas behaupteten, vor ihnen hätten nur Barbaren existiert und sie, die Inkas, hätten die Anden zivilisiert.

Pedro de Cieza de León reiste im ersten Jahrzehnt nach der spanischen Eroberung durchs ganze Reich und bestaunte dessen Errungenschaften. Doch er sah auch große Ruinenstädte, die in ihm Zweifel an den Behauptungen der Inkas weckten, und er fragte sich, ob es vielleicht tatsächlich Hochkulturen vor ihnen gegeben hatte. In Mittelperu (Wari) und auf der Hochebene beim Titicacasee sah er große Ruinen, die auf den ersten Blick sehr alt zu erkennen waren, und er schrieb: »Ich wage zu behaupten, daß es vor den Inkas ein anderes weises Volk in diesem Gebiet gab, das von unbekanntem Ort kam und diese Dinge machte.«

Später waren Reisende von den Monumenten Tiwanakus beeindruckt, und der Amerikaner Ephraim George Squier veröffentlichte 1877 einen Bericht über seine Reisen. Am meisten

Tiwanaku, einer der ersten archäologischen Fundorte in den Anden, wurde in Reiseberichten beschrieben, blieb aber rätselhaft. Diese monumentale Stadt auf der windgepeitschten bolivianischen Hochebene, die lange als Überrest der ersten und vielleicht einzigen Andenkultur vor den Inkas galt, könnte die Hauptstadt eines der ersten großen Reiche gewesen sein.

beeindruckte ihn wohl eine Skulptur, die über einem Tor in Stein gehauen war: Eine Menschenfigur stand mit ausgestreckten Armen und mit einem langen Stab in beiden Händen auf einer Stufenplattform. Die Gestalt trug einen kunstvollen Kopfschmuck mit Fortsätzen, die in Tierköpfen endeten. Flankiert wurde sie von halb menschlichen, halb tierischen Figuren in drei Reihen. Zum größten Teil war jener Ort freilich in schrecklichem Zustand. In ihrem Eifer, heidnische Religionen auszumerzen, hatten die Spanier Skulpturen und Tempelwände umgestürzt, und die Menschen der Umgebung holten sich Steine, um damit Häuser zu bauen.

Zum Glück durfte ein junger deutscher Archäologe namens Max Uhle bei der Untersuchung des Materials helfen, das andere deutsche Archäologen in den neunziger Jahren des vorigen Jahrhunderts in Tiwanaku ausgegraben hatten. Er reiste nach Lima und grub dort Keramikgegenstände aus, deren Muster denen der Steinritzbilder in Tiwanaku ähnelten. Daraus schloß er, daß die Tiwanaku-

UNTEN: *Ephraim George Squier (1821–1888) reiste durch die Anden Südperus und Boliviens und fotografierte die Überreste der Inka-Kultur und ihrer Vorläufer. 1877 veröffentlichte er darüber einen bebilderten Bericht.*

Kultur viel weiter verbreitet gewesen war, als Forscher damals noch glaubten, und daß der Einfluß dieser Kultur möglicherweise bis nach Peru gewirkt hatte. Nach und nach stellte sich in der Folgezeit jedoch heraus, daß sogar zwei Reiche mit einander ähnlichem Kunststil existiert hatten: Wari in Peru und Tiwanaku in Bolivien – eben jene Orte, die Cieza de León vor weit mehr als 400 Jahren so nachdenklich gestimmt hatten.

Wari war sicherlich ein kriegerischer Staat, der nur vom 8. bis zum 11. Jahrhundert bestand. Dagegen gehen Tiwanakus Anfänge wahrscheinlich auf ein wichtiges religiöses Zentrum zurück, vielleicht bis auf das 3. Jahrhundert. Es hatte bald große, offene Marktplätze, die Menschen in die Stadt lockten, und monumentale Steinskulpturen, wie es sie nur in Tiwanaku gibt. Wahrscheinlich unternahmen Menschen weite Pilgerreisen, um diesen Ort zu besuchen. Erst gegen Ende seiner Geschichte aber erweiterte Tiwanaku seine Macht über die Hochebene hinaus und wurde möglicherweise ein Reich wie Wari.

Jüngere Grabungen unter der Leitung des amerikanischen Archäologen Alan Kolata ermöglichten den Wiederaufbau einiger monumentaler Bauten, vor allem der großen Pyramide, die Akapana genannt wird. Sie diente offenbar der Wasserversorgung der Stadt und war zugleich eine Art Wasserheiligtum. Kolatas Entdeckungen lassen darauf schließen, daß Tiwanaku im 11. Jahrhundert zusammenbrach, weil eine lange Trockenperiode die landwirtschaftliche Grundlage der Stadt zerstörte.

OBEN: Ein mehrfarbiges Gefäß im klassischen Wari-Stil.

UNTEN: Das berühmte Sonnentor in Tiwanaku, aus einem einzigen Steinblock gehauen. Einige Bilder von Squier übertrieben Größe und Pracht der Ruinen, vielleicht um den Verkauf seines Buches zu fördern.

Grab 7 in Monte Albán

Eine Entdeckung des größten Kenners der alten oaxacanischen Kultur, des mexikanischen Archäologen Alfonso Caso, brachte das kunsthandwerkliche Genie der Mixteken ans Licht. Caso leitete von 1931 bis 1948 Ausgrabungen in Monte Albán, Oaxacas größter vorkolumbianischer Stadt, und untersuchte 100 der bekannten 170 Gräber. In seiner ersten Feldsaison hatte er das große Glück, Grab 7 zu entdecken, das zur Zeit der Ausgrabung (1932) das faszinierendste vorkolumbianische Grab ganz Amerikas war. Es enthielt über 500 Gegenstände aus vielen Materialien, zum Beispiel Gold, Silber, Kupfer, Jade, Türkis, Jett, Bernstein, Korallen, Muscheln und Perlen. Außerdem fand man darin schöne, mehrfarbige Keramik, Onyxurnen, papierdünne Ohranhänger aus Obsidian, Dutzende von Knochen mit filigranen Ritzbildern, Skulpturen aus Bergkristall und ein einzigartiges Halsband aus Krokodils- und Wolfszähnen.

Grab 7 enthielt die schönsten mittelamerikanischen Metallarbeiten, die man je gefunden hatte. Seine 121 Goldobjekte vervierfachten die Zahl der bekannten vorkolumbianischen Gegenstände aus Gold in Mittelamerika, und die 24 Silberobjekte waren – von wenigen Ausnahmen abgesehen – die einzigen, die überhaupt gefunden worden waren. Das Gold befand sich in Gefäßen und persönlichen Schmuckstücken wie Pektorales, Ringen, Ohrschmuck, Halsbänder und Anhänger. Am eindrucksvollsten erscheinen gegossene Objekte, die mit falschem Filigran verziert waren (gegossene Wachsfäden, die wie handgefertigtes Filigran aussahen). In falschem Filigran zeichneten mixtekische Kunsthandwerker auch Kalenderdaten oder komplexe Symbole, die aussahen wie jene in den gemalten mixtekischen Faltbüchern, und das Beherrschen dieser Technik ist ein Beleg für enorme Kunstfertigkeit.

All diese Pracht wurde in einem recht einfachen Zweikammergrab aus roh behauenen Steinplatten gefunden. Anhand des Stils und der beigefügten Töpferware können wir das Grab in die Periode Monte Albán III B (500–750) datieren, als die Stadt von Zapoteken besetzt war. Nach dem Jahr 1000 breiteten sich die Mixteken der Mixteca Alta ins Oaxacatal aus und vertrieben die dortigen zapotekischen Herrscher. In der Periode Monte Albán V

Während der späten nachklassischen Periode (etwa 1200–1521) waren die Mixteken, die Bewohner des mexikanischen Staates Oaxaca, als Schmiede und Schöpfer kleiner Steinkunstwerke unübertroffen. Im 15. Jahrhundert wurden sie von den Azteken unterworfen und mußten ihnen Tribut in Form von Goldschmuck, Mosaikmasken aus Türkis, behauenem Bergkristall und anderem mehr zahlen. Diese Kunstwerke werden von vielen Museen den Azteken zugeschrieben.

———————

(1000–1520) drangen Mixteken ins Grab 7 ein, entfernten den zapotekischen Inhalt und legten neun Tote nebst Grabbeigaben in die Kammer. Sie füllten den Eingang mit Geröll und stiegen durchs Dach hinaus. Das am besten erhaltene Skelett könnte einer hochgestellten mixtekischen Frau gehört haben. Man fand sie neben Dutzenden von Webwerkzeugen, darunter Kämme, Wirtel, Spinnschalen, Fingerhüte und eine bemerkenswerte Sammlung von 34 aus Hirsch- und Adlerknochen geschnitzten Miniaturwebschlägen. Die kostbaren Grabbeigaben stimmen mit den Angaben in mixtekischen Faltbüchern überein, wonach Frauen in dieser Kultur eine herausragende Rolle spielten. Wenn die Schätze dieser Frau gehörten, war sie vielleicht eine der wichtigen historischen Persönlichkeiten, die wir aus bebilderten mixtekischen Manuskripten kennen.

Die Zapoteken besetzten Monte Albán um 500. Ihre ältesten Monumentalskulpturen sind Platten, auf denen nackte erschlagene Gefangene abgebildet sind. Diese Platten wurden an Fassaden zur Schau gestellt und tragen einige der ältesten Hieroglyphen Mittelamerikas.

Dieser gegossene Goldanhänger stellt, von oben nach unten, zwei Figuren auf einem I-förmigen Spielfeld, eine Sonnenscheibe, einen Schmetterlingsdolch und ein Erdungeheuer dar. Die Teile sind durch Ringe verbunden, und unten hängen Federimitationen.

Monte Albán thront auf einem Hügel außerhalb der Hauptstadt Oaxaca. Grab 7 befindet sich auf einer niedriger gelegenen Terrasse nordöstlich des Hauptmarktplatzes.

Wikingersiedlungen in Nordamerika

Der Drang nach Westen über den Atlantik führte die Normannen im 10. Jahrhundert in die Neue Welt. Die isländischen Sagas erzählen uns diese Geschichte in Grundzügen, und die Archäologie vergrößert unser Wissen über die ersten europäischen Siedlungen in Amerika ständig.

———————

Während des 9. und 10. Jahrhunderts wanderten Tausende Norweger ins damals neu entdeckte Island aus. Von dort zogen besonders Abenteuerlustige noch weiter nach Westen. Die Sagas berichten von Erik dem Roten und seiner Reise nach Grönland im Jahr 986 (der Name bedeutet »Grünland« und deutet an, daß das Klima damals viel wärmer war als heute). Die Siedlung konnte aber nur wenige tausend Menschen aufnehmen, und so segelte Eriks Sohn Leif Erikson erneut westwärts, bis zur Küste von Baffinland und Labrador, wo er Eskimos traf und ihnen den Namen »Skraelings« gab.

Die Wikinger segelten der Küste entlang gen Süden und tauften ein Teilgebiet »Markland«, weil die Wälder bis zum Meer reichten, was sie an ihre Heimat erinnerte. Schließlich siedelten sie sich in einem Gebiet an, das sie Vinland nannten. Wir wissen nicht genau, wo es lag, aber sie kamen wahrscheinlich nicht weiter als bis in den Süden des heutigen US-Bundesstaats Maine.

Als Ort der Siedlung käme ein normannisches Dorf namens L'Anse aux Meadows an der Küste Neufundlands in Frage, das Helge und Anne Ingstad in den siebziger Jahren freilegten. Sie fanden die Überreste von acht Bauwerken, normannische Feuerstellen, eingeschmolzenes Eisen, Nadeln und andere Gegenstände, die aus dem späten 10. oder frühen 11. Jahrhundert stammen. Leider wachsen in dieser Gegend nicht die wilden Weintrauben, von denen die Sagas erzählen (daher der Name Weinland), und darum bezweifeln manche Archäologen, daß es sich tatsächlich um Vinland handelt. Obwohl nach einiger Zeit weitere Siedler kamen, wurde Vinland kurz nach seiner Entdeckung schon wieder aufgegeben, wahrscheinlich wegen der rauhen Umwelt und der feindseligen Eingeborenen.

Beweise für die Anwesenheit von Wikingern gibt es überall im Norden Nordamerikas; aber es ist noch unklar, ob normannische Artefakte von Wikingern mitgebracht wurden oder ob sie durch Handel nach Amerika gelangten. Wahrscheinlich hielten die

Die trostlose Gegend bei l'Anse aux Meadows läßt die Schwierigkeiten der ersten europäischen Kolonisten erahnen.

Wikinger die Verbindung mit Nordamerika auch nach der Aufgabe Vinlands noch mindestens bis zum 14. Jahrhundert aufrecht.

Einen der am besten dokumentierten Beweise fand der kanadische Archäologe Peter Schledermann. Auf der Insel Ellesmere in der kanadischen Arktis gruben er und seine Kollegen von Wikingern stammende Gegenstände aus, darunter Teile einer Holzkiste, Holzfässer, Eisen- und Kupferstücke, Schiffsnieten und sogar ein Kettenhemd. An der Küste von Maine wurde zudem eine normannische Münze aus dem 11. Jahrhundert gefunden, die möglicherweise beim Handel den Besitzer wechselte.

Der Reiz, den die Wikinger im allgemeinen keineswegs nur auf Archäologen ausüben, hat jedoch auch einige recht fragwürdige Spekulationen ausgelöst. In Newport auf Rhode Island wird beispielsweise eine steinerne Windmühle aus der Kolonialzeit von manchen, wenig sachkundigen Leuten als »Wikingerkirche« bezeichnet. Der Kensington-Stein in der gleichnamigen Stadt in Minnesota ist erwiesenermaßen eine Fälschung aus dem 19. Jahrhundert mit dilettantisch nachgeahmter »Runeninschrift« – dennoch halten einige Amateurarchäologen ihn bis heute für echt.

LINKS: Nachbau eines Torfhauses mit Holzgerüst. Die meisten Häuser enthielten steinerne Herde (der Rauch zog durch ein Loch im Dach ab), und die Betten standen auf Plattformen an den Wänden.

UNTEN: Eine Hügelgruppe in L'Anse aux Meadows erwies sich als Hütten mit Torfmauern, Torfdächern und Holzgerüst (hier nachgebaut). Drei der Originale haben mehrere Räume und ähneln den Häusern der Normannen in Island und Grönland. Die restlichen sind kleinere Nebengebäude. Das größte Haus hat fünf Räume und einen angebauten Schuppen, wahrscheinlich wohnten mehrere Familien darin. Bei der Ausgrabung fand man nur 130 von Menschen stammende Gegenstände. Dies und die fehlenden Neubauten sind ein Indiz dafür, daß die Siedlung nicht lange bestand.

Der Templo Major in Tenochtitlán

Bei Ausgrabungen unter der Stadt Mexiko werden immer wieder Überreste des rituellen Bezirks von Tenochtitlán entdeckt. Unter den ersten Funden (entdeckt 1790) war der berühmte Kalenderstein. Auch einige Teile des Templo Major wurden in der ersten Hälfte dieses Jahrhunderts entdeckt, und 1978 war ein rundes Relief, das Elektriker zufällig fanden, der Auslöser für systematische Grabungen. Eduardo Matos Moctezuma vom Instituto Nacional de Antropoligía e Historia und eine Expertengruppe leiteten dieses Mammutunternehmen, das unter anderem den Abbruch von Wohnblocks erforderte, nur einen Steinwurf von der Kathedrale der Stadt Mexiko entfernt.

Beschreibungen des Templo Major aus der Kolonialzeit stimmen darin überein, daß er zwei einander gleichende Heiligtümer besaß, die auf einer gestuften Pyramidenplattform ruhten. Ein Schrein war Tlaloc, dem Regengott geweiht, der andere Huitzilopochtli, dem Kriegs- und Sonnengott sowie Schutzherrn der Azteken. Ein Mythos, nach dem Huitzilopochtli seine Schwester Coyolxauhqui tötete, erklärt das runde Relief: Es stellt Coyolxauhquis gliederlosen Körper dar, der wie ein unglückliches Opfer aus dem Tempel geworfen wurde. Neuere Grabungen belegen, daß ein Bild der besiegten Coyolxauhqui – eine kaum verhüllte Anspielung auf die Macht des Aztekenreiches – jede Bauphase des Templo Major abrundete.

Das politische und geistig-religiöse Zentrum der Azteken war ein von Mauern umgebener Teil ihrer Inselhauptstadt Tenochtitlán. Die spanischen Eroberer zerstörten diesen Bezirk 1521 und errichteten auf den Ruinen den Regierungssitz von Neuspanien. Doch die Erinnerung an das rituelle Zentrum und vor allem an den huey teocalli, *den »Großen Tempel« (spanisch Templo Major) lebte weiter.*

Die Ausgräber vermochten mehrere Bauphasen zu beschreiben, die einander freilich überlagerten. Tlalocs Schrein steht im Norden, Huitzilopochtlis Schrein im Süden – das alles stimmt mit den Quellen aus der Kolonialzeit überein. Die ältesten Überreste stammen aus Phase II (Phase I ist bisher ohne Beleg und fällt mit der Gründung der Stadt um das Jahr 1325 zusammen). Die am besten erhaltenen Heiligtümer stammen aus Phase II (1390). Die Wände des Tlaloc-Schreins zeigen helle, gemalte Streifen und Kreise, und vor dem Tor fanden Archäologen ein Chac Mool, eine liegende Figur, die aus Tula und Chichén Itzá bekannt ist. Vor Huitzilopochtlis Schrein erinnert ein keilförmiger Stein, den man Geopferten auf die Brust zu legen pflegte, an die rituelle Bedeutung des Tempels. Auf der Treppe, die zu Huitzilopochtlis Heiligtum führt, fanden die Forscher acht lebensgroße Steinstatuen aus Phase III (1431). Das Relief von Coyolxauhqui wird

OBEN: *Der aus Basalt gehauene Stein der Coyolxauhqui mit einem Durchmesser von 3 Metern zeigt den nackten Körper der Göttin. Aus den abgetrennten Gliedern fließt Blut, und Daunenkugeln auf ihrem Haar kennzeichnen sie als Opfer. Die Glocken auf den Wangen sind eine Anspielung auf ihren Namen, der ungefähr »mit Glocken geschmücktes Gesicht« bedeutet.*

LINKS: *Auf diesem »Schädelregal« (tzompantli) wurden Menschenknochen als gräßliche Siegestrophäen ausgestellt. Es steht nördlich des großen Tempels und stammt aus Phase VI.*

Kopf einer der beiden lebensgroßen Statuen von Adlerkriegern aus Phase V im Adlertempel, der nördlich des Templo Major liegt.

Phase IV zugeordnet: In Plaketten aus dieser Phase sind die Jahreszahlen 1454 und 1569 eingeritzt. Gebäudeteile aus dieser Zeit sind mit monumentalen Steinschlangen und riesigen Kohlenbecken verziert. Von Phase V ist wenig übriggeblieben, und Phase VI umfaßt Seitentempel und -hallen, manche mit Marmorboden. Phase VII war der Zustand, in dem sich der Tempel vor der Zerstörung durch die Spanier befand: Davon sind nur noch Spuren des Fundaments erhalten.

Mehr als 100 Nischen in unterirdischen Kammern des Templo Major und seiner Umgebung haben unser Wissen über die Volkswirtschaft der Azteken erheblich vergrößert. Die weitaus meisten Opfergaben entstammen tributpflichtigen anderen Staaten. Dazu gehören nicht nur Luxusgüter, sondern auch Überreste exotischer Tiere – einige von ihnen hatten Archäologen an mittelamerikanischen Fundorten früher nie gesehen. Die Ausgrabungen im Templo Major belegen, daß er ohne Frage das weitaus wichtigste Bauwerk im Aztekenreich war und darüber hinaus ein politisches Symbol ersten Ranges, tief verwurzelt in der Weltanschauung eines Eroberungsstaates.

Machu Picchu

Im Jahre 1911 entdeckte der Amerikaner Hiram Bingham Machu Picchu, manchmal »die vergessene Inkastadt« genannt. Die Stadt wurde zur Zeit des Inkareiches gebaut, das 1532, im Jahr der Eroberung durch die Spanier, den größten Teil des westlichen Südamerika umfaßte. Machu Picchu wurde bisweilen als Ursprungsort der Inka-Dynastie oder als ihre letzte Zuflucht nach dem Zusammenbruch des Reiches gepriesen – aber es war nur ein königlicher Landsitz.

Machu Picchu, die faszinierende Inkastadt, wurde auf einem hohen Kamm zwischen zwei Berggipfeln erbaut. Sie bietet eine atemberaubende Aussicht auf das Urubambatal. Der erste große König der Inkas ließ die Stadt als Landsitz im »Heiligen Tal« errichten. Hauptstadt des Reiches war damals die Andenstadt Cuzco, im Gebiet des heutigen Peru, vier oder fünf Tagesmärsche von Machu Picchu entfernt. Mitte des 15. Jahrhunderts begannen die Inkas mit einer Reihe von Eroberungen und schufen schließlich das größte Reich der Neuen Welt vor der Ankunft der Europäer. Es erstreckte sich von Südwestkolumbien über Ekuador, Peru und Bolivien bis nach Nordwestargentinien und Nordchile und war die Heimat von etwa zehn Millionen Menschen. Das Reich bestand jedoch kaum ein Jahrhundert lang: Es brach zusammen, als der Spanier Francisco Pizarro und seine kleine Gruppe von Konquistadoren in Peru eindrang und den fünften Inka-König Atahualpa gefangennahm. Obwohl dieser ein gewaltiges Lösegeld aus Gold und Silber bezahlte, töteten ihn die Eindringlinge und übernahmen die Macht im Staat.

Machu Picchu wurde wahrscheinlich kurz nach der Eroberung verlassen, da die Abkömmlinge des Königs keinen Grund hatten, den Landsitz weiter zu unterhalten. Die Welt indes wurde erst Anfang des 20. Jahrhunderts wieder auf die Stadt aufmerksam, als der Historiker Hiram Bingham sie wiederentdeckte. Im Juli 1911 machte sich Bingham, der Leiter einer Expedition durch das südliche Peru, auf die Suche nach der vergessenen Inkastadt Vilcabamba. Nachdem die Spanier Cuzco und das ganze Reich erobert hatten, war der letzte Inkaherrscher in den Dschungel nordöstlich von Cuzco geflohen und hatte in Vilcabamba einen letzten Unterschlupf eingerichtet, von dem aus er versucht hatte, das Reich zusammenzuhalten – ein Versuch, der sich letztlich als vergebens erweisen sollte.

Am Morgen des 11. Juli 1911 kletterte Bingham auf einen Grat hinauf, der die beiden Gipfel Huayna Picchu und Machu Picchu verbindet. Er wollte Berichten über Ruinen nachgehen. Einheimische Bauern hatten einen Teil der dichten Vegetation abgebrannt, um kleine Felder anzulegen, und darum konnte Bingham sehen, daß die Stätte in der Tat sehr beeindruckend war. Er machte sich an diesem Tag einige Notizen, war aber ansonsten nicht sehr an Machu Picchu interessiert. Am nächsten Tag stieg er auf der Suche nach Vilcabamba ins Tal hinab. Er hätte diesen

OBEN: Hiram Bingham (1878–1956) wurde durch die Entdeckung Machu Picchus berühmt. Später wurde er Senator in den USA.

LINKS: Bingham quartierte die Familien um, die in den Ruinen lebten, und legte den Ort gründlich frei – was angesichts zahlloser dort lebender Schlangen nicht immer ungefährlich war.

RECHTS: Blick auf Machu Picchu und den Huayna Picchu im Hintergrund. Die Stadt auf dem Bergkamm war notgedrungen schmal und lang.

Ort beinahe entdeckt, blieb aber letztlich erfolglos. Allerdings schickte er einige Wochen später eine Mannschaft nach Machu Picchu, um die dort sichtbaren Ruinen erfassen zu lassen.

1912 machte sich Bingham mit jener Expedition auf den Weg, die Machu Picchu in den Blickpunkt der Öffentlichkeit rückte. Die National Geographic Society widmete 1913 die gesamte Aprilausgabe ihrer Zeitschrift dieser Entdeckung und sprach von »einem der bemerkenswertesten Berichte über die Erforschung Südamerikas der letzten fünfzig Jahre«. Als der Ort von seinem Pflanzenkleid befreit wurde, kamen in der Tat einige der schönsten jemals entdeckten Inkabauwerke zum Vorschein, darunter Schreine und Tempel, Wasserleitungen und Bäder sowie Wohnräume für die Königsfamilie und ihre Diener. Die Stadt bot allen Komfort eines Zuhauses – alles, was sich ein König für seinen Landsitz wünschen konnte.

Ein auffälliger Tempel mit drei Fenstern gab Bingham die ersten Hinweise auf den Zweck des Komplexes. Nach einer Sage waren die Ahnen der Inkas an einem Ort namens Tampu Tocco einer Höhle mit drei Fenstern entstiegen. Bingham vermutete, daß er eben diesen Ort gefunden hatte, und als die Jahre vergingen, gelangte er zu der Überzeugung, daß Machu Picchu auch mit der vergessenen Stadt Vilcabamba identisch war, nach der er seit 1911 gesucht hatte. In diesem Fall wäre Machu Picchu sowohl die Wiege als auch das Totenbett des Inkareiches gewesen. In jüngerer Zeit wurde jedoch die wirkliche Lage von Tampu Tocco und Vilcabamba entdeckt, und wir wissen heute, daß Machu Picchu lediglich ein Landsitz war, der einem der Könige und seinen Nachkommen gehörte. Die ungewöhnliche Lage, die exquisiten Bauten und die großartige Aussicht haben diese Stadt freilich zum wohl bekanntesten Ziel für Touristen weit und breit gemacht.

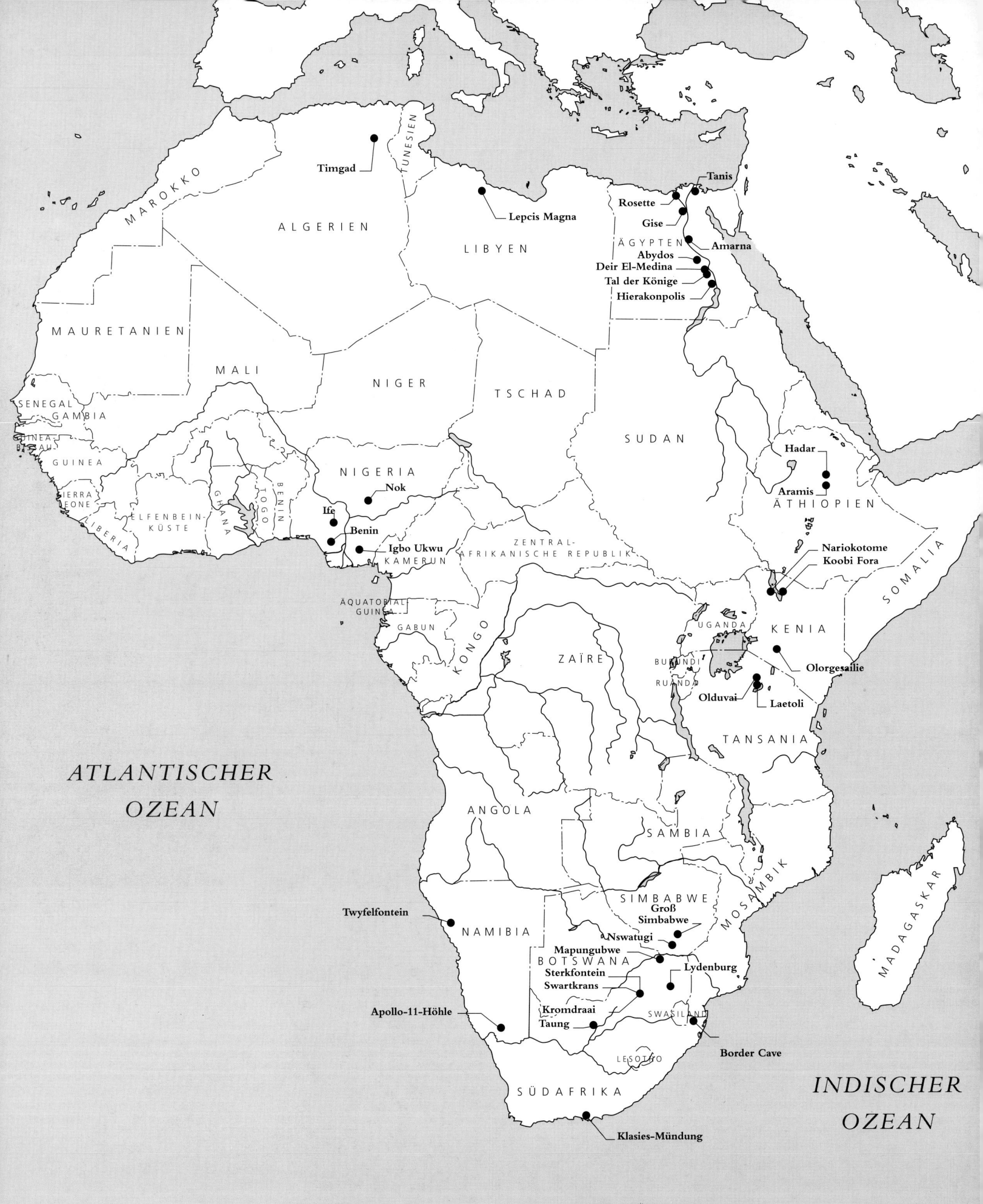

ATLANTISCHER
OZEAN

INDISCHER
OZEAN

MAROKKO

ALGERIEN

TUNESIEN

LIBYEN

Timgad

Lepcis Magna

Tanis

Rosette

Gise

ÄGYPTEN

Amarna

Abydos

Deir El-Medina

Tal der Könige

Hierakonpolis

MAURETANIEN

MALI

NIGER

TSCHAD

SUDAN

SENEGAL
GAMBIA

GUINEA-
BISSAU

GUINEA

SIERRA
LEONE

LIBERIA

ELFENBEIN-
KÜSTE

GHANA

TOGO

BENIN

NIGERIA

Nok

Ife

Benin

Igbo Ukwu

KAMERUN

ÄQUATORIAL-
GUINEA

GABUN

KONGO

ZAÏRE

ZENTRAL-
AFRIKANISCHE REPUBLIK

Hadar

Aramis

ÄTHIOPIEN

SOMALIA

Nariokotome
Koobi Fora

UGANDA

KENIA

BURUNDI

RUANDA

Olorgesailie

Olduvai

Laetoli

TANSANIA

ANGOLA

SAMBIA

Twyfelfontein

NAMIBIA

SIMBABWE

Groß
Simbabwe

Nswatugi

Mapungubwe

BOTSWANA

Lydenburg

Sterkfontein

Swartkrans

MOSAMBIK

MADAGASKAR

Apollo-11-Höhle

Kromdraai

Taung

SWASILAND

Border Cave

LESOTHO

SÜDAFRIKA

Klasies-Mündung

KANADA

L'Anse aux Meadows

USA

Hopewell

Mesa Verde
Chaco-Canyon
Snaketown

Creek-Hügel

ATLANTISCHER
OZEAN

MEXIKO

Teotihuacán
Tenochtitlán   Tres Zapotes
Monte Albán   Palenque
San Lorenzo
La Venta
Naj Tunich

El Cerén

PAZIFISCHER
OZEAN

EKUADOR
Sipán

Chavín

PERU

Machu
Picchu
Nasca   BOLIVIEN

Tiwanaku

CHILE

Monte Verde

ATLANTISCHER OZEAN
ISLAND
IRLAND
Skara Brae
Newgrange
GROSS-BRITANNIEN
Sweet-Pfad
Vindolanda
NORWEGEN
Zambujal
Piltdown
Flag Fen
Gokstad
SCHWEDEN
Grimes Graves
PORTUGAL
Sutton Hoo
Altamira
Gundestrup
Cõa
Gavrinis
Tollund Fen
Grand Pressigny
SPANIEN
DÄNEMARK
FINNLAND
Spinnes
Grauballe
Lascaux
FRANKREICH
La Mouthe
Neandertal
Domme
Lindenthal
Bruniquel
Köln
Los Millares
Chauvet
Vogelherdhöhle
Hochdorf
DEUTSCHLAND
Heidelberg
ESTLAND
MAROKKO
Veyrier
SCHWEIZ
Hohlenstein-Stadel
Biskupin
LETTLAND
Zürich
Nowgo
Dolní Vestonice
Prezletice
RUSSLAND
LITAUEN
Vallonet
TSCHECHIEN
Predmosti
Ötztal
ÖSTERREICH
Oslonki
ITALIEN
Willendorf
POLEN
Hallstatt
Tarquinia
SLOWENIEN
SLOWAKEI
WEISSRUSSLAND
Krakau
ALGERIEN
KROATIEN
UNGARN
Cerveteri
BOSNIEN-HERZEGOWINA
Herculaneum
Dobranitschewska
Pompeji
RUMÄNIEN
TUNESIEN
Altamura
Mesirich
JUGOSLAWIEN
Lepenski Vir
Kostenki
MOLDAWIEN
UKRAINE
ALBANIEN
Malta
MAZEDONIEN
BULGARIEN
Vergina
GRIECHENLAND
Varna
MITTELMEER
Mykene
Pylos
SCHWARZES MEER
Troya
Athen
LIBYEN
Aphrodisias
Knossos
Thera
TÜRKEI
Dmanisi
Çatal Hüyük
GEORGIEN
ARMENIEN
ÄGYPTEN
ZYPERN
ASERBAIDS

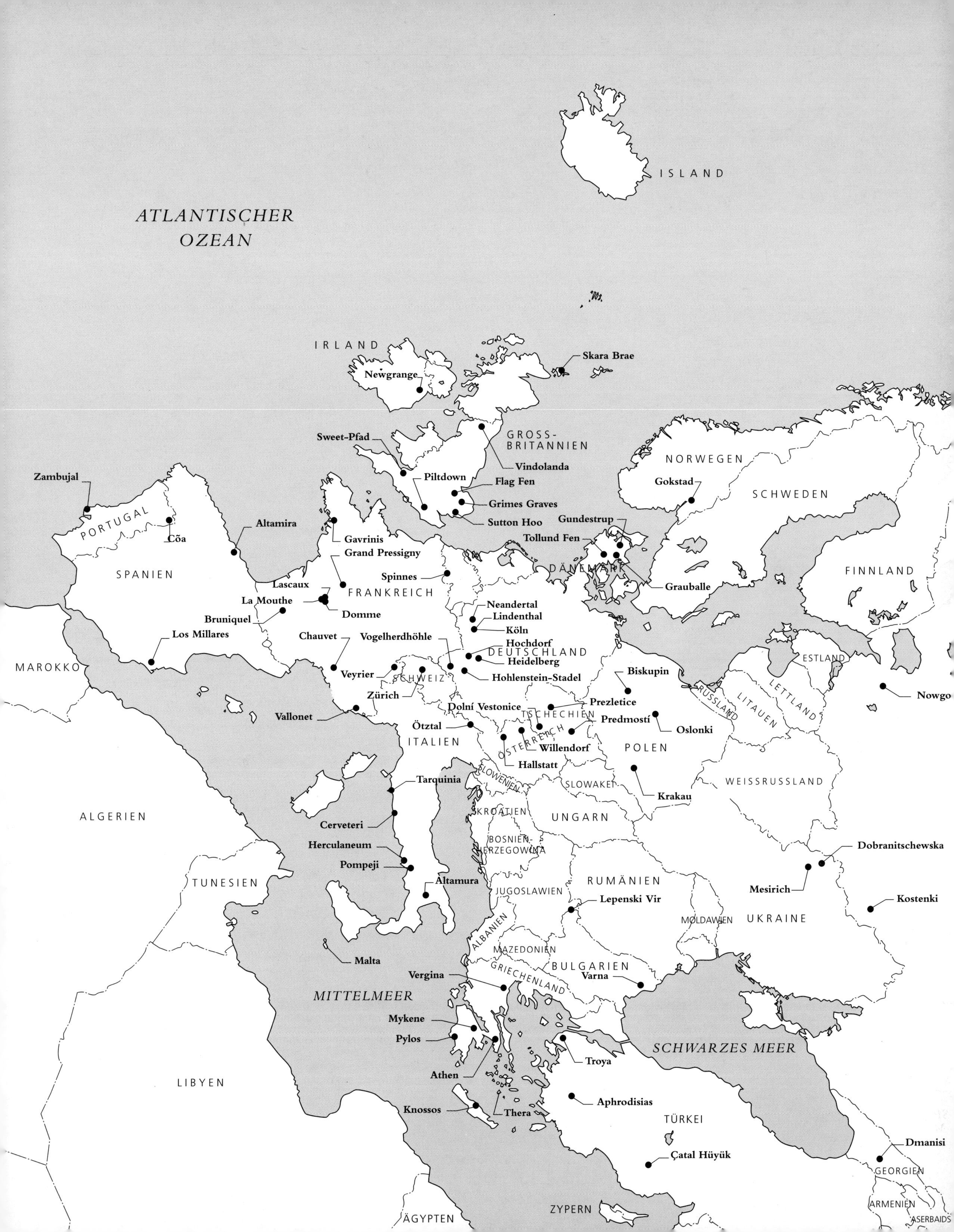

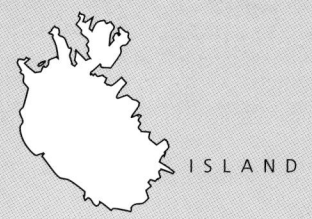

NORDPOLARMEER

Berelek

RUSSLAND

Buret'

Mal'ta

Pasyryk

Ukok

MONGOLEI

KASACHSTAN

CHINA

SPISCHES
MEER

ARALSEE

RUSSLAND

KASACHSTAN

MONGOLEI

Hongshan

Ming-Gräber

Yungang

Zhoukoudian

NORD-
KOREA

JAPAN

USBEKISTAN

TURKMENISTAN

KIRGISTAN

TADSCHIKISTAN

IRAN

AFGHANISTAN

CHINA

Helan-Gebirge

Anyang

Qin

Xi'an

Longmen

Luoyang

Yaoshan

SÜD-
KOREA

Kyongju

Sinan

PAKISTAN

NEPAL

INDIEN

Bhimbetka

BANGLADESCH

MYANMAR

Huashan
(Blumenberg)

Changsha

TAIWAN

PHILIPPINEN

LAOS

THAILAND

VIETNAM

KAMBODSCHA

BISMARC
ARCHIPE

NEUBRITA

PAPUA-
NEUGUINEA

SABAH

BRUNEI

MALAYSIA

SARAWAK

KALIMANTAN

SUMATRA

INDONESIEN

INDISCHER

OZEAN

Trinil

JAVA

AUSTRALIEN

Mandu

Mungosee

Koonalda

Kow-Sumpf

Devil's Lair

USA

MEXIKO

PAZIFISCHER
OZEAN

Marquesasinseln

land

Salomonen

Samoa

Gesellschaftsinseln

Tahiti   Tuamoto-Archipel

Tonga

Osterinsel

NEUSEELAND

RUSSLAND

KASACHSTAN

SCHWARZES MEER

KASPISCHES MEER

GEORGIEN

USBEKISTAN

TÜRKEI

ARMENIEN

ASERBEIDSCHAN

TURKMENISTAN

MITTELMEER

Ebla

Khorsabad
Ninive
Nimrud

SYRIEN

LIBANON

Bamiyan

Berg Karmel

Babylon

AFGHANISTAN

ISRAEL

Jericho
Qumran

IRAK

IRAN

Masada

Ur

JORDANIEN

Harappa

Persepolis

PAKISTAN

PERSISCHER GOLF

Mohenscho-daro

SAUDI-ARABIEN

ROTES MEER

OMAN

ARABISCHES MEER

JEMEN

GOLF VON ADEN

ÄTHIOPIEN

INDISCHER
OZEAN

Bibliographie

Vorwort

Bahn, P. G., 1989. *The Bluffer's Guide to Archaeology.* Horsham: Ravette

Bahn, P. G. (Hrsg.), 1992. *The Collins Dictionary of Archaeology.* Glasgow: HarperCollins/Denver: ABC Clio

Bahn, P. G. (Hrsg.), 1996. *The Cambridge Illustrated History of Archaeology.* Cambridge: Cambridge University Press

Fagan, B. M., 1985. The Adventure of Archaeology. Washington: National Geographic Society

Renfrew, C, und P. Bahn, 1991, 2. Aufl. 1996. *Archaeology: Theories, Methods and Practice.* London und New York

Scarre, C. (Hrsg.), 1988. *Past Worlds, The Times Atlas of Archaeology.* London: Times Books

Afrika

1. Die Entdeckung der Urzeit

Bahn, P. G. (Hrsg.), 1996. *The Cambridge Illustrated History of Archaeology.* Cambridge: Cambridge University Press

2. Das Taung-Kind – der erste Australopithecus

Brain, C. K., 1981. *The Hunters or the Hunted? An Introduction to African Cave Taphonomy.* Chicago: University of Chicago Press

Brain, C. K. (Hrsg.), 1993. *Swartkrans: A Cave's Chronicle of Early Man.* Pretoria: Transvaal Museum Monographie Nr. 8

Dart, R. A., 1959. *Adventures with the Missing Link.* New York: Harper and Brothers

Jones, S., R. Martin, D. Pilbeam (Hrsg.), 1992. *The Cambridge Encyclopaedia of Human Evolution.* Cambridge: Cambridge University Press

Tattersall, I., 1993. *The Human Odyssey: Four Million Years of Human Evolution.* New York: Prentice-Hall

3. Australopithecinen in Ostafrika

Johanson, D., und M. Edey, 1981. *Lucy: The Beginnings of Humankind.* New York: Simon and Schuster

Jones, S., R. Martin, D. Pilbeam (Hrsg.), 1992. *The Cambridge Encyclopaedia of Human Evolution.* Cambridge: Cambridge University Press

Leakey, M., 1984. *Disclosing the Past.* London: Weidenfeld and Nicolson

Tattersall, I., 1993. *The Human Odyssey: Four Million Years of Human Evolution.* New York: Prentice-Hall

4. Olduwai – der Grand Canyon der Vorgeschichte

Cole, S., 1975. *Leakey's Luck: The Life of Louis Seymour Bazett Leakey, 1902–72.* London: Collins

Jones, S., R. Martin, D. Pilbeam (Hrsg.), 1992. *The Cambridge Encyclopaedia of Human Evolution.* Cambridge: Cambridge University Press

Leakey, M., 1979. *Olduvai Gorge: My Search for Early Man.* London: Collins; 1984. *Disclosing the Past: An Autobiography.* London: Weidenfeld and Nicolson

Tattersall, I., 1993. *The Human Odyssey: Four Million Years of Human Evolution.* New York: Prentice-Hall

5. Aus Afrika immer etwas Neues

Jones, S., R. Martin, D. Pilbeam (Hrsg.), 1992. *The Cambridge Encyclopaedia of Human Evolution.* Cambridge: Cambridge University Press

Klein, R. G., 1992. »The archeology of modern human origins«, *Evolutionary Anthropology*, 1 (1): S. 5–14

Nitecki, M. H., und D. V. Nitecki (Hrsg.), 1994. *Origins of Anatomically Modern Humans.* New York und London: Plenum Press

Tattersall, I., 1993. *The Human Odyssey: Four Million Years of Human Evolution.* New York: Prentice-Hall

6. Südafrikanische Felskunst – »Bilder der Macht«

Castiglioni, A., und G. Negro, 1986. *Fiumi die Pietra: Archivio della Preistoria Sahariana.* Varese: Edizioni Lativa

Dowson, T. A., 1992. *Rock Engravings of Southern Africa.* Johannesburg: Witwatersrand University Press

Lewis-Williams, J. D., 1983. *The Rock Art of Southern Africa.* Cambridge: Cambridge University Press

Lewis-Williams, J. D., und T. Dowson, 1989. *Images of Power: Understanding Bushman Rock Art.* Johannesburg: Southern Book Publishers

Muzzolini, A., 1995. *Les Images Rupestres du Sahara.* Toulouse: Muzzolini

Willcox, A. R., 1984. *The Rock Art of Africa.* New York: Holmes & Meier

7. Abydos

Adams, B., 1974. *Ancient Hierakonpolis.* Warminster

Petrie, W. M. F., 1900–01. *The Royal Tombs of the First Dynasty.* London

Quibell, J. E., 1900–02. *Hierakonpolis: I-II.* London

8. Die Pyramiden von Gise

Edwards, I. E. S. *The Pyramids of Egypt.* London: Penguin

El-Baz. F., 1988. »Finding a pharaoh's funeral bark«, *National Geographic* 173 (4): S. 512–33

9. Amarna

Aldred, C., 1973. *Akhenaten & Nefertiti.* London

Peet, T. E., C. L. Woolley, J. D. S. Pendlebury et al., 1923–51. *The City of Akhenaten I-III.* London

10. Tutenchamun

Carter, H., 1923–33. *The Tomb of Tut.ankh. Amen I-III.* London

Reeves, N., 1990. *The Complete Tutankhamun.* London

11. Deir el-Medine

Bierbrier, M., 1982. *The Tomb-Builders of Pharaoh.* London

Bruyère, B., 1927–53. *Rapport sur les fouilles de Deir el-Medineh,* 17 Bände. Kairo

12. Tanis

Coutts, H. (Hrsg.), 1988. *Gold of the Pharaohs.* Edinburgh

Montet, P., 1947–60. *La Necropole royale de Tanis I-III.* Paris

13. Der Stein von Rosette

Quirke, S., 1988. *The Rosetta Stone.* London

14. Die Römer in Nordafrika

Mattingly, D. J., 1995. *Tripolitania.* London: Batsford

Ward-Perkins, J. B., 1981. *Roman Imperial Architecture.* Harmondsworth: Pelican History of Art

15. Nigerianische Kunst – »virtuos wie Fabergé«

Hall, M., 1987. *The Changing Past: Farmers, Kings and Traders in Southern Africa, 200–1860.* Cape Town: David Philip.

Shaw, T., 1970. *Igbo Ukwu.* London: Faber; 1978. Nigeria. Its Archaeology and Early History. London: Thames and Hudson; 1981. »The Nok sculptures of Nigeria«, *Scientific American*, 244 (2): S. 154–66

16. Das größte Simbabwe aller Zeiten

Garlake, P. S., 1973. *Great Simbabwe.* London: Thames and Hudson

Hall, M., 1987. *The Changing Past: Farmers, Kings and Traders in Southern Africa, 200–1860.* Cape Town: David Philip

Huffman, T. N., 1987. *Symbols in Stone: Unravelling the Mystery of Great Zimbabwe.* Johannesburg: Witwatersrand University Press

Europa

17. Frühmenschen in Westeuropa

Bahn, P. G. (Hrsg.), 1996. *The Cambridge Illustrated History of Archaeology.* Cambridge: Cambridge University Press

18. Eiszeitsiedlungen im Norden

Dennell, R., 1983. *European Economic Prehistory: A New Approach.* London: Academic Press

Gamble, C., 1994. *Timewalkers: The Prehistory of Global Colonization.* Cambridge: Harvard University Press

Klein, R. G., 1989. *The Human Career: Human Biological and Cultural Origins.* Chicago: University of Chicago Press.

19. Mammuntknochenhäuser in Osteuropa

Gladkih, M. I., N. L. Kornietz, O. Soffer, 1984. »Mammoth-bone dwellings on the Russian Plain«, *Scientific American*, 251 (1): S. 164–175

Lister, A., und P. Bahn, 1994. *Mammoths.* New York: Macmillan/London: Boxtree

Soffer, Olga, 1985. *The Upper Paleolothic of the Ice Age.* Leicester: Windward/New York: Facts on File

20. Tragbare Kunst der Altsteinzeit

Bahn, P. G. und J. Vertut 1988. *Images of the Ice Age.* Leicester: Windward/New York: Fact on File.

21. Höhlenmalerei der Altsteinzeit

Bahn, P. G. und J. Vertut 1988. *Images of the Ice Age.* Leicester: Windward/New York: Fact on File.

22. Kunst und Grabstätten der Eiszeit in Mitteleuropa

Bhattacharya, D. K., 1977. *Palaeolithic Europe: A Summary of Some Important Finds with Special Reference to Central Europe.* Atlantic Highlands: Humanities Press

Kozlowski, J. K., 1992. *L'Art de la Préhistoire en Europe Orientale.* Paris: CNRS

23. Kunst und Grabstätten in Osteuropa

Abramova, Z. A., 1967. »Paleolithic art in the U.S.S.R.«, *Arctic Anthropology,* 4 (2): S. 1–17

Klein, R. G., 1973. *Ice-Age Hunters of the Ukraine.* Chicago: University of Chicago Press

Soffer, O., 1985. *The Upper Paleolithic of the Central Russian Plain.* Orlando: Academic Press

24. Die Fischer von Lepenski Vir

Srejovic, D., 1969. *Lepenski Vir.* London: Thames and Hudson; 1988. »Neolithic of Serbia: a review of research«, *Neolithic of Serbia: Archaeological Research 1948–1988.* S. 5–19. Belgrad: Center for Archaeological Research, University of Belgrade

25. Çatal Hüyük

Mellaart, J., 1967. *Çatal Hüyük.* New York: McGraw-Hill

26. Die Seehäuser des Alpenvorlandes

Barker, G., 1985. *Prehistoric Farming in Europe.* Cambridge: Cambridge University Press

Höneisen, M., 1990. *Die ersten Bauern.* Zürich: Schweizerisches Landesmuseum

247

Whittle, A., 1988. *Problems in Neolithic Archaeology.* Cambridge: Cambridge University Press; 1995. *Neolithic Europe* (2. Aufl.). Cambridge: Cambridge University Press.

27. Frühe Langhäuser der Jungsteinzeit in Europa

Bogucki, P., 1988. *Forest Farmers and Stockherders: Early Agriculture and its Consequences in North-Central Europe.* Cambridge: Cambridge University Press; 1995. »The Largest Buildings in the World (in 5,000 B.C.)«, *Archaeology,* 48 (6): S. 57–59

Milisaukas, S., 1986. *Early Neolithic Settlement and Society at Olszanica.* An Arbor: Museum of Anthropology

Modderman, P. J. R., 1988: »The Linear Pottery culture: diversity in uniformity«, *Berichten van de Rijksdienst voor het Oudheidkundig Bodemonderzoek,* 38: S. 63–139

28. Jungsteinzeitliche Feuersteinminen

Holgate, R., 1991. *Prehistoric Flint Mines.* Princes Risborough: Shire Publications

29. Häuser für die Lebenden und die Toten

Ritchie, A. und G, 1978. *The Ancient Monuments of Orkney.* Edinburgh: Her Majesty's Stationery Office

Renfrew, C. (Hrsg.), 1985. *The Prehistory of Orkney.* Edinburgh: Edinburgh University Press

30. Flag Fen und der Sweet-Pfad

Coles, B. und J., 1986. *Sweet Track to Glastonbury: the Somerset Levels in prehistory.* London: Thames and Hudson

Pryor, F., 1991. *Flag Fen: prehistoric Fenland centre.* London: Batsford/English Heritage

31. Maltesische Tempel

Evans, J. D., 1959. *Malta.* London: Thames and Hudson; 1971. *The Prehistoric Antiquities of the Maltese Islands.* London: Athlone Press

32. Wie ein Kreis in einer Spirale – megalithische Kunst

Mohen, J.-P., 1989. *The World of the Megaliths.* London: Cassell

O'Kelly, M. J., 1982. *Newgrange: archaeology, art and legend.* London: Thames and Hudson

33. Der Gletschermann

Bahn, P. G., 1995. »Last days of the Iceman«, *Archaeology,* 48 (3): S. 66–70

Spindler, K., 1994. *The Man in the Ice.* London: Weidenfeld and Nicolson

34. Varna – ein Friedhof der Kupferzeit

Fol, A., und J. Lichardus (Hrsg.), 1988. *Macht, Herrschaft und Gold. Das Gräberfeld von Varna (Bulgarien) und die Anfänge einer neuen europäischen Zivilisation.* Saarbrücken: Moderne Galerie des Saarland-Museums

Renfrew, C., 1978. »Varna and the social context of early metallurgy«, *Antiquity,* 52: S. 199–203; 1980. »Ancient Bulgaria's golden treasures«, *National Geographic,* 158 (1): S. 112–29

35. Los Millares und Zambujal

Chapman, R., 1990. *Emerging Complexity: the later prehistory of south-east Spain, Iberia and the West Mediterranean.* Cambridge: Cambridge University Press

36. Hügelgräber der Bronzezeit

Clarke, D. V., T. G. Cowie, A. Foxon, 1985. *Symbols of power at the time of Stonehenge.* Edinburgh: National Museum of Antiquities of Scotland

37. Evans in Knossos

Evans, J., 1943. *Time and Chance: The Story of Arthur Evans and his Forbears.* London

38. Die Entzifferung der Linear-B-Schrift

Chadwick, J., 1958. *The Decipherment of Linear B.* Cambridge: Cambridge University Press

39. Der Zusammenbruch der minoischen Kultur

Doumas, C., 1983. *Thera, Pompeii of the Ancient Aegean.* London

40. Schliemann in Troja und Mykene

Deuel, L., 1978. *Memoirs of Heinrich Schliemann: A Documentary Portrait Drawn from his Autobiographical Writings.* London

41. Blegen in Pylos

Blegen, C. W., und M. Rawson, 1967. *A Guide to the Palace of Nestor.* Cincinnati: University of Cincinnati

42. Das Schiffswrack bei Ulu Burun

Bass, G. F., 1987. »Oldest known shipwreck reveals splendors of the Bronze Age«, *National Geographic,* 172: S. 693–734

43. Hallstatt – ein Bergbauzentrum der Eisenzeit

Kromer, K., 1959. *Das Gräberfeld von Hallstatt.* Florenz: Snasoni

Wells, P. S., 1980. »Iron Age central Europe«, *Archaeology,* 33 (5): S. 7–11; 1986. »Europe's First towns and entrepeneurs«, *Archaeology,* 39 (6): S. 26–31

44. Hochdorf – ein »Tut-Grab« der Eisenzeit

Biel, J., 1980. »Treasure from a Celtic Tomb«, *National Geographic,* 157: S. 428–438: 1986. *Der Keltenfürst von Hochdorf.* Stuttgart: Konrad Theiss

Wells, P. S., 1980. »Iron Age Central Europe«, *Archaeology,* 33 (5): S. 6–11; 1984. *Farms, Villages, and Cities: Commerce and Urban Origins in Late Prehistoric Europe.* Ithaca: Cornell University Press

45. Biskupin – ein untergegangenes Dorf der Eisenzeit

Bogucki, P., 1990. »A glimpse of Iron Age Poland«, *Archaeology,* 43 (5): S. 745

Rajewski, Z., 1970. *Biskupin.* Warschau: Arkady

Wells, P. S., 1984. *Farms, Villages, and Cities: Commerce and Urban Origins in Late Prehistoric Europe.* Ithaca: Cornell University Press

46. Etruskische Gräber

Brendel, O. J., 1978. *Etruscan Art.* Harmondsworth: Pelican History of Art; 1992. *Les Etrusques et l'Europe.* Paris: Musées Nationaux

Macnamara, E., 1990. *The Etruscans.* London: British Museum Publications.

47. Vergina

Andronikos, M., 1978. »Regal treasures from a Macedonian tomb«, *National Geographic,* 154 (1): S. 54–77

Andronikos, M., 1984. *Vergina: The Royal Tombs and the Ancient City.* Athen: Ekdotike Athenon

Ginouves, R., 1994. *Macedonia: from Philip II to the Roman Conquest.* Athen: Ekdotike Athenon

48. Sumpfleichen – Gesichter aus der Vergangenheit

Brothwell, D., 1986. *The Bog Man and the archaeology of people.* London: British Museum Publications

Glob, P. V., 1969. *The Bog People: Iron Age man preserved.* London: Faber and Faber

49. Die Agora von Athen – das Herz der Demokratie

Camp, J. M., 1986. *The Athenian Agora: excavations in the heart of Classical Athens.* London und New York: Thames and Hudson

Camp, J. M., 1990. *The Athenian Agora: a guide to the excavation and museum.* Athen: The American School of Classical Studies at Athens (4., veränd. Aufl.)

50. Aphrodisias

Erim, K. T., 1992. *Aphrodisias: City of the Venus Aphrodite.* Muller, Blond und White

Roueche, C. und K. Erim, 1990. *Aphrodisias Papers 1.* Ann Harbor: University of Michigan

Smith, R. R. R., und K. Erim, 1991. *Aphrodisias Papers 2.* Ann Arbor: University of Michigan

51. Schiffswracks im Mittelmeer

Musée des Docks Romains. Marseilles: Musée des Docks Romains. Siehe auch »Special maritime section« in Antiquity, 64, Juni 1990

52. Pompeji und Herkulaneum

Ling, R., 1991. *Roman Painting.* Cambridge: Cambridge University Press

Richardson, L., 1988. *Pompeii: an architectural history.* Baltimore: John Hopkins University Press

Ward-Perkins, J., und A. Claridge, 1977: *Pompeii AD 79.* London: Royal Academy of Arts

53. Vindolanda

Birley, R., 1977. *Vindolanda: a Roman frontier post on Hadrian's Wall.* London und New York: Thames and Hudson

Bowman, A. K., 1994. *Life and Letters on the Roman Frontier: Vindolanda and its people.* London: British Museum Publications

54. Sutton Hoo

Bruce-Mitford, R. L. S., 1968. *The Sutton Hoo Ship Burial: an handbook.* London: British Museum Publications

55. Wikingerschiffe

Binns, A., 1980. *Viking Voyagers: then and now.* London: Heinemann

Brogger, A. W., und H. Shetelig, 1951. *The Viking Ships: their ancestry and evolution.* London: C. Hurst and Co.

Graham-Campbell, J., und Dafydd Kidd, 1980. *The Vikings.* London: British Museum Publications

56. Nowgorod – eine mittelalterliche Stadt in Rußland

Kolchin, B. A., 1989. *Wooden Artefacts from Medieval Novgorod.* Oxford: British Archaeological Reports, International Series

Medyntsewa, A. A., 1984. »Nowgorodskje nakodki i dokristianskaja pis'mennost' na Rusi« (Funde in Nowgorod und vorchristliche russische Schriften). *Sowjetskaja arkeologija,* 1984 (4): S. 49–61

Yanin, V. I., 1990. »The archaeology of Novgorod«, *Scientific American,* 262 92: S. 84–91

West- und Zentralasien

58. Jericho

Kenyon, K., 1957. *Digging Up Jericho.* New York: Praeger

Mellaart, J., 1975. *The Neolithic of the Near East.* New York: Charles Scibner's

59. Ur

Woolley, L., und P. R. S. Moorey, 1982. *Ur of the Chaldees.* London: Herbert Press

60. Babylon

Oates, J., 1986. *Babylon* (veränd. Aufl.). London und New York: Thames and Hudson

61. Ebla und Keilschrifttafeln

Matthiae, P., 1981. *Ebla: An Empire Rediscovered.* New York: Doubleday

Pettinato, G., 1981. *The Archives of Ebla: An Empire Inscribed in Clay.* New York: Doubleday

62. Ninive und assyrische Paläste

Gadd, C. J., 1936. *The Stones of Assyria*. London: Chatto and Windus

Saggs, H. W. F., 1984. *The Might That was Assyria*. London: Sigdwick and Jackson

63. Mohendscho-daro und die Indus-Kultur

Allchin, B., und R. Allchin, 1982. *The Rise of Civilizations in India*. Cambridge: Cambridge University Press

64. Persepolis

Cook, J. M., 1983. *The Persian Empire*. New York: Shocken Books

Frye, Richard, 1963. *The Heritage of Persia*. Cleveland: The World Publishing Company

65. Die gefrorenen Gräber von Pasyryk und Ukok

Polosmak, N., 1994. »A mummy unearthed from the Pastures of Heaven«, *National Geographic*, 186 (4): S. 80–103

Rudenko, S., 1970. *Frozen Tombs of Siberia: the Pazyryk Burials of Iron Age Horsemen*. Berkeley and Los Angeles: University of California Press

66. Masada

Burrows, M., 1956. *The Dead Sea Scrolls*. London

Yadin, Y., 1966. *Masada: Herod's Fortress and the Zealots' Last Stand*. London

Der Ferne Osten

67. Der Peking- und der Javamensch

Shapiro, H. L., 1974. *Peking Man: the discovery, disappearance and mystery of a priceless scientific treasure*. London: Allen and Unwin

Weidenreich, F., 1946. *Apes, giants and early man*. Chicago: University of Chicago Press

Wu, R., und J. W. Olsen (Hrsg.), 1985. *Palaeoanthropology and Palaeolithic archaeology in the People's Republic of China*. Orlando: Academic Press

68. Felskunst in China und Indien

Dunhuang Institute for Cultural Relics, 1981. *The Art Treasures of Dunhuang*. Hongkong und New York: Joint Publishing Co. und Lee Publishers Group

Jiang Zhenming, 1991. *Timeless History. The Rock Art of China*. Peking: New World Press

Juliano, A., 1980. »Buddhism in China«, *Archaeology*, 33 (3): S. 23–30

Neumayer, E., 1993. *Lines on Stone. The Prehistoric Rock Art of India*. Neu Delhi: Manohar

69. Jade aus Hongshan und Liangzhu

Huang, T., 1992. »Liangzhu – a late Neolithic jade-yielding culture in southeastern coastal China«, *Antiquity*, 66: S. 75–83

Liaoning Provincial Cultural Relics Protection Bureau et al., 1990. *The valuable cultural and historic sites of Liaoning province*. Shenyang: Liaoning Artistic Publishing House

Rawson, J., 1980. *Ancient China: art and archaeology*. London: British Museum

70. Bildhauerei des Fernen Ostens

Cottrell, A., 1981. *The first emperor of China*. London: Macmillan

Kidder jun., J. E., 1965. *The birth of Japanese Art*. London: George Allen and Unwin

Kuhn, D. (Hrsg.), 1993. *Chinas goldenes Zeitalter*. Heidelberg: Edition Braus

Pirazzoli-t'Serstevens, M., 1982. *The Han civilization of China*. Oxford: Phaidon

71. Anyang

Chang, K. C., 1980. *Shang civilization*. New Haven und London: Yale University Press

Chang, K. C. (Hrsg.), 1986. *Studies of Shang Archaeology*. New Haven und London: Yale University Press

Li Chi, 1977. *Anyang*. Washington: University of Washington Press

72. Ostasiatische Bronzewerke

Franklin, U. M., 1983. »On bronze and other metals in early China«, *The Origin of Chinese Civilization* (D. N. Keightley, Hrsg.). Berkeley: University of California Press

Rawson, J., und E. Bunker, 1990. *Ancient Chinese and Ordos Bronzes*. Hongkong: Oriental Ceramic Society

Wen, F. (Hrsg.), 1980. *The Great Bronze Age of China*. London: Thames and Hudson

73. Königsgräber des Ostens

Kim, W., 1983. »Tomb 155 (The Tomb of the Heavenly Horse)«, *Recent archaeological discoveries in the Republic of Korea*. W. Y. Kim. Paris und Tokio: UNESCO und Zentrum für ostasiatische kulturelle Studien

Leigudun No. 1 Tomb Archaeological Excavation Team, 1984. »Valuable relics unearthed in a tomb at Leigudun«, *Recent discoveries in Chinese archaeology*. Peking: Foreign Languages Press

Pirazzoli-t'Serstevens, M., 1982. *The Han civilization of China*. Oxford: Phaidon

74. Die Terrakotta-Armee

Cotterell, A., 1981. *The First Emperor of China*. London: Macmillan

The coloured Figurines in Yang Ling Mausoleum of Han in China, 1992. China Shaanxi Travel & Tourism Press

75. Grabmalerei des Orients

Kidder jun., J. E., 1964. *Early Japanese art: the great tombs and treasures*. London: Thames and Hudson

Kim, W., 1986. »Wall paintings of Koguryo tombs«, *Art and archaeology of ancient Korea*. W. Y. Kim. Seoul: Taekwang

Kuhn, D. (Hrsg.), 1993. *Chinas goldenes Zeitalter*. Heidelberg: Edition Braus

Pirazzoli-t'Serstevens, M., 1982. *The Han civilization of China*. Oxford: Phaidon

76. Das Schiffswrack von Sinan

Green, J., 1983. »The Sinan excavation, Korea: an interim report on the hull structure«, *The International Journal of Nautical Archaeology and Underwater Exploration*, 12 (4): S. 230–43; 1980. »A fourteenth-century shipwreck at Sinangun«, *Archaeology*, 33 (2): S. 33–43

Pazifischer Raum

77. Der Mungosee

Flood, J., 1995. *Archaeology of the Dreamtime* (3. Aufl.). Sydney/London: Collins

78. Australische Felskunst

Layton, R., 1992. *Australian Rock Art*. Cambridge: Cambridge University Press

Walsh, G. L., 1988. *Australia's Greatest Rock Art*. Bathurst: E. J. Brill-Robert Brown and Associates

79. Die Eiszeitjäger von Tasmanien

Flood, J., 1995. *Archaeology of the Dreamtime* (3. Aufl.). Sydney/London: Collins

80. Die Besiedlung des Pazifiks

Bellwood, P., 1987. *The Polynesians* (veränd. Aufl.). London und New York: Thames and Hudson

Irwin, G., 1992. *The Prehistoric Exploration and Colonization of the Pacific*. Cambridge: Cambridge University Press

81. Die Osterinsel

Bahn, P., und J. Flenley, 1992. *Easter Island, Earth Island*. London and New York: Thames and Hudson

Orliac, C., und M. Orliac, 1995. *The Silent gods: Mysteries of Easter Island* (übersetzt von Paul G. Bahn). London: Thames and Hudson/New York: Abrams

Die Neue Welt

82. Monte Verde und die ersten Amerikaner

Dillehay, T. D., 1989. *Monte Verde: A Late Pleistocene Settlement in Chile*. Bd. 1, Palaeoenvironment and Site Context. Washington und London: Smithsonian Institution Press

83. Großwildjagd auf der nordamerikanischen Prärie

Fagan, B., 1995. *Ancient North America*. London und New York: Thames and Hudson

Frison, G., 1991. *Prehistoric Hunters of the High Plains* (2. Aufl.). New York: Academic Press

84. Felskunst in der Neuen Welt

Wellmann, K. F., 1979. *A Survey of North American Rock Art*. Graz: Akademische Druck- und Verlagsanstalt

85. Die Entdeckung der Olmeken

Coe, M. D., 1968. *America's First Civilization: Discovering the Olmec*. New York: American Heritage

Stirling, Matthew, 1939. »Discovering the New World's oldest dated work of man«, *National Geographic*, 76: S. 183–218

Wicke, C. R., 1971. *Olmec: An Early Style of Pre-Columbian Mexico*. Tuscon: University of Arizona Press

86. Die Linien von Nasca

Aveni, A. F. (Hrsg.), 1990. *The Lines of Nasca*. Philadelphia: The American Philosophical Society

Reiche, M., 1968. *Mystery on the Desert*. Heinrich Fink GmbH und Co.

87 Chavín

Burger, R. L., 1992. *Chavín and the Origins of Andean Civilization*. London und New York: Thames and Hudson

Rowe, J. H., 1967. »Form and Meaning in Chavín art«, *Peruvian Archaeology, Selected Readings* (J. H. Rowe und D. Menzel, Hrsg.), S. 72–103. Palo Alto: Peek Publications

Vasquez de Espinosa, A., 1942. *Description of the Indies* (um 1620). Übersetzt von C. U. Clark. Smithsonian Miscellaneous Collections, Bd. 102. Washington: Smithsonian Institution Press

88. El Cerén

Sheets, P. (Hrsg.), 1983. *Archaeology and Volcanism in Central America*. Austin: University of Texas Press

Sheets, P., 1992. *The Serén Site: a Prehistoric Village Buried by Volcanic Ash in Central America*. Case Studies in Archaeology series (J. Quilter, Hrsg.). New York: Harcourt, Brace, Jovanovich

Sheets, P., 1994. »Tropical time capsule«, *Archaeology*, 47 (4): S. 30–33

89. Naj Tunich und die Höhlenkunst der Mayas

Brady, J. E., und A. Stone, 1986. »Naj Tunich: entrance to the Maya Underworld«, *Archaeology*, 39 (6): S. 18–25

Stone, A., 1995. *Images from the Underworld: Naj Tunich and the Tradition of Maya Cave Painting.* Austin: University of Texas Press

Stuart, G. E., 1981. »Maya art treasures discovered in cave«, *National Geographic*, 160 (2): S. 220–35

90. Das Grab Pacals des Großen in Palenque

Robertson, M. G., 1983. *The Sculpture of Palenque: vol. 1, the Temple of the Inscriptions.* Princeton: Princeton University Press

Ruz Lhuillier, A., 1954. »Exploraciones en Palenque: 1952«, *Anales del Institutio Nacional de Antropología e Historia*, 6: S. 107–110; 1973. *El Templo de las Inscripciones, Palenque* (Hrsg.), Colección Científica 7. Mexico City: INAH

91. Die Entzifferung der Mayahieroglyphen

Coe, M. D., 1992. *Breaking the Maya Code.* London und New York: Thames and Hudson

Stuart, G. E., 1989. »The beginning of Maya hieroglyphic study: Contributions of Constantine S. Rafinesque and James H. McCulloh, Jr.«, *Research Reports on Ancient Maya Writing 29.* Washington: Center for Maya Research

92. Die Hügelbauer

Fagan, B., 1996. *Ancient North America.* London und New York: Thames und Hudson

Silverberg, R., 1970. *The Mound Builders.* Ballantine Books

93. Frühe Wüstenbauern

Cordell, L., 1984. *Prehistory of the Southwest.* New York: Academic Press

Fagan, B., 1996. *Ancient North America.* London und New York: Thames und Hudson

94. Die Moche-Kultur von Sipán

Alva, W., und C. Donnan, 1993. *Royal Tombs of Sipán.* Los Angeles: Fowler Museum of Cultural History, UCLA

95. Der Tempel der gefiederten Schlange in Teotihuacán

Cabrera Castro, R., S. Sugiyama, G. Gowgill, 1991. »The Templo de Quetzalcoatl Project at Teotihuacán«, *Ancient Mesoamerica*, 2: S. 77–92

Cabrera Castro, R., 1993. »Human sacrifice at the Temple of the Feathered Serpent«, *Teotihuacán: Art from the City of the Gods* (K. Berrin und E. Pasztory, Hrsg.), S. 100–107. London und New York: Thames und Hudson

Carlson, J., 1993. »Rise and fall of the City of the Gods«, *Archaeology*, 46 (6): S. 58–69

Taube, K. A., 1992. »The Temple of Quetzalcoatl and the cult of sacred war at Teotihuacán«, *Res: Anthropology and Aesthetics*, 21: S. 53–87

96. Tiwanaku und die vorgeschichtlichen Andenreiche

Kolata, A., 1993. *Tiwanaku: Portrait of an Andean Civilization.* Oxford: Blackwell

Schreiber, K. J., 1992. *Wari Imperialism in Middle Horizon Peru,* Anthropological Papers 87. Ann Arbor: Museum of Anthropology, University of Michigan

Squier, E. G., 1877. *Peru: Travel and Exploration in the Land of the Incas.* New York: Henry Holt and Co.

97. Grab 7 in Monte Albán

Caso, A., 1932. »Monte Albán: richest archaeological find in America«, *National Geographic*, 62: S. 487–512; 1965. »Lapidary work, goldwork and copperwork from Oaxaca«, *Handbook of Middle American Indians*, Bd. 3, S. 896–930. Austin: University of Texas Press; 1969. *El Tesoro de Monte Albán.* Memorias del Instituto Nacional de Antropología e Historia, Mexico

McCafferty. S. D., und G. Geoffrey, 1994. »Engendering Tomb 7 at Monte Albán: respinning an old yarn«, *Current Anthropology*, 35 (2): S. 143–66

98. Wikingersiedlungen in Nordamerika

Ingstad, A., 1985. *The Norse Discovery of America.* Norwegian University Press

99. Der Templo Major in Tenochtitlán

Boone, E. H. (Hrsg.), 1987. *The Aztec Templo Major.* Washington: Dumbarton Oaks

Matos Moctezuma, E., 1984. »The Great Temple of Tenochtitlán«, *Scientific American*, August, S. 80–88; 1988. *The Great Temple of the Aztecs: Treasures of Tenochtitlán.* London und New York: Thames and Hudson

100. Machu Picchu

Bingham, A. M., 1989. *Portrait of an Explorer: Hiram Bingham, Discoverer of Machu Picchu.* Ames: Iowa State University Press

Bingham, H., 1913. »In the wonderland of Peru«, *National Geographic Magazine*, 24 (4)

Register

A

Abraham 142
Abstammung des Menschen 14ff., 50, 139
Abydos 26, *26*, 27
Achet-Aton 30
Acheul-Technik 21
Ackerbau 66, 68, 72, 109, 224f.
Adam, Robert 124
Adena-Kultur 220f.
Adlertempel *237*
Afar (Wüste) 17, 19
Afrikahypothese 23
Agamemnon 98f., *99*
Agora 116, *116*, 117, *117*
Ägypten 26ff., 36ff.
ägyptische Gräber 26ff., *30*, 31, *31*, 32ff.,
    36ff.
Akalamdug 144
Akapana 231
akkadische Sprache 154
Akropolis 116
Akrotiri 96, *96*, 97, *97*
Alabaster-Tafeln *151*
Albinga 120
Alcalde del Rio, Hermilio 60
Altamira 58, *58*
Altamura 51
Alva, Walter 226
Amarna 30f., *31*
Amarna-Briefe 30, *30*
Amélineau, Emile-Clément 26
Amenemope 39
Amnisos 96
Amphoren 120f.
Anasazi 224f.
Anden 230
Andronikos, Manolis 112
Angelsachsen 128
Antikythera 121
Anyang 170f.
Aphrodisias 118f.
Aphroditetempel 118, *119*
Apollo-11-Höhle 24
Apollotempel *116*
Äppli, Johannes 70
Ardipithecus ramidus 19
Arnhemland 189, *189*
Artsikowski, Artemij 134
Asarhaddon 150
Assurbanipal 150f.
Assurnasirpal 150, *151*

Assyrien 150f.
Astronomie 82
Atahualpa 238
Atapuerca 51
Athen 116, *116*, 117, *117*
Äthiopien 17
Attika 117
Atwater, Caleb 222
Auguren-Grab 111
Aurignac-Kultur 138
Australien 186, *187*
Australopithecinen 14ff., *17*, 18f.
Australopithecus afarensis 18
Australopithecus africanus 14, 15, *15*, *20*, *21*
Australopithecus anamensis 19
Awash (Fluß) 19, 21
Äxte 10, *10*, 85, 138
Azteken 228, 232, 236

B

Babylon 146
Bader, Otto 65
Ballawinne-Höhle *191*
Bamiyan 165
Bass, George 102
Bate, Dorothea 139
Batres, Leopoldo 228
Baumring-Datierung 71
Begräbnisse 106, 114f., *129*, 131ff.
Behistun 154
Benin *45*
Bent, J. Theodore 47
Berelek 53
beresti (= Birkenrinden-Schriften) 134
Berg der Schakale 47
Berg Karmel 138f.
Berlin, Heinrich 219
Bewässerung 88f., 208f., 225f.
Bezing, Dr. K. L. von *45*
Bhimbetka 165
bi (Jadearbeit) 166
Bingham, Hiram 238f.
Birley, Robin 126
Biskupin 108, *108*, 109, *109*, 202f., *203*
Blegen, Carl 95, 100
Bogen 85
Boise, Charles 16
Borchardt, Ludwig 31
Border Cave 22f., *23*
Boriskowski, Pawel 64
Botta, Paul 150
Boucher de Perthes, Jacques 11
Boué, Ami 11
Boule, Marcellin 50
Bowler, Jim 186

Brady, James 215
Breuil, Henry 57, 59
Britannien 82, 90
Břno (Brünn) 63
Bronze-Gefäße 174
Bronzeglocken 176
Bronze-Guß 44, *45*, 74
Bronzewaffen 173, *174*
Bronzezeit 90f., 102, 121
Broom, Robert 15, *15*
Brown, Peter *187*
Bruniquel 57
Bruyère, Bernard 36
Bubastis 38
Bücher 218, 232
buddhistische Skulpturen 165, *165*, 168
Büffeljagd 203, *203*
Buret' 64
Buschmänner 24f.
Bush Barrow 90
Buttler, Werner 72

C

C^{14}-Methode (= Radiokarbon-Datierung) 54,
    85, 165, 201
Cahokia 221
Calvert, Frank 98
Carnarvon, Lord 32ff.
Cartailhac, Émile 58f.
Carter, Howard 32ff.
Çatal Hüyük 68f.
Catherwood, Frederick 214, 218
Caton Thomson, Gertrude 47
Cerén, El 212, *213*
Cerny, Jaroslaw 36
Ceudalela 228
Chac Mool 236
Chaco-Canyon 225
Chadwick, John 95
Chamerernebti (Königin) 29
Champollion, Jean François 40f.
Chania 94
Chauvet, Gustave 57
Chavín-Tempel 210f.
Chefren (König) *28*, 29
Cheops 28f.
Chephrens Talbauten 29
Chijung 176
China 164, 166f., 174f.
chinesische Gräber 176, *177*
Chopper (= grobe Schaber) 21
Christy, Henry 11
Chufu (König) *28*
Cire-perdue-Bronze 44
Cissbury 75

Bildnachweis

Unser Dank gebührt Coralie Hepburn bei Weidenfeld & Nicolson für ihre ausgezeichnete Bearbeitung unserer Texte und ebenso Joanne King, die sich um die Beschaffung geeigneter Fotos verdient gemacht hat. Die folgenden Fotografen und Einrichtungen haben für dieses Buch Abbildungen zur Verfügung gestellt:

S. 10 Society of Antiquaries of London; **S. 11** (ol) Mick Sharp, (ur) Muséum National d'Histoire Naturelle; **S. 12f.** British Museum; **S. 14** R. J. Clarke / University of Witwatersrand; **S. 15** (u. l. und o. r.) Gerald Newlands / Transvaal Museum; **S. 16** Science Photo Library; **S. 17** Natural History Museum, London; **S. 18** (l. und r.) John Reader / Science Photo Library; **S. 19** Alan Walker / National Museums of Kenya; **S. 20f.** (ol) Ancient Art and Architecture Collection; (ur) NHM; **S. 22** Institute of Human Origins / Don Johanson; **S. 23** (ol) South African Museum / L. W. T. Lawrence; (ur) P. M. Faugust / University of Witwatersrand; **S. 24** Werner Forman Archive; **S. 25** (ul) Sonia Halliday Photography; (o. r. und Mitte r.) AAAC; **S.** (l. und r.) Stephen Snape; **S. 27** (ul) BM; (r) WF; **S. 28** WF; **S. 29** (o. und u.) WF; **S. 30** (l. und r.) BM; **S. 31** (l) WF; (ur) BM; **S. 32** (o. r. und u. l.) AAAC; **S. 33** AAAC; **S. 34** (ol) WF; (ur) AAAC; **S. 35** Robert Harding Picture Library; **S. 36** (l. und r.) BM; **S. 37** Werner Forman Archive; **S. 38** (l. und r.) Henri Stierlin; **S. 39** AAAC; **S. 40** Henri Stierlin; **S. 41** (o) BM; (u) Stephen Snape; **S. 42f.** Nancy Ramage; **S. 44f.** WF; **S. 45** (l. und u. r.) WF; (or) South African Museum; **S. 46f.** WF; **S. 48f.** Jean Vertut; **S. 50** Rheinisches Landesmuseum, Bonn; **S. 51** (ol) AAAC; (r) Paul Bahn; **S. 52** John Hoffecker; **S. 53** (o) Museum für die Archäologie des Eiszeitalters; (o) Mochanov 1988, 43/6; **S. 54** (l) Novosti; **S. 54f.** C. M. Dixon; **S. 56** Jean Vertut; **S. 57** (l) Jean Vertut; (r) Museum für die Archäologie des Eiszeitalters; **S. 58f.** Jean Vertut; **S. 60** (or) Jean Clottes - Ministère de la Culture et de la Francophonie - Direction du Patrimoine - Sous-Direction de l'archéologie; **S. 61** Paul Bahn; **S. 62** (l) NHM; Moravské Zemské Muzeum; **S. 63** (l) Moravské Zemské Muzeum; (r) AAAC; **S. 64f.** Novosti; **S. 66f.** Scala / Archaelogical Museum, Belgrad; **S. 68** M. A. Mellaart; **S. 69** (o. l. und u. l.) M. A. Mellaart; (or) CMD; **S. 70f.** Nationalmuseum der Schweiz; **S. 72** Konrad Theis Verlag; **S. 73** Peter Bogucki; **S. 74f.** English Heritage;

S. 75 (o) Mick Sharp Photography; **S. 76f.** Charles Tait Photography; **S. 77** Charles Tait Photography; **S. 78** Fenland Archaeological Trust; **S. 79** Somerset Levels Project; **S. 80f.** Robert Harding Picture Library; **S. 81** (o) David Trump; (u) Michael Jenner; **S. 82** Mick Sharp Photography; **S. 83** RHPL; **S. 84f.** Frank Spooner Pictures; **S. 86f.** AAAC; **S. 88f.** Colin Shell; **S. 89** Haddon Library, Faculty of Archaeology and Anthropology, Cambridge; **S. 90** E. T. Archive / Devizes Museum; **S. 91** (or) E. T. Archive / Devizes Museum; **S. 91** (ol) BM; **S. 92f.** ET; **S. 93** (ol) CMD; **S. 94** Hulton Deutsch Collection; **S. 95** (o) AAAC; **S. 95** (u) Henri Stierlin; **S. 96** Henri Stierlin; **S. 97** CMD; **S. 98** (Mitte) Hulton Deutsch Collection; **S. 98** (u) Henri Stierlin; **S. 99** CMD; **S. 100f.** Piet de Jong; **S. 102f.** Bill Curtsinger; **S. 104f.** CMD; **S. 106f.** Konrad Theiss Verlag; **S. 108** Peter Bogucki; **S. 109** Staatliches Archäologisches Museum, Warschau; **S. 110f.** ET; **S. 111** (o) Museo di Villa Giulia, Rom; **S. 112f.** (or) Agence Dagli Orti; (l) Manchester Museum; **S. 114f.** Silkeborg Museum, Dänemark; (u) Nationalmuseet, Kopenhagen; **S. 116-118** Sonia Halliday; **S. 119** (o) Henri Stierlin; (u) RHPL; **S. 120f.** AAAC; **S. 122** CMD; **S. 123** ET; **S. 124** (ul) WF; **S. 124f.** AAAC; **S. 126f.** Vindolanda Trust; (o) English Heritage; **S. 128-131** BM; **S. 132** (ul) ET; **S. 132f.** Aalborg Historiske Museum; **S. 133** (o) Universitätsmuseum für Nationale Antiquitäten, Oslo; **S. 134f.** Novosti; **S. 136f.** BM; **S. 138-140** Zev Radovan; **S. 141** (o) CMD; (u) Palestine Exploration Fund; **S. 142** BM; **S. 143** Scala; **S. 144f.** Staatliche Museen zu Berlin / Stiftung Preußischer Kulturbesitz; **S. 147** Henri Stierlin; **S. 148** AAAC; **S. 149** National Geographic Society / James L. Stanfield; **S. 150** Oriental Institute, University of Chicago; **S. 151** (o) AAAC; (u) BM; **S. 152** RHPL; **S. 153** (or) RHPL; (ol) CMD; **S. 154f.** Henri Stierlin; **S. 156** Novosti; **S. 156f.** (o) CMD; (u) RHPL; **S. 157** (or) RHPL; **S. 158** Sonia Halliday Photography; (Mitte r. und u. l) AAAC; **S. 160f.** Paul Bahn; **S. 162** NHM; **S. 163** (l) CMD; (r) Sonia Halliday; **S. 164f.** Paul Bahn; **S. 166f.** Sir Joseph Hotung; **S. 168** RHPL; **S. 169** (l) Kyoryokukai / Nationalmuseum, Tokio; (r) Gina Barnes; **S. 170f.** MacQuitty International Photographic Collection; **S. 171** RHPL; **S. 172** Agence Dagli Orti; **S. 173** MacQ; **S. 174** BM; **S. 175** RHPL; **S. 176f.** (u) MacQ; **S. 177** (l) RHPL; **S. 177** (r) AAAC; **S. 178** ET; **S. 178f.** (o) Robert Harding;

S. 179 (ul) AAAC; (u. Mitte) MacQ; **S. 180** Artephot/Percheron; **S. 181** RHPL; **S. 182f.** Nationales Meeresmuseum Korea; **S. 184f.** Paul Bahn; **S. 186** NHPA/ANT/ Otto Rogge; **S. 187** Jim Bowler; **S. 188** Paul Bahn; **S. 189** (ur) Paul Bahn; (or) NHPA/ Patrick Fagot; **S. 190** R. Frank; **S. 191** Richard Cosgrove; **S. 192f.** Chris Gosden; **S. 194f.** Paul Bahn; **S. 196f.** RHPL; **S. 198f.** Paul Bahn; **S. 200f.** RHPL; **S. 202** Range/Bettmann; **S. 203** Pictures of Record; **S. 204f.** Paul Bahn; **S. 206** (r) American Geographic Society Collection, University of Wisconsin-Milwaukee Library; (l) ET; **S. 207** ET; **S. 208f.** Katharina Schreiber; **S. 210** Henri Stierlin; **S. 211f.** Katharina Schreiber; **S. 212f.** (o) Payson Sheets; (u) Karen Kievit; **S. 214f.** Chip & Jennifer Clark; **S. 216** Henri Stierlin; **S. 217** Merle Greene Robertson; **S. 218f.** Justin Kerr; **S. 219** American Geographic Society Collection, University of Wisconsin-Milwaukee Library; **S. 220f.** Cahokia Mounds Museum Society; **S. 221** (r) Pictures of Record; **S. 222** Pictures of Record; **S. 222f.** Museum of the American Indian; **S. 224** Mick Sharp; **S. 225** (o) Mick Sharp; (u) William Ferguson; **S. 226** (ur) Katharina Schreiber; **S. 226** (Mitte l.) Fowler Museum of Cultural History, UCLA; **S. 227** Fowler Museum of Cultural History, UCLA; **S. 228** Richard Atkinson; **S. 229** Henri Stierlin; **S. 230** entnommen aus: Squier, Ephraim George: *Peru: Traveland Explorations in the Land of the Incas, 1877*; **S. 231** RHPL; **S. 232** (l) Henri Stierlin; **S. 233** Richard Atkinson; **S. 234f.** Canadian Heritage Parks, Kanada; **S. 236** Paul Bahn; **S. 237** ET; **S. 238** National Geographic Magazine XXIV/4, April 1913; **S. 239** Katharina Schreiber.

Umschlag vorne: Charles O'Rear/ Robert Harding Picture Library.
Umschlag hinten: Silkeborg-Museum, Dänemark
Vorsatzblätter: AAAC
Titelseite: Richard Atkinson

Abkürzungen:

AAAC	=	Ancient Art & Architecture Collection
BM	=	British Museum
CMD	=	C. M. Dixon
ET	=	E. T. Archive
MacQ	=	MacQuitty International Photographic Collection
NHM	=	Natural History Museum
RHPL	=	Robert Harding Picture Library
WF	=	Werner Forman Archive